季愚文库

朱威烈译文集
（文学卷一）
回来吧，我的心

〔埃及〕优素福·西巴伊　著
朱威烈　译

2019年·北京

目　录

前　言 / 1

一　面子 / 3

二　飞翔的蝴蝶 / 11

三　奴隶和神 / 20

四　失去的骄傲 / 28

五　坚固的堤坝 / 38

六　"死灰复燃" / 46

七　介绍信 / 54

八　温柔的语言 / 62

九　台阶减少了 / 70

十　邂逅相遇 / 78

十一　手段和目的 / 86

十二　纯属偶然 / 95

十三　琐碎小事 / 103

十四　最后一夜 / 113

十五　委屈 / 122

十六　回家 / 131

十七　挑战 / 140

十八　沉重的负担 / 150

十九　突然的安排 / 160

二十　荆棘丛生之路 / 169

二十一　祝贺 / 179

二十二　希望之风 / 188

二十三　人皆有错 / 196

二十四　如果他配叫"万岁" / 206

二十五　光荣的失败 / 216

二十六　对月谈心 / 226

二十七　我就要你这样子 / 237

二十八　惊马 / 247

二十九　两不相遇 / 259

三　十　棕色皮肤的痴心姑娘 / 270

三十一　下次再来 / 281

三十二　新军官 / 293

三十三　谁告诉你 / 305

三十四　盗窃者的机遇 / 316

三十五　邀请 / 327

三十六　冒险 / 339

三十七　海浪拍击 / 351

三十八　两心合一 / 363

三十九　音信中断 / 374

四　十　比过去爱得更深 / 385

四十一　出门和归来 / 396

四十二	仅仅是梦呓 / 407
四十三	危险的疯子 / 417
四十四	不光是同情 / 427
四十五	相互失望 / 440
四十六	进一步的希望 / 453
四十七	灰烬 / 467
四十八	解脱 / 477
四十九	威胁 / 487
五　十	流放地 / 497
五十一	内心深处 / 507
五十二	失败 / 518
五十三	流言蜚语 / 529
五十四	追逐幻景 / 541
五十五	王上的剑 / 552
五十六	忏悔的女罪人 / 563
五十七	围墙后面 / 573
五十八	新的黎明 / 585
五十九	颤抖的手 / 600
六　十	夕阳西下 / 611
六十一	并非幸灾乐祸 / 623
六十二	破坏 / 637
六十三	战斗 / 646
六十四	尾声 / 658

译后记 / 661

前　言

　　我在交出这部小说的时候，如释重负，感到轻松。

　　我开始动笔写这部小说，是在今年(1954)年初，年底完成。这并不是说，我创作这部作品用了整整一年的时间，因为其间还有其他工作，如撰写电影剧本，编辑《新使命》杂志，以及处理各种公务和人人都会被缠住的生活琐事。

　　尽管一年来我没有把全部精力都用在创作这部作品上，写作期间穿插着各种各样的事情，但我敢断言，我对它的构思，不曾有过片刻中断，它对我的思想压力很大，它介入了我的生活，我与它生活在一起；我对它的主人公们满怀着强烈的感情，以至我与他们之间的联系，竟像成了与真人间的关系，我对他们怀着爱，也怀着恨，既有钦佩，也有同情，我为他们的忧愁而悲伤，为他们的欢乐而高兴。

　　记得有一次，我出席一个宴会，应邀同席的有我的几位近亲。我一眼瞥见其中一位太太的手上戴着一副雕琢精致的犹如阔花边一样的金手镯。我很欣赏这副手镯，不过发现它与佩戴它的丰满手腕不相配。我不由得想象让另一只细腻而美丽的手来戴它，这是一位紧扣我的心弦、驾驭着我情感的女性的手，她就是《回来吧，我的心》中的女主人公英琪。

虚构的女性就是这样压倒了所有活着的女性,驾驭我的感情,甚至跃出我的稿纸,进入我的生活。

人们也许会把我的这些话看作是作家的痴狂。然而,要是他们了解得更多些,他们会说些什么呢?我在写这部小说的一年里,把它当作了我生活中的头等大事,在完成它之前,一切工作都相形见绌;我在生病或想到死亡的时候,就怕在完成它之前死去,我担心的首先是它,其次才是我的妻子、母亲和孩子们。

也许这部小说并不值得我这么想,也许有人希望我最好在写完它之前死去……尽管如此,我还是要陈述一下我对它的真实感情和我在创作期间的感受。

我重视这部小说的原因,显然是因为我相信有必要把我们现代史上发生的重大事件记载下来。我凭借自己的军人身份相信,我是最有能力记录这些事件的作家,因为我曾在军队里服役,对那些改变埃及历史面貌的事件深有体会。

我尝试尽力把我的这部小说同确已发生的真实事件结合起来,使之成为一个整体。我不知道,我在这方面是否成功,也不知道整个故事是否成功。

但是,我知道并相信的是,我已经尽到了内心曾感受到的责任,也已经卸下了曾压在我肩头的负担。

我不否认,在写这部小说时,我确实已尽力。

我的全部希望是,我的努力不会白费,我已写出了一部成功之作。

优素福·西巴伊

一　面子

花房看上去就像一条彩虹,到处摆着花盆,上面缀满了经过修饰的花卉。

一批菊花花盆整齐地放在一个角落里。老爷用手杖指着说道:

"这批花不错,我认为这是我们这里最好的了。你从哪儿搞来的种子?"

"我们是从福利坝的苗圃搞来的。"

"明年这个季节再搞些种子来。"

"是,老爷。"

花匠阿卜德·瓦希德低头回答道。

"你打算什么时候把它送去展览?"

"下个星期。晚一些好,到时剩下的几盆就开全了。今年天冷,花开得迟。不过,天气在转暖,要是天从人愿,最多两天,花就会全开了。"

这是1933年春天一个星期五的上午。伊斯梅尔王爷正在视察他围绕着王府的大花园,他的府第坐落在开罗的一个郊区,他领地的中央。

这位大家习惯于称他为"老爷"的王爷,身材顾长,表情严肃,脸色白里泛红,一只眼睛上戴着单眼镜。我想,除了王爷们,普通人的眼睛怕是一刻也戴不住这单眼镜。

真主除了赐给他夹住单眼镜的能耐外,还赐给他的双眼一种本事:能够毫不矫揉造作地射出傲慢自大的目光。他的这种目光,加上单眼镜和歪戴着的红色土耳其毡帽,以及他的阿拉伯语中夹杂着的外国腔调,谈话中不时插进的土耳其语和法语的句子,这一切,用当时的标准来衡量,他显然是出身名门、地位显赫的贵胄典型。

王爷继续巡视,花匠阿卜德·瓦希德跟在后面。他是府第花园的花匠头,或者说是花匠的领班,身穿又长又宽的毛织阿拉伯长袍,缠头布上扎着一块黄色的头巾,这头巾是他那个阶层的标志。他脸呈棕褐色,颧骨突出,身体结实,腰板笔挺。他的装束和外貌与他的同事以及同他一个阶级的那些人,没有多大区别。

王爷在另一批花盆前站住,用手杖指着花说道:

"这些报春花可不怎么样,你想拿去展览吗?"

"我们想从中挑选一些,展出时用作那批菊花的外圈。"

王爷又起步了,阿卜德·瓦希德跟着他,他俩后面尾随着一队侍从和听差。王爷向周围环顾,像是在寻找什么。王爷东张西望,侍从们的脸上都露出惶恐不安的表情,生怕有什么不足给王爷看到。最后,王爷说出了他寻找的目标,问道:

"英琪在哪儿?"

"她在花房外头,同她的保姆德勒巴尔在花园里玩。"

一个黑人赶紧回答,他像一个阿哥[①],身穿黑色衣服,是老爷的亲随,名叫伊德里斯。

小女孩出现在花园里,在老保姆的面前跑跑跳跳。她采下一朵金鱼

[①] 土耳其语,意为太监、宦官。

草花,用小小的拇指和食指一捏,然后笑着喊道,想吓唬保姆:

"这花要咬你的胳膊了,你瞧,它张大了嘴巴!"

接着,她跑远了,在绿茵上奔跑,一直来到花园的绿色高墙旁边,那里,在窄道斜坡的铁轨头上停放着手推车①。她又叫起老保姆来:

"嬷嬷,我想乘手推车。"

"现在不行,今天推车的工人休息。"

"你来推我,我现在想乘。"

保姆大声对小女孩道:

"我跟你说现在不行,我推不了。"

"那我来推。"

"你别闹。"

有两个年龄相仿、容貌相似的男孩正在倾听这场对话。他们被花房后面的一排芦苇遮住了,那些芦苇是用来保护花秧、树苗的。

这两个孩子是花匠阿卜德·瓦希德的儿子阿里和侯赛因。阿卜德·瓦希德利用孩子们学校放假,王爷又正好要察看花房和苗圃的机会,把他俩带来,兴许王爷看见他俩,会给一点赏赐。

侯赛因渴望到这座大府第去看看,当作是愉快的游览,既能在这茂盛的花园里玩耍游戏,又能在府中人的赏赐中为自己留下些什么。

他生性开朗,心气高,好冲动,与他的哥哥阿里正好相反。阿里沉稳寡言,老成持重,远远超出了他十五岁的年纪。

阿里讨厌这样的"访问",这使他感受到了他们在生活中的真实地位,清楚地表明人世间两个阶级之间的巨大鸿沟:一个在天上,另一个在地下。

---

① 有轮子、在铁轨上滑行的小车。

"访问"迫使他抬眼仰望,使他感受到自己的渺小和地位低下的程度。他不是坏人,也不嫉妒别人,也许弟弟比他更自爱。但他在这样的"访问"中,也感到自身的宝贵,不愿给自己招致耻辱,把自己放在受人同情和恩赐的地位上,即使这种同情会给自己带来一点物质利益。因为在那种痛苦的卑贱、屈辱感中,利益只是过眼烟云。

这孩子心高气傲,他讨厌在主人面前显得渺小。只要他与主人相遇就会有比较,那无法逃避的现实必然使他变得渺小。为此,他把"访问"视作巨大的负担和沉重的烦恼。每次"访问",他都但愿父亲让他留下,同伙伴们一起玩儿,他觉得在自己的同龄人中间,即使不比他们强,也与他们相仿。

他爱母亲和父亲,爱他们简陋的家和朴素的生活,只要远离府上的主人,他就以自己周围的一切自豪。他觉得在自己的家里,在亲人和伙伴中间,自己有价值,也有尊严……而在那里,他高贵的不甘屈辱的心灵,就会失落在耻辱和渺小的迷雾之中。

这一天,阿里曾竭力躲避,不想跟父亲去……他的脑海中浮起父亲的形象:低垂着头畏葸地跟在王爷后面,而那个脸色绯红、衣着讲究、戴着单片眼镜、讲话鼻音很重的家伙,却拿着手杖到处指手画脚。

是的,他憎恶这种场景,他更讨厌的是,父亲还带着他和弟弟跑到王爷跟前,听王爷用他那腔调问:

"这是你的两个孩子吗?都长大了。"

"托您的福,老爷。"

他弟弟吻王爷的手。父亲看到阿里迟疑着没有跟上,便叫道:

"吻老爷的手,孩子。"

他真想冲着父亲的脸高声叫嚷,他不吻任何人的手。他不是"孩子",但是他爱父亲,不想让父亲因此断了生计……他趋上前去吻了一下。

他讨厌这一切,讨厌那只抓着钞票伸向父亲的手,也讨厌老爷的声音:

"阿卜德·瓦希德,给孩子们买点东西吧。"

"愿主让老爷事事如意,愿主让我们永不失去您。"

比这一切更使阿里厌恶的是,王爷的小女儿在场观看这种他深恶痛绝的场景——施舍和蒙受耻辱的场景。

他讨厌亲眼看到她,他心里最乐意的是在梦幻中见她。

他讨厌亲眼看到她,是因为现实迫使他以自己并不喜欢的形象出现在她面前,他不喜欢看到她居于山顶的宝座上,自己远远地处在深谷底下,连她脚下的泥土都够不着。

至于在幻梦中,那就是合乎他心意地见她……让她待在自己喜欢的地方,两人肩并肩,手携手,挽着胳膊一起走……他的思想中总也打消不了一种合乎逻辑的途径,引领他俩走向诸如平等、和睦、友谊和爱情的境界。

他在清醒时和在睡梦里都憧憬着各种将导致一个在天上、一个在地下的两人最终相互接近的美梦。

一次,她降落在他身旁;另一次,他上升到她身边。

一次,大火吞噬府第,他冲进火海,双手抱她出来,让她生活在他们简陋的家中;又一次,他成了一名军官,战争爆发,他成为英雄归来,看到她即将被迫同一个她不喜欢的人结婚,他把她抢走,在漆黑一团的夜晚,带着她逃到一个遥远的岛上,度过他俩余下的岁月。一会儿,他成了大发明家,闻名遐迩,靠着他的发明,拥有了巨大的财富,买下了她父亲的庄园和府第,然后他又把府第献给她,作为他爱情和忠诚的彩礼;一会儿,他又成为反对庄园主老爷们和统治者的人民革命的领袖,然后是他把她从革命者的利爪中拯救出来,坐在自己执政后的座椅旁。

他梦想着这一切。只要他独自坐下来一出神,她就出现了:白皙的脸庞,清澈的绿眼,鲜红的嘴唇,细巧的鼻子,金色的头发披落在双肩……这是他幻想中的情侣,梦中的爱人。

而在现实中,他心里最讨厌、最恐惧和最害怕的,莫过于两人相遇,或者更确切地说,是她看见他……她看到的他和她应当看到的他,相距是何等遥远!

今天,他曾想尽一切办法留下来不跟父亲走,他声称有学校作业必须待在家里做。可是父亲说,这些作业可以放在下午做,要他穿上衣服准备出门。

他又借口有病,父亲叱责他道:

"老爷今天要路过苗圃,我想让你和你弟弟见见他,也许他会赏一点什么给我们,我们可以用来支付应缴的学费。"

"爸爸,我们不是行乞的工具,我们不想要谁的施舍。"

父亲低下了头,脸上罩着一片愁云,他低声说道:

"孩子,我也讨厌把你们俩当作这样的手段,可是,人们喜欢做的和必须做的之间,有着巨大的差别……要是我只凭自己的爱好,那就不能送你们俩上学了……是生活迫使我们去做许多我们不喜欢的事啊。"

"我们就是不上学也比让您丢面子好啊。"

"不,孩子,为了你们两个,我已经辛苦了一辈子,难道还会在乎丢面子?面子比起生活来简直不算什么,特别是对一个已经丢惯面子的人来说。"

"爸爸,要是这一切都是因为我们上学的缘故,那我宁愿跟您去花园干活。"

"你现在说这种话容易,可是过几年,你取得了文凭,成为一个受人尊敬的职员,那时候你就会真正懂得我的面子没有白丢。孩子,当花匠和当工程师、医生或者军官,那可是天差地远哪!"

"我认为生活中没有什么值得您去丢面子的。"

"不,值得的。我现在是为了你俩的前途丢面子,也许就能让你俩将来不会再为你们的孩子比我更丢面子。你觉得这难道还不值吗?起来吧,孩子,穿上你的衣服。你还小,等你长大了,你就会比现在更了解生活。"

他只得服从,站起身来穿衣服。弟弟早就穿好了衣服,他兴致勃勃地走过来给他看一张弹弓,说道:

"阿里,你看这弓怎么样?我还要装上橡皮筋,把它做成一把了不起的弹弓,用来打花房旁边那棵树上的鸟。你知道那棵树吗?那树上的鸟可多啦。"

阿里没有回答,他的两只眼睛非常吃惊地盯着他长裤的裤裆,高声喊他的母亲:

"妈妈,这裤子您是怎么搞的啊?"

母亲的声音从隔壁房间传来,她简单地答道:

"我把裤裆补了补。"

"裤裆?谁要您补的啊?"

"你不是要到老爷那里去吗?裤裆有些烂了!"

"那个部位并不显眼。我们不能找裁缝吗?他补过的地方就看不出来了。"

"裁缝?你有钱给裁缝吗?穿吧,穿吧,你爸爸都快没有钱缴学费了,你还想找裁缝补裤子,你很有钱吗?"

争论也是枉然。他把腿伸进裤腿,穿好衣服,把毡帽戴在头上。

他唯一的希望是她不在那里,命运让她远离他要经过的路,至少是今天,以便他能处理好裤裆补丁的问题。

父亲戴好缠头巾,把脚伸进他那双带松紧带的橙色鞋子,然后一手拉着一个孩子,从坐落在清真寺和火车站旁边田庄里的简陋住处快步走出来,穿过庄稼地,来到沿小河的路上,接着过桥,朝通向府第花园后门的路走去。

善良的母亲站着向他喊道:

"再见……当心孩子们……愿主让你们步步平安。"

二　飞翔的蝴蝶

这个地方，乍一看，还安全，没有危险的征兆，只有两个花匠带着自己的孩子忙着修剪树墙，整理花坛和给盆栽浇水。

父亲要两个孩子留在花房别离开，别摘花、搞坏花盆。阿里无需这种劝告，他生性稳重，不会做任何调皮捣蛋的事，特别是今天，还有一个比他生性稳重更重要的原因，使他不仅不会捣乱、到处乱跑和离开花房，而且连动都不敢动，那就是他母亲非要让他穿上受罪的裤裆。

他就这样待在花房的一个角落里，不跑开去，忙着帮花匠浇花。他不随弟弟出去乱跑，也不受弟弟诱惑到那棵大树下去打鸟。

阿里待在自己的隐秘地觉得倒还安全，直到他看见父亲在花房外面走过，又听见老爷的喊问：

"阿卜德·瓦希德在哪儿？"

老爷的声音虽然威严，大家都害怕，倒没有扰乱他的清静，让他心烦。另一个声音，虽然亲切甜蜜，却是他此时此刻最不想听到的，就是那小女孩的声音，她戏谑地喊她的保姆道：

"你能这样用一只脚站住吗？"

他不想再听下去，也不想看一看保姆是否能用一只脚站住。听见声音，就是听见了危险的警告，他应该赶快避开。

老爷一行走近了。

可以预料到，这可怕的女孩随时都会出现，他和他裤裆上的补丁就会落入她的眼帘。

那么，他在被人围住出洋相之前，最好还是赶快逃走。他知道，事实上她不会攻击他，把他摔倒在地看他裤裆上的补丁，但他也知道极有可能他迫于尴尬的处境而自我曝光，被她看见。因为父亲并非不可能像往常那样，叫他去吻王爷的手，女孩也许就站在她父亲旁边，或者其他什么地方，看着他走过来又走回去，这可就丢脸和受辱了。

她绝对想不到会有裤裆打补丁的长裤，看到他这副样子，准会产生轻蔑和鄙视……对他来说，没有比遭人轻贱更致命的了，特别是被她鄙视……这次洋相将成为难以逾越的障碍，不是因为他在现实中与她的关系，因为他知道，在他的现实生活中，她并不存在，她只存在于他的幻觉和梦想之中……如果他将来成了一个统帅或领袖，而她却还记着他裤裆上的补丁，那他怎么能与她肩并肩地一起前行呢？

他不声不响地把喷水壶放在花坛旁边，从通向芦苇障子的狭小后门溜出花房，芦苇障子那里放着花秧、树苗，以避风霜。

这个新隐藏地看来很安全，它四面都被遮挡住了，王爷不可能上这里来察看，特别是这块地方乱七八糟不受人注意，到处堆放着花盆、芦苇秆、淤泥和厩肥，即使王爷进来，也绝不会允许小女孩到里面去玩耍弄脏自己的。

于是，阿里就在一块丢在角落里的粗树根上安顿下来，观望着那从花房后走来的一行人，前面是王爷，戴着红色毡帽和单片眼镜，跟在王爷身后的是低着头畏畏葸葸的父亲。

这一行人到处转悠，可怕的小女孩还没有出现。而后，他听见她的父亲在打听她，听到她与保姆一起在外面，他放心了。花房不再是危险之地，而是他完成艰巨任务的最佳场所,他是为任务——吻王爷的手——而来的。

他得潜回花房,他猜父亲一定会寻找他和弟弟,把他俩介绍给王爷。他开始向周围张望,寻找弟弟,让弟弟陪着一起到里面去,去完成压在肩上的任务。

他透过芦苇障子的缝隙寻找弟弟,可是,一个比弟弟重要得多的东西攫住了他的目光。

他看见英琪距花房不远,在保姆面前跑着,犹如一只可爱的蝴蝶。她上身穿一件白色羊毛套衫,扣着领子,下身着一条藏青色天鹅绒长裤——当然没有补丁,金色的头发在飘舞。

他目不斜视地紧盯着那蝴蝶,看她正舞在碧绿的草地和散缀着朵朵白云的蓝天之间。这真是难得的天赐良机,他看得见她,却不会被她看见,他欣赏着她的美丽和高雅,而不会暴露他的贫穷和卑贱。

那就是她,是她,有血有肉的她,金色的头发,洁白的皮肤,细腻的表情,天使般的脸庞……而不是他记忆中的形象和想象中的倩影。

但愿他能一辈子这样把她细细端详,能像固定在这里的这片芦苇秆或这些大树的枝丫,或之外的其他什么东西,不管多么渺小,那就更有眼福看她了。

他看见她奔向手推车,听到她的保姆在阻止她。他真希望自己能去给她推车,带着她跑……可跑向哪里呢?

到老远老远的地方去……他绝不会疲倦,也不会厌烦……是的,他将带她到一个遥远的地方,越过崇山峻岭、千沟万壑,他将成为另一个人,不是现在的他。

这时,王爷带着他的一行人来到一间玻璃房里的一批福吉尔花①花盆

---

① 疑是倒挂金钟花(Buchsia)一词之误。

前。他脸露愠色,举起手杖指着房顶一块被打碎的玻璃,大声问阿卜德·瓦希德:

"这一块还没配上?"

"就要配了。"

"我上次就看见了,还提醒过你!"

"我报告了易卜拉欣先生,他说将给我们派个装玻璃的师傅来。"

王爷更加恼火,他用神经质的动作摇动着手杖,威胁道:

"什么易卜拉欣先生、扎弗特先生,都不关我的事,我是对你说的,叫你修好它。"

"是,老爷。"

"你什么都不干,光说'是'有什么用! 花房得保持温度,破玻璃进风,保不了暖就毁了植物……我看见有的叶子都枯黄了。"

"没有关系,老爷,会长出新叶子来的。"

"这样马马虎虎,什么新叶子都长不出来! 你们对待任何事情,都是'没有关系'。你们是偷懒松懈的民族,不用鞭子就不干活!"

大伙都绷紧了脸。阿卜德·瓦希德感到一副重担压上了他的肩头,他知道这块该死的玻璃改变了老爷的情绪,破坏了他博取老爷同情获得赏赐用来付学费的计划。

他只能听天由命了,祈求真主让今天平安过去,赞颂真主就此制住王爷的火气吧。然而,王爷的火气没有发完,一阵积聚酝酿之后,再次爆发出来。他吼道:

"我将扣掉你两天工资,惩罚你的疏忽。"

阿卜德·瓦希德感到扣两天工资就像打在他背上的两记鞭子,原来他还希望王爷赏给他两天的工资呢……他觉得很冤枉,装配玻璃不是他的工作,他已经报告了管修理的负责人,那人忘了来修,自己有什么过错?

在他看来,说句求情的话或许能免掉惩罚。他低着脑袋,断断续续地说道:

"我已经……向……易卜拉欣先生……说过了……"

王爷一声怒喝打断了他:

"不要说了!"

伊德里斯怕阿卜德·瓦希德争辩下去会造成不堪设想的后果,就插言道:

"别说了,阿卜德·瓦希德,今天把玻璃修好。"

阿卜德·瓦希德默默地、顺从地低下了头。他求真主保佑,缓和被破玻璃败坏的气氛,平息王爷的怒气。

王爷又朝着一批牵牛花走去。这种花的形状像喇叭,颜色多而鲜艳,装饰得华美而精致,是造物主的一个奇迹。

阿卜德·瓦希德曾竭尽全力,精心照料这批花,消灭了每年为害的蚜虫,坚持喷洒尼古丁,栽种时妥善搭配品种,在成长期用沤过的肥料浇灌。他天生是个园丁,把花卉当作后代,每一株植物就是他的孩子……他忠于自己的工作,忠于主人,也忠于他周围所有的人。他从花木上看到了生命,漫不经心地对待它们乃是不讲道义、虐杀生灵。因此,他在向这批花盆走去的时候,心头略觉轻松,还感到光荣和自豪,觉得这些花将报答他的恩惠,使他免受主人的惩罚,平息被破玻璃窗引发的怒火。

他没有猜错,王爷在离开玻璃房朝这批花走去的时候,神情开始舒缓,愠怒渐渐消散。

突然,发生了一件出乎意料的事,一件王爷一行之中和之外的任何人都最不希望或最想不到的事。

所有的人都听到玻璃房顶上"啪"的一声,紧接着一块玻璃坠落下来,碎片溅落到王爷的脚旁。

是一颗石子打中了玻璃。

哪儿来的石子？怎么会这样？是谁胆敢扔石子？

他们存疑时间不长就弄清楚了：大家看到阿卜德·瓦希德的儿子侯赛因从花房墙后小心翼翼地探出脑袋，手里拿着一张弹弓。

事态的严重和发生的突然，吓得阿卜德·瓦希德感到头上的缠头巾都要被竖立起来的头发顶掉了。

完了……他命中注定是完了，从此以后，府上再没有他的生路，不论是菊花还是牵牛花，花园里所有的花卉都无法为他说情。

他望着儿子从墙后伸出的脑袋，他要不是已经吓得张口结舌，几乎真要可怜巴巴地对儿子说：

"为什么呀，我的孩子，侯赛因？我究竟对你做了什么，你竟要断绝我的生计？愿主惩罚你！"

王爷第一个开口说话，他脸涨得通红，怒喝道：

"这是什么人？"

阿卜德·瓦希德用几乎听不见的声音答道：

"是我的儿子，老爷。"

"你的儿子！他到这里来干什么！"

阿卜德·瓦希德张皇失措，不知该怎么回答。

王爷咆哮道：

"说！他到这里来干什么？"

"老爷……我……"

"来干什么？"

阿卜德·瓦希德不敢说自己带他来是为了讨赏赐，于是说：

"让他和他哥哥来玩一玩。"

"玩一玩？这座花园成了你和你孩子的私人游玩地啦？"

"今天放假……已经……"

"放假？他们放假就来毁坏我的花园，打碎玻璃吗？他们干吗不到你们住的垃圾堆里去度假？"

阿卜德·瓦希德知道，王爷在火头上，哀告挡不住他的侮辱，求情也不会使他态度缓和……只能听凭他一个劲儿地怒骂。到头来他回家时非但带不回学费，而且生计已中断，工作也丢了。

花匠耷拉着脑袋，像是一个站在法场上等待宣判死刑的人。没有人知道王爷还想说什么……王爷刚要张嘴，突然花园里传来一声尖叫，是老保姆的声音。

尖叫之后，是老保姆的哭叫和小女孩的呼喊。王爷到了嘴边的话打住了，他冲向花房外面，大伙跟在后面，只见原来拴着手推车的带子已被解开，车子正载着小女孩沿坡往下冲去。

铁制手推车带着下滑力往前冲，没有办法使它停住，因为大家离它太远，没有人能在它冲到与墙平行的路尽头之前追上它。最令人担心的是车子会在拐角处出轨，从墙的豁口冲向公路，再摔进小河。手推车在公路上不是与迎面开来的车子相撞，便是摔进河里……两种前景，都是一个结局。

前景大家都看清楚了，不可能下令要女孩自己跳下车子；她喊叫着往前冲，根本听不到喊声或命令。

大伙被钉在原地。王爷大声呼叫着女孩，气喘吁吁地奔跑过去，目瞪口呆的人们才紧跟在后面。

说时迟，那时快，只见一个小身影从花房后面的芦苇障子里冲出，那里距手推车的轨道不太远。

从芦苇障子中跃出的小身影就像一支火箭，在最后的刹那间赶到手推车轨道站定，用小小的身躯堵住了下冲的手推车。

车子撞上了他,他的身体正面抵住车子,使车子一点一点减慢速度,直到他的身子不动了,车子也停住了。

人们来到车子停下不到马路的地方。两个父亲都扑向自己的孩子,察看孩子的伤势。

王爷看到他的女儿安然无恙。花匠看到他的儿子躺在地上,满面尘土,两只手和两个膝盖都已擦破,小腿受了伤。

王爷一面扶起他的女儿,一面责备她胡闹,接着又看男孩,诧异地问道:

"他是谁?"

阿卜德·瓦希德俯下身子在给自己的孩子拭伤口,回答道:

"是我的儿子,老爷,我的儿子阿里。"

王爷望着花匠和他的孩子,目光里充满感激和赞赏,他对男孩的父亲说:

"他好样的,勇敢而且刚强。"

男孩的父亲感觉到不幸的时刻已经过去,他两眼满是泪水,答道:

"您过奖了,老爷。"

接着,他对低着头坐在地上的孩子说道:

"起来,阿里,吻老爷的手。"

阿里没有站起来,仍坐在原地……王爷在等他站起来吻自己的手,以便奖励他的见义勇为……父亲感到尴尬,于是又喝斥道:

"起来,阿里,吻老爷的手!"

孩子低着头答道:

"我不能。"

父亲更加尴尬,有点恼火了。他一面拉孩子的胳膊,一面生气地喝道:

"我要你起来!"

孩子没有起来……他咬着下嘴唇,双眼泪水模糊,悄声回答道:

"我不能。"

父亲俯身问孩子:

"你的小腿伤着了吗?"

孩子摇摇头,轻声说道:

"没有。"

"那你干吗不站起来?"

儿子看了一眼站在她父亲身旁注视着他的金发小女孩,然后,俯在自己父亲的耳边哽咽着小声说道:

"我不能站起来,否则她会看到我裤裆上的补丁。"

三　奴隶和神

阿卜德·瓦希德师傅没有再逼他的孩子,他很了解阿里。

他的另一个孩子跑来解围。侯赛因已把弹弓放在绿肥堆里,他知道大家在忙一件更重要的事情。

花匠一把抓住了他,命他吻老爷的手。这孩子立即像一个行家那样,捧起王爷的手,轻而易举地吻了一下。

王爷的手伸进口袋,掏出一些钱来,塞在花匠的手里。他指着躺在地上的阿里问道:

"他受伤了吗?"

"没什么,老爷。总算平安无事,只是擦破了点皮。赞美真主,小姐安然无恙。"

"给他包扎一下伤口,如有必要,带去给医生看看,你需要什么,就对易卜拉欣先生讲。"

"太感谢您啦,老爷,愿真主赐您长寿。"

英琪站着,拉着老保姆的衣服。老保姆慈爱地抚摸着她的头,说道:

"我叫你不要乘车,可是你不听劝。这是顽皮的结果,下次可千万别再去乘了。"

女孩子没有听见保姆的劝告,她的注意力都集中在手推车前坐在地上的男孩身上。他一身尘土,双膝都擦破了,低着头,几乎把头埋进了膝盖中间。

她不由自主地走过去,亲切地轻轻地拍了一下他的背说道:

"对不起,非常对不起,这一切都是因为我。"

他没有回答,她走近有可能发现他裤子补丁的危险感压倒了其他所有感觉。她手的触摸引起的震颤,与其说是出于陶醉,不如说是因为害怕。

他心神紊乱,没有作声。

王爷显然对他的女儿接近男孩,还拍拍他的脊背,不但不满意,而且很恼火。傲慢自大的本性,深植在他内心,融入他的血液。他只愿意把这些仆役和农民放在比人类低一级的层次上,介于人类和牲畜之间,或者比牲畜高一级的层次。在他向他们发怒的情况下,他们就处于最低级的牲畜层次。假如法律和习俗坚持要把他们当人,承认他们做人的权利,那么,他和他的家属、子女就至少要比人类高一级,处于神和人的中间,或者是最低一级的神;在兴奋和得意的时候,是最高级的神。

这就是当他看到具有王室血统的女儿接近这个农民孩子时,造成他内心烦恼的第一个原因。第二个原因,则是生怕农民身上、衣服上所夹带的那些明的暗的垃圾、虫豸和细菌污染他的千金。

他的烦恼倒不是做作也非故意,而是与生俱来,一种不由自主的感觉。造成他对农民感觉的原因,不光是他个人要负责,而且农民本身也要负很大的责任。事物本来的面目被扭曲了,反映他内心的镜子就更加走样。

说到镜子,它已经被从过去世世代代沿袭下来的主人对奴隶的权势和威力造成的势利感搅浑了。这种势利感一代又一代地教育奴隶说,老爷是世界、土地和钱财的主人，是万物之源。其他的芸芸众生，马啊、狗啊、牛啊，还有农民，都是生来帮助主人享受大地的恩赐，为他们坐享其成而劳作的。

这就是主人们的镜子，他们只以这种形态看待别人，而其本来面目则被穷困潦倒歪曲了，造成的后果是对争取健康、美好生活和良好容貌的途径一无所知，而且即便知道，要实现也无能为力。

更能歪曲本来面目的，是从世代习惯于过奴隶生活的前辈人身上继承下来的俯首帖耳的天性，由于贫穷、卑贱、无知、缺乏陶冶心灵的手段而养成的低三下四、偷窃、贪婪、不忠实、好说人坏话的习气，以及其他的坏心眼。

正是这些因素使得王爷对女儿接近男孩感到烦恼，他感受到了男孩所做的好事，但克制不住也消除不了烦恼。他对着女儿叫道：

"英琪，回家去……"

又对保姆说："带她走，德勒巴尔。"

英琪离开阿里，慢腾腾地回到保姆身边。她走过低头站在王爷跟前的阿卜德·瓦希德旁边时，抬起小脑袋不安地问道：

"他怎么不站起来，也不说话？他不舒服吗？"

花匠摇摇头，嘴角泛起一个善良的微笑。他为了不让阿里听见，悄声答道：

"没有，小姐，他没什么……他的裤子上有一块补丁！"

保姆伸手拉住小女孩的手，向府第走去。王爷的一行人不一会也走散了，各人去干各人的事。阿里看到人都走空，放下了心，站起来走到花房的池子里洗了一下手腿和脸，跟着父亲和弟弟回家。

阿卜德·瓦希德师傅的回答，还在小女孩的脑海里盘旋，她平静不下来。她得同保姆一起谈谈裤子、补丁和那个不肯起身也不肯说话的善良、勇敢、文静的男孩。

小女孩一面走上宽阔的大理石台阶，一面问道：

"嬷嬷，补丁是什么？"

"补丁？你指的是什么补丁？"

"裤子上的补丁啊。"

"哦，那是一块贴在裤子上的布。"

"它有这么重吗？"

"你说重到什么程度？"

"人都没法站起来的程度。"

"当然不会……毫无疑问。"

"它妨碍人说话吗？"

"不，不，那是一块普通的布。"

"他们干吗把它贴在裤子上呢？"

"为了盖住裤子上的洞。"

"他们干吗为了打补丁要搞个破洞？"

"破洞不是他们搞的，裤子穿久了，裤裆会烂掉，就有了破洞。"

"他们干吗要打补丁，不能换一条裤子吗？"

"因为他们没有别的裤子。"

"干吗不买条新的呢？"

"因为他们没有钱。"

"他们干吗不挣钱呢？"

"因为他们挣不到。"

"我们为什么不给他们点钱呢？"

"他们是谁？"

"花匠阿卜德·瓦希德大叔他们啊！"

"他已经拿了他的劳动所得。"

"但是,他拿的钱却不能给他的儿子买条新裤子,换掉那条使他不能站起来说话的裤子。我们干吗不给他足够的钱呢?我们既然有好多好多的钱,为什么他拿不到需要的钱呢?"

"因为他的需要没个底。他并不是非得给儿子穿裤子,非得送儿子上学,而应该按他所得的钱过日子,应该干多少活拿多少钱。"

"我们也是干多少活拿多少钱吗?我们有好多钱,可我们什么也不用做呀。"

"你的祖上为了挣这些钱做了许多事,你父亲为了保住这些钱也做了许多事。要是按人们的需要给钱,你们就什么都没有了。人们是贪得无厌的,他们的要求没完没了。"

"但是,我们可以给他一条新裤子啊……阿赖哥哥就有好多裤子,对阿里都挺合身。我想他只要一条,不会贪心的。"

她俩走过一条长甬道,甬道两侧竖立着大理石的柱子,地面中间铺着一条红色的长地毯。她俩来到一间宽敞的大厅,厅里铺着厚实的波斯地毯,整齐地安放着考究的沙发,墙上挂着漂亮的油画,闪闪发亮的枝形吊灯从天花板顶上垂下来。正对着大厅门的是豪华的柚木楼梯,楼梯口有两尊青铜雕像,一尊是王爷,另一尊是王爷的父亲。

保姆和女孩正想登楼到女孩的房间去,只见王爷十四岁的长子阿赖已将英琪的一只猫捆住了腿脚,倒悬在厅堂的一侧,他手里抓着一张弓,搭上了箭,正准备射击。

英琪冲上前去,从他的手里夺下弓,喊道:

"不许你射!你上次把咪咪摔死在窗外难道还不够?"

长相凶狠的黄脸男孩笑了。他仰头把一绺垂在额上的头发往后一掠,一面从她手里夺回弓,一面答道:

"别怕,傻瓜!我不会射中它,只射它的周围……我能让箭从它的两只耳朵旁边穿过去,而不射中它……你瞧。"

但是,英琪拉住了他的胳膊,喊叫着,向她的保姆求助:

"嬷嬷,你快来呀……阿赖,你要是再把它杀死了,我要爸爸把你也杀死。"

"我跟你说,我不会杀死它的……放开我。"

不等保姆插手,甬道上便传来王爷走近的脚步声。男孩把弓塞给英琪,一溜烟奔上楼梯,到自己的屋里去了。英琪扔下弓,赶快给她的猫松绑,心疼地把它抱在怀里,跟着保姆走上楼去。

王爷缓步走进厅堂里面右边通向他书房的门,管家易卜拉欣先生跟在后面。书房的墙面嵌着书柜,里面排放着成千册黑色的厚本书。屋子中间,是一张昂贵的"昆安"型古董书桌,那是王爷几年前从巴黎的一家寄售行里买来的。书桌对面是壁炉,上面挂着他已故妻子的巨幅油画像。

王爷在书桌后坐下。身材瘦削、满脸皱纹的管家,手里拿着一本夹满纸张的卷宗,耷拉着脑袋站在他跟前。

王爷问道:

"租子收得怎么样?"

"进展缓慢,老爷。"

"当然啰,你总是对他们采取软弱稀松的办法。我已经对你说过一千遍了,他们是贪得无厌的,对付他们只有鞭子管用。他们是挨惯了马穆鲁克①鞭子的奴隶后代,我要像我的祖上一样对付他们,把他们一个个的脊背都抽得火辣辣的。你是他们中的第一个,你这个臭畜生!"

---

① 阿拉伯文中意为奴隶,特指非阿拉伯人奴隶。奥斯曼帝国时代常训练马穆鲁克作为素丹卫队,许多马穆鲁克由于参加军事、行政工作转变为统治者。埃及马穆鲁克王朝(也叫奴隶王朝,1250~1517)即是一例。这里指统治者。

"要是我们做点让步……"

王爷愤怒地叫了起来,血涌上他的脸:

"我一个子儿都不让!你同他们勾结起来对付我。你们是想要抢我啊。"

"老爷,到处不景气。作物堆在地里,找不到买主。"

"我就把作物全部拿回来,我自己控制!"

"这对我们没有好处,作物会在我们这里烂掉,我们也没法处理。粮价还不够运费呢……我们只能作些牺牲。"

"是啊,我必须为这些贪婪的狗东西作牺牲!施恩行善对他们全没用。他们要是能不付钱就把土地拿走,他们早拿走了……听着,减租百分之十,就这一次。"

易卜拉欣先生的脸上露出犹豫的神色。他咕哝了几句含糊不清的话。王爷冲着他喊道:

"你在说什么?"

"我说,百分之十是不够的,老爷不了解他们的境况……他们都倾家荡产了。"

"让他们倾家荡产吧,让他们统统都去见鬼吧!但是我的家不能毁,我要把佃出的地全部收回,我自己来种。我要把他们撵走,要让他们知道,我赐予他们的是何等的恩典……要不是我,他们早饿死了!这帮病鬼和懒虫,任何一头牲口也要比他们哪一个都有用。你是他们的头……是个强盗头!"

"老爷,我是想怎么有利怎么做。"

"因此你就想减租。你是想偷我的抢我的,要我倾家荡产!但是,我可以告诉你,我不会留下一分钱让这伙强盗来抢。我讲的话,你听见没有?"

"听见了,老爷。"

"我讨厌有人利用我的疏忽,特别是你。你现在就去,告诉他们,这次我允许他们减租,条件是交租期最迟到本月底。"

"是,老爷,我会通知他们,他们也许能在这段时间里把作物卖掉。"

"他们卖不掉作物,就让他们卖儿鬻女吧。我只要他们缴租。"

"遵命,老爷。"

"那匹马的情况怎么样?"

"闪电吗?"

"嗯。"

"还在马厩里。"

"后天还不能去比赛吗?"

"我问过马厩领班阿卜德·阿勒,他说他也拿不准,因为闪电的马夫病了。"

"你们应该充分地照顾好它,要它痊愈,别舍不得花钱,必须把它治好,懂吗?"

"痊愈全靠真主,老爷。不过,我会向他传达您的吩咐,把他从家里带来。"

"他是谁?"

"马夫啊,老爷。"

"笨蛋,我说的是马,不是马夫!那匹马必须治好,懂吗?"

"懂了,老爷。"

四　　失去的骄傲

英琪抱着猫上楼走进自己的房间，一面温柔地拍着猫背，一面对它说道：

"那个坏家伙要杀害你，努娜，不必生他的气。那是他的本性，他总是喜欢作恶，只顾他自己开心……不过，这一次可是你自己造成的，我不是叫你待在屋里吗？这是顽皮的报应，你差一点因为顽皮丧了命呢，是不是啊，努娜？"

……

"我也差一点丧了命呢，你不知道我出什么事了吗？"

……

"我乘手推车，车子带着我猛冲，差点把我摔到小河里去。是魔鬼在推车啊！是的，努娜，正是魔鬼老是要伤害我们……嬷嬷就是这么说的……她要我别乘车，我没有听从她的劝告，就像你不听我的劝告一样。要不是他像我救了你似的救了我，我差点儿就没命了。你知道他吗？"

……

"他叫阿里，是花匠阿卜德·瓦希德师傅的儿子，是个温和、沉静的男孩……他扑到手推车跟前，用胸膛挡住了手推车，就这样嘎吱一声他被摔倒在地上。我真难为情啊,努娜！我走到他跟前,拍了拍他的背,问他怎么啦。可是,他不抬头看我,也不回答我……你知道是因为什么吗？"

……

"不,不……我原先也挺奇怪,但是后来我从他父亲那里知道了原因。你猜,是怎么回事？"

……

"你猜得着吗？"

……

"你真蠢……是裤裆啊……是的,努娜,天哪,他的裤裆上有一块补丁,不好意思被我看见。这有什么好难为情的呢,努娜？他是个傻瓜,对吗？"

……

"我也说他是。不过,他是个奇怪的人。对我来说,他穿着打补丁的裤子,却要比我那个穿着好裤子的阿赖哥哥好多了。不管怎么样,我已经有了一个好主意。你伸过耳朵来,我悄悄告诉你。"

她把嘴巴贴在猫的耳朵上,小声说道：

"咱们从阿赖哥哥那儿偷一条裤子给他,你看怎么样？"

……

"偷东西丢脸吧？是魔鬼的行为吧？"

……

"不,不,傻瓜,这不是偷,是借。咱们从阿赖哥哥那儿借一条裤子给他,你看怎么样？"

……

"那咱们就说定了……你真是一只高尚的猫,努娜……咱们等吃过中饭,爸爸去睡午觉,阿赖拿着枪到花园里去打鸟,嬷嬷也回她自己的房时,我就对她说,我要待在自己的屋里做作业,因为复活节的假期快结束了,学校星期一开学。然后,咱们就溜到阿赖的屋里去偷裤子。"

……

"不,不……对不起,努娜,我的意思是借裤子。"

……

"我认识他的家吗……对了,他家住在村里,离这儿很近。不,不,不会有人看见咱们的,不等爸爸醒来或有人发觉,咱们很快就回来。"

女孩躺在床上,高兴地搂抱着猫,接着说道:

"他会收下裤子,穿在身上,然后站起来说话……我喜欢看见他,跟他说话。从今以后,他见到我,再也不会难为情了,对吗?"

午饭的时间到了,保姆叫英琪下楼去吃饭。

富丽堂皇的餐厅里,坐着三个人:王爷坐在餐桌头上,他的右边是阿赖,左边是英琪。王爷正对面的一张空椅子,原来是母亲坐的。

餐桌上,瓷盘放得整整齐齐,上面印有王爷的徽号,银盘上镌刻着同样的印记。通向厨房的办公室玻璃门被推开了,进来一个努比亚仆人。他穿一件饰有金银线的绿色上衣,下身是一条肥大的宽裆裤,裤脚处被扎住。

他左手托着餐具,右手放在背后,以奇妙的灵巧动作慢慢地俯下身子,递上食盘。

王爷和他的两个孩子各吃自己盘里的一份,每人都在想自己的心事。父亲在想租子,佃户中的下流强盗竟然想抢劫他,他得下决心尽全力对付那些贪婪的家伙,保全他的财富。

儿子在想用他买来的新枪可能会打到的候鸟和雀儿。

女儿在想那条打补丁的裤子和将要去偷的裤子——求真主宽恕,是她将要借用的裤子。

同一时刻,另一批人也坐着准备吃饭了。他们的餐桌要简陋得多,是一张矮桌子,或者叫它"矮圆桌"。

阿里他妈——阿卜德·瓦希德的妻子,已将餐桌准备就绪。即便是吃盐拌香菜,她也得安排一下桌子。今天桌面很丰盛,因为星期五是唯一全家在一起吃午饭的日子。

矮圆桌当中,一层泡馍上枕着一只鹅,两样东西都热气腾腾。阿里他妈花了整整三个月喂养这只鹅,直到它长得肉头肥实,身上有了厚厚的一层脂肪。去年夏天她晒了一罐青粘菜①,现在一部分用来烧鹅汤,剩下的做泡馍。

她看到儿子脸上擦破的地方和脚上的伤痕大吃一惊,她骇怕地拍着自己的胸口,叫道:

"孩子,你怎么啦?"

阿卜德·瓦希德答道:

"没什么,在地上摔了一跤,擦破了一点皮。"

"我不是跟你们俩说过吗,不要调皮。你啊,阿里,我总说你文静,怎么也弄成这副样子?来,让我瞧瞧你怎么啦。"

"他可没有调皮,阿里他妈。他救了老爷千金的命,咱们往后的日子差一点让侯赛因给毁了,也是靠阿里给保住了。要不是这些伤痕,两个孩子就上不成学啦,咱们明天连饭都吃不上了呢。"

接着,他把经过的情形讲给她听,末了,满心舒畅地大笑一声说道:

"感谢真主。午饭都给我们准备了些什么呀?"

"我把鹅宰了,青粘菜烧鹅汤。现在,让我去熬一点黄油,给你们做泡馍。"

---

① 这是埃及人爱吃的一种蔬菜,常用来做汤。当地华侨称它为"青粘菜"或"鼻涕菜"。

母亲又看了一眼阿里,他正慢腾腾地走进屋去,她补好的裤裆像是又撕破了,她喊道:

"我补好的裤裆又撕破啦,我再补一次吧!"

儿子垂头丧气地答道:

"随您的便。"

母亲坐在狭窄厨房里的一张矮凳子上,开始在一个黑色的小木钵里,把蒜头、胡荽和盐放在一起捣着。她面前的煤油炉在吱吱地叫,放在炉上黑盆底里的奶油块就像烈日下的冰块,在慢慢地融化。

父亲到自己的房间去换衣服,准备小净①做晌礼,他已经错过了主麻日②的礼拜。学费有了着落以后,他显得心旷神怡,他的最大愿望——亲眼看到两个儿子成为受人尊敬的职员——正在逐步实现,真主没有舍弃他,仍在安排他的事情。

两个孩子朝一间小房间走去。房间地上铺着一张席子,两旁各放着一张铁架子高床,床上搁的是木板,上面铺着床垫和一条旧毯子。房间的一角有一张木桌子,散乱地放着一些化学书、自然史、带译文的英语书、《泪水集》③、《莱拉的痴情人》④、《冈比斯》⑤,几期《笑话杂志》和《每周报道》,还有吸墨纸、三角板、直尺和一盏玻璃罩煤气灯。桌子旁边放着两张藤椅。钉在墙上的木衣帽架上,挂着两件长袍、一顶毡帽、一件小外套、一件条纹球衣。房间的正面是一只旧木柜,上面的镜子已经模糊不清,柜前丢着一双球鞋,鞋肚里露出一双与球衣条纹相同的袜子,还有一双小的

---

① 穆斯林参加一般礼拜前或有小秽(如流血、呕吐等)时履行,依次洗手、洗脸、洗肘、漱口、洗鼻孔,用湿手抹头和冲洗双足。
② 穆斯林做聚礼的日子,在每周的星期五。
③ 埃及著名作家卢特菲·曼法鲁蒂(1876~1924)的小说集。
④ 埃及诗王艾哈迈德·邵基(1868~1932)的著名诗剧。
⑤ 同上。

钉鞋。

这简陋的屋子是两个孩子的房间。他俩在这里睡觉、复习功课、玩耍和阅读,悄悄地一起互诉委屈、秘密和友情,还打架。

阿里心事重重地拖着两条腿走进屋里,躺在床上。他把头埋在枕头里,思绪混乱,内心百感交集,仿佛置身在一个旋涡之中。

他不知道自己是怎么回事:是幸运还是倒霉?是害怕还是放心?是高兴还是难过?是安定还是彷徨?

他应该是幸运的,因为他救了她的命,这不正是他梦寐以求的吗?他不总是憧憬着她身陷绝境、几乎丧命的时候,他冲上前去把她拯救出来吗?

是呀,是呀,这正是他在梦境中享受的乐趣。尽管如此,在这成为现实之后,他现在却感觉不到多少乐趣和愉快。

他是多么讨厌这样的现实啊!没有比它更能丑化梦境了。他确实救了她的命,但那不是他向往的救她情景。他设想的情景是自己骑在一匹四蹄生风的骏马上,怀抱着她飞奔;或者是他背负着紧紧抓住自己双肩的她,挥动着强健的手臂劈波斩浪前进;或者是用削铁如泥的宝剑保卫她,她则满怀钦敬地注视着他。可是,这些情景都在哪儿呢?

怎么能拿他今天的情景来与所有那些光辉灿烂的情景相比?他今天是倒在地上,满脸灰尘,衣服被弄脏,小腿也擦破了,还耷拉着脑袋,不敢站起身来,生怕被她看见自己的裤裆。

又怎么能拿他今天低三下四的情景来与他美丽的幻想比——主人抓着一把钱塞给他父亲,作为救人的代价。

对发生的情况,他什么也阻止不了,倒是他必须屈从一切,必须顺从地心甘情愿地接受现实。

命运把她推倒在他的路上,这样用力地推几乎让她丧命的手推车。

他没有去想自己的裤裆,而是不由自主地冲上前去救她。他无力不让手推车把他小小的身躯冲倒,在泥土和尘埃中打滚,弄得不像人的模样。最后,他也不能阻止父亲收下钱,因为他不敢抬起眼睛,也不敢说话。即便他敢,也不会那样做。他知道这些他不愿拿的钱在他父亲心目中具有的价值。他记得父亲对他说过,为了不让他再为后代丢面子,父亲宁愿自己丢面子。

阿里的行为除了一个人之外,大家都感到满意,这个人就是他自己。

他心中堆满了愁闷,因为一切都使他感到,他们两人之间真有天壤之别,即便命运为他实现了部分梦想之后,他发现自己仍处在深渊之底,而她依旧身踞高峰之巅。

愿真主诅咒隐藏在他内心的自傲,自傲者总是把自己看得比实际更加伟大。

他的不幸在于他不愿把自己放在活生生的现实之中,而坚持把自己置于高处。他自视甚高,有价值,有品位,也有地位,要他为任何人即便是她而自贬身价,对他来说都难乎其难。

于是,在发生了这一切之后,在大家都说他是一个英雄、勇士等等之后,在他为王爷,为他的父亲、母亲和弟弟都做了好事,解除了他们的忧愁之后,他感到自己却是垂头丧气地失败而归。

唯一使他聊以自慰、能纾解压迫着他的那种极端惆怅的是,他觉得发生的一切,不论怎样有损自己的骄傲,造成他的屈辱,他毕竟是救了她的性命,要不是他的作为,她现在就……

他不再想下去,免得脑海中出现手推车载着她冲入小河的情景。

是的,为了救她的生命,他能够忍受一切后果,就算让她看见了打补丁的裤子,也要比完全失掉她强。她在这整个事件中没有看到补丁吧?或者,这是他的希望,是令他自慰的最后希望。

他的思想情感在心底里混战的结果,是他的热泪夺眶而出,无声地流到他埋着脸的枕头上。

他弟弟走进房间的声音,打断了他无声的哭泣。弟弟边走边踢着脚边的东西进屋,寻找他的一只足球鞋。他大声对他哥哥说道:

"我明天能用你的书包装球衣吗?我们同易卜拉希米亚学校有一场比赛。"

阿里怕侯赛因看见他在哭泣,便伸手擦掉眼泪,咽了一口唾沫,让声音恢复正常,不露出哭过的痕迹,接着,简单地答道:

"书包在你那边的桌子底下。"

"你知道吗,明天我踢甲队。"

"真的吗?"

"阿卜德·拉赫曼病了,扎基先生通知我代替他踢右卫。"

阿里没有回答。侯赛因一面找球鞋,一面继续说个不停:

"明天虽说不是正式比赛,却是两队显示实力的一场激战。易卜拉希米亚今年是最强的学校之一,它从坦塔市调来一个新中卫,大家都说这个中卫很了不起。我将在上完第六节课后尽早出发……也可能下午所有的课我们都不上了。"

阿里又走神了,但弟弟的问话把他拉了回来:

"你去看比赛吗?"

他直截了当地答道:

"不去。"

"傻瓜,我第一次踢甲队比赛,你难道不去看看?全校都去看我比赛,我将向他们证明,在萨姆布走了之后,你弟弟我是最合适的中卫!"

侯赛因开始在小房间里趾高气扬地走来走去。他又说道:

"你想一想,本人成了本校锐不可当的中卫,我一定得向他们要一副护脚和一对护膝,这会使小腿显得很神气。你不愿戴护脚和护膝试一试吗?"

阿里又一次简捷地答道:

"不。"

侯赛因对这种简单的回答并不感到惊奇,不过,他想同阿里多扯几句,于是问道:

"你怎么啦,阿里?摔了跤还疼吗?"

"不疼。"

"那你怎么啦?干吗这样把脸埋在枕头里?起来吧!"

他走过去拽着阿里的两个肩膀想把他拉起来。兄弟俩虽说经常打架,但平时彼此十分友爱,就像一对双胞胎,在学校里、在复习功课时、在床上都形影不离,只有玩儿的时候两人才分开。他俩各有适合自己性格的爱好:侯赛因喜欢足球、田径等这些剧烈的体育运动;阿里则好静,喜欢阅读,多遐想,总是向往大自然。

阿里使劲抓住埋着脸的枕头,但母亲唤他俩吃午饭的声音,使他不得不站起身来。侯赛因一见他脸上的泪痕,便惊叫起来:

"阿里,你怎么啦?你准有心事,你哭啦!"

"跟你说没事,别老缠着我。"

母亲已安排好矮圆桌,父亲也已做完晌礼,全家坐下来吃饭。除了阿里,大家开始你一言我一语地谈开了,只有阿里显得愁眉不展。母亲问道:

"你怎么啦,阿里?"

父亲代他回答道:

"他准是摔疼了。吃完饭,让他在床上躺着吧。"

这正是阿里最巴望的。他胡乱地吞咽几口,不顾母亲再三叫他,就离开了桌子。

他躺在床上,好像是打了个盹,一个奇妙的声音把他唤醒了。他惊奇极了,又闭上眼睛,要判断一下,自己是否在做梦。

那是英琪的声音。他不明白是什么不可思议的奇迹,竟在这个时候把她带到他们的寒舍来了。但他还是竖起耳朵,想听清她说些什么。

他听见母亲说:

"您还费心亲自到这里来哪!天哪,小姐大驾光临来看我们啦!请,我的女主人。"

"谢谢。我不能待太久,得在父亲问起我之前回去,我现在就得走了。阿卜德·瓦希德大叔,收下吧,这条裤子给你的儿子穿,别再穿那条破裤子了……裤子破了,也别再打补丁,免得他难为情,再向我要一条就是了。"

阿里觉得自己的脑袋重重地挨了一锤子,他想保住自己骄傲的最后一线希望也破灭了。这么说,她已经知道他裤子的秘密,知道他害臊的原因了。他往后怎么再见她呢?即使是在幻想和梦境中,又怎么敢再见她呢?

五　坚固的堤坝

手推车事件之后,几年过去了。阿里没有穿过小公主送给他的裤子。他觉得自己的骄傲被狠狠地刺伤了。裤子归了侯赛因,他心安理得地穿在身上,在同学中间神气十足、得意洋洋地走来走去。而阿里宁愿穿着自己的旧裤子。母亲给这条旧裤子打上了一块又一块的补丁,每次还要望望他,吧唧一下嘴唇,然后惋惜地叹上一口气,咕哝道:

"聪明人悠闲自在……你有小姐送的漂亮新裤子不穿,不接受人家的恩惠,宁可受穷,我们又有什么办法!"

在这几年里,阿里很少见到英琪。他不再跟父亲到王爷府里去,甚至连花园的围墙都不想走近。他对这一带深感恐惧,仿佛每一寸土地都埋着地雷,脚一踩上去就会爆炸。

他认为那一天的事件,被小女孩发现他裤子的秘密,看到他们家的贫困寒酸景象,是横亘在他俩中间的一道坚固的堤坝,不仅是在生活现状中业已存在的具体现实,而且也出现在他甜蜜的幻觉和心向往之的梦境中!

这新的堤坝,使她变得遥远了,连他的梦境和想望都难以企及,而他却是靠梦境和想望来宽慰自己的寂寞,点饰自己思想的。

他决心把她摒除出自己的脑海,在心里埋葬她的倩影,钉上十字架。

为了取得成功,他应该教会自己讨厌她,抹掉他原先加在她身上的所有绚烂和光华。

他的埋葬行动成功了,从心里抹掉了各种迷人的希望和华丽的蜃景式憧憬……沿着自己的生活道路向前冲,它范围狭窄,笔直向前,目标有限但很明确,那就是学习之路。

父亲想让他成为一个受人尊敬的职员那番话,在推动他。无论是当军官、工程师还是医生,都比花匠强得多。父亲为了把他推上这条道路,已经丢尽面子,他可不该让父亲白白地丢失面子!

为了他丢尽颜面的父亲,为了他含辛茹苦、节衣缩食、挥汗操劳的母亲,他将做一个受人尊敬的职员。

这也是为了他因破裤子、矮圆桌、旧席子和一文不名的口袋而备受屈辱的心灵。当同学们一起到学校小卖部去买饮料时,他得悄悄溜走,唯恐他们知道他身无分文,更怕他们中有人自愿请他客,代他付钱。他身上要真有一个皮亚斯①,那也得留着派更大的用场,从学校到车站,他是步行的,把钱省下来,用在从车站回家的火车票上。

为了他屈辱的心灵,他只能沉默。伙伴们谈论他们的家庭和亲友时,他发现要作类比就会丢脸并骇人听闻,只能闭口不言。

为了他屈辱的心灵,他只能逃避。男孩们问他住在哪里,他回答说在某个郊区。他们说要去看他,也看看乡村,去骑马、捕鱼、抓鸟,一起午餐。

真是傻瓜、神志不清……他们以为他是谁?以为他父亲是什么人?什么马、鱼、鸟?什么午餐?在矮圆桌上吃盐拌香菜吗?!

他逃避他们,除了逃避,难道去出丑吗?

是的,他将成为一个受人尊敬的职员,为了他的父亲、母亲,为他自

---

① 埃及币制,相等于一角钱。

己,也为了……

不,不,他不许自己这样想入非非,让她再一次越过坚固的堤坝,俯瞰他充满梦想的谷地,那里,到处是美丽的花卉,小丘上芳草如茵,鸟儿唱着抒情的歌,树叶奏出甜蜜的曲调。

他不允许自己胡思乱想,在歧路上彷徨。他面前的道路平坦、笔直而且明确。

他追求的这全部目标,难道还不足以把他推上自己的道路?难道还要再去寻找被坚坝和铁蒺藜阻隔着的虚无缥缈的目标吗?

为了他克勤克俭的父亲,为了他吃苦耐劳的母亲,为了他遭受屈辱却又抱负不凡的心灵,为了他们,他得前行。

不是为了被他埋葬在心底的她。

被埋葬的她,被埋葬的她啊!

可是,他真的已经把她埋葬了吗?

因为什么罪名呢?

如果被埋葬的她问起,她是因为什么罪名而被埋葬的呢?

是啊,她因为什么罪名而被埋葬的呢?因为命运把她置于峰顶而把他投入谷底,因为他俩之间的巨大差别和遥远距离,是因为她的高贵和他的低下,她的尊荣和他的卑贱,还是因为她知道了这一切的缘故?

可是,去回答谁……问题是虚构的,是无稽之谈。有谁会去询问被埋葬的她呢?在真主缔造的芸芸众生中,只有他知道她是被埋葬了……连她自己都不知道,因为她对他没有感觉。关于他,她所知道的一切,就是他曾用他那卑微的身体救过她高贵的生命,她已经报答过了,用一条好裤子替代了那条破裤子。

这就是她所知道的有关他的一切。

其实,她曾有几次问起过他,或者,父亲和弟弟就是这样告诉他的。

但是据他看,那是偶然问起,打听一下她曾经给过一条裤子的花匠儿子罢了。

不,不,不应再给已被埋葬的她以复生的机会,应该毅然决然地根除她,免得在自己因一时喜悲、感情激动或脆弱之际,让她缓过气来,得以复生。

是的,不应该让她从堤坝后面潜入进来,在他的幻境中定位为动力或要追求的目标,因为动力已经清楚,目标也已确定。

如果两年之后,他进入到一个成功的阶段,那么,这得归功于他的父亲,是为了他的母亲……是为了他自己。

难道不是这样吗?

说话呀,傻瓜! 回答干吗要迟疑不决呢?

是的,是的,是这样的! 她在他的心中,已经没有立足之地。再前行一段时间,取得成功之后,应该把功劳归他的家长啊。

起来! 跟随你的父亲一起感谢真主,分享你母亲的欢乐,像你弟弟一样欢笑快乐吧。

别这样愁眉不展神思恍惚地坐着,你否定她,是想使她从葬地复生,从长眠中苏醒。

要否定什么,不是去想它,哪怕是否定的或排斥性的思考。即便是假装要撵走它,轻视它,否定它,那也只是在想你企图留在脑子里的它罢了。假如你真想要排除它,那它在你脑子里的地位,不过就是田里的玉米秸、桌上的笔和床上的垫子。

难道你在成功的时刻,必须得这样神不守舍地坐着,向自己确定所有这一切都已从心里排除,你脑子里什么都不想,就像对待已被埋葬的她?

起来,起来吧! 你既然已将她埋葬多时,那就把她从你的思想中丢开,让她在你的心中像你周围那许许多多无足轻重的东西一样……桌上的一支笔,或床上的一张垫子,甚至是鞋子里的一双袜子。

你讨厌这样的比喻吗?

你要是不喜欢,那么,那就像是运河边上的一朵花吧。

小傻瓜呀……

无论你怎样坚持说她已被埋葬,但让她在你的心里,依然有她的价值。

起来,去见你的父母亲,让他们为你的成功高兴高兴!你现在有了一张受人尊敬的文凭。你成人了,持有高中文凭,能凭它成为高等学校的学生,你踏上了通向受人尊敬称号的第一级台阶,将来成为军官、工程师或者医生……如果你无意于此,那也能当一名职员,还算受人敬重。

阿里从书桌跟前的凳子上站起身来,心里不再想什么了。无论如何,他只要一想到自己已经拿到了高中文凭,在当地也就是一个具有正式身份的人物,心中便很高兴,这种高兴帮助他摆脱了迷惘的情绪。

这是炎热七月里的一天,时值下午,太阳已经开始西斜,树影拉得很长……阿里穿上木屐,到浴室里去小净,准备做晡礼①。他走过父亲的房间,瞥见父亲跪拜在地,闭着双眼,沉浸在礼拜之中,脸上呈现出极其诚挚的赞美之情。

母亲蜷坐在家门口的一块垫子上,面对着一只大铜桶,正在把几瓶玫瑰露倒进桶里溶化。侯赛因坐在她旁边,他伸手递过一只空杯子,乞求道:

"再给一杯。"

母亲呵斥道:

---

① 伊斯兰教规定穆斯林每日五次礼拜,分别在晨、晌、晡、昏、宵五段时间内举行,称为晨礼、晌礼、晡礼、昏礼、宵礼。

"你的胃要炸啦！这已经是第四杯了！别人喝什么啊，你不害臊！"

"最后一杯。"

"一滴都不给。"

"这是给我喝的嘛，是我毕了业，又不是您。"

"拿去，别让我再看到你。"

阿里走进浴室。下午四点钟，浴室墙上的高窗已驱不走笼罩在室内的昏暗。他卷起袖子，开始做小净。弟弟和母亲的争论又传入他的耳中。

母亲说道：

"我让你巴希娅表妹到车站旁边的冰室去买冰，她走了有半个小时了，你去催催她。"

"我去催巴希娅？"

"是啊。"

"我？到冰室去？"

"干吗不行？你头上有羽毛吗？"

"不对，我头上有比羽毛更好的东西！我有文凭，高中毕业文凭。真是罪过，妈妈，您不懂，您不知道人的价值……您知道坐在您面前的是什么人吗？"

"我不想知道。没工夫说废话，去吧，侯赛因，你去把冰拿来。"

"首先，我不叫侯赛因，我的名字叫侯赛因先生，因为有了文凭，我就能任职，有一份受人尊敬的工作……如成了职员，大家都将称我为侯赛因先生，您懂吗？"

"愿主让你忍忍吧，宝贝。去吧，孩子，去把冰拿回来。"

"看在您的面上，要是您再给我一杯，我就去一趟，仅仅这一趟啊。"

"还要一杯？你疯啦？你已喝了五杯啦！你的胃要炸啦。"

"不用担心我的胃，它连石子都消化得了。"

"拿着,快走。"

"我先得穿上西装,还得到开罗去呢。"

"你要到开罗去?"

"是啊,我要去看电影。"

"这是谁说的?"

"我说的。我跟朋友们说好的,还约了时间。"

"你有钱吗?"

"他们请我客。"

"你不害臊? 揩别人的油还不够?"

"这不关您的事。你们不给我们钱,又不让我们揩别人的油!好啦,得不到您的好处,也不遭您的罪!"

阿里已经做完小净,穿过堂屋回自己屋去做礼拜。侯赛因一看见他便叫道:

"阿里,你不去看电影吗?"

"不去。"

"为什么?"

"我没有钱。"

"我借给你。"

"你哪来的钱?"

"我去向阿巴斯借。"

"不,我不向你借钱,你也别向谁借钱。等我们有钱了,再去看电影。"

父亲已做完礼拜,在自己的房间里听见他们说话便高声加入进来:

"今天你俩得留下来跟我一起接待来祝贺的客人。你俩已经长大成人,应该接待客人。今天是咱们的节日,应该一起来庆贺的节日,我要为你俩庆祝一下,你俩让我脸上有光……总算我在你俩身上没有白费力气。"

母亲放下搅拌饮料的大勺子,举手向天祈告道:

"赞美真主……主啊,让他俩一直成功,别让他俩失望……主啊,保佑他俩不遭毒眼……主啊,好好造就他俩吧。"

母亲发出一连串的祈求。每当她两个儿子进来出去,她总是要为他俩向真主祷告。

巴希娅出现在院子里,她是母亲祖赫拉妹妹的女儿,去年她母亲去世后,她父亲就把她带来住在姨妈家里。

容貌美丽的圆脸姑娘走到姨妈跟前,递给她一块冰。姨妈慈爱地拍拍姑娘的背,说道:

"愿主不要让我失去你。我总想有个女儿,这个不足你给补上啦。"

接着,她望着两个儿子,喃喃地悄声道:

"愿主让你得到他俩中间的一个。"

她满斟一杯饮料,递过去道:

"拿着,这次是庆祝阿里和侯赛因毕业,但愿下次是庆祝你的婚礼。"

侯赛因拍拍巴希娅的头,笑道:

"在你的婚礼上,这一杯我要收回复利。你不懂复利,连单利也不懂吧?这没有关系,一句话,一杯要收回五杯。"

父亲笑道:

"这不是复利,而是高利贷啦。"

姑娘的脸上泛出了红晕,说道:

"我不结婚也还你。我不结婚,我要一直跟姨妈在一起。"

姨妈搂着她说道:

"你会结婚的,也会跟我在一起。或者更准确地说,是我将跟你在一起,要是你愿意我待在你家里的话。"

六 "死灰复燃"

阿里做完晡礼,与弟弟都穿上了西装。父亲穿着羊毛长袍,戴上黄缠头巾。两个孩子通过考试,都取得了高中毕业文凭的消息在村里传开后,邻居、熟人开始一批批地前来祝贺。贺词从人们的嘴里流出来,饮料从人们的咽喉中倒进去。阿卜德·瓦希德满心喜悦地接受大家最良好的祝贺,对那些贺词所包含的种种伪善和嫉妒,他压根儿没理会,而只体会到贺词中的友好、恳切、羡慕和诚挚之情。

终于,喧闹归于平静,饮料也已喝完。阿卜德·瓦希德家里留下的都是家人。夜晚来临。这个小家庭的全体人员围坐在堂屋的旧矮圆桌旁。祖赫拉安排的晚餐,有蔬菜、米饭、一盆色拉和一些腌黄瓜。

吃晚饭的时候,阿卜德·瓦希德出神地在想新的下一步。他从肩上卸下了一个包袱,又挑起了一副更重的担子。他已经走完了一段路程,剩下的道路更坎坷、更艰难。

此后,他打算怎么安排这两个孩子?果实现在就可以摘取,但还青而不熟,在他和两个孩子嘴里,味道都还不甜美。

他能够为他俩就业去奔走,极有可能成功,他俩会用挣得的工资帮助他,免得他再千辛万苦地张罗他俩完成学业所必需的费用……可是,这难道就是他对他俩的期待,或是他俩内心里的希望吗?

侯赛因可能会同意,而且多半会十分欢迎,可是阿里呢,这个沉默、努力和有抱负的人,他会满意这样的结果吗?

阿里有一次曾对自己说过,他宁愿像自己一样当个花匠,以保全自己的面子。可是现在,自己已把他推到了半路上,使他有了美好的希望,难道自己甘心让他再后退吗?

然而,假如他决心沿着这条路走到底,那怎么去筹措钱呢? 这事并不容易。大学高校的学费要比他以往支付的高中学费高……两个孩子的衣服等花费无疑也需要一笔更大的钱。对他俩来说,如果穿打补丁裤子在高中还过得去,进了高校可就太难了。他俩年纪越大,眼界就越开阔,很容易把自己同其他孩子作比较,高校里的其他孩子肯定来自生活非常优裕的上层社会。

他希望王爷加薪,以满足两个孩子新处境的生活需要,可是学费……怎么去筹措呢?

他有二费丹①土地,可以卖二百或三百镑。他妻子有些首饰和镯子,值几十镑。事实上,他每年需要积攒一点钱和添置些衣物,靠的也就是这二费丹地的收入;他把妻子的首饰视作生老病死的应急储备,这也是实情。

可是,为了两个孩子的前程,他难道不值得牺牲这一切吗? 他如果在离开尘世的时候,即便两手空空,只有两个受人尊敬的儿子,那难道不是已尽到了自己的责任,一生都很有价值吗?

他从盘里捏起一撮色拉,一面咀嚼,一面继续出神地思考。

想到这里,他打定了主意,不论代价如何,也要继续向前走。过去,他

---

① 一费丹等于四千二百平方米。

付出了自己的面子作为代价,现在再付出二费丹土地和首饰难道算多吗?凭主起誓,如果这事情竟然要他付出生命,他也心甘情愿。他爱两个孩子,更甚于爱自己。

他出神地注视着他俩。阿里沉静、稳重,自傲而不外露;侯赛因轻松开朗,心地善良,又很放纵。他俩现在正站在十字路口,他即将迈出的一步将决定他们的命运。

这会儿,两个孩子脑子里究竟在想什么?

依他看,他俩想的多半也是他所想的事情,倒不妨趁晚饭时候提出来商量一下。

他驱散沉默的乌云,开口说道:

"你们在人们面前,替我脸上争了光。穆奥瓦德教长把登着你们成绩的报纸递给我的时候,我用手压住了心口……我最担心的是你俩白辛苦一场。你们在最后一个月里做出了很大的努力,可是,真主补偿了你们的努力,成绩很不错。"

母亲低声咕哝道:

"感谢真主,愿主完成他的恩德,保佑他们不遭毒眼。"

侯赛因笑着打岔道:

"真主在保佑我们不遭毒眼之前,赐给了我们高分,使毒眼对我们有了嫉妒的东西。"

阿里接着说道:

"是啊,总分很重要,我们日夜用功就是为的它。要保证及格,花一半努力就行了,但获得文凭不是一切,成功是必须拿到能使我们进入理想学校的总分。"

父亲问道:

"是什么学校呢?"

"工学院或医学院,不过我更喜欢工学院。"

"我倒希望看到你成为一名军官。"

侯赛因插嘴道:

"如果天从人愿,我将成为一个警官。我并不抱太大希望取得高总分。我认为我进警官学校的道路是平坦的,别的学生报考会遇到困难,我考上却毫不费力。"

父亲诧异地问道:

"为什么?"

"我们去年同警官学校进行了一场足球友谊赛。领队的足球警官对我很欣赏,问了我的名字,还记在本子上。他对我说:'等你拿到高中毕业文凭,我们欢迎你进我们的学校。'"

"你认为他还记得你吗?"

"当然记得。两个月前,我遇到他们的队长,他向我重申了那领队警官的话,告诉我,他们已经组建了将来的球队,我在里面。"

父亲笑着答道:

"踢球居然对你这么有用,我们还一直禁止你呢。奇怪!我没有想到这对他们来说竟会如此重要!"

母亲不以为然地问道:

"你就一辈子玩球?你只是在玩儿时才有用。等你当了警官,准是一个尽捅纰漏的人。"

"妈呀,您要注意,您不知道您在跟谁讲话。过几个月,我到你们这里来,全村人都会紧张,我要让村长吻我的手。我将成为一个长官,您知道长官吗?"

父亲笑道:

"愿主保佑我们不受他们的罪。"

接着,他将一匙子米饭丢进嘴里,又说道:

"这么说,你是决心当警官了?"

"要是天从人愿的话。"

"那就让你哥哥……当个军官……阿里,你说军事学院怎么样?"

阿里轻轻地笑了一下。侯赛因却咯咯大笑起来,他对父亲脸上出现的惊奇神情说道:

"进军事学院……一次搞定?"

父亲叱责他道:

"你进警官学校,阿里难道就进不了军事学院?他可要比你强一百倍。"

母亲接着说道:

"阿里吗?他们能找到比他身材、模样和品德更棒的人吗?"

侯赛因说道:

"当然罗,母猴看小猴嘛……"

父亲呵斥道:

"不要放肆!"

母亲训斥道:

"凭天起誓,我只有一只小猴,就是你!"

阿里轻声笑了。他见弟弟挨骂,就替他辩护道:

"爸爸,侯赛因说得对。问题不在于长相、身材,而在于介绍人。报考军事学院的人极多,录取名额却很少。他们每年从七百到一千个报考者中只取十名。"

"万能慷慨的主会让你有幸进入这十名之中。"

"不是幸运的问题。我想,万能慷慨的主是不会干预学生选拔的。"

"求主宽恕……阿里,你不要这样说话。"

"我没有否认真主。只是……负责选拔学员的是一批高级军官。"

"那他们为什么不会挑中你呢？"

"因为有人比我更有资格。"

"比你更有资格的都是些什么人？"

"军官们和大人物的子弟,这些人将占据这十个录取名额！现在他们差不多已经内定了。不,不,爸爸,咱们别去想军事学院,那是毫无希望的,它需要高级的介绍人。仪容审查是介绍人之间的较量,胜利属于最有力量的介绍人。"

父亲沉吟了片刻,接着缓慢地说道：

"如果需要高级介绍人,那咱们干吗不向老爷求助呢？他可能会同意给咱们一张名片,介绍咱们去求某个负责人。"

父亲的话使阿里一惊,他的脸顿时红了起来。父亲突然提到老爷,触动了他脑海中的另一个人,不是老爷,而是与他有密切关系的人。

阿里仿佛看到,埋葬在他心田里的她,正在抖落身上的坟土。

侯赛因天真地答道：

"天哪,这可是个好主意。我认为他们不会拒绝老爷的推荐。"

接着,他开玩笑地对母亲说道：

"妈,这可是喜讯……又是一名军官……但愿他将来带着大炮来看您,替您把村长的家砸烂。我们将捣毁村长的家,坐在它的废墟上。"

阿里仍在抵抗那苏醒的埋葬女孩在他心里引起的震颤。终于,他能用断然的口吻回答了：

"不,爸爸,咱们没有必要向他求助。他不会答应为咱们介绍的。他瞧不起所有人,包括咱们和咱们要去求情的人。再说,您的孩子当军官,他绝不会高兴。毫无疑问,他认为军队应该是贵族阶级的天下,他为他自己曾当过土耳其军队的军官而骄傲。咱们不必白白地去丢面子。既然有把握进工学院,干吗要这样费事费力?如果天从人愿,我相信我能得到高分,特别是数学。这样,就不需要人介绍和去求人了。咱们难道放弃现成的,反去追求那无望实现的奇迹吗?"

父亲没有注意听他的话,而是一面看着他,一面在想象他穿上军服挨着他弟弟的模样。

这个梦想如能实现,他将何等高兴啊!

他回答儿子的话时,说出了萦绕在他脑际的梦想:

"阿里,我多么想看到你成为一名军官啊!无论是外貌、品德,还是从英俊、男子汉气概看,你都将是一名出色的军官。"

母亲附和丈夫的梦想道:

"是啊,是啊,愿真主实现你的想法,阿里他爹。"

"主说:'努力吧,奴仆,我同你一起努力。'咱们应该努力。"

阿里大声反对道:

"爸爸,不可能实现的,没有必要去费力。我求您不要去找老爷,不要去求他什么。我相信他会拒绝的,咱们是白费力。"

侯赛因插进来说道:

"哥,你让爸去试试嘛,你有什么损失呢!"

阿里仿佛自言自语地轻声说道:

"咱们将是更加丢面子。"

父亲答道:

"我已经对你说过,我的面子绝不会白丢。我丢面子为的是让你有面子。我将去找他,求他,或者说,我求的是真主……真主绝不会让他的信士失望。你别忘了,军事学院学制短,待遇有保障,不像其他高校那样让咱们受累。咱们付出的,将很快得到补偿。经过三年,你就将成为一个受大家敬畏、尊重的军官……等你穿着军装回到村里来的时候,你就像王爷在村里走过一样……说真的,你不会比他差。"

阿里没有回答。他又一次感到内心的震颤。这一次,那埋葬者是苏醒了,他不想再让她躺下,也不想向她身上撒土,只能让她伸出脖子冲着他喊道:

"为了我,向前走吧!不管你怎样埋葬我,否定我,我就是动力,是目标。过几个月,你将穿上带红条纹的裤子和扣上领子的上装。你将显得英俊潇洒,连我都几乎认不出你就是那个救过我的命,坐在手推车前面满身尘土的少年。三年后,你将成为一名军官,像我爸爸过去一样……咱们——我和你——将平等地站在一起,再不会一个在峰顶,另一个在谷底。"

阿里离开矮圆桌。堤坝崩溃了,甜蜜的梦想和美好的愿望已涌入他的心头。

七　介绍信

　　翌日清晨,父亲静悄悄地离开家,只有四处荡漾着的平静气息。他经过几家邻居的茅舍,沿着河边的路走向府第,进入他平时走惯的毗连花房的后门,来到一间木头亭子前面。花匠、小工和助手们已集合好。他向大家问好,接着就开始派活:

　　"今天一定得把淤泥搞走,咱们从西边的花坛开始干起。阿卜德·查希尔师傅,你带四个人或六个人去,抓紧一点把活儿干完。你们先把花坛里的旧淤泥运走,铺在旁边的狗牙根上,好好地铺,免得要我们返工。搞完后,再用手推车把靠河的门那边的淤泥运过去。"

　　接着又转向另一个人说道:

　　"阿布·哈利勒,你带两个人去整一下杜鹃花花坛,那里长了不少莎草。"

　　对方答道:

　　"我本来想剪一下东树墙,连翘树长得太密,枝条都快戳到人的眼睛了。"

　　"那你就去剪吧,别管整花坛的事了。"

　　阿卜德·瓦希德就这样不停地派着活。他的人马带着锄头、筐子、剪刀和铲子,在宽广的花园里四处散开了。他在他们中间转了一圈,而后来到花房,来回察看新近从小钵子里移栽到二十五号花盆里的豆绣球花。

快九点钟的时候,他径直朝管事房走去,脸上露出严肃和沉思的表情。

他脑子里在盘算与王爷谈话的方式。他应该选择合适的时机提出自己的要求,必须趁王爷心境好的时候,首先得愿意听,其次才是同意。每年这个时候,要王爷对他表示满意很难,因为没有什么理由。大部分的花坛里都没有花了,阿卜德·瓦希德没有什么能用来炫耀或讨得王爷欢心的东西。而且每年这个时候要见王爷一面都很不容易。王爷走过花园的时间可说不准,不确定也无从知道。他快要住到他在亚历山大的府第去了,天知道是在招生之前回来,还是在亚历山大一直待到十月份。

他必须在王爷出门之前有所行动,本周,或更确切地说,今天就得有决定性的行动。

如果今天很难见到王爷,那他应该托一个人,一个任何时候想见王爷都很方便的人。

能够做得到的,除了主管易卜拉欣先生之外还有谁呢?易卜拉欣先生是个好人,他喜欢阿卜德·瓦希德,是最先对他两个孩子毕业表示祝贺的人之一,也是最接近王爷的人之一,他能够在任何时间和地方见到王爷。

阿卜德·瓦希德来到管事房,向门卫问好,又问起易卜拉欣先生。门卫告诉他,易卜拉欣先生在自己的房间里。

管事房位于大花园里一个僻远的角落,有好几间平房,有一扇门通外面街道,另一扇门通向花园。

阿卜德·瓦希德一面打招呼,一面走过职员们的办公室,最后到了易卜拉欣先生的房间。他迟疑不决地轻轻敲了几下门,听见里面传出了声音：

"进来。"

阿卜德·瓦希德推开门，走到易卜拉欣先生的办公桌前，桌上堆着卷宗、纸张。他紧握着易卜拉欣先生的手问候着。

易卜拉欣一面回礼，一面表示欢迎道：

"欢迎，欢迎。你好，阿卜德·瓦希德师傅，请坐。有什么事吗？"

阿卜德·瓦希德坐下来，双手在两腿中间搓着，眼睛盯着易卜拉欣先生在书桌下面露出来的脚。沉默了一会，他恢复了镇静，说道：

"我有一件事情来求您，易卜拉欣先生。就是怕给您添麻烦。"

"说吧，阿卜德·瓦希德师傅，你不会给人添什么麻烦的，你是个好人，求的总是好事。"

"我想请您在老爷跟前说个情，让他为我儿子进军事学院找个负责人说一下。"

易卜拉欣从他注视着的卷宗上抬起了头，满脸是掩饰不住的惊讶神情。他伸手摘下眼镜，佯装着擦镜片。最后，他不以为然地问道：

"军事学院……军事学院……就这样一步登天？"

父亲满脸惶恐，他高估了儿子的价值，头低得更深了，不知该怎么回答。

易卜拉欣的声音温和了些，责备也减轻了，接着说道：

"阿卜德·瓦希德师傅，军事学院招生名额有限，它不是为咱们，也不是为咱们的孩子开的，你干吗硬要自找麻烦？"

阿卜德·瓦希德抬起头，咽了一口唾沫，缓缓地答道：

"易卜拉欣先生，我们活着都是为了孩子。每棵植物都得有吸取养料的土壤。我们既然种了一株苗，就得全心全意地让它成长，照料好它。我们做的每一点努力，都应该是为了他们，而不要求他们作出报答。"

易卜拉欣先生歉疚地喃喃说道：

"你说得对，阿卜德·瓦希德师傅。如果天从人愿的话，你的孩子们是会成为大人物的。只不过我觉得，这进军事学院的事，几乎没有可能。"

"为什么不可能呢？假如老爷去求负责这件事的任何一个人，他们都会毫不迟延地接受。"

"是的，假如他去求人的话，假如……"

易卜拉欣沉默了一会，又说道：

"但是，他决不会去求人。"

"为什么？"

"我很了解他，他傲慢、妄自尊大和自私。他不会替任何人去求人……不会有什么用处。"

"咱们试试看吧。"

"没有用的，阿卜德·瓦希德师傅，你不要强求。我相信，他要是知道你在想这件事……想让你的儿子当军官，他会勃然大怒。你不知道，这些王爷是多么瞧不起咱们。在他们眼里，咱们只是为他们效力的工具，要不是他们需要咱们，他们一刻都不愿意咱们待在他们的土地上。他们坚定地认为，咱们是一种只能用鞭子来驱使的牲畜。他们讨厌咱们有人的特性，讨厌咱们会思考，有理解能力，有对生活的要求。因此，他们宁可要牲畜，也不要咱们，他们的马与狗，都比咱们要宝贵。我敢向你肯定，就我而言，去求他让新母马生的驹子进军事学院，要比求他让你的儿子进军事学院更容易！你懂吗，师傅？"

阿卜德·瓦希德耷拉下脑袋，禁不住发出一声难受的长叹，然后站起身来说道：

"我懂，易卜拉欣先生。愿主赐福给您……给您添麻烦了，请别见怪……非常感谢。"

他走近书桌,向易卜拉欣伸手告别。

易卜拉欣感到自己说的虽然全是实情,但已伤害了阿卜德·瓦希德,生硬的直言相告造成了他的痛苦,自己本来可以回答得更好一些,用更婉转的方式来使他明白的,而不是这样残忍地打消他美好的希望和崇高的理想。必须安抚他一下,减轻自己给他造成打击的痛苦。于是,易卜拉欣一面握着他的手不放,一面说道:

"你再坐一会儿,阿卜德·瓦希德师傅。让我给你要一杯咖啡,咱们光顾着谈话……坐吧。"

"谢谢,易卜拉欣先生。我得赶紧回去了。那些小工们您是知道的,如果我不看着他们,是会把一切都给搞糟的,也许会在老爷走过时把好砖叠在坏砖上。"

"稍微坐一会。我倒有一个办法,可以在军事学院事情上帮你一点忙。"

"怎么?"

"我认识军事学院的文书主任阿卜德·贾利勒先生,大军南下之前,我们在苏丹是同事。我们之间至今还有交情,他是一个很好的人。"

"不过,您认为他手里有权吗?"

"谁知道呢……他是学院的文书主任,与院长和高级军官们无疑是有联系的。他能帮咱们在他们跟前推荐一下。你坐下,我给你写封介绍信,你儿子在交材料的时候带去交给他。到那天,你再提醒我给他打个电话。"

阿卜德·瓦希德坐下来,喃喃地说道:

"愿主赐福给您……愿主使您长寿。"

易卜拉欣先生开始写信。写毕,装进一个信封,封上口,递给他道:

"有一点关系聊胜于无。阿卜德·瓦希德,我能做的就是这了。"

"但愿有助于录取。您做的一切都带来吉祥。"

"这倒说不定,也许宝正好押在最差劲的人身上。"

"不,是最好的人身上。您对我们的恩情,我们不会忘记……再见。"

"再见。"

阿卜德·瓦希德小心翼翼地把信放进钱包,就像是在放一张护身符,随后离开了办公室。他自言自语道:

"真主保佑,还不错……真主保佑,还不错。"

他加快脚步走过管事房后面通向花园的甬道。他在园里时而向左,时而向右,大声催促、指点着干活的人们:

"加油哪,阿卜德·查希尔师傅。"

"加油要靠真主,师傅。"

接着,他朝另一个人喊道:

"穆罕默德,莎草要连根拔掉!"

"是的,师傅。"

他又对第三个人说道:

"阿卜德·贾利勒,你的人都睡着啦。看来,咱们这整个季度都得用在换花坛的淤泥上啦。"

"不用担心,师傅。"

"东花坛咱们还没搞呢。"

"有你在,一切都好办。"

他正想对第四个人吆喝,只见路拐角出现了两匹马,正迎面朝他走来。一匹马上骑的是王爷的儿子阿赖,另一匹马上是英琪。第一匹马冒着汗,全身湿透,嘴边的白沫掺杂着红色血丝。

他听见英琪对她哥哥说道:

"你快把它搞死了。"

"它不听话,该杀。"

"它不听话是你硬逼的。你没有必要给它上口衔,把它的嘴巴勒伤嘛。"

"这不关你的事,又不是你的马!"

"但它是个活的生物,你不害臊!"

"你又不是生物的保护人!"

"我要告诉爸爸,你骑着它狂跑,累得它满身是汗,把嘴巴也弄伤了。它都快累死啦趴下了。"

"随便你去说,反正这是我的马。"

两人走近毕恭毕敬站在路边的阿卜德·瓦希德。英琪犹如空气滋润的黎明时分的白百合花,她性格温柔,仪容高贵,骑在配有小姐们专用的女式鞍具上,身上穿着条纹绒布的马裤,腰里束一根天蓝色的宽腰带,上身一件白色的衬衫,胸脯上隐约显出有两朵即将绽开的蓓蕾。

阿赖径自走他的路。英琪看到恭敬伫立在路旁的阿卜德·瓦希德,就站住了。她亲切地嫣然一笑,向他点头致意,说道:

"早上好,师傅。"

"早上好,小姐。"

"你好吗?"

"感谢真主。"

"你的花好吗?"

"托您的福,都挺好。"

"我看到过一种杜鹃花,紫颜色夹白条纹,漂亮极啦。你有很多这种花吗?"

"朝北阳台旁边的花坛里全是这种花。到花全开的时候,景色会很优美。我们还有一种桃红夹白,色泽如宝石般的小绒球杜鹃花……我们已经从荷兰搞来了大量的新鲜马铃薯。"

"那我就可以随便采来插花瓶了?"

"当然可以,小姐。整个花园都听您吩咐。"

"你是这么说,可爸爸却不让我采,他说这些都是珍稀品种,采了会伤枝的。"

"不,小姐,杜鹃花您可以随意采。"

"谢谢阿卜德·瓦希德师傅。"

英琪正打算策马回去,但又停住了,问道:

"你的孩子们好吗?"

"感谢真主。他俩已经通过考试,拿到了高中毕业文凭。"

"真的吗?恭喜恭喜。你怎么不告诉我,让我向你和他们两个表示祝贺。我也已经毕业,在美国学院上二年级。"

"恭喜您,小姐。但愿您事事顺利。阿赖少爷怎么样?"

"他不及格。"

"真是遗憾。"

"他倒并不怎么遗憾。他从来不会为什么事遗憾的。你那个不跟人讲话的儿子阿里好吗?"

"感谢真主,他挺好。他想进工学院,我呢,想让他进军事学院。"

"你说得对。我喜欢军官们军装笔挺的样子。我相信,他一定会很神气的。我还记得他,记得在那一天是他挡住了手推车,把我从九死一生中救了出来;记得他头深埋在双肩之中,黑发披在额前,小腿多处擦伤,衣服上都是尘土。我永远也忘不掉他当时不肯站起身来,也不愿回答我的模样。我想,等他穿上军装就不会不好意思同我说话了,因为那时他的裤子不会有窟窿了。"

女孩笑了,阿卜德·瓦希德也笑了。他脑子里闪过一个念头:趁英琪亲近自己的机会,把自己希望王爷出面介绍儿子进军事学院的事托托她。他正想开口,只见她的哥哥又转身回来。英琪向花匠告别,驱马跟着哥哥走了。他感到非常失望,仿佛天赐良机却失之交臂。

八　温柔的语言

两个月过去,到了九月。这是报考学校,准备进入新学年的阶段。阿里和侯赛因都已经将各种材料准备完毕,其中有个人履历、操行鉴定和国籍证明等。侯赛因把全部材料送到了警官学校。足球教官和球队队长对他极为欢迎,他们肯定地告诉他,只要他通过体格检查,保证会被录取。

阿里准备了两套材料,一套送到工学院,他的总分保证他将必取无疑;另一套送军事学院。他觉得报考军事学院,一是为了满足父亲的愿望,二是为了满足一个隐秘的愿望,一个在幽暗梦境中的幻影的愿望……每当他躺在床上,闭眼不看自己的现实……铁床的柱架、有裂缝的天花板和在他身旁辗转反侧的弟弟时,他就让物质思维沉沉睡去,唤醒梦幻思维和被他埋葬在心里的她,两人在他构建的幻想世界中卿卿我我,情意缠绵。

他闭上双眼躺着,看见自己把介绍信呈递给阿卜德·贾利勒先生。他想象着阿卜德·贾利勒先生的形象、他的办公桌及其周围的一切……接着,又看见阿卜德·贾利勒先生把他介绍给院长,院长对他表示赞赏……仪容审查和体格检查都通过了,最后宣布被录取。

这一切,作为他实际行动的结果,合乎逻辑和情理,也就很有可能。

接下来呢?他在离开一段时间后回到家中,身上穿着扣上领子的藏青制服和带有橡皮筋、饰有红条纹的裤子。

她看到了他。

可是,在哪里? 村里可没有适合他俩会面的地方。

她在哪儿看到他? 在一家百货商店,一家电影院,还是在一个剧场里?

他不停地一直幻想着,直到入睡。

他怀着这样两个愿望——满足父亲的期望,也满足他自己梦中的追求,夹着材料袋走在马蒙哈里发街上。材料里有庄园主管易卜拉欣先生给学院文书主任阿卜德·贾利勒先生的介绍信,这仅有的介绍信,他要靠它来战胜来自大臣、王爷和高级军官的数量惊人的其他介绍信。

是的,他投入战斗的全部武器,就是这封由一位文书转托另一位文书的介绍信。

阿里失望地摇摇头,继续前行。

他得步行走完从阿拔西亚的岔道到库巴桥间的距离。从火车站到阿拔西亚,他乘了电车。他身上的钱,只够用作他回程从阿拔西亚乘电车到火车站,再搭火车回家的车费。

用来乘白色电车的这几分钱,可能在倒霉的日子里会有用,还是省下来步行吧。

已经十一点钟了。没有风,树叶纹丝不动,地上的一切仿佛都屏住了呼吸,只有太阳喷射出的热气浪,像鞭子似的烧灼着人们的脸庞和脖子。

在阿拔西亚的马蒙哈里发街上有一排枣椰树,夹在两排栽种在狗牙根树带上的榕树行中间。在这酷热的中午,榕树荫下可供行人歇足。阿里就借助这一块块的树荫,来到骑兵门[①]前的十字路口。榕树行在那里中断了,白色的电车路线向右沿着阿拔西亚军营的高墙转向另一条马路的

---

① 地名。

中央,路两旁的枣椰树零散、稀疏的树荫挡不住太阳的毒焰。

阿里还得头顶烈日,额头淌汗,在尚未铺上柏油的人行道的泥路上,走到军事学院。

他觉得,真主赐给他的那种天生的英俊,曾在一定程度帮他掩饰了衣衫的褴褛和身上的寒酸相,这会儿仅剩的一点英俊也已在骄阳和尘土中消失得无影无踪。他灰心丧气、毫无信心地在路上走着。他来到经过骑兵门后的第一座军事建筑物,上面写着"开罗部队"。已接近军事学院的大门了,他掏出手绢擦了擦汗,用裤脚把两只鞋子先后擦干净,这就像他在小学时候的做法一样,那时,小学里的纪律检查员是要检查鞋子的。

他在矮木门前站住。门口摆放着两尊生锈的大炮,门的一侧挂着一块铜牌,上面写着"军事学院"。

他望着棕褐色皮肤的粗壮军人……这个地方的威严和每块石头显露出来的冷酷景象,使他感到极其沮丧……他真想撒开腿一阵风似地跑回去。

然而,他还来不及采取新的行动,军人门岗看到他站在原地不进又不退,就厉声问道:

"你想干什么?"

"我想见文书主任阿卜德·贾利勒先生。"

"他在里面,你的左边。"

阿里一面尽力从心里掸掉失望和畏惧的灰尘,一面向前走去。经过一个小院子,院子两旁有几棵古老的蓝花楹树。他在大楼进口处的平台上站住,平台有几条拱顶通道,左面到底是两扇百叶门,上面写着"院长",右面到底相对的门上写着"参谋长"。

平台正面,是一条短走廊,通向一个宽敞的院子,从一条与大楼等长的地面甬道可以看见整个院子。

阿里按照门岗的话,沿着甬道向左,走过几个门,见有一扇门上写着

"文书主任"。

他在门前犹豫了一阵,直到有一个士兵走过,阿里问他道:

"这是阿卜德·贾利勒先生的房间吗?"

士兵点点头,继续走他的路。阿里在门口站了一会,让喘吁吁的气息平静下来,然后畏缩而迟疑地在门上叩了几下,只听见里面传出一个声音:

"请进。"

他步履迟缓心怀畏惧地走进门去……百叶窗把日光挡在屋外,悬挂在办公桌上面的电灯,帮助从百叶格子里漏进来的光线驱散了黑暗。

他有心理准备,迎接一切可能遇到的粗暴接待和冷漠的拒绝。不过,阿卜德·贾利勒先生的容貌和他显而易见的善良,使阿里定下心来,大大减轻了他心中的畏惧和担心。

阿卜德·贾利勒亲切地问道:

"我的孩子,有事吗?"

阿里咽了一口唾沫,一面慢慢地走到办公桌前,一面问候道:

"您好。"

"你也好。请吧,有什么事吗?"

阿里站在办公桌前,伸手送上他的材料袋。

阿卜德·贾利勒没有伸手接材料袋,他指着隔壁的房间说道:

"把它交到文书办公室去,交给阿卜德·卡迪尔先生,或者你在那里见到的随便哪一位……就是你左边的第一间办公室。"

他看到阿里脸上迟疑的神色,便又问道:

"这是报名材料吗?"

"是的。"

"那就拿到那里去,由他们检查,在确定你的身高符合标准之后,他们会收下材料。"

"可是……"

"可是什么?"

"材料里有一封给您的信。"

"给我的?"

"是的,是易卜拉欣先生给您的。"

"易卜拉欣先生是谁?"

"易卜拉欣先生是伊斯梅尔王爷庄园的主管。"

"噢,易卜拉欣·贾德·毛拉。欢迎,欢迎,请坐,孩子,他好吗?"

"感谢真主,他挺好。"

"我们最后一次见面已经两年了,那是在开往法信的火车上。很长时间了,易卜拉欣,很长时间了。我们曾在苏丹一起度过一段美好时光……是一去不复返了……他现在身体好吗?我最后一次见到他时,他肝区不舒服,现在可能已经好了吧?"

阿里并不清楚易卜拉欣的身体好了多少,他压根就不知道易卜拉欣生过肝病,但他总得顺着阿卜德·贾利勒谈下去,得向阿卜德·贾利勒证明,他与易卜拉欣先生的关系很深。

阿卜德·贾利勒把材料袋放在面前,又继续唠叨着。

他打开材料袋,拿出一个印有"伊斯梅尔王爷管事房"字样的小信封,上面写着"军事学院文书主任尊敬的穆罕默德·阿卜德·贾利勒先生阁下亲启"。

他打开信封,接着读易卜拉欣写的几行问候话,信中说,阿里是自己的一个亲戚,希望他为阿里尽力而为。阿卜德·贾利勒点点头说道:

"遵命,十分乐意……你告诉他,我将尽力而为。录取是非常困难的事情,但我们将会尽力,靠主佑助……幸运的是他们今年增加了招生名额。去年只招十名,但今年这一届有可能增加到三十名。我想,到时候机会会大些。"

他按了一下面前的铃。阿里从他的话里感到一种奇妙的快慰,这是一个美好的答复,给自己带来更好的希望。即使他以后并没有为自己做什么,他的表态也是对自己的一种仁爱和同情。

他想起在《世俗和宗教文学》一书中读到过的一句话:

"我的孩子,仁爱非难事,和颜悦色、语言温柔。"

真是的,凭真主起誓,仁爱非难事。

一位文书进来,阿卜德·贾利勒收好介绍信,把材料袋交给他,说道:

"把材料拆开,量完他的身高后收下。他长得挺高,无疑要比规定标准高不少。"

接着对阿里说道:

"我估计仪容审查的日期可能定在本月15日。"

他翻了一下面前的记事本,又说道:

"也就是下下个星期六。通过仪容审查,再进行体格检查。这是第一轮淘汰审查。考生非常多,现在已经超过了六百名,不可能这所有的人都能获得体格检查。但愿你有运气。"

"但愿如此。"

"至于体格检查的结果,则取决于你自己。加油吧,争取进入最后的仪容复审。"

"加油鼓劲全靠真主。"

这个人非常好心,他仿佛已保证阿里会通过初审,希望他到体检时鼓起勇气来。

这重重的障碍和名目繁多的审查究竟是怎么回事?天哪,这简直比进入天园还难!

仪容初审,体格检查,仪容复审,到最后肯定还是被拒之门外。

他干吗不一开始就不自找麻烦呢？

他要告诉阿卜德·贾利勒，自己改变主意了，决定撤回报名材料，只想报考工学院，难道不是更好吗？

是的，是的。

但他没有吭声，而是向心地善良的阿卜德·贾利勒告别。阿卜德·贾利勒紧握着他的手，说道：

"代我向易卜拉欣先生问候，告诉他，我最近想见见他，我仍常去赫拉特街咖啡馆，坐在我们当年的老位子上。我怀念我们在那里的夜谈。告诉他，他喜欢的甘蔗汁，我会为他备好满满一杯。"

阿里离开军事学院，感到自己已经履行了必须的义务，他没有天真到以为见到了这位和蔼可亲的人，作了一次美好的谈话就被迷惑了。他最感谢阿卜德·贾利勒的是，这个善良的人使他平安通过了第一阶段，维护了他的尊严，未遭到屈辱和漠视，也没有遭到恶劣的接待。他所希望的一切，就是以后的阶段也能像这次一样，顺利度过。

他回到家里，把经过情况告诉父亲。他虽没有被迷惑，父亲却难免上当。父亲从文书主任的谈话里增添了内心的希望，他极为乐观，认为这位文书主任在学院里一定是位权势显赫的人物。

仪容初审的日子到了。全家人一早醒来，大家围住了阿里，他像是成婚之夜的新郎，家里所有的衣服都拿出来供他挑着穿戴。母亲从他弟弟的衣服中挑出了最好的上装和裤子，已洗净熨挺。阿里自己缝好了皮鞋的后帮。

阿里站着系上侯赛因给他的领带。小巴希娅用自己的袖口替他擦毡帽。母亲忙着准备吃的，让他换换口味，用她的话来说，免得他"肚子瘪瘪"地去参加考试。

他终于穿戴整齐了。他站在破镜子前审视了一遍，然后微笑着用戏谑的口吻问身边的人：

"你们觉得怎么样？"

侯赛因笑着说道：

"只差一副单片眼镜就成老爷了。"

巴希娅真诚地说道：

"天哪，你可比他棒多了。"

父亲断然说道：

"仪容审查不让你过的人是没长眼睛的瞎子。"

母亲端着一盘豆和面饼进来，说道：

"愿主保佑你不遭毒眼，不让你失望。"

阿里在弟弟的陪同下离家向火车站走去。他站在月台上望去，府第高高耸立在围墙后面东方朝阳射出的红色霞光中。清晨湿润的微风，夹带着田野青草和花园花卉的香味，向他拂来。和煦的清风伴着阳光，把他的思想送进高墙后的一间卧室，那里一个躺着的人儿胸脯一起一伏，呼出安谧的气息……阿里从飘荡的微风中，闻到了沁人心脾的气息，他把这香气填满自己的胸腔，仿佛生怕它会散失。

难道这就是他能从她那里得到的全部缘分？幻想……幻想……幻想……流动的和风……梦中的幻影……不懈不灭的感情……他越是要把她葬在心底，她越是牢牢地控制着他！

汽笛响了。他与弟弟在两个面对面的座位上坐下来。府第的高墙掠过车窗，越来越远……在那高墙深处，有着美丽的倩影和甜蜜的希望。

她静静地躺着，几乎没有察觉到他，或者没有感受到他的存在。

他和她是多么可怜！

难道一个对你最有感情、最了解你能力的英琪，就永远被你置于否认、摒弃、忽视和遗忘的境地吗？

九　台阶减少了

　　两兄弟到站了,各自把飘游在理想天际中的思绪收了回来。他们搭上开往阿拔西亚的三路电车,两人在阿拔西亚分手:阿里走向库巴桥;侯赛因到警官学校去询问体检结果,约好等阿里仪容初审完毕后一起回家。

　　阿里来到军事学院,跨过有士兵站岗的大门。大门旁边麇集着一大群陪同考生来参加初审的学生家属。考生们有的成群有的独自一人开始进校。阿里随着接二连三的人群走进去,穿过通往大院子的走廊和拱顶通道,文书和文书主任的办公室就在那里。已经有一批学生集结在通道和院子里了。过了一会儿,一位文书走过来,开始点名。阿里和被叫到名字的学生一起,登上侧面的一条石头楼梯,石级的边缘已被鞋掌磨损,中间拱起,像琢过似的。走完楼梯,向右的甬道正好在楼下甬道的上方。他经过宿舍的门窗,看到的第一块牌子上面写着"三分队"。他不懂这"分队"是什么意思,但知道它一定是军事语言,表示某一批或某一群人。接着,他又看见另一块牌子上写着"学生俱乐部"。考生们流水似的走进俱乐部门,看到几个军事学院的学员穿着白色上装,肩上佩着闪亮的金银丝肩饰,下身是带红条纹的深色长裤,高毡帽,身体结实、健壮。学员们带领考生在原地排好队伍。

俱乐部很宽敞，走进门厅，分成左右两间。两间房里陈设着阿斯尤特式大椅子，深色木料，白色垫子，扶柄上有个圆孔放着金属的烟灰缸。屋子四角还有硬垫子的木椅，坐起来不怎么舒服。一张桌子上放着一盒棋子，另一张桌子上面有几本英文军事杂志。墙的正中，挂着福阿德国王[①]肖像；另外的照片很相似，都是一排排的老学员集体照，他们穿着卡其军服握着枪，脸绷得紧紧的，分辨不出彼此。

屋子的中央，排着长木凳。学员们让鱼贯进入的考生在长凳前排好。

终于，俱乐部里面的考生都在凳子上坐定，外面长甬道的考生也安顿下来……阿里坐着注视四周，心里笼罩着一层失望和烦闷的阴霾。

假如他有志气，那就切断幻想的缰绳，吹散阴霾，到他应该去的地方……脚踏实地，丢下这些讨厌的人群和陌生、令人生畏的房子，满足于他看得清楚的现实目标。

但他没有这样做，因为他意志薄弱，或者说，他对虚妄而甜蜜的愿望的眷恋，比他的意志更强烈，比他生活中的一切，包括他对母亲、父亲甚至对自己的爱，都更强烈。

这是他生活中最美好的东西。

是的，这虚幻的愿望既徒劳无益，也无可能……但却是他躲避生活的喧闹和寂寞的藏匿地，是他排除生活中的烦恼和不幸的乐趣，是苦中之甜，滋润他心灵和肺腑的甘露。

他生性不太寻常，不像其他孩子那么贪玩，也不像他弟弟侯赛因似的好奔跑、运动，他只是喜欢思考。

甜蜜的愿望就是他的所想，或者说是他脑海中最美好的事情。

难道他今后会把这种想法置于脑后？

[①] 埃及国王，1917～1936年在位。

不,不,他应该为了她而忍受……为了她……为了她……作为一种想法或一种幻想……他应该被录取……即便他相信这既徒劳无益,也无可能。

难道这个愿望真的只是一个既徒劳无益又无指望的想法?

"阿里·阿卜德·瓦希德!"

这个名字猛冲进他的耳中,是一个学员在叫他。叫喊声使他摆脱了遐想,他大声应道:

"到。"

他快步走到室外,一个学员把他领到一位身躯魁伟、红脸膛、正不断大声吆喝着的军官面前。军官高声问道:

"阿里·阿卜德·瓦希德吗?"

"是。"

"戴正你的帽子。"

阿里整了整帽子,跟着军官走进就在这条甬道上的一间屋子,上面写着"图书馆"。

他的情状不可能让他审视房间,他只觉得自己心跳不止,被面前的情景吓住了:几个白头发脑袋,固定在缀满亮晃晃军事标志的肩膀上;带着红色领章的衣领,使他们显得像是系着红带子的猫。在这些白脑袋和满是皱纹的阴沉脸中,他看见一张红脸上的蓝眼睛正透过眼镜片注视着他。他刚在这一群凶兽跟前站稳不久,便听见长着蓝眼睛的人用蹩脚的阿拉伯语喊道:

"下一个!"

阿里转身正准备走出屋子时,又瞥见一张褐色慈和的脸朝他微微一笑,就像酷热之下的一滴甘霖。

那是学院文书主任阿卜德·贾利勒先生的脸。他的小桌子紧挨着那些管理火狱的天使们①围着的大桌子,桌上是一堆卷宗。

阿里走出房间,大个子红脸军官把他交给一个学员。学员把阿里带到通道的另一头后,命令他到楼下去等待宣布审查结果。

阿里从跟他上楼时所走的北面楼梯相似的南面楼梯走下去,与其他已经审查结束的考生一起,待在底楼通道里。

时间慢得令人讨厌,又是一阵阵的失望,他想从考生中间溜走回家。这时,他的一个高中时代同学帮他摆脱了寂寞和沮丧。这个同学叫苏莱曼·扎基,身材颀长,心情温和。他说道:

"我们中谁会有希望?这不过是一次绝望的尝试和无谓的努力,是为了将来不埋怨自己说'我要是报考,肯定会被录取'……我来报考就是为了将来不自怨自艾……我今后会对自己说:我报考了但没有成功,别埋怨了。"

阿里笑着说:

"你说得对……我们已经尽到了责任。"

"不管怎么说,你不用愁,在你面前,工学院的大门是敞开的。依我看,它要比军事学院好,尤其是对你。"

"是啊,毫无疑问,它是最好的学院之一。不过,军事学院也有许多诱人之处,至少报名出奇的踊跃,录取名额又如此之少,使得人人都希望榜上有名。"

"你别忘了还有漂亮的制服、学制短和有保障的前程。"

楼上通道突然传来一声喊叫,打断了他俩的谈话。这声喊叫,让全世界的扩音器在它面前都黯然失色。这是大个子红脸军官的嗓门。阿里后来知道,他是学院的参谋长。

---

① 指那些主考军官。这里比喻阿里报考军事学院,像是入火狱似的备受折磨。

"考生们听着!"

考生们从楼下的通道和院子的各个角落拥来,集合在他发出叫声地方的下面。

他接着喊道:

"考生们听着,审查已经结束,仪容初审录取的考生,我将点到名字,他们将接受体格检查。没有听到自己名字的人,就是没有录取,他们可以明天来,从学院秘书处取回自己的材料。"

他开始用扩音器般的嗓门大声地唱名。阿里听见一个又一个名字,就是没有自己的名字,心里感到失望。不过,他安慰自己说,一开始就失去希望,倒可以免受体格检查、仪容复审和最后失败的折磨……既然不可能录取,他们最好初审时就把他拒之门外……他应该明天来取回材料,然后到工学院去看报考结果。

"阿里·阿卜德·瓦希德。"

他的名字终于从那个大嗓门里传了出来。

不可思议,不可能……这无疑是耳朵的幻觉……是的,有时候,耳朵会使人听见心中向往的事情,而非真的事实。

但是,他的同学苏莱曼高兴地紧握着他的手说道:

"祝贺你。"

就在他向阿里致贺的同一时刻,他的名字也被叫到了。阿里伸过手去向他祝贺:

"也祝贺你,苏莱曼。"

"愿主赐给你吉祥……体格检查和仪容复审都顺利。"

体格检查和仪容复审!

不,不,那可就希望渺茫,几近妄想……好心的阿卜德·贾利勒先生的能力将难以企及……他已经令人感谢地让他挤进了初审合格的幸运者中……至于体检,他不认为自己有能力通过那重重难关和严格的测试。

说到最后的复审,那只有靠天神①,或者半神半人的王爷、显贵和大臣了。

不过,无论怎样,他不必扰乱心里因初审的暂时成功而感到的快乐。

大个子红脸军官点完了名字,接着宣布体检日期:

"下星期二,七点半钟,被录取的考生从本校出发去军医院。大家请吧。"

阿里在大门口碰到已从警官学校回来、站在那儿等他的弟弟。

侯赛因急切地问道:

"你怎么样?"

"感谢真主。"

"通过了?"

"是啊。"

侯赛因又以他天生的快乐性子叫起来:

"真棒,我体检也通过了。爸爸会高兴得发疯。走,乘白电车去,别步行了,我的两只脚走得都起了泡。乘电车的几分钱,对我们没有什么用。"

阿里攒着他的手低声说道:

"你轻点声,别丢人现眼……瞧人家会怎么说我们!"

"人家不管你的事……你将成为一个军官,你可以像我想做的那样,把脚搁在他们的头上。我要做的第一件事,是一挥手就让不到站的电车和公共汽车停下来。走吧,电车来了。"

两兄弟回到家中,把好消息告诉了父母。母亲还未了解详情就弹动

---

① 原文如此。疑指"天使"(al-Malaikah)。参见《中国伊斯兰百科全书》,四川辞书出版社1994年版,第558~559页。

舌头欢呼起来。她不知道两个孩子还得通过一系列的审查,只知道录取和不录取,她耳朵里一听到两个孩子都已录取,便弹动舌头发出一阵热烈的欢呼,以表达她的满心欢喜。

父亲欢呼的方式是情绪热烈地虔诚地向真主跪下双膝。小巴希娅面带喜色地过来祝贺她的两个表兄,尽管她为侯赛因高兴的程度更深一些,她觉得有一只无形的手把她和侯赛因拉近,有一条她不明就里的纽带把他俩结合在一起。

她不知道为什么……一切现象都要求她在感情上对两位表兄一视同仁,她也总是努力使自己在对待他俩的行动上,做到这一点。尽管如此,她在相比之下却遏制不住这种对侯赛因的奇怪偏向。

阿里长得更英俊,品德也更好。

但她还是偏向侯赛因,虽说她在做比较时也相信,阿里更好。

她因为什么偏爱侯赛因呢?也许就是因为他不是更好,也许是因为他优点更少。

是的,她就喜欢侯赛因那副样子:冒失、轻率、鲁莽和自私……她喜欢他是不假思索的,即使她思考过,那么,他就是优点较少,也还是讨她喜欢。

侯赛因比阿里更接近巴希娅,因为巴希娅觉得侯赛因需要自己,她呢,能为他做许多事,替他整理书籍,洗球衣,去车站和市场买一些他需要的东西,侯赛因想欺骗母亲或父亲的时候,还需要她帮忙撒谎。

侯赛因比阿里接近巴希娅,是因为他对她更有感情,侯赛因叱责她,又讨她的喜欢,惩罚她又报答她,有时,他发起傻时还打她。

巴希娅从侯赛因身上看到的是一个亲切、可爱的人。

至于阿里,尽管他具有各种优点,却离巴希娅很遥远。他不需要她,而且也不需要任何人,大家都说他是个自给自足、独立自主的人。他什么都不麻烦她,因为他从不需要什么;他不要她帮忙,因为他总是自己帮助自己;他有条有理,不问她什么,因为他知道什么东西放在什么地方;他也不要求她去买什么东西,因为他宁可自己去买;他也不像他弟弟似的睡懒觉。

阿里离她很远,十分遥远,比天上飘浮的云更远。

巴希娅觉得他不属于自己,也不属于他们中的任何一个人,而是属于另一个把他带走,远离他们的人,一个与他一起在高空云际飘游的人。

夜降临了。大家各自回房休息,每个人都闭上了眼睛。在瞌睡对他们施展威力之前,各人都在畅想,捕捉内心乐见的情景。母亲看见两个孩子身体健康无病无恙;父亲看到他们两个成为令人尊敬的军官;巴希娅看见侯赛因身穿军装,神气十足,把她抱在怀里;侯赛因看见自己穿着红条纹裤子,高视阔步,把没到站的电车叫住,受到开罗街上姑娘们的赞赏;而阿里则在府第的上空飘游,他感到,通向云际的连接深渊和山顶的长阶梯,已经减少了一级。

十　邂逅相遇

体检的日子到了,阿里来到学院。一整队参加体检的考生由几个老学员领着,从学院出发,前往军医院。考生们从医院的后门进入右面的检查大堂,在长木凳上坐下。大堂显得像条走道,周围的墙壁下半部是木板,上半部是正方形的英国玻璃。

检查开始,一个护士兵依次一个个叫考生的名字。轮到阿里了。他迈着小步走进检查室的门,从测目力、听心肺、测试神经到做各种化验,经过了各个阶段。

检查结束,考生队伍又回到学院。等了一段时间后,一位文书站着宣布检查结果。

阿里的耳边听到一个又一个的名字,他听到了同学苏莱曼·扎基的名字。他感到绝望的手在揪他的心,因为按次序他后面才是苏莱曼,现在苏莱曼已经叫到而自己却没叫到,毫无疑问,他是落选了。

他的猜测是对的。文书又念了几个名字后,拿着名单的手就放下了,接着就对考生们喊道:

"我点到名字的考生下星期六来校参加最后的仪容复审。其他的人,明天来取回自己的材料。"

阿里遏抑不住袭上心头的苦恼巨浪。他确实不曾奢望会通过检查，尽管如此，他发现失败的滋味竟如此苦涩难尝，更何况那幻景中带他走向云际的阶梯，本已缩短却又恢复了原样，而且云霞也隐没在失望的黑暗中，他即便是在梦幻的夜晚，都已很难企及！

聚集的考生开始离去……文书也正准备返回办公室，这时，医院的一个护士兵拿着一份附有纸条的文件袋朝他跑来，把写有文字的纸条交给他。

文书再一次喊道：

"阿里·阿卜德·瓦希德！考生阿里·阿卜德·瓦希德！"

仿佛有一只手把阿里从沉溺中硬拉出来，他应道：

"到！"

"跟这位班长回医院去再做一次化验检查。"

再做检查？第二次？他本来希望文书的叫声是因为把他的名字从录取的考生中漏掉了。

然而，这只是命运的嘲弄。他将独自一人，没有其他考生作陪，再去做一次体格检查，以便让命运赐给他最后的一线希望，到头来再摔下来。

他但愿落榜，事情就完了，但终于他不得不从考生中挤出来，走向文书。文书要他随同护士兵回军医院去。

他又做了一次化验检查，然后又回到学院。他沮丧之极，恨不得从护士兵身边逃走，回家去。

在学院里，文书从护士兵手里接过一只封缄的信封，拆开，从中掏出几张纸放在桌上，又埋头整理起他面前的其他材料来。

阿里站着，等待着那紧闭的双唇宣布自己的命运。文书皱着眉头在专心看材料，看上去又疲倦又不耐烦。

阿里走上前去，迟疑地轻声问道：

"我可以走了吗?"

文书抬起头,不假思索地答道:

"可以。"

在这以后,他还想怎么样?他应该早就料到这一结果,从一开始就省心省事……他应该回家去把失败的消息告诉父亲……可怜的父亲,他是多么希望看到阿里成为军官啊!

阿里带着厌烦、失望的心情准备走了。

明天他得来取回自己的材料,那是他在这令人生畏的房间里要完成的最后一项繁重任务。

他步履迟疑,又听见文书仍用那不耐烦的腔调说道:

"你星期六再来。"

阿里一心想着来取回材料,便不由自主地反问道:

"来取材料?"

文书脸上显出惊讶的表情,随口问道:

"什么材料?"

"我的报名材料啊!"

"你干吗现在就替自己预作结论?等星期六复审结果出来,你若未被录取,再跟其他考生一起取回材料。"

"可是你说,明天可以取材料。"

"对,那是对体检没有通过的人……你已经通过了。"

他惊奇得张口结舌,瞪眼望着文书的脸,看了一会儿。真的吗?那文书干吗不一开始就告诉他?

文书一定是以为他已经明白,又因为疏忽和疲乏而不屑于把结果告诉他。感谢真主,慷慨的主啊,你总是让自己受到充分的眷顾!

他觉得失望与忧虑的重压已经消释,他虽然稳重、拘谨,这时却真想扑向文书，拥抱他、亲亲他。现在，他得赶快把这了不起的消息告诉父亲。问题变得容易了，机会已经增加。通过体检的不超过八十人，如果阿卜德·贾利勒先生说得没错，录取名额是三十名，希望再乐观一点，将数字增加到四十名，录取率就是百分之五十，也就是说，想跨过录取门槛的考生每两个就有一个会入门。选择将在他与另外一个考生中进行，难道还有比这更好的机会？

在这一切之后，再闹一次大笑话？当他攀登到幻想中的阶梯半途，在感到距离已经缩短，已从谷底接近山顶的时候……却不被录取？

在这一切之后，他再一次从高处摔下来！

然而，他干吗用这些令人烦恼的假设使自己心情沉重，干吗要背上失望的包袱？他内心深处正响起甜蜜希望的铃声。

让他回到父亲那里去，跑吧，飞吧，在文书再次改口之前。

不过，他应该确定一下，应该再听这个人说一遍，别是对方说岔了，或是自己听错了。

他惶恐地再次问道：

"我体检真的通过了吗？"

文书既不耐烦又觉得诧异，答道：

"是的，通过了，你以为我跟你开玩笑？我……"

他不等听完下面的话，就奔向屋外。不一会儿，他已经在马蒙哈里发街上快步走向阿拔西亚。

他到了阿拔西亚广场，心里既非常高兴，又十分担心。高兴的是成功地走完了通向既定目标的最大一段距离，担心的是在经过这成功阶段之后再遭失败。

他走向电车，看到路上出了车祸，电车车厢停了长长一列。他又转往公共汽车站，尽管他一乘公共汽车就恶心，但也没有办法。

他站在汽车站前,等着从新开罗开来的车子把他带去火车站。

等了好长时间。他又出神了,在想他梦境中将出现的种种可能。

他不应该让机会平白失去。可是,怎样才能通过仪容复审呢?毋庸置辩的是,将有一场介绍人之间的激战。阿卜德·贾利勒先生的推荐能打赢这一仗吗?

他想不会……希望极小。

要是王爷为他说情,那保证会被录取。可是,王爷怎么会愿意说情?他记起易卜拉欣先生在父亲第一次去托他时所说的话。易卜拉欣先生说的全是真话,王爷是一个自私自利、妄自尊大的人,他不能容忍这样的想法:花匠阿卜德·瓦希德师傅的儿子,居然要像他过去一样,像他儿子阿赖也有可能的那样,成为一名军官!

不管怎么样,这事就交给真主吧……如果阿卜德·贾利勒先生的介绍无力对抗其他的介绍,那么,真主的推荐比所有的人都强大。

谁知道呢!

私人汽车风驰电掣般地从他面前掠过,却没有一辆公共汽车开来。

突然,他看见一辆飞驰的私人汽车从他跟前开过之后一下子停住了,过了一会,好像是车上的人在等待什么,接着车子开始回倒,在他面前停住了。

他刚一留意这辆车,就听见车里传出叫他的声音:

"阿里!"

这声音使他惊奇,他向车里望去,眼睛看到的就更使他愕然。

竟然是她!

是啊,真的是她,活生生的她……高贵、动人……纤巧。

他的心怦怦跳个不停,他觉得血涌到脸上,两只脚好像离开了地面,人在空中晃悠。

姑娘打开车门,第二次叫他,他应该回答了。他张开嘴巴,喉咙发干,茫然地答道:

"是。"

"你愿意我送你吗?"

送他?她疯了吗?他能乘她的豪华汽车,坐在她身边?!

不,不,他还是双脚站在地上,更有尊严、更踏实……他怎么能跟她一起乘车?

他连连摇头,就像要他去犯罪,他得赶紧撇清似地答道:

"不,不了,谢谢。"

"为什么?"

"我等公共汽车。"

"我可以送你,你干吗还要等公共汽车?"

是啊,为什么?他怎么说?有什么借口?

但愿真主能默助他回答。他支支吾吾地说道:

"我也许跟你不同路。"

"你去哪儿?"

他不会撒谎,也没有机会编谎话。他不假思索地答道:

"回家。"

"好极了,我也去那里。上车吧,我送你。"

没有办法拒绝,路已经堵死了。她的邀请真诚而且明确:让他坐在她身边,由她送回村子。这像是一件她应当做,他也应当接受的事情。

他在她的身旁坐定。黑人司机发动汽车,车子向府第奔驰而去。

这整个事情的经过,如同电光一闪,对他来说,仿佛只是他夜晚的一个梦,他只要一闭上眼睛就发现自己已经在她身旁,与她一起在他高大的宫殿和高耸的塔楼里悠游。

过了一会,他控制住了自己,让紧张的神经平静下来,稳住恍惚困惑的心神。他有一种小偷带着窃物逃脱的感觉:那是他终生梦寐以求的东西,一朝得手,他就发疯似地跑,人们在后面追,他一直跑到一块摆脱了追捕者的安全地,才把窃物放在旁边,坐下来喘息。他不相信自己已经得手,便用手触摸一下它的存在,以感到放心。

是呀,她就坐在他旁边,这是在现实中而不是在梦里。他一转眼就能看见她,一伸手就能触到她。尽管如此,他却既不敢转过眼去,也不敢伸手。

他能做的,是凝视窗外……他只要感觉到她在自己身边,就很快乐、很幸福了。

可是,他是多么傻多么笨啊!如果他这么瞪着眼睛、默不作声地坐着就感到快乐和幸福,那么他这副样子她会愉快吗?他一路上一声不吭、凝视窗外她会满意吗?他一定得开口,一定得说点什么……这是与她谈话、听她声音的天赐良机啊!

再说,他对她还有什么可怕的呢,既然她亲切而谦和地坚持邀他乘车,是的,是坚持,是她停住车,再倒回到他站的地方要他上车,并坚持她的要求。

她无疑是想同他作伴……没有人强迫她这样做。

那他就说吧,随便讲点什么。

尽管如此,他还是默不作声地凝视着窗外,电线杆在向后掠去,树一棵接一棵地后退消失。

终于,她把他从困窘中救了出来,首先开口了:

"我到新开罗伊纳丝姑妈的家里去,她有点儿不舒服。我跟阿赖哥哥一起乘车出来。我把他丢在狩猎俱乐部,就去看姑妈了。我哥哥要在城里待一天,车子把我送回去后再去接他。"

英琪不停地谈着,用她简单明了的话语驱散了笼罩在两人之间的拘谨、紧张气氛。

她想听他谈谈……过去很长时间了,她只匆匆地见过他一眼,她的脑海里还印着他坐在手推车前的形象,高傲的沉默,矜持的腼腆……她多么希望能见到他,同他谈谈。但是,她只碰到过他的父亲和弟弟,都问起过他,直到最近一次才从他父亲处知道,他已经高中毕业,正打算报考军事学院。

今天,她突然在汽车站看到他,他的脸跟她最后一次瞥见他时没有多大变化,虽然身体发育了,个子也长高了,但他紧闭的双唇,细巧挺直的鼻子,连在一起的双眉,似乎因为他受到过什么伤害而紧皱着,还有他坚毅的表情和骄傲的眼神,则都和以前一样,丝毫没有变化。

她也觉得奇怪,偶然一眼瞥见他站着等公共汽车,心里竟会爆出火花,犹如两根电线一根正极一根负极相触一样。她叫司机停车。

她对自己也对司机解释停车的原因是,她要对一位邻居尽点义务,尽管她内心深处知道,这个人对她来说,不仅是个邻居,而是她想就近看着、长时间与之交谈的人……能够通过谈话,掀掉那块罩在他身上的由沉默和疏远构成的厚幔帐。

十一　手段和目的

　　英琪常常想到他，但不知道自己这么关注他的秘密何在。在她眼里，他是一个不同凡响的人，远不只是一个花匠的儿子。她不知道这是为什么，是因为他曾有一次救过她的生命，还是因为他疏远她不同她讲话？

　　不管怎么说，回家去的路上，他都同她坐在一起，这可是个好机会。她可以同他聊天，消除一路上的寂寞和烦闷。

　　可是，他要沉默到什么时候？难道他一路上都不想同她谈话吗？

　　她向他提出一个问题，引他开口讲话，从沉默中摆脱出来：

　　"你刚才在哪儿？"

　　他转过半个脸去，视线从车窗外移到她的脚尖上，答道：

　　"在军事学院。"

　　"真的吗？你在那儿干什么？"

　　"我去进行体检。"

　　"检查过了吗？"

　　"是的。"

　　"结果如何？"

　　"通过了。"

她喜形于色,显得由衷的高兴,祝贺道:

"祝贺你。这么说,你要进军事学院了?"

"也许吧。"

"为什么是'也许'?"

"我还得进行仪容复审。"

她朝他看看,嘴角泛起甜蜜的一笑。他眼睛依然盯着她的脚尖,看不到她。她天真地直截了当地说道:

"这对你来说简单得很,你无疑很容易就会通过的。我不认为他们有谁的仪容会比你强。"

阿里不禁脸涨得通红,直到耳根。她率真、朴实的话在他心里产生的影响,要比她所指的或想象的更为深刻……她真是这样看他,还是,仅仅是一种恭维?

他抬起紧盯着她脚尖的目光,落到她的双膝和她纤细的手上。她细巧的手指平放在腿上,他真想俯下身去用他的双唇碰一下她的指尖。

他克服了羞涩,涌到脸上的血流回到起伏翻腾的心脏……他把目光一点点移上来,直到她小巧的下巴,答道:

"我不觉得我的仪表比别人好多少。不管怎么说,我不认为'仪容'在复审中有多大作用。"

"这是怎么回事?"

"因为录取……不是靠更好的仪容,而是要有更有力的推荐。"

"奇怪!我不相信你会落选!"

她的话,比他通过审查本身更使他高兴。此时此刻,他觉得进不进军事学院,自己已并不怎么在乎,因为他已经进入了她的心里。他本来只是把进军事学院当作进入她心里的手段,现在目的既已达到,他也就不再需要手段了。

他又一次感到有一股难以抗拒、无法压抑的愿望,想朝她纤细、洁白的手指俯下身去。

抚摸一下她的手,他的一辈子就没有白活……只摸一下,但愿她能允许。谁告诉他,她会不允许? 她是一个大度、温柔的人,她在顷刻间所给予他的,已比他多年来在梦中所希冀的要多。

她看到他颦蹙着眉头的神情,问道:

"你在想什么? 担心不录取吗?"

他老实地答道:

"不,至少现在我不担心。"

她诧异地问道:

"为什么?"

他觉得自己心里的另外一个人,一个比他更能表达自己敏感内心和细微感情的人在说道:

"因为我对生活的希望已经变大,不再限于这样狭小的目标,我已经有了更大的期待。"

她似乎一点都没有听明白他的话,又问道:

"你难道没有推荐人吗?"

"在我的期待中,推荐人不再有什么价值。"

她抬起脸,凝视着他,更加惊奇地问道:

"你刚才还说,推荐人就是一切。"

他的视线从她的下巴抬高到她两片殷红的薄嘴唇,接着是她一对玲珑的鼻孔,注视着像是在观看气息的进出,而后,轻轻松松一下子抬高目光,两人四目相遇了,这是他俩从坐下来起第一次,也是他一生中的第一次……两人都有一阵子局促不安。之后,他恢复了信心,觉得把他俩隔开的万丈深渊和巨大差别已不复存在,他俩像在他的梦中一样比肩相邻,他已经完全处在他一直心向往之的位置上。

她也感到,隔在他俩之间的帷幕已经升起,堤坝已经消失。在她的双眼盯着他眼睛的时候,她感到了一种美妙的震颤。他终于打破沉默说道:

"刚才我还认为考上学校是我最大的愿望,而现在,录取与否,对我都一样。"

"为什么?"

"你以后可能会知道,至于现在,我想自己还不敢明说。"

她再次执拗地说道:

"但是,你应该进军事学院,不进是个损失。"

他看到她这样关切,他不由得满心喜悦,笑道:

"总的看,这得取决于阿卜德·贾利勒先生的能耐了。"

"阿卜德·贾利勒先生?"

"他是学院的文书主任。"

"他跟这事有什么关系?"

"他是我的推荐人,或更确切地说,是我初审时的推荐人,但愿复审时他不会使我失望。"

"但是,你认为他能帮助你考取吗?"

"光靠他……我看不行……可我还有一个靠山,能帮助他,也能帮助我。"

"是谁?"

"真主。"

"你在开玩笑吗?"

"决不,真主的推荐岂会是开玩笑?"

"真主的推荐,泽被众生,他帮助所有的人,没有谁能专享他的推荐。"

她的回答使他高兴……他笑了,她也笑了。他答道:

"你说得对。可是弱者却只能寄希望于真主的推荐。真主永远是我们最后的寄托。我们应当努力,然后让真主来安排我们的事情。"

她低下头思考。她有一个强烈的愿望,想帮助他。她在他身旁度过的这短暂时刻和随意交谈,已使他俩相互认清了对方。她觉得他的本质中有值得钦佩和尊敬之处,如果说他高傲,那是因为他确有引为自豪的理由……他以前救过她的命,却连她的几句感谢话都不接受,她好心给他一条裤子,原以为他会感激地收下,他却不肯穿,证据是她在花园里第一次看到他弟弟侯赛因时,侯赛因穿在身上。

他知道自己的价值……她通过简短的交谈,也已了解了他的价值。

他决不会求她帮忙,尽管他心里明白,她王爷父亲的推荐无疑会铺平他录取的道路。她要是提出帮助他,他准会拒绝,像不接受裤子一样。他决不肯让他的心灵受辱,即便是为了他的理想。

不管怎样,她可以在不让他察觉到的情况下帮助他。她如帮助他,那是因为他早就帮助过她,她提供帮助,只不过是一种报答。

汽车驶离了开罗,把房屋、街道甩到后面,开始进入田野道路。路的两旁是樟树和松树,树后是一片绿色平原,远处隐约可见散落着的农舍和水车周围的树木。

她侧过头来看他,发现他正出神地眺望着窗外。她想让他回过神来,便问道:

"你在想什么?"

"什么也不想。"

"人不可能什么都不想。"

"我对一件事想得太过分了,就像什么都没有想……似想非想。"

她笑道。

"这话有趣:似想非想!我能知道你似想非想中在想什么,而不想的又是什么吗？是近还是远？"

"它原来远离现实近在梦乡,现在离现实和梦乡都近了。"

"是个理想吗？"

"比理想大,是另外一种生活。"

"我不理解！"

"你不必费心去理解它。每个人都有只有自己才理解的思想。"

"但是我愿意理解你的想法。"

"你真的愿意吗？"

"嗯,我每次看见你,都想知道你在想什么。你记得吗,当时你坐在手推车前,我向你走去,想谢谢你,而你却不搭理我,你爸爸要你站起来,你也不站起来。我曾想知道你脑子里在想什么,是什么不让你回答我和站起身来,我问你爸爸,他告诉我,你因为裤子和不好意思。我想另外给你一条,虽说我不认为裤子有什么值得害羞的。"

"我不好意思不是因为裤子,而是因为你……我和你一比较就使我害怕……我一直很怕你……刚才你邀请我上车,也让我惊骇。要不是事起突然,你又是那么坚持,堵得我无路可逃,我肯定从你面前逃走了。"

"奇怪,这都是因为什么？"

"我不知道。即使……即使我知道,我想我也不能直言相告……真主赐给我们最好的保护方法,是给了我们关闭脑中所想的能力,否则……"

"否则什么？"

"没什么。"

"你干吗不说啦？我想听你多谈谈。告诉我,你打算军事学院毕业后干什么？"

"除了当一名军官,我还能做什么？"

"不知道为什么,我总觉得你将来绝不会是一名普通的军官。"

"我也不知道,你为什么这样在意我?是因为我冲到手推车前面救了你的命?这是我在你面前做过的唯一事情,让我显得不同寻常。即使是这件事,也不见得我就是个不同凡响的典范。我想,任何人处在我的地位,都会这样做。"

"我可不认为每人都会为救一个与自己不相干的人而甘冒生命危险。"

"不相干?"

"是的,我既不是你的姊妹,也不是你的亲戚。"

"难道人与人之间就只有手足之情和亲属关系?不是还有人道主义的关系吗?"

"我不认为这种关系居然强大到能使人们为了别人而牺牲自己。"

"不管怎么说,我觉得我的行为并不值得你对我这样在意。我不愿意把自己在人们心目中的地位建立在一个偶然碰巧的英雄行为上。在人的生活中,这样的机会并不常有……人们评价一个人,最好看他的一贯行为和他的天生本质,而不是这种因为环境和机遇而出现的突发行为。"

"你不能武断地认定这就是人们器重你、欣赏你的理由,他们有他们的道理。"

"当然……各人的兴趣爱好都不相同嘛。"

火车站出现了,车站对面是由简陋住家形成的村子,路尽头是府第围墙。阿里看到汽车快到自己家了,便说道:

"我能在这里下车吗?"

"我们这么快就到了?"

"是啊。"

"我都没觉得时间的消逝和路程的长短。希望有机会时间长一些,让我们继续谈。"

"但愿下次还有机会。"

"可是你又不到花园里来。"

"你愿意的时候,我就来。"

"不再有什么让你害怕的东西了吗?"

"没有了。我原来想象咱们之间隔着一道满是蒺藜、埋有地雷的墙,我怕接近它……已经被你的一席话砸掉了。"

汽车停住了,阿里下车。他见英琪向他伸过手来,他一阵震颤,也伸出了手。

两只手碰在一起,她的小手被控在他的大手掌中。他觉得心都快从胸膛里跳了出来。她向他嫣然一笑,告别道:

"再见,我最近会再见到你吗?"

"但愿天从人愿。"

阿里站着注视远去的汽车,英琪向他挥动着小手。汽车从他的视野中消失了,他举起跟她握过的手,有点茫然地凝视着,接着握紧插入口袋,仿佛手里攒着一件宝贝,担心它会消失。

刚才都发生了些什么?他可真怕一睁开眼睛,发现自己仍伫候在公共汽车站上。

是啊,是啊,他经历的不可能只是一个梦:他看见了她,坐在她的身旁……她谈话的字字句句都使他感到她对他的器重和思量。最后,她伸出手来同他握手,要求最近能再见到他!

不,不,这不可能是在现实世界中发生的事,这只是他心里向往的一种愿景。

他一面右手插袋走着,一面觉得自己像是在一个旋涡中行动。

快到家了,只见侯赛因已等在门口。侯赛因一看到他,就迎上来急切地问道:

"你在干吗？结果怎么样？"

他不知道弟弟在问什么。他沉浸在遐想中，几乎要脱口答道：

"我握了她的手，她还邀请我到花园里去。"

但他想起弟弟是在问体检的结果，那是全家急待知道的重要结果。

阿里微笑着回答弟弟道：

"我通过了。"

侯赛因冲进家去，把消息告诉全家。

十二　纯属偶然

英琪乘坐的汽车停在府第门前。她轻盈地跳下车,心里有一种说不清道不明的快乐,或者确切地说,她是假装不知道快乐的原因和来由,因为她没有想到这样巨大的快乐,竟会出自一个毫不起眼的原因,她也不能明确承认那就是她的快乐的来由。

仅仅因为她和阿里这么短时间乘车同行就使她如此快乐吗?他是什么人?不过是一个普通人,一个凡夫俗子……按照她家的标准和传统观念,是一个无足轻重、没有价值的人……是花匠阿卜德·瓦希德师傅的儿子。

但是,她真的认为他不过如此吗?难道她也认同一般人心里的评判标准和观念?

不,不,那是非常错误的。还有另外的标准,没有比那种明确的感知更有说服力,它断定,他在她的心里是有分量、有价值和有意义的。

她心里的标准,不是那种显性的通常标准……她有一杆隐秘的秤,很可能潜藏在她胸间那细巧、敏感、怦怦跳动着的所谓心里。

她用内心的标准来衡量他,并不是说她就爱他,这是尚难判断的感情,但她的心了解他,使他成为自己快乐的源泉,成为一个不同寻常的人,比如说，他的弟弟。甚至即便是以平常生活中的传统标准和阶级标准来衡量，他也有别于其他更有分量和优势的人。因为他在她的心目中，比她那个阶级的许多子弟，包括她哥哥的许多朋友，都更出色。

他俩虽然疏远长久、差别甚大，但他的身影不总是跟随着她吗？她不总是希望他能随同他父亲、弟弟一起再到花园里来，跟她一起玩，帮她推手推车吗？当她随父亲坐车里瞥见他朝车站走去时，要不是害怕父亲和哥哥，她难道不希望能邀他上车吗？

今天她在路上一看见他，不也如同擦出了火花吗？

在这一切之后，她还不承认自己的快乐是因为他，还能说他不过是个普通人……一个凡夫俗子！

她可真是又傻又蠢……比她更傻更蠢的是内心的标准，它不承认地位的差异，不看重财富、体面和人们用来组织生活的约定俗成的其他标准。

她坐在桌旁，等待着父亲从屋里下楼来，脑子里各种想法乱纷纷的。

父亲问她道：

"你姑妈怎么样？"

"她挺好，不过稍微有点感冒，快好了。"

"阿赖在哪儿？"

"他在俱乐部。他告诉我说，他跟您说过要留在那里吃午饭，他说过吗？"

"嗯，嗯，我记起来了。"

"他要我把车子开到卡马勒亲王家去，他在那里同苏海蕾和易卜拉欣一起喝茶。"

"我要到赫利奥波利斯①去参加国际航空会议开幕式，回来时再到他

---

① 开罗区名，这里是指赫利奥波利斯饭店。

那儿过一下。"

仆人端着餐盘出来,给父女两人上菜。英琪开始用餐,脑子还在想她快乐的原因。

他在车子里跟她说了些什么?他讲的话很暧昧,她不能确定这些话的含义和用意。但尽管模糊不清,她仍禁不住打心底里感到快乐。

他把自己希望的事告诉了她,他的希望已不只是限于原有的那狭隘的目标了。他对她说,刚才还认为考上学校是他最大的愿望,而现在,录取与否对他都一样。当她要他解释一下的时候,他告诉她,她以后可能会知道,而现在,他还不敢明说。

她在心里把他说过的话又重复了一遍。她理解他的言谈就像是临考似的,脑子的好使和记忆力之强,自己都觉得惊讶。她与亲戚朋友们坐在一起,他们讲过的话,她脑子里往往一个词都记不住,甚至谈完了也不知道说了些什么。这是因为他讲的话有价值,而他们的话毫无意思呢,还是那灵动精巧的内心标准,介入了衡量他的言谈和品味他的用词。

她感觉到心里有一种再见到他,听他谈谈的欲望,也想起他的骄傲和自尊,他不愿求她父亲说情,就像他过去不肯穿她送给他的裤子一样。

她瞥了父亲一眼。父亲已吃完饭,正拿着一根牙签在剔牙……只消他一句话阿里就会如愿以偿,但是,他肯说这句话吗?为阿里进军校去求人,让一个花匠的儿子成为军官?

父亲不就是这样看待阿里的吗?他既然没有她拥有的神奇标准,怎么会把阿里当作一个不同凡响的人呢?

不管父亲对阿里怎么看,她总得为阿里竭尽所能,父亲如果生气发怒,她也应当说服他,说自己不过是希望报答一下救命之恩。

但是,她怎么开口呢?假如父亲问她从哪儿知道阿里想进军事学院,而且已经通过初审和体检,只剩下了仪容复审一关,她该怎么回答?她应当说，她是在交通阻塞的路上碰到阿里的，她不得不带他回家……这没有什么可责备的。极有可能，她不告诉父亲，司机也会对他说的。

无论如何，她应当讲一下，现在就讲，这是最好的机会：父亲心平气和，只有他们父女两人，阿赖不在，阿赖插嘴肯定对阿里不利，他比父亲更蔑视阿里那个阶层。

她正想开口，父亲倒比她先说话了：

"今天收到你学校的一封信，我想是放在书桌上了。信里确定了入学的日期，要求先缴第一期学费，还问你是否想上音乐课。我明天让伊德里斯把钱和回信送去，你别忘了提醒我。"

"明天早晨我同他一起去吧。"

"干吗？"

"我想去学校图书馆还一些书，另外再借一些书。我……"

她停了一会，鼓了鼓勇气，一定得谈了，但不知道怎么开口。她缺少的倒不是勇气，而是谈话的由头和求情的方式。

她叹了一口气，咽了一口唾沫，说道：

"我……想求您一件事，跟阿卜德·瓦希德师傅的儿子阿里有关。"

父亲抬起眼睛看她，蹙额皱眉，惊讶而又不屑地问道：

"阿卜德·瓦希德师傅的儿子阿里？你跟他有什么关系？"

"我在回家路上，偶然碰到了他。当时交通很拥堵，我就要他搭我的车。"

"你要他一起乘车？他上车了吗？"

"嗯，在我一再坚持之下。"

"你干吗要坚持？干吗要邀请？你就非得让仆役和花匠的儿子跟你同车？"

"当时交通堵塞。"

"这与你无关！你是负责为他提供交通工具的吗？他为什么不能步行。"

"我没觉得跟他一起乘车就有失身份。"

"许多事你都不觉得有失身份,你老是忘记自己的身份,忘了你将来是什么人。以前,我说你还小,但是,现在你已年过及笄,还有理由吗？你总应该明白,主奴有别,我过去就讨厌你妈妈的这种软心肠,我讨厌你学她的样。那些家伙,你对他们客气,他们就贪得无厌;你让他们同你乘一次车,他们就认为这是他们的权利。他们本来的地位就是在脚底下,而不是在脚旁边。如果你迫于情势,不得不给他们中的一个人一些帮助,你得让他明白,要提醒他,这是他无权得到的施舍。你懂吗？"

她懂吗？这些她能懂吗？不,不,她不懂,也不想懂。她要是懂,能拿父亲的这些告诫去对待阿里吗？

真是白费心思……她最不喜欢父亲的就是这种待人态度,他蔑视周围的人,他即便帮助别人,那也是一种让人受委屈的恩施、带侮辱性的赏赐。

对骄傲有自尊心的阿里,她能这样做吗？

她觉得父亲偏离了她的原意,把她的要求变得难上加难。但她决心要达到目的,只能随声附和,这是为了让父亲高兴,平静下来,于是答道：

"嗯,我懂。"

接着,她沉默片刻,又说道：

"我听阿里说,他报考了军事学院,到现在为止的所有审查都已通过,只剩下仪容复审一关了,这需要有大人物的推荐。要是您可以托个有关人士的话……"

父亲的表情显得更加惊讶了。他终于再也听不下去,既恼怒又不屑地打断她道：

"我去求个有关人士让阿卜德·瓦希德师傅的儿子成为一名军官？你疯了吗？"

"为什么，爸爸？"

"这些人不知天高地厚，这个愚蠢的花匠有什么理由叫儿子去投考军事学院？要是所有花匠的儿子都去读书，进军事学院，那将来谁到花园里来干活？"

"可是，并非所有花匠的儿子都像阿里一样。"

"为什么？他头上出角啊？"

"不是。他看上去很优秀，将来肯定有出息。"

"他们全是畜生，都不配超出他们的现状。"

英琪顿感骨鲠在喉，她尽力克制自己的气恼，像是哀求父亲道：

"可是，爸爸您总还记得他救过我的命，咱们至少得报答一下吧！"

"我已经报答过他的父亲了，在工匠和农民中得到我赏赐最多的，就是阿卜德·瓦希德。你别去管他和他儿子的事。今后，我不希望你再接触这种层次的人，明白吗？"

他粗暴的叱责声调，使英琪的脸一直红到耳根，泪水盈眶，她饭没吃完就离开了餐桌，冲到楼上自己房里。

她恨父亲让她沮丧，恨自己将让阿里感到气馁。她不知道除了哭泣，还能做些什么。

父亲离开餐桌，上楼回到自己的房间，伊德里斯帮他穿好衣服。半个小时以后，汽车载着他驶向开罗，出席应该由他主持的会议开幕式。

车子在赫利奥波利斯饭店大门前停下。几位应邀与会的政府大员和非官方要人快步走到门前平台来迎接他，其中有国防部次长易卜拉欣帕夏，他是王爷的挚友，他迎上前来热烈地向王爷请安。

开幕式结束后，王爷离场。易卜拉欣帕夏陪着他，一直送到汽车跟前。

王爷一面向汽车走去,一面问他的朋友:

"你在曼苏里亚买的庄园情况怎么样?"

"它需要好好修整一下,地面高低不平,还得平整,西面必须开一条排水渠。不过,里面有一块地不错,大约五十费丹,我在那儿修了一个家禽饲养场,阁下会很欣赏的。要是您有时间光临,我将请阁下看看最近进口的新品种。"

"我先让你来看我的农场,它会让你感到惊讶。我还要让你看看我新建的养蜂场。你应该先来看,我什么时候等你?"

"但愿能在最近吧。"

"不,不。我总是听你这样说,每次见到你,你都对我说最近,我明天上午等你来。"

"明天我得陪大臣忙一整天。"

"那么星期六?"

"下午吧,因为上午我得出席军事学院校务委员会对新生的仪容复审,我们今年要招收一大批新生。"

王爷已经走到车门口,正打算弯腰钻进车去,但听到最后一句话时,又站直了身子问道:

"你是说,你们军事学院今年要招收一大批新生?"

"是的,是我们往年通常招生人数的三倍。"

王爷记起了英琪的央求,想起了她的生气、哭泣和弃桌而去。他觉得,是命运坚持要满足女儿的愿望,他可不愿对抗命运,拒绝命运送给他的良机,满足自己的女儿……只要他说一句话,这又不费他什么事,心爱的小女儿就会高兴,阿卜德·瓦希德师傅的儿子就将成为一名军官。

管他是军官还是贼,无论将来当什么,也改变不了这个世界。他既然有运气得到这份礼物,那就让他拿着走开。

易卜拉欣帕夏接着问道:

"阁下是要推荐什么人吗?"

"嗯,你可真是善解人意……我庄园里有人让他的儿子报考了这所学校。"

"初审通过了吗?"

"我想是过了。"

"体检呢?"

"嗯,嗯……他只剩下最后的复审。"

"阁下记得他的名字吗?"

易卜拉欣帕夏从口袋里掏出了笔和卡片。王爷站着回想名字:

"他叫……有个阿卜德·瓦希德……他父亲叫阿卜德·瓦希德……想起来了,他叫阿里,我想报考的是他。"

易卜拉欣帕夏记下了名字,然后紧握着王爷的手说道:

"但愿天从人意,他将会第一个被录取。星期六下午复审结束后,我就去拜访阁下。"

"我等你。"

汽车在卡马勒亲王家停了停,接上王爷的儿子阿赖,又飞快地向庄园开去。回到府第,王爷坐在晚餐桌旁,儿子坐在一边,英琪的位置仍然空着。

王爷大声问道:

"英琪呢?"

仆役领班答道:

"她在自己房里。"

"干吗不下来?"

"她让人来说她头疼。"

"去叫她下来,我知道怎么让她不头疼。我已经满足了她的愿望,确切地说,是命运答应了她的要求,纯属偶然,也算是那男孩走运。"

十三　琐碎小事

星期六早晨,阿里走进校门,衣服虽旧,人却显得英俊、整洁。再一次走进仪容初审时等候的俱乐部大厅,经过前两次审查,剩下的考生已不到八十人,远不如上次那么拥挤。

老学员把考生们编排安置妥帖。阿里坐在苏莱曼的旁边。他每次来到这座古老的建筑,心里就忐忑不安,这回轻松多了。

他这次来参加复审,犹如一个清心寡欲的修士。他报考工学院的结果,已在星期四揭晓,他凭分数将在工学院享受长期免费,这超出了他的希望。因此,即使工学院学制长一些,他也很安心,因为他不会加重父亲的负担。弟弟已经考上警官学校,能够满足父亲的愿望,实现他有一个儿子将身着警服,成为有权发号施令人物的梦想。

比这一切更重要的是,他已感觉到,他原本希望凭借漂亮军装和显赫地位越过通向他梦中女神的关隘,竟无需军装和地位就已经越过。

汽车里的相遇,消除了他心中的一切恐惧和担心,驱散了他原来把自己置于深渊之底、把她放在高山之巅的幻觉。她的话使他满怀信心,他知道了自己在她心目中的真实形象,洞悉了她灵魂之美、感情之柔和心地之善,确信他痛恨的万丈深渊,她本人并无觉察;他嫌恶的阶级差别,只是他设置在他俩中间的。

另一件让他心里无需忧虑的事,是他相信败局已定,自己肯定不会被录取。

是的,他心里有一种淡然的失望,他知道这次参加复审,是两手空空而来,连第一次帮他铺平道路的起码推荐信都没有。父亲虽然交给他一张易卜拉欣先生写给阿卜德·贾利勒先生的条子,以示强调和提醒,但他听说阿卜德·贾利勒先生病了,卧床在家,不能参加复审,所以便把条子撕了。为了不让父亲失望难受,阿里告诉父亲说已经交给阿卜德·贾利勒了,他答应得很好。

阿里坐着与苏莱曼聊天,讲的都是一个无望录取者的话,他列数工学院的优点,对进不了军事学院作自我宽慰……终于叫到他的名字了,红脸军官像上次一样,把他领到审查委员们跟前。

这一次,他平静自持多了,能够看清挂在审查室门上的牌子,写的是"图书馆",看清在俱乐部和图书馆当中一间关着的门上,挂着"值日军官"的牌子。

他还能看清玻璃橱隔板上排列着的书籍,在一定程度上也能辨别出那些亮晃晃的肩章上白发苍苍的脑袋和满是皱纹的脸,他们正用审视的目光打量着他。

一个坐在桌子正中身穿便服的人问道:

"你是阿里·阿卜德·瓦希德?"

他答道:

"是。"

这个人向坐在他旁边的英国军官侧过身去,低声耳语了几句,然后道:

"好了,出去吧。"

那人又转向红脸军官,说道:

"下一个。"

阿里一面走出门,一面长长地舒了一口气。

感谢真主,这艰难的程序结束了……他没有从一开始就从中解脱出来,不过没关系,这总是一种经历,无论如何,今后看到自己的哪个朋友身穿军装时,不会自怨自艾,因为自己也试过,失败了……感谢真主。

他没有像上次似的从另一个楼梯下楼去,考生正在走道的那一侧等候。

审查终于结束,学院的参谋长站着开始唱名。

阿里心不在焉。英琪曾要求在花园里见他,但什么时候?怎么个见法?有一天黄昏,他漫步到花园后墙,悄悄地走进花房,可没敢再往里走,就转身回来……不知道她何时到花园里来。怎么能见到她呢?难道他得日夜守候在花园里,随时等待吗?

再说,如果被她的父亲或哥哥看见,他怎么办?要是被自己的父亲看见,又怎么回答?说自己来看英琪,因为是英琪要求见他?

他发觉苏莱曼在用肘捅自己的胳膊,惊讶地提醒他:

"快回答!你没听见吗?"

他诧异地转向苏莱曼问道:

"听见什么?"

"你的名字啊!他们点到你的名字啦!"

"我?"

那洪亮的嗓子再次不耐烦地喊道。

"阿里·阿卜德·瓦希德!"

"到!"

苏莱曼又推他道:

"到前面一排去。"

接着又叫到他后面的一个名字：

"苏莱曼·扎基！"

不等名字叫全，苏莱曼就跳到阿里的身旁。他紧紧抓住阿里的手，悄声说道：

"恭喜！"

"恭喜什么？"

"咱们录取了。"

"不可能！"

"怎么不可能，我们被点到了名字。"

阿里向他转过身去，肯定地说道：

"傻瓜，他们准是在点不录取人的名字，我相信我不会考取，因为阿卜德·贾利勒先生病了，我看他不在……"

他话还未说完，那声音像扩音器似的人又照例喊道：

"考生们听着！没有叫到名字的人，现在就可以到秘书处取回自己的材料，请吧，别耽搁了。我叫到名字的人，留在原地。"

阿里摇摇头，仿佛在摆脱一个梦境。他对苏莱曼低声说道：

"不可思议，不可能。"

他突然不会思考了，他思想上毫无准备，不知道该怎么想，脑子里无法设想他的录取会产生的后果和变化，特别是对自己、对她以及对父亲、母亲和弟弟，甚至对他生活中的一切。

接下来快速发生的情况，不给他有思考的机会。首先是校务委员会的成员走出来，从学生队列面前经过，再一次审视他们。

那个穿便服的人与英国人走到阿里跟前时稍停了一会，接着平安走过。

之后,是老学员们领着队伍到楼下的院子里去。录取的结果刚一宣布,老学员们便开始对新生队伍施展威风,他们就像奴隶市场的贩子,新生归他们所有。

量尺寸的过程开始了。裁缝们忙着量身长、体宽,鞋匠取脚的大小尺寸。接着,大家称他为拉杰布军士长的老学员头头,向新生分发入学那天必须带来的衣物单。

最后,快两点钟了,新生才解散离校,规定入学的日期是星期四上午十时。

阿里与苏莱曼一起离校,两人心里都充满被录取的喜悦和成功的兴奋,唯阿里因事出意外,在欢快的表情中还带着明显的迷惘。

苏莱曼一面摇头,一面微笑着说道:

"天意真是奇妙,它把我们的命运与琐碎小事联系在一起。这些琐事从表面上看与我们无关,我们几乎毫不在意,也不重视它们的出现与否……然而,它们却关系到了我们的命运。上星期天我到舅舅家去,他是财政部的官员,我到他家去没有什么目的,要是我身边有钱能去看电影,我很可能就不去了。我没有碰到我的表兄易卜拉欣,舅妈说他一会儿就回来,要我等一等。我本来可以不等他,特别是我找他纯粹是为了消遣,并没有什么急事。不过,我还是等了。表兄没有回来,一个听差敲门进来告诉我们说,舅舅在预算局,局长扎基贝克家,派他来拿一个忘记在书桌上的绿色文件夹。舅妈拿来了那文件夹,但她在交给听差之前,心里有些顾虑,放心不下文件夹。那时候表兄如果正好回来,舅妈就可能叫他拿去交给舅舅,对我来说,事情到此也就结束了。但是,表兄没有回来,舅妈满腹迟疑。我呢,正坐着浏览一本杂志,她只好要我带着文件夹,随听差前去把它交给舅舅。

"我去了,到了扎基贝克家,他家离舅舅家不很远。我原可以不把事情搞复杂,在门口把文件夹交给听差,让他送进去,或者把它交给来开门的仆人就行了。

"我如果这样做事情也就完了。但是,舅妈的顾虑我也有,我决心完全尽到责任,要求把文件夹当面交给舅舅。

"我走进屋,看见舅舅陪坐在一位身穿罩袍、戴便帽的胖子旁边,还有一人,外貌清秀,身着正装。

"舅舅看到我很惊奇,一面问好,一面问我是怎么来的。我告诉他是舅妈担心文件夹被听差弄坏,叫我陪同送来。

"穿罩袍的人笑道:

"'她做得对,是个谨慎的人。'

"舅舅把我介绍给那两个人道:

"'我的外甥苏莱曼,今年高中毕业,正在投考军事学院。'

"穿罩袍的人笑了起来,我知道他准是这宅子的主人、我舅舅的上司。他对另一个人开玩笑道:

"'跟你一样,也是搞军事的……我们就将解决问题。'

"那人笑了,恭维道:

"'他身材挺高,将会是个神气的军官。'

"舅舅却带着惋惜的口吻说:

"'天哪,我可不这么想,军事学院难考极了!'

"主人仍用他那戏谑的腔调说道:

"'怎么会难考,你面前就是堂堂的国防部财政秘书大人哪!'

"舅舅微笑着,心怀希望地要求说:

"'要是阁下慨然相助的话,此恩此德,我们永莫能忘。'

"主人继续说笑道:

"'他怎么会不赏面子呢,那只是一道命令……我知道他们军人只听

从命令。'

"财政秘书笑道：

"'悉听尊便。我去托院长吧，他是我的朋友，他也正有事托我，他不答应我的要求，我就不给他办。你叫什么名字？'

"舅舅立即把我的名字写在一张纸上，交给他。

"我走出门来，简直不相信所发生的事情，那位秘书当真会去托院长？他去托的话，院长会照办吗？

"我不以为然地耸耸肩，这件事从头到尾没有什么道理，全是环境使然，这要过好多关，哪一关都有可能受阻。

"它发生了，本来也可能不会发生……没有必要去想它，也没有必要把我的命运跟它连在一起。

"我越是对它寄予希望，就越是尽力不去想它。

"现在，我发现奇迹已经出现，我竟然被录取了。要是我当时有钱去看电影，或者碰到了表兄，或者我舅妈当时心中并无顾虑，我可能就录取不了。许多事情，本来很可能不发生，从而让我落选……然而，它们却发生了，我才被录取了……还有什么比我们的命运系于琐碎小事更奇妙的呢！"

阿里笑了，苏莱曼抬起头看他，阿里笑得更厉害了。苏莱曼问道：

"你笑什么？"

"你考取军事学院，是因为发生了一件事情，它本来是可能不发生的。好吧，你至少知道自己为什么会被录取。可是，对那些不知道自己是怎么被录取的人，你怎么看？对那些不知道什么发生过、什么没有发生过，最后却发现自己竟然被录取的人，你又怎么看呢？"

"你说的当真？"

"当然是真的。我的介绍人是阿卜德·贾利勒先生，他在最后时刻丢下我,卧床不起了。"

"你没有介绍人而被录取是不可思议的。也许是他躺在病床上替你托了人?"

"你以为他是……首相,躺在病床上替我托人,让我被录取?"

"也可能有人推荐了你,你并不知道。不管怎么样,你被录取了就行。你是个好人,真主一定是在奖励你为他人做过的好事。"

一道亮光突然像火花似的在阿里的脑子里闪过,居然有可能是她?谁知道呢?可他并没有求她帮忙,她也没有答应帮忙呀。他觉得,她不会如此关心他,她父亲也不会这样容易就满足她的愿望。

苏莱曼见他神情恍惚,就问他在想什么。阿里摇摇头,答道:

"没什么。"

公共汽车已经把他俩载到火车站,阿里去乘火车,苏莱曼朝着开往舒卜拉的电车走去。

阿里坐在火车里,眼前接连掠过各种景致,速度跟他脑子里接踵而来的各种想法一样快。

这件事他还想不清楚……他无法专注地思考某一件事,脑子里什么都固定不下来,各种想法接二连三地飞驰而过:她,自己的父亲、母亲、弟弟和家庭,还有学院,然后又是她……

终于到达他们村子的车站了。他刚下火车,便看见身穿羊毛长袍的父亲带着弟弟飞快地朝他跑来,气喘吁吁地问道:

"怎么回事?你怎么回来得这么晚?我们大家都在替你担心,这趟火车你还不来,我就要乘第一班火车赶到开罗去了。出什么事啦?"

侯赛因走近阿里,摇着他的胳膊问道:

"结果怎么样?说呀,你干吗这么皱着眉头?"

阿里笑道:

"我没有皱眉头啊……可是,你们得让我说话呀!"

侯赛因又追着问道:

"哥哥,说呀,结果怎么样?"

"我被录取了。"

侯赛因高兴地叫了起来:

"你被录取了?你说的当真?"

他扑向阿里,拥抱他、亲他,又问道:

"你真的被录取了?你肯定?"

"是的,是的,我考取了……他们给我量了尺寸,要我星期四去报到……你还要我怎么肯定啊?"

侯赛因手舞足蹈一溜烟地向家里跑去。他在路上蹦跳的时候,想起自己是个警官,应当受人尊重,得自持自重些,不过,实在是太高兴了,走在路上没法与其他人一样,再说,他没有穿制服,随便些也无妨。

他一到家,第一个碰到的是巴希娅。他一把抱住她,一面亲个不停,一面说道:

"巴希娅姑娘,阿里录取了!我们两个都成了军官啦!你懂这是什么意思吗?这个家将成为政权机关啦!我要在这个门槛上用鞭子抽村长!"

母亲急急忙忙地跑来问道:

"你要用鞭子抽哪个村长?你哥哥阿里呢?"

"你别光叫阿里了,从今往后,我是侯赛因警官先生,他呢,是阿里军官先生……他考上军事学院啦!"

母亲叫了起来:

"你说的当真?"

"是啊,是真的。"

巴希娅笑道:

"看你高兴的样子,好像考取的是你,你自己考取警官学校也没有像他考取军事学院这么高兴。"

"傻瓜,我进警官学校是铁板钉钉的事,他考取军事学院,则是个奇迹。而且,虽然他不明说,但是我知道,这是他最珍贵的愿望之一。我比你们所有的人都更了解阿里,他应当得到的比这更多,因为他是我们家,也是全村最好的人,甚至比我还要好。"

巴希娅满怀深情地望着他,低声喃喃自语道:

"天哪,阿里再好,也比不上你。"

阿里和父亲从门口进来。母亲张开双臂迎面拥抱阿里,阿里也抱住了母亲。他虽然不喜欢拥抱、亲吻这样的感情场面,但这次拥抱母亲的时候,却感到这不是欢乐的拥抱,也不是相互庆贺的拥抱,而是告别的拥抱。他过去没有拥抱过母亲,只是让母亲拥抱他。这一次,他双臂紧紧地抱着母亲,因为几天之后,他将要离开母亲的怀抱,他觉得以后即便身居远方,也仍离不开母亲的拥抱……她的目光,她的行动,她手的触摸和她嘴唇的翕动,都是一种拥抱。

这位母亲真是不可思议,她的爱是多么令人惊奇啊!夜阑人静时,她总是悄悄走到他俩床旁,替他俩盖好被子,如果他或弟弟有点不舒服,她就彻夜不眠,坐在床边,身边放着一盆醋,一手拿着热敷用的布,一手摸着他或弟弟的额头。

为了让他们弟兄俩吃饱,她总是节制自己,只吃些残羹剩饭,骗他俩说自己已经吃过,不跟他俩一起吃。她满心喜欢地看着他俩,为了他俩,凡是人们能想到的一切牺牲,她都会做出,图什么?什么也不图,也不计代价。她的爱是最崇高的爱。

阿里拥抱母亲,暗含着告别之意,因为他讨厌感情外露,不愿到告别的时候公开地拥抱她。

十四　最后一夜

离家前的最后一夜,阿里躺在自己的床上。周围一片悄寂,在沟渠里的蛙鸣、树上的鸦噪、厩栏里的牛哞或门前的狗吠这些乡村之夜的声响衬托下,益发显得静谧。

阿里闭上眼睛,想召回逃走的睡意,过了一会,在床上辗转反侧,又睁开眼睛,凝视着天花板上的木头纹理,每当窗外拂进一阵夏夜柔和的微风,他便观看在墙壁高处跳动的床架阴影,还有颤动的灯芯。

他纵目向窗外望去,幽暗的苍穹上,繁星宛如风中的灯火,在战栗闪烁。

他的胸脯一起一伏,发出一声长叹。

他怎么会满怀惆怅和寂寞?为什么竟有泪水欲夺眶而出?胸中怎会有一种压抑的哭泣冲动?

这一切是因为什么?他的理想已经实现,明天即将把他带入新的天地——前途灿烂、大有希望的天地。

这一切是因为什么?今天,那最美好的梦想已经实现,他从未想到这梦想竟会越出梦境——那可是他躺在床上,一进入脑海就会感到幸福的梦想。

是因为自己将在这间卧室里度过最后一夜？曾在这间屋里感受到最甜蜜的感情，憧憬过最美好的理想。

是因为他今夜之后将要告别和远离这张床？微风透过附近低矮的墙垣，把芬芳的气息送到床边。

是因为明天将把他远远地带走，去到那些气息难以到达的地方？

是因为明天将让他远离自己的偶像？而今通向偶像的道路已经铺平，在她身边巡礼也已有可能。

是因为明天他将远离那颗已经回来并正在接近的心灵？

是的，今天他感觉到了那颗心的回归和贴近……渐渐地，孤寂、惆怅的感觉开始消失。他又回忆起今天黎明时分刚发生的甜蜜往事……

在考取军校以来的这些天里，他非常想见她，迫切盼望与她相会。他一直记得她对他说过，他应当进军事学院，记得她说过，她希望看到他。

他的愿望和思念，一天比一天强烈，但见到她的机会却一天比一天少。他一直在花房、花园和围墙旁边徘徊，而过去他总是怕走近这些地方。

他充满信心，感到这一次见她就像是同类相聚，过去分隔他俩的深渊，现在已不存在。

他想见她一次，感谢她在上一次相遇时使他充满信心，感谢她拆除了那个由幻觉筑成的把他俩隔开的坚固堤坝，它曾使他身处深谷之底，显得孤独而卑贱，而使她高踞峰峦之巅；他更想为身受恩惠而感谢她，虽然尚未得到证实，但他隐约体会到，她是施予者。没有人推荐，他要想被录取，简直比登天还难。他由衷地感觉到，这个不知名的推荐人肯定是她，尽管他没要求过她什么，她也没许诺过什么。

在英琪温情地对待他、亲近他，他的感情发生了新的变化后，他其实并不为英琪施惠于他而感到不安。当年使他拒绝她送给他裤子的那种感情,已在他的心中烟消云散,因为他即便不愿接受施舍,但也不该拒绝和责备别人出于诚意的帮助,这种帮助与其说是一种令人难堪的现象,不如说是表示钦佩的证明。

昨天一夜,他梦里都是她,拂晓醒来,思念更甚。他走出家门,家里的人还在酣睡。他到田野里走走,心里知道,今天是他最后的机会。

太阳还未在地平线上露头,农田透出湿润的光亮,绿叶上挂满秋天的露珠,大地好像在打苏醒哈欠之前,呼出它最安详的气息。

阿里身穿白色的衬衣和灰色长裤,跳过横在他家与道路中间的那条沟,踩踏着湿漉漉的草地走到路上。他双手插在裤袋里,沿着路边慢慢地走着。

他来到通向花房的后门,推开门朝里走去,心中已无恐惧和担心。他向坐在花房门口的守卫问好。守卫的答礼更加客气,他心里觉得自己不只是在向阿卜德·瓦希德师傅的儿子问好,而且是在向一个未来的军官或准军官致意。

阿里围着花房绕了一圈,眼睛望着各条通道和周围的曲径,他希望能瞥见一个身影。然而,花园里空空荡荡,只有花草树木。

他离开花房开始漫步,向府第走去,直到看见府第那扇用大理石巨柱支撑的豪华大门。

他觉得自己真是大胆,竟走得离府第这么近。要是他有幸在府第旁边这块从窗户和阳台上都看得清楚的地方碰到她,真不知道怎么才可跟她谈上话。

终于,他转身从原路折回了,心里责怪自己真傻,居然这样冒险,以为她也会像他一样,醒得这么早。

如果说促使他一大清早来追逐她的倩影是出于思念,那么,推动她的又可能是什么呢?

他走出后门,沿着小河溜达,眼睛瞧着湍急带着泛滥淤泥的浑浊水流,内心有一种失望感:最后的机会即将错过,他没能见她一面,或三言两语说上几句告别话。他从路面下到河边,站在长满草的斜坡上,眺望着矗立在围墙后面的府第高楼。

耳边传来一阵均匀的答答马蹄声,他以为是一匹运田里庄稼的牲口路过。然而,马蹄声停住了,寂静片刻之后,一个亲切的声音喊道:

"阿里!"

他没有回头去看发出声音的地方,只感到浑身一颤,心跳猛地加快。他竭力让自己镇定下来,稳住心神,应对这意外的发生。他转过身来,面对那张温柔的脸庞和可爱的笑靥。她骑在驯顺的灰马背上,马伸长了脖子,扯着她手里的缰绳,仿佛想下到河边来。

不等阿里起身迎上前去,灰马已带着她下来了。一转眼,她已纵身下马,站在他的身旁。她左手拉着缰绳,伸出右手表示问候。

她热烈地摇着他的手说道:

"祝贺你,阿里。"

"真主也祝福你。你是怎么知道的?"

"我从易卜拉欣先生和伊德里斯的谈话里听说的。我早想来祝贺你,可是没有机会,你好像是决心不到花园里来了。"

"我来了不下十次,都没见到你的踪影。"

"你什么时候来的?"

"昨天、前天、大前天,我都来过,还有刚才,我一直走到了府第大门前。"

"奇怪!没见着真是走运。你准是在我待在屋里的时候,或者是到开罗去的时候来的。咱们应该约好时间才行。"

"感谢真主,偶然的机会使咱们不期而遇。我真担心会失去见到你的最后机会！"

"最后机会？怎么回事？"

"我明天就要到学校去了。我不愿意不对你表示一下感谢就一走了之。"

"感谢我？为了什么？"

"为了许许多多可以感觉到的和具体的事情……尽管我觉得对你做过的事光说感谢是太不够太不相称了。"

"我不明白。"

"可以感觉到的是上次见面，你亲切地要我搭你的车。"

"可那是我该邀请你的啊。"

"我不只是指这具体的事，虽然它本身也值得感谢，但是，比不让我身体受累更重要的是我感到心神安宁、情绪稳定……我不知道你悄悄地为我所做的事是说出来好，还是一直埋藏在心里好。"

英琪牵着马，往前走到河边一处长着芦苇看不见大路的地方。她站在芦苇边的草地上，放开缰绳，让马在旁边吃草，说道：

"咱们稍微坐一会儿好吗？你还有什么事要忙吗？"

"不，没什么别的事，我出来就是来会你，同你谈谈的。"

两人沉默了一阵，感到些局促不安，也都想控制住自己。英琪试着打破沉默，问道：

"你刚才说什么来着？"

"我刚才说，我想感谢你为我所做的事，你也许不知道它的影响有多大，也可能你这样做是出自无意。但你要知道，你拉住了一个只想投入失意和自卑深渊中的人，你把他建立在虚妄梦境、缥缈幻觉上的梦想，变成了活生生的希望，他不再彷徨，而是在发奋努力，坚信他的追求和希望将能够达到和实现……你理解了吗？"

一阵沉默……他觉得自己听见了她连续的呼吸声，仿佛他的气息在追逐她的气息,像是在赛跑。

她似乎耳语般地说道:

"大概能够理解。我要是知道的话,过去早就那样做了……可是,我不明白,我看你总是疏远我,又很骄傲,我一点都弄不明白。"

"那是没有办法。我从未想到过,除了在梦中,我还有可能够得着你。"

两人再一次相对无言。他打破沉默道:

"这是你为我做的可以感觉到的事情,它无法用感谢来评价,也无法报答,因为报答不了。至于具体的事,我也感谢你,不是因为它的结果,而只是因为你想到了我,是为我做的。"

"我不知道你指的是什么?"

"我考上军事学院。"

她脸上泛起了红晕,低下头,用芦秆在草里拨弄,问道:

"谁告诉你的?"

"没有人告诉我,可是我能够推测出来。我被录取了,却不知道是谁推荐的,但我感觉得到,你是我的推荐人,或者至少我希望是。"

"你真这样希望?原来我怕你知道了会生气,会像过去那样拒绝我的帮助。"

他笑道:

"你是指裤子?"

"是的。"

"拒绝那条裤子我是很抱歉的。不过,我告诉过你,当时我有一种丧失信心的感觉。我不喜欢你的恩赐,因为我不想把你放在对我施恩行善的地位上。至于现在……"

他微微低下头,拿起一根芦苇秆拨弄水面。英琪悄声问道:

"现在怎样?"

他眼睛盯着水面,仿佛自言自语道:

"至于现在,你关心我的每一次表示,都让我兴奋,沉浸在快乐之中。我真不知道该怎样感谢你!"

"别说感谢这个词吧。我认为咱们之间相互帮助,彼此都不会期望得到感谢这个词。如果我所做的使你感到快乐和兴奋,那么,当我体会到这种快乐时,自己也会有同样的感受。"

她看看手表,站起身来说道:

"我得回去了,阿赖肯定已经到家了,他是穿农田走的,我走的是河边的路。咱们心有灵犀,有时会把咱们推上应该走的正确道路。我要不沿着河边走,咱们就碰不到了。"

阿里起身,站在已抓住马缰绳的她身边。他记起了他的朋友苏莱曼关于可能发生也可能不发生的琐碎小事的谈话,这些小事一旦发生,会改变我们生活的进程。阿里一面仍用芦苇秆拨弄着水,一面说道:

"我不知道咱们的命运怎么会与很可能不发生的事情联系在一起,变得大不一样。不是上次你坐车从我身旁路过,或者要不是现在你正好从这里经过,我真不能想象我今后的生活将会怎么样!一想到我命中若没有这样的机遇,我心里就发颤……感谢真主,他把这两次机遇留在我的生命史上,让我得到了,享有了机遇带来的结果,让我成为现在的我。我赞美真主,也感谢你,尽管你不喜欢赞美和感谢。"

她牵着马,走上河边斜坡,来到路上,接着朝府第走去。阿里走在她身旁。

两人都感到离别的临近,好像都有许多话要说,可是又什么都没有说。双方内心反映出来的感情,已无需表白就能相互理解。

英琪打破沉默,问道:

"你打算什么时候去报到?"

"明天早上。"

"什么时候回来？"

"我想得在两个月之后……听说新生要过了入学阶段，学会敬礼之后才能离校。"

她望着他，笑道：

"你将跟士兵们一样，学会怎样碰脚后跟吗？"

"为什么不？我不认为有多难。"

"我真想到学校里去看你。"

"我想你看到我不会高兴的，你会看到我剃了光头，身穿粗布衣服，样子挺难看。"

"不，不，我相信你穿上藏青色上衣和红条纹裤子的军装，会挺神气的。"

"那是他们在校外才穿的服装。"

"那他们在校内穿什么？"

"像士兵服一样的卡其布衣服，为的是经得起步兵队列操练、射击和骑马那些艰苦活动的磨损。"

"你还学骑马？"

"我想是的。"

"那等你每次假期回来，咱们就一块儿骑。我会让他们备好另一匹马，你跟我们一起在田野里骑马，好吗？你每次放假回来，我们想来都能见到你啰？"

阿里低着头，不知该怎么回答。在这两个月里，他将怀着一个希望而生活，那就是回来看她。可是，怎么能见到她呢？她难道不知道这是个大难题吗？他的假期绝不会超过一天半，见她需要他在花园里转悠一个星期，直到命运慷慨地安排了一次会面……而且还在花园外面。

他久久地沉默不语。英琪诧异地问道：

"你怎么不回答？你不愿意咱们见面吗？"

"这是我最大的心愿。不过，我不知道怎么才能碰着，这整整一个星期我都想见你，直到现在才实现，还是碰巧。"

"那咱们现在就约好时间。"

"我从学校回来的第一个休假日，就在停放手推车的苗圃树墙那里等你。你还记得那地方吗？"

"当然记得。"

他俩已经走到花园的后门，进去之后，两人都放慢了脚步。阿里低声说道：

"我想，我该回去了。"

英琪伸出手来，阿里温柔地握着她的手，感到一阵颤抖传遍全身。两人紧紧地握着手，这两只手传达了他们未能说出的许多话。接着，她在玫瑰花坛里摘下一朵花递给他。

他悄声说道：

"谢谢你，为所有的一切。谢谢你，为你所做过的事，为你留给我的记忆将在我寂寞时所起的作用，为你的情影将在我孤独时给我的慰藉。我感觉不到分别的痛苦，因为仅仅形式上的分离不会把你从我这里夺走……你在我的脑海，在我的心里，在我的血液里。"

他收好玫瑰离去，仿佛不是在地上行走，而是在云雾里漫步。

这就是他躺在床上反复回味的精神食粮。他右手伸到枕头底下，拿出玫瑰，把它放在唇上；接着又伸出左手，触到了睡得正香的弟弟的脑袋，一股怜爱之情涌上心头。这是他睡在弟弟身边的最后一夜，他没有一夜离开过弟弟。侯赛因总是喜欢亲他、拥抱他，他呢，却不喜欢亲昵的样子。然而，这会儿他再也遏制不住强烈的怜爱之情，拥抱并且亲起弟弟来，他爱弟弟，为同弟弟分开感到难受。

十五　委屈

　　进军事学院的最初几天过去了,阿里都没有觉察到是怎么过去的。他忙得喘不过气来,根本没有思考或走神的机会。他像是在一个永不休止的旋涡之中,不知不觉地从早忙到晚,从晚转到早。晚上,他昏昏睡去,美梦进不了他精疲力尽、阒无生气的身体;白天,他忙得晕头转向,紧张、紊乱、茫然无措的脑子里什么思想都没有。

　　他发现这就是自己的处境。过去,即便是精神上的离别,他是出于无奈。军事学院则不仅迫使他和英琪身隔两地,而且连思想也分开了。劳累夺走了他思考的机会和能力……他无法像过去那样围着他偶像的圣坛神游,度过一整夜或几个小时,而只能在洗完澡后,急急忙忙赶在吹响归队号之前奔回四分队寝室,疲惫地倒在狭窄的床上,在将睡未睡瞬间偷偷地想一下。

　　他躺在床上,用被子蒙住脸,右手塞在高枕头下面。学员们的动作开始放轻,宿舍里的喧闹静了下来,分队值日生身穿睡衣,戴着毡帽,脚趿毡拖鞋站着,脑子里复述着将向值日军官做的报告,而后者再向带着值日军士巡视寝室的夜间值日军官报告:

　　"报告长官,十支步枪,十把刺刀,两把剑,一支莫利斯枪。"

阿里在忙碌的一天中最后看到的是衣柜的边缘，腰板笔直的值日生，和枪支排放整齐的武器架一角，耳中听到的是舒缓悠长的熄灯号。他闭上眼睛，从压抑紧张的胸中第一次呼出一口长气，调整好呼吸，他伸了伸身子，放松下来。他感到这是过去十六个小时里唯一能让他踏踏实实放平身子的机会。

他的思绪围着自己的圣坛转悠，看见圣坛女主人亲切的身影翩然而至，随后，脑子就无力继续遐想，也记不住细节，面对瞌睡的威力，一切都崩溃了。

清晨，寝室猛地惊醒过来，司号兵吹的起床号不是叫早曲调，而是席卷每一个沉睡者、刺激所有躺卧者的狂飙。

在急剧的起床号狂飙中，全室学员及其一切七零八碎均一起腾起，大家在寝室长面前排成一行，人人都禁不住不由地报告："到，长官，新学员……"接着，是整理床铺、刮脸、漱洗、穿衣和一连串的检查，最后是列队操练或者进鼓队打鼓。

他过去对军旅生活一无所知，但他生性坚毅，服从听话，守纪律，内心又怀着美好的希望，推动他争取名列前茅，也想减轻父亲的负担，享受名列前茅学生的免费待遇。此外，他生来讨厌挨训斥、受处罚，这一切都促使他竭尽全力成为优等生。尽管如此，他却又深感气馁，他所有这些努力都没有什么影响，他发现自己既无优点也无特长。

他听见军士们亦即学员的头头，在饭后的食堂、列操时或在班里公开表扬某几个学员，说学员们应当向他们看齐，接着就列举他们的优点。阿里觉得这些优点自己也具备，但没人知道，也没人提到。

新学员的入学阶段结束了。他似乎与周围的世界和人们隔绝了，除了他的朋友苏莱曼外，他几乎不跟任何人讲话。每当星期五其他学员忙于相互走访的时候，只有他与苏莱曼两人坐在俯视球场的木看台上，相互述说自己的心事和烦闷。

孤独和寂寞感使这对朋友接近,加深了他们间的友谊。苏莱曼是一个沉静稳重的人。阿里虽然性格内向,也有自制力,但很信任苏莱曼,不由自主地向他吐露心曲,直抒胸臆。

苏莱曼对阿里也是以诚相见,推心置腹。不过,苏莱曼胸中怀有的不是忧郁和爱情,而是痛苦和烦恼,这是因为他的感受比阿里更开阔,是伴随他研究自己的祖国,束缚祖国手脚的殖民主义桎梏、压制祖国呼吸的占领者魔影腐蚀祖国骨骼和破坏祖国肢体的外国蛀虫后产生的本能感觉。

苏莱曼往往与阿里一连好几个小时坐在一起,不是在球场看台旁边草地上的樟树树荫下,就是坐在学院后门旁边离理发室不远的木长凳上一起吃炸素丸子,那是洗衣匠的儿子扎基偷偷从骑兵饭铺为学员们搞来的。

苏莱曼总是滔滔不绝地谈论外国占领、1919年革命和萨阿德·扎格卢勒①,英国人的阴谋诡计和在埃及人民中间制造分裂,以及西德基②、被废止的宪法③和为恢复宪法进行的斗争……他有时还悄悄地对阿里说,英国人依靠埃及宫廷达到自己的目的,国王毫不体察人民的感情。

他热情洋溢地向阿里谈到许多事情,都是阿里从未感觉到的。阿里常常心不在焉,当苏莱曼告诉他"人民为了达到自己的目标,一定会使这个国家发生剧震"时,他顺从地表示赞同。

阿里对苏莱曼的谈论和他对埃及艰难困苦的关注,感到惊奇,阿里心里觉得,苏莱曼的描述和感受有些夸张,事情不值得他这样义愤填膺,他

---

① 萨阿德·扎格卢勒(1860~1926),为争取埃及民族独立的改良主义者,曾任1924年内阁首相,是埃及华夫脱党创建人。
② 埃及革命前反动政党人民党的党魁,曾于1930年6月~1933年9月间任埃及内阁首相,代表封建买办、大地主、大资产阶级利益,后因大贪污案下台。
③ 指1923年埃及颁布的宪法。这部宪法第一次宣布埃及是一个"自由独立的国家"。

所不能容忍的统治者行为,不过是一件只能如此的寻常事情罢了。

阿里对苏莱曼的一切品格和行为都很钦佩,除外的只是他对祖国的热忱和对外国占领、腐败政权的不满,阿里认为这是苏莱曼的缺点和会惹是生非的地方。这正像苏莱曼看待阿里:全身心都被炽热的爱情控制,变得神魂颠倒,对祖国的痛苦和危难全无感受,也不关心。

这种看法上的分歧,并没有妨碍这对伙伴加深友谊,也没有妨碍一个侃侃而谈自己的思想和感情,另一个静静地聆听,用赞成和信服来令其感到舒服。

离校回家的日期终于临近了。学习持棍敬礼和徒手礼已经结束,裁缝也已制好放假的服装,交给熨衣工人,为他们出校做好准备。星期四晚上,阿里感到幸福充满胸间,满脑子美丽的憧憬,足能挡住暴虐的睡魔,不让自己入眠,直到耳边听得门岗的钟敲了十下。

从听到就寝号的九点半到钟敲十响的这半个小时里,他的脑子里能映现出最美丽的情景和幻影,实现自己最甜蜜的希望:他看见她身着骑装,优雅地骑在马上,他也骑着马与她并辔而行;继而他又身穿正装,堂而皇之地跟她一起坐在汽车里,车子载着他俩飞驶而过,士兵们在向他敬礼;再接着,他看见她挨着自己坐在河边芦苇丛的后面,他握着她温柔的手放在自己胸前,两人温情脉脉地相互对望。

睡魔压服他的抵抗和思想,战胜了他被队列操练、跑跳、游泳、拳击、击剑和其他各种强加给他的超体力负担搞得疲惫不堪的身躯,硬被驱走的睡意和倦怠无力的身体加在一起抑制住了他飘忽活跃的思绪。钟声刚敲完十下,他就沉沉睡去,直到急促的起床号响起才被惊醒。

他精神饱满地愉快地起床,站入点名队伍。列队的学员挨次应声回答"到,长官",第一次比平常的回答少了一个词"新学员",因为从今天起,他们已经不算是新生了。

他迅速穿好衣服,接着到武器架取枪,室长昨天提醒大家,今天早操要带枪。

他拿起第七十九号枪,他的号码和衣服都是七十九号,叫他的名字,倒还不如叫他七十九号。他对这支枪没有多少好感,因为自从它归他所有或者说由他掌握以来,已经给他带来好几次处罚。

第一次惩罚是军士长罚他出列,因为军士长看到他瞄准时枪口偏高,便告诉他托枪抓准星部位不对,接着就命他出列。

此后他的接连受罚,是每次他带枪出操,在接受两个分队的军士或学院的军士长的第二次着装检查服装和武器,亦即操前的最后检查时,或每当对全排或全院武器做其他各种检查时,他都难以幸免。

他知道,自己擦枪总是竭尽全力,是使用擦枪绳最多的学员,他一次次用擦枪绳反复地擦枪筒,有几次,他甚至用上了通条,尽管大家并没有接到使用通条的命令,通条只有在开过枪后才使用。

然而,过错并不在他身上,而在这该死的枪筒:它本来就脏,里面有大家称为金属垢的东西,不管怎么擦,总是黑乎乎的。

这天早晨,他使劲地擦着枪,生怕落入受罚之列不得出校,失去他两个月来心向往之的会晤。

第二次着装集合时,他和全排其他学员一起站在队列里。队长叫道:"准备检查,枪斜放!检查武器!"阿里向前举起枪,把枪斜着摆好,准备接受检查。

他拉开枪栓,用大拇指的指甲顶住枪筒底部,让光反射进去,使人能够从枪筒顶部察看枪筒里面。学院的军士长走过来,用满意的眼光查看着一支又一支枪,终于来到了他的枪旁。军士长闭上一只眼,用另一只眼睛凝视枪筒,接着脸上露出又惊奇又难过的神色,遗憾地吧嗒着嘴唇,说道:

"枪筒里面有蜘蛛,你显然没有擦干净。"

不等阿里开口,军士长就气呼呼地做出了处罚决定,说道:

"做行军检查!"

接着就走过去查别人了。

阿里感到喉咙一阵哽咽,这次处罚无疑将推迟他的离校时间。

上操、上课全结束了,学员们朝寝室奔去,各自收拾准备离校。带红条纹的裤子在甬道、寝室和院子里闪现,穿这些裤子的人,都带着愉快而兴奋的表情。全院在这个时刻和每星期四的同一时刻,到处都传出欢快的歌声和悠扬的口哨声。

只有阿里心烦意乱,他忙着把武器带、干粮袋和背包上的铜扣擦亮,又从柜子里拿出衣服,叠好放入背包在肩上背好,以接受全面行军检查。

苏莱曼已穿好假日服装,过来帮助阿里擦枪和擦纽扣。

苏莱曼知道阿里内心的烦躁和难受,想替他解闷,说道:

"兄弟,想开些,别发愁。我们小时候,人家对我们说:屁股挨打死不了人。今天我们说:挨检查也死不了人。检查很快就会结束,你还赶得上其他离校同学,我留下来跟你一起走。"

"你留下来干吗?你犯了什么过错要待到四点钟?"

"可是你也不会一直留到四点钟啊,你现在就可以去接受检查。"

"不,侯赛因军士派人带口信给我们说,他下午四点钟来检查犯错误的学员。"

"为什么?"

"他宣称,他给大家充分的时间全面整好行装,因为他决不宽恕任何一点疏漏。"

"真是莫名其妙。我没见过比这个军士更讨厌的人……不明白他干吗要对学员如此傲慢。出操的时候,我真想打他两巴掌。不过,检查跟他有什么关系?"

"他是管受罚学员的军士,同时又是值班军士,这个星期他当然出不去,他没必要赶时间。"

四点钟的时候,阿里站在侯赛因军士面前,准备接受检查。这是个红脸军士,身上毛茸茸的,与其说像人,不如说像一只公鸡。

不出阿里所料,军士没必要赶时间,他开始进行检查,就像在做一件他不想结束的消遣事。他打开阿里的行囊,一件一件地检查里面的衣服,清点所有的东西,询问阿里的纽扣牌、鞋刷子、衣服刷子和背包里其他零碎的东西。

检查进展顺利,红脸军士未能找到责罚阿里的理由。接着,他抓起了枪,阿里顿时提心吊胆起来,及至军士察看了枪筒,没有表示什么意见,阿里这才松了一口气。

最后,在检查差不多快要完了的时候,军士抓起枪把它翻过来,打开枪托底部的铜孔眼,摇摇枪,仿佛想从里面倒出点什么来,接着,又用食指伸进里面去摸,他好像终于套住了阿里,带着一种获胜的腔调说道:

"油壶和擦枪绳在哪儿?"

阿里对军士抓住自己把柄的那股高兴劲儿感到惊讶,答道:

"在衣柜里。"

军士大声叱喝道:

"在衣柜里?它在衣柜里能干什么,机灵鬼?"

"我把它们留在那里了。"

军士讽刺道:

"下一次,你别把它们留在那里……士兵整装行军时,必须把油壶和擦枪绳挂在枪托上。枪支的清洁比我们身体的干净更重要。你为什么记得在背包里放上一块肥皂和替换衣服,却把枪忘了?没有枪,你在战场上有什么用?"

他停了片刻,慢条斯理地宣布了可怕的惩罚:

"星期四禁止外出。今晚,你应该留在学校,弄懂怎样准确无误地整好行装。明白吗?"

阿里尽力控制自己的神经,遏抑住怒气,答道:

"明白,长官。"

他扎好行装,背上枪,跨着整齐的军人步伐,一直走到衣柜前。他解开行囊,把枪放在武器架上,接着坐在床上,心里真想大哭一场。

他静静地躺在床上,把头钻在枕头下,然后让泪水默默地流淌,这是他排遣烦恼和愁闷的唯一办法。

哭完了,他觉得有些难为情,赶快拭干眼睛,生怕被人发现自己哭过了。

他责备自己的脆弱。这是干吗?是因为今天没能离校?这有什么,明天仍可出校,明天近在眼前。就算明天回不去,下个星期他也能出去。他可以再忍耐一周,就像他整个入学阶段都忍过来了一样。他已是个男子汉,不应该为这些轻微的处罚烦恼。星期四关禁闭就哭,这太丢脸了。

他竭力用诸如此类的理由来消除自己的苦恼,然而,苦恼仍重重地压在他的心头,原因要比这深刻得多。他烦恼的不是受罚的本身,而是有一种委屈感。他没有做什么应当受罚的事情,他竭尽全力恪尽职责,结果却受到处罚,而且竟没有一个人想到他是冤枉的。军士看他的眼神是把他看作必须打败的敌人,或者是把他当作施展威风的奴隶。

这才是他苦恼的原因,确切地说,是部分原因。另外的原因或者更主要的原因,是他感到相会的机会将会错过,甚至已经丧失,他明天八点钟之前不能离校,九点钟之前也到不了家,而原来约定的见面时间,是在日出之前。

是的，日出之前，苗圃树墙旁，他俩最后一次是这样约定的。不过，她还记得吗？还会有点像他思念她一样思念他吗？仍在期待着与他相会？可是，谁会告诉她这个星期他将回家？难道从他走了以后，她每个星期五拂晓都会到约定的地点去吗？

他可真是奇怪！过去，他只希望在梦中相会，如今却要求她每个星期五的黎明都等着他回去！

十六　回家

　　星期五上午九点钟,阿里下了火车,跨过车站叉道口,向家里走去。

　　他穿着军服,看上去英俊而且潇洒。红条纹长裤的裤脚用松紧带束在靴子里,从裤腰到小腿都绷得紧紧的没有一丝褶痕。深藏青的上装正合身,扣住领口的高领封住了脖子,胸前的扣子闪闪发亮。他身材颀长,前胸突出,腰窄肩宽。高毡帽端端正正地戴在额头上。他右手抓着手杖,与地面平行挥动,这是他从队列操练中学会的。

　　他不加考虑就选了一条最远的路回家,要经过府第围墙和花园后门。他明知与那里的主人相晤已无希望,但仍想路过。约会时间他记得是在拂晓,她纵然想给他机会,也已错过。时间太晚了,她即便等他,也已经到了她回校时间,不得不走了。

　　这就是结果。从学校动身出来,他在乘公共汽车到火车站的路上,经过她学校时眼睛曾一直盯着看那学校的建筑,仿佛希望墙头能向他透露点什么。

　　他还注意马路上对面驰来的汽车,但愿从中看到送她上学的汽车。在火车上,他也始终留心汽车。一直到站也没见到她的踪影。

　　现在他朝约会地点走去,就像去履行一个不容推诿的义务。推动他

走向那儿的,不是任何相逢的希望,而是那个地点本身吸引着他。他像是在吟诵盖斯①的诗句:

经莱拉家园,
把墙头吻遍。

他走到花园后门,刚进门就看见正撩起衣服,站着搬动花盆的父亲。

阿里向父亲走去,一心想拥抱他。在父亲转过身来之前,一个工人先看见了他,惊讶地叫着问候道:

"你好啊,阿里先生。"

这声突如其来的叫唤,使阿卜德·瓦希德愕然转过头来,一见阿里身穿军装神采奕奕的样子,不觉一颤,接着看到自己撩起的衣服上沾着淤泥,不太适宜迎接儿子,有点手足无措,好像是怕会让儿子感到难堪,他心里清楚儿子自尊心很强……然而,阿里这个感情不外露的人,却打消了父亲的疑虑,冲上来便投入他的怀抱,热烈而急切地拥抱他。

父亲搂着儿子,再也遏制不住激动的泪水,任其在褐色干瘪的脸颊上流淌……接着他赶紧用棉毛衫袖子擦干。

他放下撩起的衣服,一手拉着阿里说道:

"回家吧,你妈妈想你都快想疯了。我们以为你这个星期不会来了。侯赛因今天要到学院里去看你。"

"他回家了吗?"

"嗯,他昨天第一次回家。他以为昨天你也会回来,但你一直没来,他

---

① 盖斯·本·穆劳瓦赫(卒于688年),阿拉伯蒙昧时期的著名诗人,曾热烈追求阿密尔部族的姑娘莱拉,被称为莱拉的痴情人。

说你们的离校期准是推迟了。"

"他穿上校服怎么样?"

"跟你一样挺精神。你们两个好像生来就适合穿军装。走吧。"

"让我再看一眼这个地方。我可真想念村里的一切。花房、花园和主人们都好吗?"

"都挺好。他们常问起你。"

阿里觉得胸口被什么敲了一下,他尽力显得不在意似地问道:

"他们问起我?"

"嗯。"

"都是谁啊?"

父亲微笑了,仿佛是对儿子说:"调皮鬼,你最清楚不过了。"他接着说道:

"小姐,英琪小姐。"

"她真的问起我了吗?"

"她常问起你。每个星期四,她从学校回来就到花园里来问我怎么样,花儿怎么样,接着也顺带问起阿里和侯赛因好吗,什么时候从学校里回来。"

阿里对父亲的话感到失望,脸上不禁流露出烦恼的表情,他用漫不经心的语调问道:

"她问的是我们大家?"

父亲理解他的失望,知道他这话的含义,嘴角随即浮起一个宽厚的微笑,他拍拍儿子的背说道:

"嗯,她问起我们大家是因为你,孩子,这你知道,我也知道。她经常到花房里来,套我谈论你,问我有关你的消息和你的一切。我跟她谈得很详细,她从不厌倦或不耐烦,而是听得很起劲。"

阿里觉得失望和烦恼都已烟消云散。他发现父亲知道自己许多事情,很难为情,便耷拉下脑袋。

父子两人绕过花房和后面的树墙,穿过后门,径直回家。

沉默了一会儿,两人各有心事,都露出沉思的表情。儿子在幻想的天际翱翔,在知道英琪如何问起他、打听他的消息,仍惦记着他,像他一样在思念他之后,他极为兴奋。

父亲在寻思,当他告诉儿子英琪怎样打听他时,儿子的喜悦之情溢于言表,当儿子知道英琪是询问他们大家而不光是他一个人时,就流露出失望,父亲认为儿子的这种喜悦非常危险。

这一切在父亲看来,是一件危险的事情,因为除了失望和挫折之外,不可能有别的结果。他了解儿子,知道儿子自尊心强,生性骄傲,这些情感到头来碰壁受挫会对他产生什么影响?

他的确认为儿子十分出色,不相信有谁比他更棒,他配得上任何一个姑娘,可儿子的出身与他钟情的姑娘不般配,他俩之间有一道迈不过去的鸿沟!

要是侯赛因陷入这样的情感,他做父亲的倒不会太当回事。他知道侯赛因用情不深,轻佻浮漂,做不到的就放手,不难过,也不后悔。他要是追求王爷的女儿,图的是开心好玩,她接近他,他就享受,她如拒绝,他就一忘了之。

阿里不一样,他的深沉稳重中包藏着极大的危险。

再说,这件事本身就不应该发生,发生了,即便开始时有些让人高兴的现象,但最终不会有什么好结果。

是的,不论阿里将来怎么样,都抹不掉固定不变的事实:他是花匠的儿子,而她是王爷的千金。

那么,他干吗对这件事这么当真……不就是温和善良的小姐问起了儿子,儿子对这种询问感到高兴,让他想到了这种种后果。

不,不,他不该这么想把事情搞复杂,应该任其自然……再说,眼下不是烦恼和发愁的时候,应当为儿子高兴才是。

阿里希望父亲更多地谈谈英琪,不要停下来。父亲半晌不作声,他调皮地催促父亲道:

"您怎么对她说我?"

父亲回过神来,简单地答道:

"我对她说,一切都很好。"

他感到自己在参与把儿子推向一个危险的深渊,想转换话题,好像不谈英琪,就会把她从儿子的脑海中排除出去,说道:

"你来信要的钱和东西都收到了吗?"

"收到了,是哈利勒和易卜拉欣先生带来的。可是,您为什么不来看我呢?"

父亲沉默了一会说道:

"阿里,事情多啊!"

"爸爸,您忙得一个星期来看我一次都不行吗?您信吗,我是在学校这段时间里唯一没有家人来探望的学员。我可埋怨你哩,我没有在信里求您来,是因为我有理由指望您主动来看我。"

父亲又一次显得茫然,他觉得儿子的埋怨是正当的,可也感到委屈。他想为自己辩白,喃喃地说道:

"我没有去看你,其实是为了你,阿里。"

"怎么是为了我?"

"我是怕使你在同学弟兄中觉得难为情。我想,他们的父亲到学校去看他们,是不会穿着长袍、戴着黄色缠头巾的。我知道你自尊心强,决定不去看你,免得给你添麻烦。我克制住了对你的思念,一直在等你回来。"

父亲的话使阿里感到困惑,他惊奇地说道:

"您怎么这样说,爸爸?我会为您觉得难为情?在我眼里,您是世上最好的人！您为我们做了这所有的一切，我会因为您难为情？我认为您是最值得我骄傲的了。"

他俩快到家了。父亲看到儿子对自己为他付出的辛劳感受这么深，禁不住再一次热泪盈眶。

阿里发现家里有显著的变化，房子经过修缮，粉饰一新，周围打扫得干干净净，院子里还辟了一个小花园。

阿里惊奇地叫道：

"家里怎么变啦？从外表上看，像是换了一个家。"

"你再到里面看看，也变样了。我得让这个家配得上你们俩。它现在是两位军官的住宅，不是花匠领班的房子，拿你弟弟侯赛因的话来说，成了政权机关啦。"

父亲对房子的修整和他说不去看望阿里的道理，使阿里明白了父亲是怕两个儿子特别是阿里会因为他而感到羞愧。阿里很不愿意自己是造成父亲这种感受的原因，希望能够消除父亲的这种想法，不想让父亲为了自己难上加难。他知道，他与侯赛因的费用，几乎全要父亲承担，而所有这些装修费用又加重了父亲的负担。

阿里说道：

"我们可不配享有这一切。家里变得比我们高级多了。爸爸，您干吗要这样啊，这可要花很多钱。我知道，您肯定还得张罗另一笔开支。"

"别发愁，万事都由真主安排。"

"恐怕是因为我吧？您准是把我以前因为裤子打补丁感到难为情的事还记在脑子里。那时难为情是有特别原因，但我现在的心情已完全变了……物质上穷些我已不会难为情，既然我们能力不够，没有更好的房子，那么住茅屋还是宫殿，我都不在乎。这些我都不觉得难为情，因为我对爸爸、对我自己都有信心，相比之下，清贫不算什么。现在我最关心的是不要为我而加重您的负担。"

"没有什么负担,阿里,我们把你妈妈的项圈卖了,她已不需要用它来打扮了,我们大家都需要的是把这个家打扮一下,外表有外表的价值。阿里,来吧。"

侯赛因出现在窗口。他一看见阿里,就发出一声又惊又喜的喊叫:

"妈妈,阿里来啦!"

不等阿里走进门,他就从窗口跳出,奔向阿里,一把紧紧抱住,喊道:

"怎么这样神气啊?我原以为我穿上红条纹裤最神气不过,可跟你一比就给比下去了。你让我瞧瞧。"

接着,他围着阿里周身端详了一番。他自己穿着白衬衣和拴背带的军裤,头剃得光光的。他一下摘掉了阿里的帽子叫道:

"让我看看你的头。"

阿里跟他一样,也是个光脑袋。侯赛因又絮叨道:

"你想,我离校的时候,头发已这么长了,"他用食指比划着,"跟我入学前完全一样,可是,该死的军士长——愿主毁掉他的家——在最后一刻抓住我,叫来理发员,把我的头剃成了现在你看到的这个样子。"

阿里进门,母亲把他抱入怀中,热泪直淌,两个儿子和父亲谁都劝不住。

她不停地抚摸阿里,像是要证实一下,他确实平安地回到了自己身边,像走时一样,不缺胳膊不缺腿,也没有丢鼻子少嘴巴。

她首先就问:

"要我给你拿吃的来吗?你瘦了,他们准没让你吃饱。"

阿里笑了。他母亲总是认为,她生活中的头等大事就是让他和弟弟吃饱。她认为,他俩离她那么远,准在挨饿,她应该做的第一件事,就是把他俩离开后没吃过的给补上。

巴希娅一声不响地进来,嘴角带着羞涩的微笑。她向阿里伸出手说道:

"感谢真主让你平安回来。"

"主也让你平安。你好吗,巴希娅?你这两个月里长大了,更漂亮了。"

巴希娅越加不好意思,姨妈又接着说道:

"巴希娅是个人人夸的好姑娘,愿主使她有福得到你俩中的一个。"

姨妈的话是随口说的,却羞得巴希娅满脸红得热辣辣的。

侯赛因叫她道:

"巴希娅,把我的上衣拿来。从现在起,你得学会怎么把纽扣擦亮。"

巴希娅去拿上衣,她的心怦怦地跳个不停。

她得从现在起学会擦亮纽扣!谁告诉他说她不会擦?无论哪一件伺候他的事,她都不需要学,凭着她的本性、愿望和爱情,这些她都能做得很妥帖。

侯赛因一面穿上衣,一面说道:

"我们上午到罗亚尔电影院去,那里在放一部巨片,阿里,咱们别错过了。"

母亲呵斥侯赛因道:

"你安分些,静一会儿。"

"您昨天把我关在家里,我已经安分了一天还不够?您以为我在学校里关了那么长时间,出来就为了窝在家里吗?"

"那就让你哥哥安静一会儿,他还没有歇上一会儿呢。"

"他也歇得够了。我们可以陪你们坐半个小时。我想,您要塞饱他,半个小时尽够了。"

"看电影不是糟蹋钱吗!你以为我们很有钱吗?你有钱买点东西吃,

养养身体,不更好吗?"

"您就只知道吃,把我当什么了?是要填鹅还是喂羊?生活中除了吃,还有别的乐趣。阿里看电影我请客,我身上的钱足够了,我们去亚历山大赛球时,他们给我的零花钱我还剩五十个皮亚斯,我们一起去轻松一下。"

半个小时后,火车载着去电影院的两兄弟,向开罗驰去。

十七　挑战

　　两兄弟到电影院时,电影已经开映。他俩摸黑进去,站了一会,让眼睛适应黑暗。一个检票员上来,把他俩领到座位上。

　　有一阵子,他俩谁都没有把思想集中到前面放映的影片上。阿里一心在回忆父亲的话,父亲谈到了英琪,说英琪想让父亲谈论他。

　　侯赛因呢,却忙着四处张望,想在黑暗中发现离他最近的美丽脸庞,弄清他的邻座是女的还是男的,二等座位上的观众大部分是女人还是男人。

　　休息时间到了。侯赛因那双一直在黑暗中搜索的目光收了回来,阿里一直在想着英琪、追逐着英琪的脑子也松懈下来。两人都忙着朝观众张望,向一些同学打招呼。坐得满满的观众席中不少是他们的同学。

　　侯赛因问他的哥哥:

　　"你不想稍微走动一下?"

　　"不,我宁愿坐着。"

　　侯赛因站起身来,一边张望四下的观众,一边向外走去。可他没走几步,马上又回到哥哥身边,微微弯着身子悄声说道:

　　"老爷的女儿英琪在这里,她哥哥也在。"

阿里本想责备弟弟动作太张扬,出出进进,交头接耳,但一听他提到英琪,心里顿觉一阵慌乱,控制不住自己,更不要说去管束弟弟了。

他不知该怎么回答弟弟,却情不自禁地站起身来,像逃出战场似的跟着弟弟向外面走。路上,他抬头朝弟弟指的方向一望,正好同英琪的眼光相遇。她给了他一个亲切、明媚、沁人心脾的笑靥,这驱走了他心里的慌乱,增添了信心和希望。

他微笑着点了点头,英琪也点头表示回答。他真想越过观众去拥抱她,但却只能跟弟弟来到外面。侯赛因把他带到小吃部,问道:

"咱们喝点什么?"

"不必了,别浪费了。"

"我请客,今天你是我的客人。五十个皮亚斯还有剩余,够享受一下的。"

"你留着它下星期五用吧。人逢倒霉时,一钱抵千金。"

"命里不缺钱,不愁袋中空。每句谚语都有它相对的另一句,你别想用谚语来对付我。相对立的谚语和格言有的是,比如,昨日明天事,今儿莫犯愁。"

两人站在小卖部前。侯赛因拿起一瓶"赛德尔"①,两眼直往女人那看,嘴里不停地对阿里絮叨着:

"英琪真漂亮,我朝外面走时,见她眼睛正盯着你瞧,还特地朝你微笑,打招呼。你真运气。"

这时,英琪朝他俩走来。她穿着一件朴素的绿色羊毛连衣裙,脚着平底鞋,丝毫没有矫揉造作,不显得是去小卖部路上碰巧与阿里相遇,而是径直走向阿里,伸出手大大方方地表示欢迎,也不掩饰她的思念之情,微

---

① 汽水牌名。

笑着说道：

"感谢真主让你平安回来。我不知道你已经出校,昨天还问过你父亲,他告诉我说,你还没有回来。"

面对她的谦和,阿里感到自己的慌乱早已飞得无影无踪。她又伸手跟他弟弟握手问好。她这样直截了当地来到他俩中间和他哥哥谈话,也使侯赛因感到惊讶。

阿里回答她道：

"我今天早晨才离校。"

"为什么?"

"星期四我被关了禁闭,因为枪没有擦干净。"

"你学过射击了吗?"

"还没有。我们还在学扛枪、带枪走和持枪操练。"

"我会打枪,是阿赖哥哥教我的。今天我们看完电影回去要去打猎,你俩愿意跟我们一起去吗?"

阿里还没开口,侯赛因就答道：

"当然愿意,我进校之前就会打枪。"

阿里还没有作声,英琪在等他回答,又问道：

"你呢,阿里?"

阿里仿佛小梦乍醒,答道：

"我,嗯,嗯……当然,不过我打得不好,在学校里第一次练习我就受了处罚。"

"你们那里什么事都要处罚吗?"

阿里笑道：

"是的,每一件事……我有一次因为走路还受了处罚呢。"

"那应该怎么走?"

"得跑步。我们那里不允许慢走,得经常跑步,包括从床边到衣柜。"

"不管怎么说,我教你吧,我比学校先教会你打枪。"

电影院的铃声响了,休息时间结束。侯赛因用抱歉的口气说道:

"我们没给你要点什么,光顾讲话了。"

"谢谢。我喝不下,我是出来活动一下腿脚,坐的时间长了有点累。咱们走吧。"

他们分开各自回座之前,她又问道:

"你们看完电影就回家?"

阿里回答道:

"是的。"

"那咱们一道走吧,我和阿赖哥哥也回家。看完电影再见。"

她的邀请不是征询意见,可以接受或拒绝,而是已经决定的义务。

电影散场,观众向外拥去。英琪出来后,在拥挤的人群里寻找阿里兄弟俩。阿赖先坐上车。他看见英琪倚着车门站着,便叫道:

"上车,英琪。你在找谁?"

"我邀了阿里和侯赛因同我们一道走。"

英琪一面回答,一面仍用眼睛在拥出的人群中搜索。

阿赖的脸上露出惊讶的表情,他扬起双眉,不以为然地说道:

"我们送他们回去?你让花匠的孩子跟我们一起坐车?"

英琪看到阿里随着人流朝汽车走来,侯赛因跟在后面。她对阿赖呵斥道:

"别这么放肆。不许你在他俩面前用这种腔调说话。"

"我不让他们上车。你进来,要不你就站着,我一个人回去。"

"不管你愿意不愿意,我请他俩上车。"

阿赖转向司机,用命令的口吻说道:

"走,穆罕默德师傅。"

英琪生气地看着他,对司机说道:

"别开,穆罕默德师傅。"

"我叫你开,黑东西,你没听见吗?"

黑人司机气忿地把头转过来对着阿赖,责备他道:

"要我丢下英琪小姐开走?你请吧,你要是心急,就请下车。"

阿赖嘴角喷出对司机的一连串漫骂,威胁要解雇他。两兄弟已走近汽车,英琪招呼着请他俩上车。

司机责备阿赖道:

"罪过啊,阿赖少爷,你不肯同花匠的孩子一起乘车说的话,他们都不会说。我要把你说的话告诉老爷。"

英琪进车,坐在阿赖旁边,阿里挨着她坐,侯赛因坐在司机旁边。汽车向村里驶去。

两兄弟与阿赖淡淡地打了个招呼,寒暄了几句。英琪竭力想消除因她阿赖哥哥的傲慢无礼、妄自尊大而造成的别扭紧张气氛,就谈论起了影片:

"这部影片不如我想的那么好。人们宣传得过分了。"

阿赖反驳道:

"我倒很喜欢,我还没看过比它更好的影片。"

"它过分渲染暴力,把邪恶表现成了英雄。"

"我就是喜欢这一点。"

英琪想让阿里参加谈话,便问道:

"你看呢,阿里?"

阿里觉得有些为难,犹豫了一下,他谁都不想得罪,便说道:

"我认为,各人性格不同,看法就不一样。"

阿赖撇了撇嘴,似乎很不以为然。他用鄙视的口吻问道:

"那你是什么看法?"

阿里发现这个年轻人不配以礼相待,便带着一些挑战意味说道:

"影片很乏味,思路不清楚,目的也不健康。不可思议的是,一个本性善良的人居然用这样优美的场面去表现邪恶,像是在怂恿人作恶。"

侯赛因有点放肆地接着说道:

"这部影片从头到尾荒唐透顶。"

阿赖脸红了。英琪怕他鲁莽地出言不逊,伤害自己的两位客人,便想结束这个话题,说道:

"看到了吗,阿赖?每个人性格不同看法也就不同,各有各的看法。"

接着,她把谈话转到另一个方面:

"你俩什么时候回校?"

阿里说道:

"按规定我们晚上八点到校,假期从星期四中午到星期五傍晚。"

"我的假期要长一些,每周的休假从星期五下午开始,到星期一早晨结束。"

"可是你今天并没有去学校啊!"

"我们在过感恩节。我们的假日很多,再过一个月,开始过圣诞节和新年假,假期很长,约有二十天。"

汽车里的谈话就这样进行着,随意而且断断续续,刚接上就断,断了,英琪再把它连上。汽车开近村庄停住了,兄弟俩下车,英琪对他俩说道:

"我们准备好猎枪在花园里等你们,别来晚了。"

阿里举手致意,答道:

"但愿如此。"

侯赛因笑着答道:

"去打一只鸽子。"

两兄弟走在回家的路上,侯赛因点点脑袋说道:

"真是个好姑娘。"

他羡慕地望着哥哥,接着用他往常的口吻说道:

"大爷,你可真有福气,你总是不见高枝鸟不放枪。"

阿里瞪了他一眼,呵斥道:

"侯赛因,别用这种腔调谈论她。"

侯赛因抱歉地喃喃说道:

"我没有侮辱她的意思,我非常尊敬她,至少是为了你。"

"仅仅是为了我?"

"你想要我因为她的哥哥而尊敬她?"

"尊敬她是因为她本人……你不觉得她值得尊敬吗?"

侯赛因认真地答道:

"她是值得尊敬。我没有想到她这样和蔼可亲和谦虚。事实上,她与那些飞扬跋扈的家伙不是一类人,我甚至觉得,她不可能是那个自命不凡的王爷的女儿。"

两人回到家里。一张放在堂屋中央的木桌取代了过去陈旧的矮圆桌,桌上铺着干净的白漆布。母亲已做好饭菜,她的主要任务就是塞满两个儿子的胃,似乎要弥补儿子不在家时自己没有尽到的责任。

吃完饭,兄弟俩互相看了一眼,仿佛在探问最好用什么最简单的办法从父母身边溜走。两个儿子离家日久,父母亲非常想念他们,总希望儿子们尽可能在他们身边多待一些时间,以享天伦之乐。

侯赛因想好了开溜的计划,看看手上的表说道:

"阿里,我们要迟到了。"

母亲诧异地问道:

"到哪里去要迟到了?你们不是说晚上八点钟到校吗?七点钟之前,你们用不着动身。"

父亲支持她的说法,也说道:

"是啊,一个小时足够了,半个小时到火车站,半个小时到学校。"

阿里没有作声,他觉得有些惭愧。父母亲还没有看够他,他就想从他们身边溜走。侯赛因又加重语气说道:

"我是指我们跟老爷儿子阿赖的约会要迟到了。"

父亲惊奇地问道:

"你们之间有约会?"

"是的,我们要去试试他的一支新枪。"

"你们都学过打枪了?"

"当然啦,我们整个月都泡在枪里。阿里,走吧,免得迟到。我们会再回来的,时间不会太长。"

侯赛因和哥哥站起身来。母亲难过地嘟囔道:

"你们也不稍微消停会儿,让身体休息一下?"

两人离开家,不一会儿,就来到花园的小路上寻找英琪。

一棵孟加拉种的大榕树,盘根错节,枝叶扶疏。英琪坐在树下的一张藤长椅上。她身穿白色运动衫和藏青色裙子,脚上是一双白球鞋。旁边的一张桌子上,放着三支猎枪和一些弹药筒。阿赖从府第方向走来,手里也抓着一支枪。他一面走,一面朝树顶放枪。

英琪站起身,向两兄弟亲切地问候,说道:

"枪在这里,你们要试一下吗?"

阿里拿起一支枪,一面试着瞄准,一面说道:

"这枪比学校里的枪轻多了。"

阿赖走过来,既不问好,也不表示欢迎,对两兄弟说道:

"你们两个不是军官吗?你们的行当就是扛枪,我跟你们比一比。"

英琪不喜欢他话中的攻击味儿。她欢快地说道:

"没有必要比试,我们只想消遣一下。"

但是,阿赖已举枪抵肩,说道:

"看树上垂下来靠近桌子的那根丫杈,我打它的第三片叶子。"

他开了一枪,击中了叶子。他放声大笑道:

"两位军官!我向你们挑战,你们谁应战?"

阿里对比赛毫无兴趣,他连抓枪打猎的兴致都没有。他的全部心思就是来看英琪,听她的声音,跟她聊天。要是可能,他真希望与她躲到一边去,在树木花丛中漫步。

然而,侯赛因天性好斗,他抓起一支枪,装上子弹,举枪抵肩,嘲弄地说道:

"第四片。"

他一枪命中,接着继续用嘲弄口吻说道:

"第五片。"

又打了下来。

"第六片、第七片。"

他连发连中,接着放下枪,说道:

"这些目标太简单。你向军官们挑战,应该选更难的目标。"

阿赖恼怒地咬紧嘴唇。他认为玩枪打猎应当仅限于上流社会,他讨厌花匠的儿子——就算他以后会成为军官——跟他比试本领!

这时候,英琪与阿里已借他们的兄弟忙于比试射击的机会离去。拉开一段距离后,两人单独待在一起,相互走近,都觉得心跳剧烈、呼吸急促。阿里首先开口,他幽幽地说:

"我原来怕见不到你了,昨天我宁愿少活半辈子,也希望能离校到芦苇丛那里去等你。"

"我也是，当你父亲告诉我说你没有回来时，我失望极了。尽管如此，拂晓时我还是去等你了。我在那里等候的时候，心情非常舒畅，心想说不定什么时候你就来了。每个星期五的拂晓我都去等你，带着马到最后一次遇见你的河边，走下去坐在一丛芦苇后面等你，像你上次似的拨弄着水。我认为我不会再像以前那样失去你了，我没有想到自己竟会这样想念你。"

阿里觉得自己在向上飞升，仿佛有一对翅膀架着他，飞向天上的乐园。她真的每天拂晓都等待着他回来吗？

阿里一阵震颤，不知该怎么回答。他不由自主地到旁边的花坛伸手摘下一朵玫瑰花，一面在手指间摆弄，一面悄声说道：

"我没有体会到对你的想念，因为你一刻也没有离开过我，你在我的脑海中，在我的心坎上，在我的眼睛里，在我的血液中。我在你最后一次给我的那朵玫瑰花里看到你，它的干花瓣放在我的抽屉里，给我带来你的馨香。"

他沉默了一会，接着又轻声说道：

"允许我把这朵花献给你吗？也许你看到它就会记住我，就像我看到你送的玫瑰花就会想起你一样。"

他举起拿着花的手，英琪正想去接，这时，阿赖的枪响了，一颗子弹把花打飞了。阿里的手指受了伤，只听见阿赖咯咯地笑着，他对侯赛因说道：

"我用这一枪向你挑战。"

十八　沉重的负担

英琪骇怕地惊叫一声,急切地俯向阿里,想用她的小手绢止住他手指上淌下来的鲜血。她小心、怜惜地握住他的手,哽咽着说道:

"你用我的手绢压住伤口,我去拿棉花和碘酒,马上就回来。"

阿赖在冷笑,侯赛因站在他旁边,又困惑又愤怒。英琪望着阿赖说道:

"疯子,下流坯!"

接着,她向家里跑去。

侯赛因过来,不安地察看哥哥的手指,低声说道:

"我应该把子弹都打入他的脑袋。"

阿里惊奇地抬起脸,叱责弟弟道:

"你说什么?你疯了吗?这有什么,不过是一点小伤,他想必是无意的。"

阿赖叫道:

"不,不是无意的!我就是要教训教训你,不要拿别人的东西送给跟你无关的人!做人应知道分寸,不要越界。衣服提高不了人的出身,不会把主人变为奴隶,把奴隶变为主人。这一次打你的手指,下一次更容易打,因为目标更大。"

阿里感到,阿赖伤害他的这番话,比手指上的伤更令人痛苦。血涌到他的脸上,胸间翻腾着一股仇恨的风暴,他尽力克制住。最后,他把裹伤口的小手绢扔在藤桌上,平静地说道:

"衣服并不能给心灵带来什么,出身也一样不能,心灵才赐予一切,它比衣服和出身更可靠更强大。每棵树都从土里长起,伸向天空,接着它的种子掉落在地,再一次从泥土里成长。天上地下,没有固定不变的根底,它总是来回变动,一代在地下,另一代又在天上。"

他打算走了,这时,英琪气喘吁吁地跑来,手里拿着一块棉花和一小瓶碘酒。她冲到阿里身边,用棉花替他包扎手指上的伤,眼里闪着泪花,低声说道:

"我太抱歉了。"

阿里感到,烦恼的杂质在沉淀下来,心境变得开朗,情感也变得细腻和敏锐,甚至好像他的手指并没有受伤,他的尊严也没有受到损害。

他不由得悄声说道:

"没必要道歉。你亲手为我包扎伤口,我感到高兴。"

侯赛因假装忙着检查一支枪。阿赖已经走开,他若无其事地又专心去打树顶上的鸟。英琪既生气又厌恶地望着即将消失的阿赖,说道:

"希望你别理他,别在意他的言行。他不是一个正常人,总是无缘无故地作恶,他杀死了我的猫,还想弄死我的马。凡是我喜欢的,他都讨厌。"

她的话,使阿里感到陶醉。她对她哥哥的行为和伤害阿里的企图的解释是:凡是她喜欢的,阿赖都讨厌。那么,她就明白地表明,他已列入她所喜欢的范围。

阿里举着受伤的手指,英琪在用一块纱布给他包扎。他的目光正从她披落在双肩上的金发移向她正小心翼翼卷着纱布的手指上。他感到她的手指轻轻地触摸着自己的手,便不由得一点一点向上翘起他的手指。英琪拿着纱布还在他的手指上绕。他情不自禁地低下头去,嘴巴靠近她的手,含情脉脉、虔敬庄重地用双唇碰了一下她的指尖。

他双唇的轻触和他的目光,使英琪感到一阵颤抖,她不禁用被他触碰过的手指慢慢地摸着他的双唇,然后移向他的鼻尖,怀着一种奇妙的渴望,第二次又回到他的唇边。她的嘴角露出一个亲切的令人销魂的微笑,望着他的双眼,轻声说道:

"谢谢。"

他的目光在她的脸上逡巡,像是在做崇敬的探索。他跟她一样轻声答道:

"应感谢的是你……为你对我所做的一切。"

"我希望你心里别介意。"

"不,我心里的感触很多。每次见到你,都带给我克服一切困难的希望和力量,我面前的生活,负担减轻了,艰苦变得渺小,我甚至感觉到有一股能跨越千难万险的神奇力量。"

阿赖在走回来。英琪一面给阿里手指系上带子,一面问道:

"你下次什么时候回来?"

"下下个星期四。"

"下星期四为什么不回来?"

"我们得参加救火分队。"

"我不懂。"

"每个星期,学校里都得留一个分队即一个班,担任救火值日,万一学校发生火灾,得有人去扑灭它。"

"过去发生过火灾吗?他们能扑灭吗?"

阿里笑着答道：

"说实话,我在校期间没有发生过,我想以前也不曾发生过,但保不定什么时候会发生。至于你问值日分队是否灭得了火,那只有天知道。不管怎么说,这是学校里的一种麻烦,确切地说是我们把它当作麻烦。不过,我觉得去做心里不喜欢的工作,接受自己不乐意接受的事……不加争辩地服从,对心灵是一种锻炼。在我们今天的生活里,这是人人都须经受的锻炼,因为生活经常迫使我们去做我们讨厌的事情,把我们不想要的东西强加给我们。我认为,军人的心尤其应该经受这种锻炼,学会在和平时期和战争时期都服从命令,即使这些命令并不合理也不可接受,都得不争不辩地执行。"

"你找到了一种军事哲学,替军队里的荒唐事找理由。"

接着她抬起眼睛望着他的头,笑靥如花,又说道：

"我想,在那些荒唐事里也包括剃光头。"

"剃光头表面上也许荒唐,实际上大有道理。"

"这怎么说？"

"第一,像我刚才所说,这可以锻炼人去接受心里不情不愿的事情,不论它是多么无聊和荒唐。"

"第二呢？"

"让人习惯于不凭借微不足道的外貌而自命不凡和自信,好像自己是参孙[①],头发没了力量也就消失了。人就是人,不管有没有头发。"

"第三呢？"

"整洁,不把时间浪费在梳头打扮上。还有……"

[①] 《圣经》中的古代领袖之一,以身强力大著称。西方文学常以其名喻大力士。参见《辞海》,上海辞书出版社 2009 年版,第 1940 页。

她笑着打断他道：

"行了，行了，免得你让我跑去剪掉头发，去实现你说的这种种好处。"

他跟她一起笑了起来，说道：

"我是说头发，不是说金发。"

她抬起眼睛看他，调皮地问道：

"他们在学校里除了教你们军事课，还上言情诗课吗？"

阿赖走近了，她想确定一下：

"那么，你下下个星期四来？"

"但愿天从人意。你向主祈求，请他赐予七十九号枪干净，要是它干净不了，我想这很难，就让十四号军士长穆罕默德·阿里·拉贾卜眼睛痛，看不见枪里面的污垢。这样，未来的两个星期就会平安度过。"

英琪笑道：

"我将向真主祈求，放你出来就行，你说的这些数字我可记不住。我从学校一回来，就在这里等你。到四点半左右，咱们一起去看电影。"

"我会准时到，哪怕把军士长和红脸军士杀了。现在我得走了，我在这里，你哥哥就很不痛快。"

"你别理他。"

阿里告辞。阿赖走过来，蔑视地问侯赛因道：

"再比一次？"

侯赛因气愤地望着他，说道：

"再比？我接受任何挑战。不过得让我来选目标。你拿着玫瑰，我让你看看怎么打枪。"

阿赖咯咯一笑，讥讽道：

"我从来不拿玫瑰花，我只拿武器。"

阿里叫住弟弟：

"走吧,侯赛因,时间快到了。"

侯赛因一面向哥哥走去,一面对阿赖说道:

"对要玫瑰的人,我们拿玫瑰;对该用枪的人,我们就拿枪。比赛再找机会吧,日子长着呢,目标也很多。"

阿赖哈哈大笑,他朝着回家去的两兄弟用挖苦的语调喊道:

"军官们!"

接着,他在他俩后面的上方开枪,愚蠢地咯咯笑着。

英琪气恼地叫住他:

"阿赖,够了!"

她回头朝桌子上一望,看到了她的小手绢,上面有阿里手指留下的红色血迹。

她想叫住阿里,把手绢给他,但又把它捏在手里,自语道:

"我应该保存它。在手绢上,他留下的比我多。我留下的是香气,他留下的可是血,我得留着,当作我最珍贵的东西。"

她的目光又落在那朵从阿里手中被子弹击落的玫瑰花上,把它从草地上捡起来,用手绢包好,像带着一件宝贝似的回家去了。

兄弟俩回到家里,到了该离家的时候,便各自返校。

阿里带着感情负担回到学校。列队点名以后,他坐在床边,脱下羊皮长筒靴后,一面望着那些放假归来的同学,看他们又笑又闹,讲述自己的冒险故事,一面心不在焉地回应他们的问候。

英琪接连向他表露感情,快速而且强烈,出乎他的意料。他努力回忆今天他俩在一起的情形,简直不相信发生得这么顺当,来势急如骤雨又过于甜蜜,他还来不及领略其中的美。

两人相互说过的话,他都无法信以为真,更难以置信的是,她竟然用手指触摸过他的双唇,用令人销魂的声音对他说"谢谢"。

接着,他的思绪又从甜蜜的一面转向痛苦的另一面,从平原进入崎岖山路。他问自己:这一切结局会怎样?他记起了她哥哥阿赖的态度,他的威胁和挑衅……他感到结局将是一片黑暗,他的希望很渺茫,将落得极度失望。接着,他又试图把遥远的结局从脑海里驱走,不去想它。他把它留给真主,留给环境和命运,以及一个绝望者最后所能仰仗的一切。

然而,即便他不去想那令人沮丧的蜃景般的遥远结局,只关注充满希望和甜蜜的现在,他也深感担心和不安。

在当前情况下,他能走到什么地步?他的资源能帮助他到什么程度?难道只在汽车里与她会面?再说他怎么才能见到她?他的假期——如果他有假期的话——是星期四和星期五两天,她的假期则是星期六和星期天。如果她像今天似的向他提出去看电影,他怎么办?能去吗?父亲给他半个里亚尔①——他知道父亲是怎么给他的——他乘车花去一半,他能靠剩下的先令②跟她上电影院吗?能用这个先令请她看电影吗?难道要她替自己付钱?

过去,他可以在自己的幻梦中随心所欲地邀请她……幻梦无需他花钱,只要去想就行。

而现在,当幻梦成真之后,事情就难办了。他甚至希望仍然回到过去的幻梦中去,或者……让军士长再关他禁闭,把他从行将落入的窘境中拯救出来。

然而,渴望见她的思念之情,使得关禁闭的想法连他自己都觉得可恨……关到什么时候?难道为了逃避她,逃避没有能力与她一起上电影院,每个星期五都关禁闭?

---

① 一个里亚尔为二十个皮亚斯。
② 一个先令为五个皮亚斯。

假如她知道,他俩在电影院里相遇,是靠了侯赛因亚历山大之行剩下来的五十个皮亚斯,那她就不会邀请他,只在花园里见面就行。

然而,在花园里约会能一直这么容易、顺当吗?阿赖会由着他吗?王爷永远不会察觉?工匠、农民或者村里人谁也不会窃窃私语吗?

这些事情通常瞒不过村里人好奇的眼睛,他们好唠叨的舌头不可能对这种事保持沉默,万一传到王爷耳中,父亲的饭碗还能保住吗?

唉,他的脑袋都快要炸了!

不过,他费神去想这些无聊的事干吗?夜晚的梦境和幻想中的愿望,已经非常确定地实现了,难道这还不够?她爱他,这难道还不够?

是啊,是啊,她爱他,她想他,还邀请他……自己真是个愚蠢的傻瓜!

他不禁高兴地从床边一跃而起,把脱下的靴子扔进衣柜下面放鞋子的格子,接着挂好衣服,伸手到右上方的抽屉里,那里不放公家东西,专放学生私人物件,如梳子、刷子和刮脸用具等,摸出那已经干枯褪色的玫瑰花瓣,低声哼起他心爱的歌曲:

疲乏呀劳累,
你带来精神百倍,
最美的日子是你又归来。

接着,他笑着欢快地加入到伙伴们中间。

以后,一天又一天,一个星期很快地过去了。每天的工作和任务排得满满当当,忙得他们不可开交,根本没有时间休息和思索。在新生入学阶段结束之后,队列操练已经减少。干惯了重活,身体变得更加能够吃苦耐劳。由于老是挨训受罚,处罚成了工作中不可避免的部分,心灵也更加能够忍辱负重。

第一个星期过去了,阿里和他的伙伴苏莱曼坐在他们常去的球场看台上,阿里尽情地回味他的故事,向苏莱曼细细述说;苏莱曼仍像以前一样听着他的讲述,为他的快乐感到高兴,为他的幸福感到欣慰。不过有些话却沉积在苏莱曼心头,扰乱了他的平静,他不由得深思起来,把它跟自己的想法和关注的问题联系了起来。阿里一讲完,苏莱曼便深深地长叹一声,深沉地说道:

"这就是症结所在,阿里。她哥哥阿赖知道怎么判断,把我们放在现实的位置上,而不是我们闭眼不看痛苦的现实,用夸夸其谈的漂亮言词推上的地位,是什么'国内的自由人,客人面前的慷慨主人',我们其实是国内的奴隶,客人面前的卑贱者。我们是英国人、王公贵族、统治者和领主们的奴隶,我们跟他们之间有不得逾越的界限。服装不会扩大我们的空间。遗憾的是,我们除了改变自己的服装,做不了更多的事。我们仍怀着奴隶的心理。这个国家有许多事必须改变,要让我们的祖国属于人民,而不是属于英国人、土耳其人和围着他们转的人。我们自己的心理也必须改变。"

苏莱曼停住不说了。阿里接着他的话说道:

"时间足以改变一切。"

"光靠时间不行,时间的作用缓慢而且没有保证。必须进行艰苦卓绝的斗争。"

阿里不明白苏莱曼那些词义含糊、不着边际话的意思,只能姑妄听之,就像过去听他谈帝国主义、奴役、斗争、压迫、暴虐等字眼一样,认为那只是些示威游行领导人和演说家们使用的空洞词藻,具体指什么、会带来什么,都不清楚。

又一个星期过去了。星期四,阿里与其他同学一起离校,枪没有妨碍他出校,尽管他曾好几次希望枪能帮他摆脱花园约会,把他从即将陷入却又无计可施的看电影窘境中拯救出来。

他揣着上星期五用剩下的半个里亚尔回家,心里指望侯赛因还能留几个钱,帮他度过困境。但他从父亲处得知,侯赛因这个星期值日不回家,他的希望破灭了。

四点半钟,阿里从花园后门走进去,装作赏花,在花房附近溜达。约定的时间越来越近,他觉得肩头的压力也越来越重。他甚至希望能一跑了之,或者英琪因事不能前来。

然而,过了一会,英琪来了。她显得急匆匆的,一开口就说:

"我不能久待,因为哥哥在等我一起进城。我买了四张票,是连号的。你把你和侯赛因的两张拿去。另外两张是我和阿赖的。这样,咱们坐在一起,就像是碰巧。别的话,到电影院再谈。"

阿里还来不及回答,她塞了两张电影票在他手里就赶紧朝来的方向回去了。

阿里站着看她匆匆远去,他惊奇地摸摸两张票,感到肩头已卸下重担。

十九　突然的安排

　　这个星期,命运似乎对他突然慷慨起来,不仅替他解决了电影票,而且主动为他安排好了做梦也没有想到的会面。

　　阿里拿着英琪在匆匆一见时塞给他的两张票,到电影院去。

　　他坐在位置上,心里有些遗憾,因为侯赛因无法享受留在他口袋里的票。他真希望能去找侯赛因,把他带来。

　　灯光灭了,英琪还没有来。阿里不去看银幕,而是注意着黑暗中进场的每个人影,企图认出英琪和她的哥哥。终于,他瞥见一个人影走过一排排座位,来到近前。他辨认出是英琪,而且只是一个人。英琪一面紧拉着他的手,一面俯在他的耳边低声说道:

　　"我来迟了吗?我被阿赖耽搁了。我等了他好长时间,结果他派司机来告诉我,他应邀去参加狩猎俱乐部的晚会,不来了。"

　　阿里觉得自己的心快从胸腔里跳出来了。这难道是真的?整场电影,真的就只有他们两个坐在一起?

　　英琪留神地向旁边张望,似乎忘了一件事,探询似地问道:

　　"侯赛因呢?我还没有向他问好呢!"

　　"他在学校,不来了。"

"真的吗?"这三个字从她嘴里滑出来,表面上是惋惜,暗地里是高兴,她好像是在说:

"这一次咱们坐在一起,没有第三人打扰咱们的独处,这是真的吗?"

她仿佛把所有坐在他俩周围的人都忘了。

就这样,影片一转眼放完了。他们两人谁也没有看清一个画面、听到一点声音。他们的全部情感都集中在英琪大衣底下两人交叉在一起的手指上。英琪用大衣盖住她的两条腿,大衣的一端搭在阿里的小腿上。

两人高高兴兴地回到庄园。那亲密无间的程度让他俩自己觉得,他们是共同生活的伴侣,一起去看电影,一起回来,这是天经地义的事,把他俩分开,各处一方,才不合情理。

最后,两人分手了,约好了下次见面的时间。各自的心中都对对方有一种无可争辩的权利感和义不容辞的责任感。

阿里这一次回到学校,对命运和结局不再感到惴惴不安。她给了他巨大的信心——虽非直接方式,而只是通过她同他的谈话态度,她已认定,他俩都已属于对方。

这一次,让他烦心的不是他爱情的命运,而是另一件事,是他从父亲的表情和母亲嘴里漏出来的话中能体悟到的事:缴第二期学费的日子快到了。

为了使这个家显得与他们兄弟俩般配,父亲已经花了不少钱。他一心想让两个孩子满意,自己也为他俩感到高兴,这种心情压倒了他花钱时理应有的精打细算。他是一个虔诚的穆斯林,对真主非常信赖。他坚信,只要他的所作所为让主喜悦,真主就决不会让他失望。

他好像是寄希望于每年的赏金,那是王爷每年终了都会发给他的,他已习以为常,用来缴两个儿子的学费。但王爷今年的情况不妙,他经常对农民们大发雷霆,抱怨佃租减少,说农民企图抢他的偷他的。这些都表明他无意赏赐什么。

父亲只能用两费丹土地来缴学费……在现下地价下跌的时候卖掉两费丹土地，那简直是发疯。

这是他从父亲烦躁不安的神情和不时流露出来的片言只语中所能了解到的。

烦恼从父亲传给了儿子，儿子的烦恼更甚。一是他很孝顺父亲，父亲在他心目中的地位很崇高；二是他为问题的本身烦恼，它有可能使他丢失前途，或去借贷、去求告出丑，以及各种最后可能会让他联想到的糟糕结局和不幸后果，在这一切的后面是英琪的影子、失去她的恐惧。

按规定，阿里下个星期回家度假，他希望与英琪相会能大大减少忧虑不安的痛苦。但到了这一天，应该担任宿舍值日的学员住院了，阿里是下一轮值日，只能留下不走。

星期五，侯赛因来看他。在谈话中侯赛因证实说，他也觉察到了父亲的烦恼和忧虑。

这样，阿里除了因为留校不能与英琪如期约会给他造成的烦恼外，又增加了一层忧愁。他忧心忡忡地过了一个星期，想不出一点办法来解除父亲的困境。

他所能做的一切，就是在学习和操练中竭尽全力，兴许能名列前茅，享受到优等生的免费待遇，以减少父亲的开支。

然而，他发现这件事很难，他在学校里，在军官们和军士们面前，自己并无明显优势和特长，即使他成功地实现自己的愿望，也要等到年底，举行初级班升中级班的考试之时，而学费本月底就要缴了。

星期三到了。阿里上完体育课，精疲力尽，膝盖在一次跳高时擦破皮了。他站在柜子前，脱下白色运动衫，换上卡其布的队列操练服，准备参加啦啦队。

他把帽檐压至双耳的亚麻布白帽子和白色宽腰带扔进柜子,小心翼翼地坐在床沿上,生怕弄乱拾掇整齐的床单和毯子,脱下白色轻便鞋,穿上笨重的黑皮鞋,缠上绑腿。

这两个星期中,他第一次感到,快到星期四了,肩上的重担开始减轻,烦恼的愁云正在消散,一周的劳苦行将结束,再过不多会儿,自修课(或者按当时的叫法——灯光课)便将开始,同时会发放假日通行证,或者叫自由证——从地狱到天园的通行许可证。

缠完一条腿的绑带,美丽的倩影已在他脑海中轻盈地飘悠,她光彩照人,唱着甜美的歌,试图把他从两个星期来为父亲无力缴纳学费的窘境而备感忧虑不安的深渊里解救出来。

即将回家和盼望相会的心情帮他驱散了忧愁和烦闷,他不由得干净利索地缠好另一条腿的绑带,接着起身脱掉白衬衫,就像卸下了忧愁和苦恼。他对自己喊道:

"一切都按真主的旨意安排吧!"

还没等他穿好上衣,号兵突然吹响了集合号。阿里一愣,看看手上的表,才五点五分,集合参加啦啦队的时间是五点半。他摇摇表,又上了一下弦,心想是否表停了……再看看其他的伙伴,发现他们仍在磨磨蹭蹭地穿衣服,脸上都露出诧异的表情。班长巴克尔穿着背心和短裤冲到甬道上,探头向下张望,只见号兵哈卜拉斯身穿长裤和背心,脸红脖子粗地在拼命地吹号。

巴克尔班长对号兵喊道:

"喂,哈卜拉斯,这是干吗?你疯了吗?离集合还有半个小时哪!"

但是,哈卜拉斯继续吹着号,集合号在学校各处回荡。这突如其来的号声,引起了一阵慌乱和惊奇。学员们从浴室、寝室、走廊里冲出来,他们光着身子,相互询问发生了什么事。

号兵还未吹完号,学院参谋长已从楼下的甬道来到院子里,扬声喊道:

"军士长,集合学员!就这样子,在甬道里集合。"

军士长冲出来,重复着参谋长的喊声:

"学员们集合!就这样子!快!"

回声传到其他军士们那里,霎时,学校四处都扬起了喊声:

"学员们集合!"

一转眼工夫,全校在楼上甬道里排成了一条奇怪的队伍,学员们的服装和模样都显得挺奇特,有的手里还抓着毛巾和肥皂。

军士开始接受各班班长的报告,甬道里响起了惯常的报告声。接着,各军士又向值班军士报告。

"一分队都到了吗?"

"报告,都到了!"

"二分队?"

"报告,一个住院,一个请假。"

军士长叫道:

"请假也得来。操练课和体育课能请假,这不是操练课和体育课!"

"是,长官。"

这时候,传来一阵上楼的脚步声。学员们一眼就辨出了来者的身份,他们更加惊诧的是,他们看到走在最前面的是英国总教官,他身材颀长,窄肩,大鼻子,红脸,头上戴着一顶深色毡帽,一面走,一面挥动着短棍。他的后面是身躯魁伟、红脸、髭端带有白斑的学院参谋长,学院的一批军官列成队尾随着参谋长。

军士长看着这一行人向他走来,喊道:

"全体注意!"

然后，等这一行人走近，他拉长声音发出口令：

"立——正！"

咔嚓一声，所有人的脚后跟都并拢了，整个队伍站得就像一排木雕像。

军士长走到总教官跟前，使劲地举手敬礼，因用力太猛，手指就像晃动的藤条，他食指紧贴在眉毛上，喊道：

"报告长官，全校集合完毕！"

英国人举起他的棍子，指向自己的额头，算是对军士长回礼，随后说道：

"稍息。"

军士长喊道：

"全体稍息！"

学员们把左脚移动了一步，仍像木桩似的站在原地。他们思想困惑，神情茫然，内心忐忑，没人能猜想得到这个可怕的英国人会带来什么好事。

英国人一面挥动棍子做手势，一面开始用蹩脚的阿拉伯语说道：

"学员们听着，有一种说法，就是可蒙（他 m 与 n 不分，意思是可能）……可蒙（他重复了好几次），也就是说不是肯定的事，而仅仅是一种可蒙，在年底之前会有人跳级。我是说，毕业班学员将提前毕业，晋升为军官。中级班的一部分将跳一级到毕业班，在年底毕业。初级班的一部分升到中级班，顶替去毕业班的学员。因此，下星期六将进行考试。你们从现在起，有机会复习。加油吧。"

接着，他把棍子举到额头上敬礼。军士长喊道：

"全体——立正！"

参谋长在临走之前，对军士长说道：

"军士长,解散时不要大声嚷嚷,按时集合,一切照常。考试日程,明天在布告栏里公布。"

这一行人下楼去了。军士长喊道:

"全体——稍息!"

总教官一下子扔下这颗炸弹,若无其事地回去了。解散时不发出喧嚷之声可就太难了,简直没有可能。军士长的稍息口令刚落,队伍就像蜂窝似的传出一片嗡嗡声,引得参谋长向后张望,他严厉地喊了一声:

"军士长!"

这使军士长也跟着对学员们喊道:

"现在不许说话!混账东西!"

然而,窃窃私语之声仍不绝如缕。这个消息超出了学员们的神经能承受的程度,要控制他们、执行纪律都很难。军士长只得赶快下令解散。他喊道:

"全体——立正!全体——解散!我不要听见声音或吵闹!准时集合,各班班长负责自己的班!"

学员们发疯似地奔散,都不知道该干嘛。

这可能吗?这个学院培养学员一向是按部就班、循规蹈矩,可后天竟要举行考试了!

最先失去自持能力的是理应维持好学员秩序的军士们,他们发现一眨眼工夫自己将成为军官,再过几天就将逃脱学院的牢笼了!

他们相互拥抱。其他的学员则议论纷纷。大部分人拍手叫好,有个人茫然不知所措地嚷道:

"星期六考试……谁能在两天里把这么多功课都复习完?"

"大家都一样。考试是一场智力测验,用不着复习。"

阿里愁眉不展地默默走着,一声不吭。命运真是奇怪!难道是真主有意用这种方式这么快就对他的前程做出了安排,把重担压在他身上?他一面穿衣服,一面想着英琪,她消除了他的忧虑不安。他的内心在对自己喊叫:

"听凭真主的意旨来安排吧!"

他这么说,并不知道真主会做出怎样的安排。他这样说,是想把压在身上的重担托付给强大、万能、怜悯信众的真主。他把难题托付给真主,不是真的希望真主来做出安排,而只是希望把它从心里驱走,丢掉忧愁,免得在他与英琪相会时扰乱他内心的清净。

然而,命运好像在等待他的祈求,以便做出回应和安排。

考试就在后天,前十名将升入中级班,顶替升到毕业班里去的十个学生。这样,在即将到来的考试中,阿里有了可以施展自己才能的机会,获得优等生的免费待遇,为父亲省下开支,免掉父亲的需求。此外,他还能少读一年,距离自己的理想目标近了十二个月。

然而,真主会让他成功吗?这会不会只是一道倏忽即逝的华丽闪电?

不管怎么说,机会已经出现,他应当做出努力。这种突如其来的考试对他最为有利。过去这种复习时间不长的突然袭击式考试,他总是稳操胜券。复习时间越长,他的机会就越少,因为他好走神,复习多了就心烦,不喜欢长时间埋头在书本里。如果大家都没有多少时间进行复习和准备,那么,聪明和思路清晰就是决定考试成绩的两个关键因素,而这两项恰恰是他拥有的最锐利的武器。

啦啦队活动结束,各班回到自己教室,全校仍像蜂窝一般。毕业班学员走路手舞足蹈,说话时又是唱又是吹口哨。

阿里坐在教室里,心思飘忽,根本控制不住,用到即将要投入的新战斗中去。

班长开始分发通行证,学员们都忙着填写。阿里拿着通行证,那洁白的纸面上浮起了他心上人的形象:金色的头发,漂亮的容貌,甜蜜的笑靥。他一面填上自己的名字,一面试图说服自己可以带书回家去复习,只要在花园里与英琪见上几分钟,抚慰一下心间炽热的思念之情就行,然后告诉她,他要考试,必须回校复习。

填完通行证,他觉察到另一张脸取代了前一张脸,没有金发也没有笑靥,而是满脸皱纹,头上裹着黄色缠头巾,一副竭力用自己的信念和忍耐来掩饰脸上烦恼的神情。

阿里觉得,这张脸又要丢面子了。他拿起通行证,撕碎,嘴里喃喃地说了几句,仿佛是在向等待、责备他的英琪和自己那颗充满渴望和怨艾的心致歉。

二十　荆棘丛生之路

　　考试开始了。阿里感到,这是一场必须经历的艰苦激烈的战斗。他摒除一切使他分心的杂念和苟安一时的因素,摆脱掉自己美好甜蜜的幻想……竭尽全部力量在一片荒凉的沙漠中奔跑,历经队列操练、演讲、战术学、地形学、野战工程、军事史等课目考试。

　　接下来的星期五,他也没有回家,因为考试还未完。他下定决心在考完之前,不让自己放松稍喘,坚持清心寡欲、排除杂念,直到拼搏阶段结束。

　　侯赛因来看过他,问他不回家的原因,告诉他上星期英琪曾问起他……还转达了父母亲对他的思念。接下来的一个星期,是到蒙库巴德去演习,把最后的步兵课、战术课和地形学的实践课目考完。准备出发了,学员们领取了演习用具,有存放衣服的马料袋、睡觉用的油布、卡其布大衣、连着衣领的圆锥形帽子。大家开始收拾行李,准备等回去度周假的学员回来,于星期六出发。

　　到了星期四,阿里已经整整斋戒了一个月。他觉得去演习就是要再与世隔绝一个月,要是这个星期他还不能待在自己房里,用美好的约会和愉快的回忆来充实自己的话,那他就会失去耐心,坚持不住了。

他穿上便装,心里充满思念和渴望,回家去了。他见到了父亲、母亲和弟弟……母亲一把抓住了他,像饲养牲口似地喂他,像填鹅似地塞给他吃……母亲的重要任务刚完,父亲就带着笑走过来问道:

"我们可真惦记你啊,阿里,怎么这么久没回家啊?"

"我得分秒必争地复习,我怕来来去去把时间浪费了。"

"我们太想见你啦……复习累了,来回一次也是一个休息的机会啊!"

"爸爸,休息的机会很多,但跳级的机会却很难得,我得全力以赴才行。"

"愿主好好补偿你的努力,让你的辛苦获得合格的报酬。"

"我也希望如此,爸爸。不过,光合格还不行。"

"怎么回事?"

"重要的是名次,升级的是前十名,我即使考试合格,若是第十一名,那也升不上去。我担心的就是这一点。"

"你干吗担心,难道你还没有竭尽全力吗?"

"我尽了全力。"

"那你还没有做到心安理得吗?"

"做到了。"

"那么,你就托付真主吧。我们能做的,就是尽力和让自己心安。至于结果,真主会安排。真主无论怎样安排,都值得感谢和赞美。"

相互问好、各叙别情之后,阿里开始心神不定起来,他一心想从大家身边逃走,奔向府第,把英琪抱在怀里。他觉得自己思念心切,在长时间的离别和与世隔绝之后,这么做很自然,也是理所当然的。

阿里和弟弟退回到自己屋里,旧铁床已被两张小床取代,原来铺席子的地方换上了一张地毯,给屋子增添了一些光彩。

阿里觉得需要得到侯赛因的帮助,想能从他那里得到英琪的情况,或

由他陪同去府第花园。然而,他发现侯赛因已开始脱衣服,表明他将待在家里,而他一向是闲不住的。阿里诧异地问道:

"你干吗?"

"你不看见了吗!"

阿里笑了,改口问道:

"我是说,你干吗脱衣服?"

"我要睡觉。"

"睡觉?现在?你?"

"嗯,我要睡觉了。"

"可你不像有病啊!"

"我没病。"

"那你干吗这么早睡?"

侯赛因凑近阿里的耳边,悄声说道:

"因为我要熬夜。"

"熬夜?你指什么?是去看电影?"

"看电影?这算熬夜吗,傻瓜,我要去萨尼娅那里过夜。"

"萨尼娅是谁?"

"军官们的萨尼娅。"

"她是什么人?我可从来没听说过她。"

"你过去有没有听说过她,对你或对她都无关紧要。我们上个星期在与农学院的球赛中输了,我在随球队一起关禁闭的时候,在她那里过了一夜。"

"关禁闭你怎么出得来?"

"值日军官睡了以后,我们就穿上便装,把枕头放在床单下面用毯子遮住,不让值日军官查夜时发觉,然后就溜出了西校门。球队队长里兹克军士跟我们在一起,他是值日官的好朋友。"

"你疯了?这是严重冒险,要是被抓住,你可能会被开除。"

"感谢真主,一切平安。不管怎么说,那一夜是值得冒险的。你想象不出我们是如何欢度良宵的……萨尼娅很欢迎我们……她迷恋军官和足球运动员。你想,对于既是足球队运动员又是军官的我们,会受到怎样的接待……我们在那里过夜,就像在自己家里……她那里有许多令人惊讶的女人,但我被萨尼娅本人缠住了,她一见到我就表示好感……起初,我并不欣赏她,对我来说,她显得又胖又壮。但不多会儿,我便发现她非常可爱,睡觉时,我觉得她真了不起。而且她很宽宏大量,我喜欢的女人,她都给我。"

侯赛因一面脱衣服,一面低声谈着。阿里望着他,眼睛里露出极度的惊讶和困惑,他抓住弟弟的胳膊摇着斥责道:

"这是怎么回事,侯赛因?你怎么敢这样做?这是一件非常危险的事情。你走的这条道路,将毁掉你的前途,败坏你的名声,也会损害你的健康。再说,你这么做哪里来的钱?"

"钱?什么钱?我一个子儿也没花,我就像家庭的主人一样……事情没有你想象的那么严重……我跟几个漂亮的女人在亲切欢快的气氛中度过了几个钟头……也不花钱,这有什么危险?"

"逃出学校呢?"

"以后就不逃了……我只在放假的日子里去。"

"你今晚熬夜怎么跟爸爸说?"

"我会对他说,我的假期只有星期四一天,得回学校过夜。"

"下个星期呢?"

"下星期四我不回来了,我将告诉他我星期五才离校。"

"往后呢?"

"真主会解决的。"

阿里显然不以为然,脸上满是不安的神色,还有迷惘。

侯赛因拉被子盖在身上,问道:

"你怎么啦,阿里?"

"没什么,侯赛因。你走上这条路,我真替你担心……这是在发疯。"

"你干吗担心,阿里?你真是还不成熟!咱们都已长大成人了,这些都是成人的行为,咱们也得让自己享受享受。"

"我们可以要求享受,但不能走上这条荆棘丛生的崎岖之路。"

"荆棘丛生?崎岖?你可真会胡思乱想……你要是跟我去上一夜,你就会明白,事情比你想象的简单得多……你会看到自己坐在一个家里,一个很普通的家里,周围是说说笑笑的女人,欢快的同学,你自由自在,想干吗就干吗。"

他停了一会,注视哥哥迷惘的表情,接着又说道:

"阿里,今晚跟我一起去怎么样?我向你保证,你会很快活,会看到事情比你想的简单多了,你会打消所有的错觉。我保证,萨尼娅会很欢迎你,我跟她谈起过你、形容过你。她要我带你去一次。你看怎么样,阿里?"

阿里抬起头,狠狠地瞪了他一眼,说道:

"什么怎么样,蠢货!我永远也不会去那种地方,只要一想起来,我就恶心!"

侯赛因笑着问道:

"你想起什么?你能想象没见过的东西?你恶心整洁欢快的人家,漂亮可爱的女人?你还说我蠢。听我的,今晚跟我一块去,对爸爸说因为要演习,今晚必须回学校就行。"

阿里用责备的眼光凝视着他,直截了当地说道:

"你别费心了,我讨厌那种地方。"

"去试一次吧。"

阿里坚决地摇摇头。侯赛因又说道:

"你到那里去看一眼,如果不喜欢,你就走。"

"我跟你说了,不去。"

"真是顽固不化。再过几个月,等你懂得人生了,就会来求我带你去了。"

接着,他拉上被子蒙住脑袋,说道:

"让我打个盹儿。"

阿里发现自己想要的一无所获,侯赛因突然向他抛出的话题,让他忘记了自己的所求。他犹豫了一阵,试图找到打开谈话的钥匙,或带他走向目标的通道。

沉默半晌,他找不到什么由头把自己的心里话说出来,终于不得不直截了当地说道:

"听我说,侯赛因。"

侯赛因没从被子里钻出头来,答道:

"嗯……"

阿里用手摩摩额头,感到有点惶惑。弟弟又从被子里问:

"嗨……你想要说什么?"

"你见过一个人吗?"

"一个人?我当然见过。你怎么想我,走路闭着眼睛?"

阿里气忿地盯着那蒙在被子里的脑袋,他知道侯赛因明白他的意思,只不过是跟他兜圈子罢了。他还是用局促不安的犹豫语调问道:

"我是说,你见到过……英琪吗?"

"噢,没有,我没有见到过这个人。"

一阵可恨的沉默。阿里又问道：

"你不是说，上星期五她曾问起过我？"

"是啊，她问起过你。"

"她到底是怎么说的？"

"她到底是怎么说的，我已经告诉过你。上个星期，我连续告诉过你五遍。你还要我向你讲第六遍？好吧……她问我：'哈啰，侯赛因，阿里在哪儿？'我对她说：'在学校。'她问：'他为什么没回来？'我说：'我像你一样不知道。'她说：'两个星期了，他怎么都不回来？'我告诉她：'上个星期他值日。'她说：'可他没有告诉我啊。'我说：'是突然安排的值日。'她说：'这个星期，他也许是被关禁闭吧？'我说：'有可能。'她说：'你不想去看看他吗？'我说：'想去的。'她说：'替我问他好。'这就是我和她谈话的全部内容……你要我再讲第七遍吗？"

他说这些话的时候，头上仍蒙着被子。

一阵沉默。阿里又说道：

"她没有跟你说些别的？我是说，她有没有说这个星期她在哪儿？我是指，她是在府上，是去看电影了，还是……"

"不，她没有说，不过我知道。"

"在哪儿？"

"她不在府上，也不在村里，全开罗都找不到她，因为她在卢克索①。"

阿里的脸上露出惊讶和沮丧的表情，他神经质地重复着弟弟的话：

"卢克索？"

"嗯。"

---

① 上埃及古城，世界旅游胜地。其英语 Louxor 译名"卢克索"比阿拉伯语译名"乌克苏尔"流传更广。

"你是怎么知道的?"

"我是听爸爸说的,府上的人全到卢克索去欢度新年了。"

阿里心里充满了痛苦,他觉得英琪令他沮丧……丢下了他……她不是说过,新年假期间他俩将多次见面,一起骑马,一起在田野里游玩吗?她怎么忘了承诺,到卢克索去了呢?

然而,最先让人沮丧的难道不是他阿里吗?难道不是他不留下片言只语就丢下她整整一个月吗?可他是迫不得已。第一个星期是因为意外的值班,接着是考试,他必须待在学校里。但他要是向她致歉并把不回家的原因告诉她,岂不是更好。可是他该怎么做呢?他不敢给她写信……叫弟弟去向她转达歉意,又怕她不愿意让他弟弟知道他俩的事。可是,她不是问起过他吗?对,对,他应向她表示问候和歉意。她生气了吗?她去旅行是出于无奈?她要去多久,最近会回来吗?可是,这与他有什么相干……见面的机会,只有今天和明天,接下来他得去演习,又是一段漫长离别。

他十分难受,深深地感到失望,久久地默然不语。侯赛因不耐烦了,尽管是装睡,却在等哥哥回答。他从被子里伸出头来,看到哥哥苦恼失望的表情,说道:

"你今晚跟我去吗?"

阿里坚决地摇摇头。

侯赛因看见阿里低着头,沉浸在默默的忧郁中,便一下子掀开被子,跳下床来,站在他旁边,摸摸他的光脑袋,又拍拍他伏在桌上的脊背,关切地说道:

"阿里,你走的路才叫崎岖和荆棘丛生呢。我追求的不过是一夜欢娱,你却把自己拴在一生的情爱里。我要是被人抛弃,就一刀两断。你要是被她抛弃,则会粉身碎骨,化为灰烬。我的手伸向能得到的东西,你的手却伸向星星和云霞……我摘的是果实,你却要抓彩虹般的五色幻景……人家迎面走来,我笑脸相迎;她转身而去,我会笑得更欢。你呢,她向你走来,你便心生爱意;她要是背身丢下你,你就更加神魂颠倒。我及时行乐,你却无所适从、无望捕获。我抓住的是自己路上的人,你走在一条路上,想的却是另一条路;你的路在下面,另一条路却在上面……依咱们现在根本无望改变的境况,这两条笔直平行的路,一条在地,一条在天,你也知道,永远不会相交。哥啊,把她从你的脑子里抛开,从你的肩上摔掉吧。"

侯赛因停住不说了。他看见哥哥仍然耷拉着脑袋,便又说道:

"你今晚跟我去吗?"

阿里没有回答。侯赛因只好由他,自顾自再睡。

侯赛因睡着了,阿里穿上外套戴上毡帽,走出房间。母亲一见他便问道:

"阿里,你去哪儿?怎么不像弟弟一样休息一会儿?"

"我去散会步。每次离家,总很想念家乡,惦记着乡亲们、田野、小河等村里的一切。"

"什么时候回来?"

"不会久的。"

阿里双手插入裤袋离开家,不用自己那种有力、快速、严格的军人步伐,只是缓慢平静地穿过家里的院子,漫无目的地信步走去,听任思绪驰骋在甜蜜回忆中,时间没有使往事失去新鲜感和美妙感。

他走到一个难忘的地方,正是:

　　访侬非本意,
　　奈何情场人;

心中常相思，

行走不由己。

他走到河边，那里的一丛芦苇曾为他俩的第一次会面作过掩护，避开了人们的目光；走过花房后面的花坛，那是她送给他第一朵玫瑰花的地方；来到那棵古老的大树旁，在那里，她的手指第一次抚摸他的双唇。他在自己梦想中的圣坛和回忆的故地绕了一圈……回到家里，心里平静、安宁多了。

他看见弟弟已穿好衣服，正准备出门，在对父亲说：

"今天晚上我在学校里过夜，明天早晨要值班。"

阿里接着说道：

"我也是，我们要去演习，二十天后才能回来。"

侯赛因见哥哥要与自己一起出门，要在外面过夜，不觉愕然。两人刚一离开家门，他就笑着回过头来看着阿里，用讥讽和胜利的口吻说道：

"你打算跟我一起去吗？"

"不，我回学校去。我们还有几项实践课考试，我得复习一下。"

阿里回到学校，觉得自己在校外已无所求，他做的第一件事就是打开柜子，从抽屉里拿出一只小盒子，里面有几片干枯的玫瑰花瓣，他充满柔情轻轻地抚摸着。

二十一　祝贺

阿里与同学来到蒙库巴德。他原来总以为没有比学校生活更艰苦的了，直到投入演习之前。

在学校里，他对整理床铺一直很不耐烦。演习期间，他倒不用整理令他头痛的床铺。因为晚上他与同班同学都睡在一个（卫生营式样的）小帐篷里，地上铺着油布，上面是毯子……没有枕头，大家各显神通，要么曲肱而枕，要么叠几件衣服当枕头。

他在学校还烦起床号，演习期间也不必为此心烦，因为起床号响起之前，他必须醒来卷好铺盖（亦即油布），再整好帐篷的边缘（即每座帐篷周围的沙壁），使之与其他帐篷的边缘相平行，接着去抹平营地里他负责整理的那块地，也就是把一块油布或一条毯子铺在沙地上，平拉，把沙地摩平，因为沙地上只要有脚在上面踩过，就乱七八糟……军营里来回走动的脚步可是再多不过了。

在学校里，他也烦厕所离寝室远，晚上如厕不得不顶风穿过露天走道。演习期间，没有走道，要上厕所得露天穿过所有的帐篷；厕所本身也在露天，只是用铁皮围一下，没有顶盖。说到盥洗室，则是用帐篷布围成，大家管它叫"围屏"。

在学校里，他对名目繁多的操练感到厌烦。在演习中，他对操练数量之多已无感觉，因为整天都是操练，从早晨七点集合队伍就开始……清晨的寒气蜇痛他们的四肢，冷彻入骨。呢子射击背心和粗羊毛衬衣都挡不住寒气的侵袭。

队伍出发了。大家收紧肩上的武装带，在子弹带的弹盒里塞满练习子弹，肩上背着步枪，压住毡帽的伪装披兜的后沿披落在肩上，披兜的前檐在眼睛上面笔直伸出。他们鞋子的铁后跟敲击地面，水壶和干粮袋摇来晃去，相互碰撞，发出咔嚓咔嚓的声响，行进中的队列就像一支驼队。

队伍一直在旷野行进……行进……只知道今天是进攻或者防御，侧翼或后卫警戒等诸如此类的当时及此后的战术术语。

太阳升起来，天气开始变了。刚才还冻得人手脚发僵的严寒，变成了烤炙身体的酷热；本来单薄得挡不住风霜的呢子衣服，成了身上的沉重负担，使人汗流浃背。

队伍在不断行进……直到突然宣布发现敌人。虽说"敌人"只是分散插在小丘上的几面旗帜，但它们的出现作用惊人，这表示已接近冲锋阶段，或者用明白易懂的话来说，行进得变成跑步……趴在地上开几枪，接着跃起……再跑，直到气喘吁吁、精疲力竭。待队伍冲到敌人跟前还没把敌人歼灭，自己就已经累垮了。

然后，是收拾回营。这里的"收拾"比分散更扰人，按军事用语讲是指"收集空弹壳"。

是的，军队消灭敌人以后，应退回原路去收集自己射出的空弹壳，一发都不能漏。

事实上，收集空弹壳比开枪射击重要得多。这就是说，进攻者关心击中、击毙敌人，远不及关心把弹壳一个不缺地收回来，因为这是要点数的，而敌人，则谁都数不清击中了多少。

正因为此,进攻者们为了减少回程收捡空弹壳的麻烦,就一面攻击敌人,一面收集弹壳。学员们在开枪打敌人之前,就在寻找已经掉落的空弹壳,把它塞进口袋。他们在面对敌人确保自身安危之前,首先关心的是空弹壳不能少。

队伍循原路回营,这当然是在克敌制胜之后。呢子衣服像针似的扎着他们的身体,满头满嘴都是沙土。

在这以后,他们还得引吭高歌:

祖国啊祖国,
我把鲜血献给你,
我把生命献给你,
换来和平与安宁。

如果能躺一躺放松一下,疲劳就不算什么。然而,要结束队伍的疲劳,还有一个更厉害的项目,那就是检查武器。

在学校里,阿里就对自己这把放在武器架上的枪及其金属垢感到烦恼。现在,这枪怎么样了呢?它被摁在地上,揿入沙中,枪筒也被子弹弄得很脏。

这支扑向过敌人的队伍一回来,就扑向厨房,不是为了找吃的,而是去提桶热水冲枪筒,把擦枪工作做到彻底全面。

阿里站着一次又一次用擦枪绳在枪筒里捅进捅出。他现在的最大愿望是躺一躺,放松一下,不是躺在床上——那做不到,而是躺在油布或地上。

擦枪和检查武器结束,学员们把枪支放回军械帐篷,然后到食堂帐篷去吃饭。

阿里记得,他学过的卫生守则中,前面就有一条:人在饭后休息不得少于两小时,以消化食物,不让胃受到损害。但演习制度却从不认可这一条。他刚吃完饭,把操练服换成白色运动服,体育课就开始了。学校不理会卫生守则中的金科玉律倒并不使他感到惊奇,真正使他吃惊的是,他的胃从不对这条规则被违反而抱怨,它一直非常强健,从没出过毛病,犯过消化不良。

在学校的时候,阿里常为睡眠时间少而苦恼,几乎是头刚在床上放平,就又得起床。在这个演习的夜晚,他没有理由抱怨睡觉时间太少,因为根本不能睡觉。

这一夜轮到他巡逻。傍晚报到时间,他已穿上大衣,戴好帽兜,背上武装带,以持枪姿势站好。

军士长叫:"全体——立正!巡逻队——枪上肩!"接着,他向值日军官报到。值日军官检查巡逻队的武器,喊道:"举枪敬礼!"阿里也跟着呼喊。

阿里被排在武装巡逻队的第二班,负责看守军械帐篷。这一班岗,他得值两次班,第一次从八点到十点,第二次从凌晨两点到四点。

第一班比较轻松,因为军营还醒着,到处充满生气。阿里下班后,想睡一会儿,但却无法阖上双眼,因为他神经紧张,这样穿着鞋、打着绑腿、一身戎装很难入睡。午夜二时,第二班开始。他感到全身乏力,绑腿压迫着他两条小腿,鞋子沉重地拖住他的双脚。他抓起枪背在肩上,摸摸武装带弹盒里的子弹,那可是真枪实弹……他得用来对付任何来犯者。

他围着帐篷转悠,在万籁俱寂中感到悚然。夜间的寒风蛰咬着他的脸和鼻子,从大衣和帽兜的褶缝里钻进全身,还渗入头部。

他用手裹紧大衣,压低帽兜,像他家乡的村警似的高声清清嗓子……流动巡逻哨中有人也咳嗽了一声回应他。他走近军械帐篷,朝军营围墙

张望,听出是苏莱曼的声音:

"阿里!"

阿里回喊道:

"苏莱曼!"

"你好吗?"

"我四肢都快冻掉了,骨头架子也要被风吹散了。"

"干吗不走动?"

"我围着帐篷转了差不多一百次,头都转晕了。"

苏莱曼走近阿里,两人只隔着几步。苏莱曼又说道:

"关于考试成绩,你没听到些什么?"

"我从哪儿去打听? 你听说什么了吗?"

"我倒是听说了,不过,我想多半是谣传。"

"他们说,明天总监察员到军营来看毕业班学员,他们就要毕业当军官了。依我看,考试成绩已经定了。"

"当然已经定了。一切都已结束,成绩在总教官那里。演习一结束,毕业班就毕业。"

"可是,干吗这么着急?"

"我们正面临着许多事件。英国对意大利和德国方面很担心。意大利入侵了阿比西尼亚①和它在地中海的驻军,使英国急于在埃及站稳脚跟,确保它在与轴心国发生战事时,有一个最大的帮手。"

阿里摇摇头,耸了耸肩说道:

"我不明白这一切与毕业班提前毕业有什么关系!"

"阿里,你真丢人,你像是闭着眼睛在过日子。我不知道你是真傻还

---

① 现称埃塞俄比亚。

是装傻？你怎么只关心个人生活里的事？英国为它在埃及的失势处境焦虑不安，埃及人反对它并要求它撤军，也使它感到头疼。它想通过签订一份确保埃及对它友好和支持的协议，保证它在埃及的稳定，一份能得到埃及的友好帮助，在战时能最大限度地利用埃及资源的协议。这份协议即将签署，它将带给我们的重大回报是独立，使我们有机会发展军队。英国人总是从他们的利益出发看问题。我觉得，他们的利益正迫使他们从过去削弱我们的军队变为现在必须加强它，因为他们有可能要借助这支军队。这是形成扩军新动向的原因。其直接影响就是毕业班的提前毕业。你不同意我的这个看法吗？"

阿里沉默了一会，答道：

"可能是这样……不管怎么说，这是个好现象，一种值得赞许的动向。我们的军队得到加强，值得欢迎，即使其起因是英国要借助它。"

"是的，这是一个好现象，一种值得赞许的动向，可是会达到什么程度呢？任何方案或者协议的执行力要比协议本身重要得多。我觉得，依我们当前的处境，我们不会拥有任何自由的执行力来为祖国谋利益。"

"你指什么？"

"我是指自由的力量总是与王室的势力相冲突。王室势力是一股自私自利的力量，我认为，它丝毫不关心真正的国家利益。因此，一定要消除这股阻力！"

"消除？消除什么？消除王位，你疯了？"

"我不是指消除王位，而是要除掉坐在王位上的人……托靠真主，这不远了，他的健康状况不佳。"

"苏莱曼，你不要这样信口开河。这是非常危险的言论，是一种叛逆啊。"

"我知道这是危险言论，我只是对你说说罢了……它不过是我的想法，跟你聊聊，我心里轻松些。我总在想，目前状况下的王室和坐在王位上的人，将是阻挡任何有利于祖国决定性行动的巨大障碍。我不觉得国王是埃及人，土耳其王室血统渗入他的骨髓，我也不认为他会为埃及或埃及的利益而胸怀热情或者奋发起来。"

两人都不作声。一阵冷风从他们身旁吹过，两人都打了个寒颤。阿里旋即收起脸上露出的沉思表情，说道：

"苏莱曼，你的想法让我非常担心……我不明白为什么事情到了你的脑子里，就变得复杂了？你的思想为什么不像我们一样单纯？你干吗总是要越出自己的界限，操心许多与你无关的事情？它们自有人会去想。"

"阿里，每个人的思想都是自由的……思考也不限于某个人，排斥另一个人。我们每个人都是祖国的一分子，祖国的事情，我们人人都应该关心。为祖国谋利益并不是一种专业人士从事的职业，而是一种我们大家都应具有的感情。"

"我不知道你的话有多少道理。我一向认为，我们每个人都应在自己的工作范围内为祖国恪尽职守。我们还是学生，应该做个好学生，等到我们要为国家的政治负责了，那时，我们就可以考虑你所想的事情。现在重要的是我们得尽力考试。"

苏莱曼还没有回答，只听见有脚步声走近。阿里竖起耳朵，接着厉声喝道：

"站住！谁？"

黑暗中一个人高声答道：

"值日军官。"

阿里高声喊道：

"报告值日军官，我们是武装巡逻队。"

他震耳的喊声惊醒了睡梦中的巡逻队队员，队长一跃而起，半睡不醒

地叫道:

"巡逻队起来,快集合!"

他带着其他巡逻队队员冲出来,向着军械帐篷前部搁放巡逻队枪支的小横梁木架奔去。各人抓起自己的枪,一面跑,一面尽量整好服装,控制住因睡眼蒙眬和迷迷糊糊而造成的散乱思绪。

队长站着打起全副精神,催促队伍排列整齐,检查大家的服装和武器,同时整整自己的衣服,准备向帐篷附近站在值日军士和值日班长旁边等着的值日军官报告,这时听得阿里悄声喊住他道:

"队长,伪装披兜和帽子!"

队长一摸自己的头,发现什么也没戴,立即惶悚不安地冲回巡逻队睡处……在黑暗之中摸着他的伪装披兜和毡帽,赶紧戴好返回,站在他的巡逻队旁边,准备接受值日军官检查。

值日军官迈着从容不迫的平稳步伐走上前来,带着嘲讽的口吻对队长说道:

"五分钟才整好你的巡逻队,这足够把军械帐篷偷空,使整个军营解除武装。你集合巡逻队应该比这要快!"

"是,长官!"

"这是军队里每个普通班长都应胜任的工作,而你,过几天就要成为军官了!"

军官开始对巡逻队员进行检查,提了些意见。接着,他下令解散,在队长陪同下走进帐篷,察看一排排插在木制武器架上的枪支,枪支表面和枪膛都显得油光锃亮。

军官对排列整齐的枪支看了一眼,问道:

"枪支都好好检查过了吗?"

"是的,长官。"

"你仔细检查过链条,肯定它穿过每支枪的扳机吗?"

"是的,长官。"

"枪栓呢?"

"都关上了,长官。"

阿里在听他们对话的时候,一直绷平双肩,挺起胸膛站着,像块木头似的钉在帐篷门口……军官走出帐篷,后面跟着一批军士。他走过阿里身旁停了一会,审视着他,像是想说点什么……阿里很了解他,他是讲授军事史的教员,从他身上常能感受到自己军队生活里所缺乏的同情和慈爱。阿里在充斥四周的枯燥、严厉和紧张的氛围中,一直把他视作是一种安慰。

军官亲切地问道:

"这是你第一次巡逻值班?"

"是的,长官。"

"情况怎么样?"

"感谢真主,长官。"

军官回过头对值日军士和巡逻队长说道:

"这个学员如果不是全校最好的学员,也是最好的学员之一!"

接着,他又对阿里说道:

"但愿我们不久就能祝贺你!"

他走了。巡逻队长向他敬礼,然后转向阿里,紧握着他的手说道:

"祝贺你,阿里!"

二十二　希望之风

阿里参加演习回来,在长期离别亲人之后,第一次回家度假。成绩已经公布,他排名第三,添列升入中级班的前十名之中。更可喜的是,他获得了免交其他费用的待遇。

火车载着他向家乡驶去。他坐在玻璃窗旁,身上穿的是深藏青的阔领上装,铜纽扣闪闪发亮,小手提箱搁在两腿上。他向玻璃窗外望去,只见与铁路线平行的柏油路旁,高大的樟树和横松树枝干后面,长满苜蓿和甘蔗的绿油油田野向车窗后面掠去,高处灰绿色的树叶遮住了湛蓝天空中一朵又一朵云彩。

阿里坐着感受到的是长时间奔跑后的稳定和长期拼搏奋斗后的平静。他心情舒畅,因为自己已尽心尽责,竭诚奉献;他对真主充满感激,真主奖励他的努力,补偿了他的付出,没有让他的奋斗付诸东流。

他满怀信心,因为他能对父亲提供帮助,让父亲解除烦恼、摆脱困境并保住面子,能出力分担父亲长期独自承受的负担。

在感到满意、安稳和轻松之外,他还有一种朦胧困惑的感觉……一种像烟雾似的面貌和轮廓都辨别不清的感觉,一种涌自心头的感觉,里面交织着思念、期待、不安、兴奋、欢乐、担心和渴望……

他觉得离开了两个月,就像离开了一个时代……他问自己:怎么去见她呢?她见到他又会怎么样?她是一如既往呢,还是感情已有了变化?她还记得他,还是已经遗忘?是仍在想他,还是相隔遥远,早已忘怀?回忆争先恐后地涌上脑海,很快又像一团泡沫似的散去。

他回到村里,朝家走去,敲门。里面传出巴希娅清脆悦耳的声音:

"谁呀?"

阿里像往常一样答道:

"是我。"

巴希娅满心欢喜地冲到门口……他们两兄弟的声音很相似,阿里因为很长时间不回家,巴希娅没有想到是他回来,她还以为是侯赛因。她一面向门口跑去,一面喊道:

"来啦,侯赛因。"

阿里暗自笑了,他知道巴希娅喜欢弟弟,也知道她发现是他而不是侯赛因时,会多失望。

巴希娅打开门,突然看到是脸露安详微笑的阿里,她站着羞赧而惊奇地喃喃说道:

"阿里!我还以为是侯赛因呢!感谢真主让你平安回来,你不在,我们可惦记你呢。"

她向里面跑去,去向姨妈报告他到来的消息:

"姨妈,阿里回来啦!"

母亲欢天喜地地从厨房里冲出来,叫道:

"阿里!"

她把他抱在怀里,含着眼泪吻他,责怪道:

"阿里,怎么去了这么长时间?你瘦啦,脸也黑啦,你离开我们之后好像就没有吃过东西。"

"是演习累的,妈……我们的日子可艰苦啦。"

母亲亲切地拥抱他,说道:

"真可怜,孩子,愿主别让你再吃这些苦、受这些累了。"

"可不管怎么说,辛苦总算没有白费,我们已经得到了加倍的补偿。"

"怎么说?"

"我考试通过了,升入二年级。我是第三名,享受免费。妈,你说怎么样?"

母亲不由自主地从嘴里发出一串响亮的摇舌欢呼声。她半信半疑地喊道:

"你说的当真?那你什么时候毕业?"

"如果天从人愿的话,就是明年,我省掉了一年。"

"侯赛因呢?他也通过了吗?"

阿里笑了,说道:

"他们没有考试。我们的考试是一次突然的奇遇,几十年从来没有过。"

阿里朝各个房间张望,问道:

"爸爸呢?"

"还在花园里呢。他活儿多,不回来吃午饭了。"

"那我去看他。"

他向外面跑去,母亲跟在后面喊:

"你不等吃了午饭再去吗?"

"不……不,我去把消息告诉他。"

阿里奔向府第,去见他的父亲……去碰碰机遇,试试运气……求得一次他迫切期待、心向往之的美好会见。

他沿着小河边的路走,越接近府第,他的心越是乱腾腾的,好像要跳出胸膛赶在他前面跑进府第。

他问自己:怎么才能见到她呢?她怎么会知道,他在久别之后已经回来?谁又能保证她知道后愿意见他呢?

他心神不定地快步走着,快到通向花房的府第后门了,正想横穿马路,忽然听到汽车喇叭的警告声。

他赶紧跳向对面,汽车司机急刹车停住,车门打开。一眨眼之间,阿里突然发现英琪已经站在跟前,她掩饰不住喜悦的心情,叫道:

"阿里!"

阿里也不由自主地欢呼道:

"英琪!"

两人都非常想投入对方怀抱,这是两人灼热的思念之情的自然流露,也是内心情愫的正常表现,但却只能相互伸手紧紧相握,其热烈的程度仿佛传达出了相拥相抱的信息,或像是在说:"我有相思情,尽在不言中。"

两人都望着对方的眼睛,气息相通,胸脯起伏,怦然心跳之声清晰可辨。

阿里感到自己的种种猜疑、幻觉、顾虑和担心,是冤枉了她……一见到她,她的目光立即驱散了他所有的疑云,消除了他的各种不安、幻觉和忧虑。

英琪带着亲切、温柔的笑容问道:

"怎么离开得这么久啊,阿里?我们原来是这样约定的吗?我已经有两个月没有看见你了。"

"两个月里我回来过一次,可是你到卢克索去了。"

"真的吗?我在卢克索只待了一个星期,而且大部分时间是躺在床上。"

阿里不安地问道:

"怎么啦?"

"得了重感冒,一个星期都没有离开过旅馆……你好像也瘦了。"

"那是因为考试和演习。"

"你看上去吃了不少苦。"

"那是必须的……免得失掉机会,也是为了少吃一年的苦。"

"成绩出来了吗?"

"出来了,感谢真主,我通过了。"

她满脸喜色,欢呼道:

"祝贺你,阿里……那你什么时候毕业?"

"明年。"

门旁出现了一些工匠,两人都显得局促不安,也都察觉到了谈话时间太长,极度思念竟让他俩忘记了站在路中心谈话的尴尬……英琪伸手向他握别,一面低声说道:

"咱们什么时候再见面?"

"时间你定……从现在到明天傍晚都行。"

"今天晚上七点,就在那棵大树底下,你的手指曾在那里受过伤……还记得吗?"

"那是咱们见过面的地方,我怎么会不记得?"

汽车朝着府第开去。阿里从后门走进花房去见父亲。

七点钟,他又来到花园,轻轻地踏着草地,穿行在大树和玫瑰花坛间的小径上。

长时间裸露干枯的秃枝,绽出了绿叶,初春温暖的气息在这些树叶中飘荡。白色的杏花缀满枝头,仿佛珍珠镶成的冠冕,又像洁白晶莹的露珠。桃树枝上,串挂着纤巧、淡粉红的花朵。夜,静得几乎能听到花卉呼吸。一弯初升的红色新月,宛如一盏灯芯低矮、光泽暗淡的灯,闪烁的群星仿佛是搏动的生命和翱翔的心灵。

大自然的一切柔和协调，美丽和谐，这里就像是爱的摇篮和情的故乡。

阿里走近大树，它的枝条低垂及地，像一根根支柱，撑起了树上伸展的叶片和飘动的细枝。他的一双眼睛在暗淡的光线下搜索。朦胧的月色、闪烁的星光和远处幽幽的灯光，虽减淡了夜的深沉，烘托出苍茫模糊的景物，但在这万籁俱寂的深处，仿佛潜伏着一股喧嚣躁动的激情。

在一张像秋千似的带伞摇椅上，他瞥见了自己的目标。她背对着他，摇椅犹如钟摆，静静地轻柔摆动，她的金色发浪柔软地披散在椅背上。

阿里悄无声息地走近去。他闻到了橘花的香味，一阵轻风，又带来了在花园四处树木中飘荡的清香。他站定一会，深深地吸了一口气，仿佛要让香气填满自己的胸膛，也许微风带来的不是花香，而是她的芬芳气息。

他来到摇椅旁，站在她的后面，望着她，看到她的小脑袋，金发从头路两旁泻落在双肩和椅背上。

他虔敬地凝视着她的头，不觉慢慢举起双手，恭敬地放在她头路的两侧，抚摸着她的头发，犹如信士们的手在抚摸使者们的遗物和造物主的奇迹。

她好像并未受到惊吓或感到突然，默默地领受那充满怜爱和深情的抚摸。她感到自己心跳加快呼吸急促，不由得慢慢地抬起手，去抚摸他的手背，又把她的纤纤玉指插进他的指缝里。

她抬起眼睛和他的目光相遇。她脸上带着甜蜜的笑容，拉住他的手，想让他转过来挨着她坐在摇椅上。

他绕过摇椅，犹豫不决地站在她的跟前。她笑着问道：

"你干吗不坐下……你以为是在站队？"

他朝府第方向张望，显得有些不安。她摇摇头，像是否定他不安目光

所担心的事,并且令人宽慰地微微一笑道:

"爸爸和阿赖都出去了,我想他们十点钟以前不会回来。本来我得跟他们一起出去,与阿赖去看电影,是卡马勒亲王的孩子们请我们。可是,我借口说头痛不去……头痛毛病,谁也不能说我不是……家里只有仆人和嬷嬷。我已经跟嬷嬷说了,我在花园里散步。坐吧。"

阿里坐到摇椅上,两脚钉紧地面,摇椅停止了摇晃。他笑道:

"我坐下来有一个条件,就是得让椅子停住别晃。"

"为什么?"

"因为我从小就不喜欢荡秋千,它使我头晕恶心。"

"现在呢?"

"仍然不喜欢,我讨厌摇晃,喜欢可靠稳定。"

"就是玩玩也不行吗?"

"我从来不玩摇摆。这不适合我的性格。"

"你的性格是什么?"

她用手指轻轻弹拍他红条纹的紧身长裤。她手指的弹弄,使他感到舒服。他伸出手把她纤弱的手指握在自己的掌心中,温柔地捏着。他纵目眺望着前面茂密树木的幽暗处,答道:

"我的性格是一旦认准一个方向,就不会朝相反方向摇摆,而会坚定地一直走下去……如果我心里爱上了一个人,也会坚定不移地爱下去,而不会移情别恋。无奈和失望也许会让感情熄灭和埋葬,但那是表面的熄灭和形式上的埋葬,只是让心灵变成盖着灰烬的炭火和裹上殓衣的生命,希望之风一吹,那些覆盖物便会全都除尽。"

英琪的目光也漫无目的地望着夜色,她捏着他的手悄声问道:

"希望之风吹到你了吗?"

"它像是一股最强劲的风,一个最强烈的希望,已经吹尽了灰烬,使心灵的炭火熊熊燃烧。"

"我希望它永远炽热，因为我感到，它的灼热驱散了包围我的黑暗。这种黑暗，曾使我的生活寂寞、空虚，看不到光明、目标和希望。"

"只要希望之风在吹，这颗心就不会停止燃烧。不过，我担心的是，这股风会在漫漫长路、艰难曲折和重重障碍中消失。希望之风，也许会在人生旅途的一段顺境——顺利平坦的童年阶段里劲吹不息，但若度过了这段顺境，往后却是令我们胆战心惊的崎岖险阻，希望之风也就会销声匿迹。"

"我不认为有什么能够阻止或毁灭我们的希望。"

"传统的障碍和阶级的差别呢？"

"我不承认传统和差别……只承认人的价值和天性。我的本性和思想，与你的本性和思想是一致的。我感到，咱们俩在气质上出奇地接近，像是心心相印。因此，我爱你，我将一直爱你，不摇摆，不停止，不惧怕传统，也不担心差别。凭咱们两颗灼热的心和不灭的精神，咱们将克服人世间的一切障碍，只有死亡才能把我们分开。"

"就是死亡也不能把咱俩分开……我生生死死都爱你……你的爱情将生生死死永远留在我的心里。"

二十三　人皆有错

　　阿里和英琪当晚分手时,仿佛已订下海誓山盟:英琪说要相爱到死,阿里说生生死死都相爱。
　　阿里在回家路上,心里对生活和未来充满信心,走路几乎像在天上飞翔。他不再感到他的爱情希望还像过去那样空间有限,不敢从眼下的坦途跨向未来的荒漠……而是觉得,在他被不敢憧憬和思想的一团漆黑包围时,那根为他照出一小块光亮的灯芯,已变成照亮他全部生活的明灯……一切幽暗不明之处均昭然若揭,山丘沟壑已一片平坦,魑魅魍魉逃之夭夭,妖魔鬼怪变得渺小,千难万险都已退缩……他面前的道路明亮得看得见尽头,甚至包括尽头之后。
　　满怀着对前途和生活的信心,他回到家里,时间已近八点。他敲了敲门,巴希娅来为他开门。父亲正在做宵礼,母亲坐在厨房门和客堂门中间角落的一块垫子上,忙着补缀衣服,她不愿坐客堂里新置家具中的沙发。
　　阿里望望自己的房间,问道:
　　"侯赛因还没回来?"
　　母亲抬起她平放在小腿上的双手,闷闷不乐地说道:
　　"他不回来,孩子。"

"他上星期没告诉你们这个星期回来不回来?"

巴希娅声调郁悒地答道:

"他上个星期也没有回来。"

母亲舔舔嘴唇,接着说道:

"他有将近一个月没在家里过夜了,要么是星期四来,仍回学校去过夜;要么是星期五早上才回来。主啊,你们两个还是别上学了吧,我差不多一个月才能见到你俩中的一个!"

"这都不算什么,妈,在生活中,不努力就会一事无成。"

"是啊,孩子。愿真主保佑你俩,让你弟弟平安回来。"

阿里为弟弟担心,不过他的担心与母亲的不同,他知道弟弟在什么地方,知道真主会让弟弟安然归来,也知道弟弟像他所说的那样,准是度过了一段好时光。

尽管如此,他还是担心弟弟走上那条陌生道路……更让他不安的是,他对弟弟诡称的在那里欢度良宵毫无体验,也一无所知。他对陌生事物感到害怕,认为那就像孩子们猜想的潜伏着妖魔鬼怪的幽暗之境。

弟弟对他把事情说得很简单,说没有什么可担心和紧张的,也不会有任何损失……弟弟还把他们两人所走的路做过比较,断言自己所走的路要比阿里的路更安全,也更稳妥。

阿里知道,在这些事情上规劝弟弟是白费力气。他认为侯赛因生性放纵、冲动、活泼,很容易走上这样的道路,因此最好还是听其自然。侯赛因玩尽兴了就会转向,从小就是玩一样丢一样。

阿里脱下衣服。父亲已做完礼拜,招呼老伴道:

"吃晚饭吧,祖赫拉。"

母亲坐在垫子上叫外甥女:

"巴希娅,准备晚饭。我两条小腿痛,站不起来,我一个人在矮圆桌上吃吧。"

父亲说道：

"我跟你一起在矮圆桌上吃，要不就没有胃口。"

阿里笑着说道：

"我也跟你们在一起吃，好久没坐在那桌旁吃饭了。"

母亲笑道：

"旧习难改啊……巴希娅，把矮圆桌端来。"

巴希娅待在原地磨蹭，嘀咕道：

"咱们不等等侯赛因吗？"

阿里温和地望着她，心里有些怜悯。他发现她把心投入了深爱，深得连心掉到底都听不见一点回响。

他说道：

"我想他今晚不会来了，他准是在学校里过夜。"

巴希娅朝着厨房走去，还未走到就听见有人敲门，她一面转身向门口冲去，一面满怀希望地欢呼：

"准是侯赛因！"

门开了，是侯赛因。巴希娅接过他手里的小手提包，给他让道。

侯赛因向父母亲问好，又热切地向哥哥问好，迫不及待问道：

"你是什么时候演习结束回来的？"

"昨天。"

"成绩怎么样？还没有公布吗？"

"公布了。"

"你怎么样？"

"感谢真主，我是第三名，获得了免费待遇。"

"太惊人了，了不起！我知道你，只要是突击考试你就走运。祝贺你，热烈地祝贺你。"

侯赛因走进房间去脱衣服。阿里发现他有些异样，不像他的本性，这种变化让自己感到不安。

侯赛因对阿里的热切问候是事实，对他的考试成功也真心实意地感到高兴，他确曾哈哈大笑，还与母亲和巴希娅开玩笑。

这一切都是真的，但阿里还是能断定，他不是那个生性开朗、欢快、胸无杂念、无忧无虑的侯赛因……当他刚在门口出现时，阿里就看出他脸上那抹忧虑和苍白的神情，接下来的问候、戏谑、闲聊和开玩笑，都有些勉强，这也许能骗过大家，包括母亲和父亲，但是骗不了阿里。阿里与他同住同学日长月久，对他的各种性格和表情都一清二楚，而且还知道他在想什么，打算做什么。

晚饭端上了矮圆桌，侯赛因还待在自己屋里。母亲叫他道：

"晚饭好了，侯赛因。"

"你们吃吧，妈，我不想吃。"

"你怎么啦？你疯啦，晚饭都不吃就睡觉了？"

"我下午吃过几个三明治了。"

"吃这种还没有手指节大的三明治也叫吃饭？你是什么时候吃的？下午？来吧，跟我们坐在一起，你就有胃口。"

侯赛因像是感到没有必要再辩论了，便走出来，跟大家一起盘腿坐在矮圆桌前。

阿里注视着侯赛因，只见他食不甘味地咀嚼着，神情恍惚，家里人不招呼他，他就再次走神。吃完饭，阿里确定了自己的猜疑，弟弟有大心事、大烦恼。

阿里满腹狐疑，感到弟弟的忧虑已落在自己身上。他问自己，侯赛因究竟出了什么事？干吗回来得这么晚？是在学校里出了什么事——是陷入了情网,还是丢失了什么东西?

侯赛因离开矮圆桌回到屋里。他像是怕自己神不守舍会泄露隐秘的烦恼,遂上床睡觉。阿里疑团未解,忍耐不住,也很快起身离座,借口说自己已经习惯于早睡。

母亲难过地摇摇头,说道:

"我连好好地看你俩一会儿都不行啦……不是在学校,就是看电影或睡觉!"

父亲说道:

"让他们俩去休息吧,你不知道他们有多辛苦。愿主保佑他俩。"

阿里走进房间,发现弟弟已经关灯躺在床上,把头和全身都裹在被子里,就像压在床上的一堆东西。

侯赛因什么时候这样过?侯赛因总是要把一个星期里不管是否值当的事统统都告诉他。

在分开一个月后的今天晚上,他竟然就这样不说话、不开玩笑、不吵不闹地蒙头睡了!

阿里走近他,推推他的肩膀。阿里可是从来不首先寻衅滋事的。

侯赛因一动不动。阿里更加惊奇,喊道:

"侯赛因!"

他又摇摇侯赛因的肩膀。侯赛因发出一声齉鼻音,算是回答。阿里问他:

"你怎么啦?"

"没什么……"

"怎么会没什么?这是你的习惯吗?"

"我有点头痛,想睡觉。"

"废话!不是头痛吧?说呀,是怎么回事?"

"怎么回事？我跟你说了，只是有点头痛。"

"我知道你头不痛。我很了解你，侯赛因，不要对我搞鬼。"

阿里伸手把盖在他头上的被子掀开，接着去抽垫在他脑袋下的枕头，阿里的手一摸到枕头，发现它竟是湿的。

活泼、放纵、嬉笑成性、遇事不愁的侯赛因竟然在哭泣！阿里觉得那滴落在枕头上的泪水引得他也要掉泪了。

他想起了自己几年前也伏在这个枕头上哭过，记得弟弟当时的惊讶、担心和焦虑。今天，他也为弟弟哭泣感到惊讶、担心和焦虑，内心充满强烈的亲情，就像他俩第一次离开各自去上学的前夕。他是个感情很少外露的人，现在，他一心想抱住弟弟。

他把枕头放回原处，也上了床，像过去的日子那样，挨着弟弟躺下，伸出胳臂搂住弟弟，用食指拂拭着弟弟湿润的眼睑，亲切地悄声问道：

"出什么事了，侯赛因？你在哭！"

侯赛因没有回答，把头埋在枕头里。阿里又十分惊奇地问道：

"说话呀，侯赛因，你什么时候起对我也隐瞒了？"

侯赛因从枕头上抬起头，注视着哥哥在黑暗中的脸，双眼罩着一层泪水的云翳，声音哽咽地嚷道：

"我病了。"

"病了？什么病？"

"这种病，我都不敢说。"

接着，他又把脸埋入枕头，一阵哭泣。阿里知道弟弟是怎么回事了，自己的心仿佛被一只手狠狠地拧了一把。

这就是结局……侯赛因轻率走上荆棘之路的结局。

阿里不禁张开嘴茫然地问道：

"怎么会呢，侯赛因？什么时候得的？是在你跟我提到过的那一家吗?"

侯赛因从枕头底下抬起头,摇摇头说道:

"不,不是在那里……是昨天去的另一家。我和几个同学赛完球回来,当时我很累,想直接回学校去,可是他们缠住我,非要我陪他们一道去。一回到学校,我就发现坏事了。"

阿里觉得这真是一场灾祸。人患普通的自然疾病,会觉得是命中注定,只是身体遭受痛苦;得这种病则会加倍痛苦:身体上的痛苦加上心灵和精神上的痛苦,而且内心的痛苦要比身体的痛苦更厉害……它会使人的精神萎靡到极点。病人觉得这病是自找的,在人们中间感到耻辱和卑贱,因为人们都用鄙夷的眼光看待这类病,它是罪行的明证、堕落的标志。

有些人善于伪装,他们好像纯洁无瑕,从没犯有过失。有些人是两面派、骗子,表面上对过错不屑一顾,实际上却是一肚子坏水,他们对失足者嗤之以鼻,自己所犯之罪却更重,所作之恶也更深。他们鄙夷他人失足造成的影响和后果,而最应当受到鄙夷和蔑视的,恰恰是他们自己。

阿里迟疑着不知该说些什么。侯赛因绝望地喃喃道:

"我不知道该怎么办,也不敢对任何人说……我不能就这样下去……我怕在家里和学校出丑……不知道怎样瞒住这件事,我不能继续出操、练球和赛球了。要是去找医生,就得花钱,爸爸准会知道。可我不愿让他知道,怕他也瞧不起我……我觉得所有的人都用鄙弃的眼光看我,好像都知道我得了什么病……我甚至对你都觉得难为情,怕你不愿意我睡在你旁边。我是没有希望了!"

阿里感觉到了弟弟绝望的程度。他不愿与弟弟一道陷入失望,两人都被无奈无助的洪流吞没。侯赛因是咎由自取,他莽撞地走上了一条人们心目中的邪道,他寻欢作乐付出的代价,是加倍的痛苦……生活的常规是给予的总要收回,这叫时间报应。阿里对此虽有感受,但他觉得对弟弟谈这些不妥,他应当从失望中汲取勇气,使自己能伸手将弟弟拉出深渊。

他抱住弟弟亲他,说道:

"你对我也觉得难为情……对我?"

"是的,我想起你对我的劝告……在你的榜样和正派面前,我只觉得自卑。"

"我谈不上正派和榜样,你有错我也有错,人人皆有错……过错潜伏在我们心里,人与人的区别只在于能否抑制它,在于他周围的环境是助长它还是引发它,并不相同罢了。"

"要是我当时听从你的劝告……"

"你不是非得听从我的劝告。要抵制追求生活、知识和享受的欲念,旁人规劝往往力不能及。能劝诫你的,倒是你自己的经验和认识。"

"要是我当时知道自己会出什么事……"

"你仍会去做的,我认为你不是不知道这种后果。"

"这可是一种致命的后果呀!"

"谈不上什么致命。这只是一场将会过去的危机。你不要被它压倒,不要颓唐、沮丧。它不过是一次教会你懂得一些事理的经历。"

"人们会蔑视和瞧不起我!"

"不要去管那些人,他们肯定是心怀恶意,或惯作恶意判断。你成功了,他们嫉妒你;你失足了,他们鄙视你。但了解你的人,你就是出了事也不会改变他们心里对你的亲情。我听了你的话,只为你的烦恼而担忧,为你的忧愁而难过。你若能挺住,坚强勇敢地去面对现实,那就会像什么事都没有一样。"

"爸爸呢……他会怎么说呢?"

"咱们的爸爸是最能承受和挺住灾难的人,也最能理解别人的冲动和过错……他会难过一阵子,然后就同咱们一起面对,或者帮咱们承担。除此之外，他还会怎样做？你以为他不知道咱们已经长大成人了吗？成人的特点之一就是会干出一些难以避免的事情。咱们天生被造的方式，迫使咱们会做一些出格违禁的事，这一点，大家都信，爸爸也信。结果是咱们也必须承受自己行为产生的一些后遗症……这里出毛病、那里造成悲剧……这理所当然是必须接受和承认的，咱们不必崩溃、绝望和惊慌失措，看待当事人就像是做怪事的怪物，不把这些行为视为人类的特点，而当作是妖魔鬼怪的本性……咱们是人，对人的期望不能像对天使的期望一样。的确，咱们应该洗尽污垢，戒绝邪恶，可是，如果咱们没有污垢，又怎能洗尽它呢？如果咱们没有陷入邪恶，又怎能戒绝它呢？你不要绝望，丢掉你心里的忧虑和恐惧……你做过的事，别人也在做。命运挑选你来告诫那些屡教不改、不吸取教训的人，这不是你的过错。人类的天生构造促成他们会犯错失足，否则就不叫人类了。弟弟，你别难过，也别失望，我爱你，从来没有像现在这样爱你。"

侯赛因感到压在脊背上的负担变小变轻了，压在他心头使他喘不过气来的梦魇已经消逝。他伸出胳膊搂住哥哥，拥抱他，仿佛是抱住了一张抵挡罪恶袭击和害人鬼魅的盾牌。

他在哥哥的耳边悄声说道：

"你说我该怎么办呢？"

"交给我吧，都由我来安排吧……你应准备治病，我考虑安排……咱俩在生活中不总是患难与共的嘛，现在怎么会不分担忧愁呢？"

两兄弟都闭上了眼睛，在想同一件事，各自的压力都已减轻……承担忧愁的不只是他们两个，还有他俩没有察觉到的第三个人也已参与进来，纵然不是承担全部忧愁，却也是肩负起了自己的一份。

在昏暗的夜色中……在把他俩房间与母亲房间分隔开来的狭窄走道靠他俩房间一侧墙的窗子下面，一个小小的身影披着一块黑色的羊毛头巾，蜷作一团坐着，头埋入双膝之间，身躯由于哭泣而颤动着。

感觉到侯赛因突然发生变化的，不只是阿里一人，像了解自己一样了解侯赛因的，也不只是他一人，另外还有一个人也感觉到侯赛因出了事，在默默地痛苦地观察他……当侯赛因上床的时候，这个人坐着谛听从窗里传出的他的呼吸声。侯赛因的绝望、忧愁和哭泣，使这个人感到自己的心在流血，希望能跟阿里一起拥抱侯赛因，消除他的忧愁，但却知道自己只能悄悄地坐着和默默地流泪。

这个躲在黑暗中哭泣、忧愁、浑身颤抖的人……是巴希娅。

二十四　如果他配叫"万岁"

阿里在回校前,对弟弟的事在力所能及的范围里做了安排。他回校时,并不觉得有多少喜悦,倒是感到自己被忧虑之浪包围着,受到一波接一波的悄悄袭击,一浪刚退,又一浪拍击过来。

尽管他对弟弟的不幸竭尽全力,以减轻对弟弟心里造成的压力和留给自己的恶劣影响,但毫无疑问,这只是形成他内心暗自忧伤浪潮的原因之一。

是的,这是一个原因……另一个根本的原因,是在傍晚前他从花园里回来与父亲同行时的一场谈话。

父亲先是没有作声,像是在心里琢磨怎样开始谈话,接着终于问道:

"你昨天晚上到花园里去了吗?"

阿里对这个问题感到惊奇,他没有理由否认,特别是他觉得父亲提出问题并不是为了证实答案,而是要把他引向一场比问题更重要的谈话。

阿里直截了当地答道:

"是的。"

"见到英琪了?"

阿里更加惊异了。他又简单地回答,仿佛在催促父亲把要说的话说出来：

"见到了。"

父亲又沉默了一会,接着深深地长叹了一声,说道：

"阿里,你听着,我最不愿意给你提劝告,因为我很了解你,知道你是一个不需要劝告的人,相反,你有能力对别人进行劝诫和指导……尽管如此,我还是不得不对你说清一件你也许还不明白的事情。本来就不是人人都能看清一切的,通常总是当局者迷,旁观者清。"

父亲再一次默然不语。阿里望着在他跟前的草地,说道：

"您想说什么就说吧,爸爸,我完全明白您这样讲的原因……首先您是我的父亲,不管您认为我怎样理智和谨慎,但在我一生的任何阶段,我都是您的孩子,永远都需要您的劝诫和指导。"

"对于你和小公主之间可能发生的事,我总是暗暗地感到不安,担心你在这件事上的结局……可是,我又相信你有能力控制自己的感情和约束自己的心意……我不能预测未来岁月会带来什么,时间会创造和实现奇迹。你心里想的,我不能阻止,因为你看到的,我没有亲眼看到。可是,我告诉过你,对有些事情,亲眼看到的人应该引导只用心灵想事的人……要不是昨天发生的事情,我也不会想到要同你谈一谈……可是,但愿坏事能变成好事。"

阿里不明白父亲是指什么,隐约感到有危险已经临近,遂问道：

"昨天发生什么事啦？"

"王爷已经知道你去会英琪了。"

"王爷？他怎么会知道？"

"她哥哥阿赖告诉他的。"

"阿赖是怎么知道的？"

"也许是从哪个门卫那里知道的吧。具体我不清楚他是怎么知道的……可重要的是他知道了这件事,而且告诉了他父亲。"

"他父亲怎么说?"

"他问了英琪。英琪告诉他,她是在花园里散步时偶然碰到你的,当时你恰好来找我。王爷命她晚上不许到花园里去,他还训了嬷嬷一顿,因为她让英琪独自外出。"

"您是怎么知道的?"

"是嬷嬷今天告诉我的。她警告我你们两人的关系会造成的后果,要我阻止你再与英琪接触,如果我还想保住饭碗的话。"

父亲的一番话,对阿里来说就像当头棒喝,他感到又惭愧又苦涩。惭愧的是,自己成了捣乱闯祸的人,将要断送父亲的生计;苦涩的是自己刚啜饮了一口生活的蜜汁,嗓子紧接着就被噎住了……尽管他感到自己需要也有权啜饮这一口。无论他的目的是高尚还是低俗,内心深处是圣洁还是欲念,也无论他的外表显得是纯洁还是龌龊,全都一样……每啜饮一口,后果一定是苦涩和被噎。他已经尝到了啜饮后的苦涩,像弟弟一样,有犯罪感。

在这种惭愧和苦涩感之后,他还感到痛苦和担心:这事已经给她造成麻烦,让她遭到了指责、呵斥或各种各样的烦恼。

阿里就这样回到了学校。他心底涌动着不安的浪潮。但充斥他心间的信念和信任,更强大也更坚定,抵御住了那苦楚波涛的冲击,使之消退下去,奈何他不得,犹如一块在四周浪花飞溅中巍然屹立的岩石。

他内心强烈的信任感和信念,是由最近那次会面构建并支撑起来的,谈话时的字字句句,仍萦绕在他耳畔,像是甜美悦耳的歌曲。

压倒那痛苦、苦涩、恐惧和不安等各种声响的是出自神奇信念的亲切温柔的表白:"我的本性和思想,与你的本性和思想是一致的。我感到,咱们俩感情相通,在气质上出奇地接近……像是心心相印。因此,我爱你,我将一直爱你，不摇摆，不停止，不惧怕传统，也不担心差别。凭咱们两颗炽热的心和不灭的精神，咱们将克服人世间的一切障碍，只有死亡才能把我们分开。"

这甜美的声音，压倒了其他一切，使他心神安定，各种忧虑都已微不足道，所有担心亦趋消释。是那奇妙的抚摸，将苦涩变成了甘甜，把痛苦转化为愉悦。

他还烦恼和担心什么？是不能与她相见，还是他能保证经常相会？这不正是他应当预料得到的一个障碍吗？她不是已经与他盟誓，要用他俩灼热的心和不灭的精神去克服它吗？

回忆她讲过的话，难道还不足以使他愉快和满意？她爱他，将一直爱他，既不动摇，也不停止。

是的，即使他见不到她，这也足以使他满怀希望，帮助他越过生活中的荒漠。

他在新班级里的学习开始了，生活的磨盘带着他不知疲倦地转动，他被中级班里的队列操、体育课、战术工程、地形测绘等各种课程紧紧地套住了。

新班级里的磨盘也转得发疯似的快。他们应在今年最后几个月里学完全年课程，年底还得进行中级班升毕业班的考试。他明年的前途，不光要求这次考试及格，而且取决于名次，因为管理学校的军士头衔是按名次授予的，毕业时的名次将伴随他一生，军内资历在很大程度上也取决于这次考试。

中级班有十七名学员，其中七名是老班留下的——原有的十名学员升入了毕业班，顶替已毕业当上军官的名额——还有十名是从初级班升上来的，阿里是其中之一。

十七名学员间的竞争开始了。阿里信心十足，他已经习惯学校生活，在他以优秀成绩升到中级班后,已不再妄自菲薄。他在学校的各项活动中都崭露头角,师生们都把他视为是有望在下一学年参与学校管理的优等生之一。从初级班升上来的学员,估计在升入毕业班时仍能保住他们的名次,因为他们与七名老学员之间的竞争,并非旗鼓相当,他们更聪明、更勤奋,士气更高昂,夺优的机会也更大,虽说七名老学员学习中级班全年课程的时间要比他们长。

阿里就这样全力投入了竞争。他在忙于操练、上课和体育运动之余,只能稍获间隙,去追溯那甜蜜的回忆,漫步在他最光明灿烂的理想境界。

几个星期过去了都没有约会……他没有做过尝试,环境也不给他机会,而且还剥夺掉了他过去每次不期而遇的幸福邂逅。他思念的心情与日俱增,受禁绝的烦恼也越加严重。他想通过回忆过去、憧憬将来,借助萦回在脑际的温柔词句,抚摸和轻吻那残存的干枯的玫瑰花……每当他与苏莱曼坐在一起,或有机会和他谈话的时候,他也不时地直抒胸臆,来减轻压力,做自我宽慰。

苏莱曼一如既往地待他,阿里谈相思之情,他谈政治……阿里谈话怀着思念、爱情和希望,他谈话则充满叛逆、革命和失望。

一天傍晚,他俩坐在宽敞的健身房里,等着轮到练习击剑。在法国教练专心训练一个学员的时候,苏莱曼开始讲述他那些激进的看法。他一眼瞥见英国总教官带着几个军官从健身房门口走过,便中断了自己的话,眼睛示意着英国总教官,失望地悄声说道:

"只要这些红脸家伙还赖在我们国内,改革就没有指望。"

接着,他又转眼看着挂在健身房正面墙上的国王像,低声说道:

"只要他仍趴在我们头上,要他们撤走就没有希望。"

阿里摇摇头,他对苏莱曼的话感到惊奇,无论是国王还是总教官,他都不觉得讨厌,因为这两人从来就被他置之脑外,不在他思考的范围内……他不知怎样评论同伴的话。正好轮到他训练了,给他解了围。教练示意他在自己面前站好位置。他戴上网状面罩,穿上厚厚的训练上装和紧身长裤,在教练面前做好准备姿势,用军刀跟着教练练习花样击剑。

训练又慢又腻味。阿里曾在电影里看过欧洲封建时代勇士间的决斗,这里的训练没有那种激烈、灵巧和快捷的场面,只不过是些连续反复的动作和教练用法语发出的断断续续的相似口令:

"出击……防守……出击……防守……"

阿里练完了,苏莱曼接着上前在教练面前的位置站好。这时,值日军士进来了,他与其他军士不同的是腰带上挂着刺刀。他用短促、斩钉截铁的命令声调对健身房里的学员喊道:

"各班集合!"

学员们吃了一惊,因为击剑训练的时间还未结束,击剑和拳击训练总是在点完名后放在一节自修课里进行,而第一节自修课还不到结束的时间。班长是最有资格的学员,他试探性地问值日军士道:

"是现在集合,还是训练完了再集合?"

军士对这个学员的愚蠢很不耐烦,又一次大声喊道:

"各班立即集合!"

学员们迅速脱下击剑服,整好队,然后快步走进自己的班级。他们刚在自己的座位前站定,就听得班长一声大喊:

"立正!"

接着,他向给他们上步兵课的教官萨利姆先生敬礼。萨利姆走上讲台,开门见山地对学员们说道:

"五分钟之内,我要求每个学员带上枪,拴好皮带,全班在第三分队宿舍前整队集合。"

他又对班长说道:

"明白吗,只有五分钟。"

"是,长官。"

"全班解散,到宿舍楼去。"

学员们没有机会发问或打听,立即像火箭似的从教室奔向宿舍。他们解开武器架,拿出枪支,拴上皮带。不到五分钟,全班已在指定地点排好了队。学院里的其他班级(初级班和毕业班),也已经在别的宿舍前整好了队伍。

队伍里响起窃窃私语和相互询问的声音……

这次突然集合究竟是因为什么?干吗要大家离开班级,在晚上这个时间持枪集合?

这又不是出操时间,即使要进行夜间行军训练,事先也应有所准备,应当列入计划,提醒大家做好准备。

那么,这奇怪的集合的原因是什么?

难道又要下达像考试前颁布的那种突然命令吗?

难道……又要考试了?

如果是的话,那干吗要持枪集合?

不,不,事情一定另有蹊跷。

等着吧,不一会儿准有学院的一位头面人物——总教官或者参谋长,会来打开谜团揭秘。

台阶上传来脚步声。班长提醒大家喊道:

"全班注意。"

学员们用眼角瞟着台阶方向,只见走来的人只是步兵课教官,后面跟着几个(由士兵提升起来的)教练军士。

班长继续喊他的口令:

"立——正!枪——上肩!"

通过三个紧凑有力的动作,枪被举起,稳稳地落在肩上。大家的左手掌心托住枪身,左臂与地面平行,(右臂)肘部紧贴着胁部。

教官向教练军士们发出命令:

"每位教练带好自己的组,穆沃瓦德军士长把教练分到各组去。"

不一会儿,全班按步兵队列分成了几个组,各教练都站在自己一组的前面。

站在苏莱曼旁边的阿里惊诧不止,悄声问道:

"干吗这样兴师动众?晚上这个时间难道还要持枪操练?这么急不可待是因为什么?天难道不亮了?萨利姆先生准是疯了。"

苏莱曼低声答道:

"不光是萨利姆先生一个人,全校都疯了。各班都出来进行夜间持枪操练。"

"可是因为什么?"

"这准是军队突然心血来潮的荒唐事……总教官脑子一转,就下令夜间出操。这对他有什么损失,他反正安心待在自己办公室里。"

"我不认为他会疯到这个地步,肯定事出有因。"

"什么原因?相信我,事情不可能超出我跟你讲的范围。"

萨利姆先生对教练们喊道:

"开始操练。不要讲废话!要教得快,动作要整齐、准确,用数字代替要领。不许说话!"

教练们开始教动作了。里兹克军士想让他的组打起精神来,喊道:

"全组——稍息,全组——立正,全组——稍息,用点力,用点力,大家都注意……"

等到他相信全组注意力都已集中,便开始教动作:

"我们今天教反握枪,教练喊一,枪就反握。举枪!"

教练一直在教，讲一个动作演示一遍，全组跟着模仿。甬道就像巴比伦塔楼或星期二市场一样，各种喊叫声和动作声响成一片。

学员们学完了"反握枪"，教练又说道：

"现在我们学完了反握枪动作，我要求每个学员在队伍解散后各自去练习，我们没有时间再练这个了。现在，我们来教枪朝下。教练喊一，这样拿枪。"

教练们讲授的热情好像越来越高。参谋长从自己的办公室里出来，站在院子里，用他那扩音器般的嗓门喊道：

"萨利姆先生，我们说过不要有嘈杂声……萨利姆先生，现在还没什么事，请你们都到寝室里去……"

萨利姆回答他的喊叫：

"是，长官。"

接着他对教练们发话道：

"慢慢教，声音轻一点，各位教练把组带到队伍前面的寝室里去，训练慢步走。"

在各组走进寝室的时候，苏莱曼找到一个讲话机会，他俯在阿里耳边低声说道：

"你信吗，这不是在干荒唐事，而是在训练送葬。"

"给谁送葬？谁死了？"

"他还没死，不过快死了。我们进行训练是他可能要死了。"

"他是谁？"

"国王。"

第二天，国王驾崩。学员们穿上一号卡其服装，走在长长的隆重、盛大的送葬队伍前面，穿过开罗的街道。他们都反握着枪，这正是国王在咽最后一口气时他们练习的动作，他们受训练习这个动作仿佛是在同国王的苟延残喘比赛……队伍来到古城堡①的山脚下,在通向山上两座清真寺的路上,宣礼塔已经映入人们的眼帘。他们的队伍一分为二,排在路的两侧,他们低下头,枪口朝下对着脚。裹着绿旗的灵柩从他们当中通过,进入里法伊清真寺②内。形形色色的送葬团体把穆罕默德·阿里大街挤得水泄不通。

送葬结束,学员们乘上汽车。阿里听见坐在他身边的苏莱曼如释重负地长舒了一口气。一个报贩手持一份报纸从他俩旁边经过,报纸通版套黑,用粗体字写着:

"老国王驾崩,新国王万岁。"

苏莱曼仿佛自言自语地轻声说道:

"让他'万岁'吧……如果他配叫'万岁'的话。"

---

① 公元1176年,埃及阿尤布王朝素丹萨拉丁在开罗东郊穆盖塔姆山上修筑的城堡。山上还有1335年修建的纳赛尔·穆罕默德·卡拉吴恩清真寺和1848年修建的穆罕默德·阿里清真寺,为开罗著名的名胜古迹区之一。
② 建于1869~1912年,亦即埃及国王伊斯梅尔的母亲胡希亚尔王太后的时代,位于城堡广场。

二十五　光荣的失败

　　学年即将结束,学员们之间的比赛和(各种类型的)队际比赛——甲队与乙队之间的比赛,都变得激烈了。学院里的体育运动对个人和运动队来说,都十分重要。就个人而言,优秀的学员在运动项目中取得的学分,将加到他们期终考试的基本学分上去,以决定他们的名次。足球甲队的每个队员,根据他们的实力,最高的能得五十分,乙队队员的最高分为三十分;各等级的拳击赛第一名为五十分,第二名为三十分。每个项目都是这样,以至一些体育成绩优秀的学员,有时能获得三百分,加到各科的总分上,名次会一下越过几十人,甚至名列第一。

　　采取这种做法有两方面的理由:首先是鼓励体育运动,把它列为与学科一样的基本课程;其次是奖励运动员为体育付出的努力和时间——其他人把时间花在复习功课上,运动员得到的分数,补偿了他本可以把时间和精力用在功课上取得的分数,使他觉得在体育上花费精力与时间并非徒劳无益,也不会认为体育是浪费时间,会耽误前程。

　　阿里不是一个优秀的运动员,但是,他的好胜心和他对体育落后会造成学科成绩上白费力气的担心,促使他在各项运动中都全力以赴,有助于他的是他健全的体格、坚强的毅力、非凡的耐性和巨大的韧劲。

他通过努力成了足球乙队的队员。这一年,军事学院的甲队战胜了警官学校足球队。这两校的足球赛从来都是军事学院历史上最重大的事件之一,比赛成绩决定全校学员在这一年的祸福。沉浸在打败警官学校的快乐之中,军事学院的领导决定在学分上重奖甲、乙两支球队,虽然乙队没有参加比赛。阿里发现整整三十分从天而降,落在他身上。

在"突破郊区行动"中,阿里靠着他的耐心和毅力进入了前十名,获得了十分。在击剑比赛中,他很幸运,名列前五名,又在体育成绩上增加了几分。

拳击比赛开始了。他过去不想打拳击,而且,他生性温和、沉静,还讨厌它,可是在学校里却不得不打拳击,因为这是每个学员必须参加的体育项目。

他的第一场比赛是跟马哈茂德·阿卜德·哈菲兹比,那是他同寝室的一个同学。离比赛时间越近,阿里越是感到心里发慌。阿卜德·哈菲兹是个老运动员,对比赛好像一点都不紧张,甚至还对阿里开玩笑说,他不会让阿里太受累,因为他将在第一回合结束比赛。他坐着给同寝室的同学讲述他当初在坦塔学校的拳击轶事,他怎样打断了一个对手的下颌骨,又把另一个打成了脑震荡。

阿卜德·哈菲兹的话尽管带有玩笑口吻,但使阿里大为惊慌,挫损了他的锐气,使他觉得自己参加的是一场败局已定的战斗。

唯一使他的心里还抱有一些希望的是他与对手的实际比较。

阿里在阿卜德·哈菲兹光着身体换衣服的时候,坐着打量他,发现对手双臂细长,身材瘦削。阿里摸摸自己的双臂,或对着镜子比照,发觉自己的双臂强壮有力、肌肉发达;阿里还发现对手烟瘾很大,而自己却受不了烟味;阿卜德·哈菲兹好冒险、喜游逛,而自己却从不冒险,也不游逛。

这对他是一种宽慰,使他心生希望。他感到,尽管阿卜德·哈菲兹有技巧、有经验、有光荣的过去,但总体上看,自己能击败这个对手。

阿里没有猜错,他的预感全得到了证实。比赛时间到了,他在拳击场上给对手的一顿痛击,使阿卜德·哈菲兹忘记了自己所有的拳击历史、经验和技巧。

阿里凭着毅力接连击败对手,进入了决赛。这次,他的对手是萨拉丁·贾马勒,一个体魄魁伟的学员,要想胜出,他一点希望都没有。

军事学院拳击决赛放在一场盛大的集会上举行,应邀出席的有高级军官、国防部要人以及英国和埃及的高层人士。

比赛的日子到了。当晚,体操房里灯火通明,全校活跃热闹,像一个蜂窝……一批批观众团体穿过大门走向通往体操房的院子。全校师生除了参加比赛的学员外,都穿着卡其服、戴上毡帽、拴好皮带。排得整整齐齐的来宾们由学院的军士长引领进入体操房就座,观看比赛。

阿里坐在床边,把脚伸进轻便的黑色拳击鞋里,接着,穿上蓝色的运动短裤和一件普通的背心,脖子上套着毛巾,身上披着宽松的斗篷,戴上毡帽。他心里有些畏缩、烦恼和担心,伸手去关柜门。在关上柜门前,他不由自主地拉出他个人的抽屉,拿出一个名片盒似的小盒子,打开盒盖,用手指抚摸里面的东西,接着又用嘴唇吻了一下,再轻轻地把盒子放回原处。然后,他跑了出去,心里轻松了一些。

体操房的场面令人望而生畏。居中是拳击场,用白布裹住的绳索紧紧地围绑住四边,四角的绳柱漆成了蓝、红两色,挂在像黑幕似的天花板上的强聚光灯照着场地,仿佛是一轮闪耀的太阳。场地正面是裁判席,桌前两盏灯,一蓝一红。裁判员旁边是手持计时表的计时员,他面前有一把锤子和一只铜钟。场地两侧,各放着一张小桌子,上面放着供两位助理裁判用的笔和几张记成绩用的小空白纸。场地两角,站着两个由体育教员充任的士兵,他俩都身穿白色的背心和长裤,腰里围着宽长的体操带,身旁放着一个水桶和一块海绵。

裁判员正对面，排放着从图书馆和俱乐部搬来的阿斯尤特座椅，坐在上面的贵宾们正在闲谈。两侧是整齐的木看台，学员们正坐着兴致勃勃地在低声交谈。观众们的脸上，都带着愉悦的表情，像是要观赏一出轻松有趣的喜剧。

体操房很宽敞，墙很高，在带点坡度的天花板下，有两间放运动器械的低矮狭窄的房间，这两间房的屋顶上方，是电影放映室，在体操房当作电影厅时使用。

两间贮藏室中间是一条短而窄的走道，有一扇可向前或向后打开的木格子门，把走道与大厅隔开。阿里与其他的运动员、教练员和医务室的一位男护士坐在走道里，等着上场。

阿里想说话，可是，情绪紧张，舌头不听使唤，呼吸也不顺。这是他第一次在正式集会上，面对如此众多的目光和强烈的灯光参加拳击比赛。他在过去的几场比赛中打赢了，因为那些比赛就像是练习……都在白天举行，观看的人只有裁判员、学员和一些军官……虽说每次比赛前他总会担心对手，但心里却觉得自己比对方强。

这一次比赛，让他惶恐不安和胆战心惊的是四周那人山人海的观众和这么盛大壮观的场面。他觉得，前几次比赛时内心深处的信心这一次不见了。他的对手显得很善良、开朗和温和，他也许也很欣赏对手的这些优点，但却绝对不会欣赏对手那高大而魁伟的身材。他习惯于每次比赛前与对手作个比较，以增强自己的信心。他现在进行比较时，发现对手更具优势，也更占上风，要通过比较来支撑自己的信心已荡然无存。

更使他烦恼的是，他的比赛不是安排在第一场，而是得等候、观望和期待。对他来说，每过一分钟，压住自己呼吸的负担就越重，心里的慌乱和忐忑不安也更甚。

第一场比赛开始了。军事学院的拳击比赛与一般的拳击比赛大相径庭,它与流血的战斗和屠宰更相似,比赛的胜负是根据拳击者脸上流出血的多少和眼睛、鼻子上乌青块的数量来衡量的。

　　第一场比赛结束了,两个拳击手向小屋子走来,要知道谁是胜利者很不容易,要认出谁是谁就更难。一场比赛下来,两人都是满脸血迹,眼青鼻肿,原来的容貌、特征已辨别不清。

　　他俩的模样使阿里更加心慌,他感到喉咙发干,嘴里苦涩,肌肉松弛……他可真想逃出赛场或者学校。

　　他听见介绍拳击手的报幕军士在喊:

　　"第二场中量级比赛,十九号学员萨拉丁·贾马勒对五号学员阿里·阿卜德·瓦希德。"

　　接着听见教练员仿佛从一口井的深处发出喊他的声音:

　　"上场,轮到你们俩了!"

　　阿里感到腹中一阵绞痛,像是有一只手在抓他的五脏六腑……然而,他只得甩掉大衣,脱下背心,跟在对手后面快步跑出去,进入绳索围住的明亮赛场。他俩在院长面前立正,接着各自走向标着自己颜色的角落:阿里走向蓝色一角,萨拉丁走向红色一角。

　　阿里觉得心跳加剧,紧张达到了极点。他坐在一张小凳子上,教体育的军士教练员站在他跟前,忙着给他按摩双臂和小腿的肌肉。

　　裁判员发出口令:

　　"助手退出场地,第一回合——开始!"

　　钟敲了一下。阿里站起身来,紧张地跨着快步,伸出戴着拳击手套的手,压了一下对方的双手,快速地表示敬意。

　　拳击开始。阿里一扑向对方,心里的一切杂念包括恐惧感就都消失了,他感觉不到强烈的灯光和瞪瞪的众目,再也不看不顾对手的高大身材和魁伟,只觉得他的手在出击、收回、收回再出击……对方的拳头猛击他的脸,他的拳头也猛击对方的脸……没有任何疼痛的感觉。

他俩的拳头来回痛击,就像又急又快的子弹……阿里什么都没有意识到,他仿佛不是站在拳击场上。终于一声钟响,他听见裁判的喊声:

"停!"

接着,他听见掌声雷鸣。两个助手进场,各提着凳子和水桶给他俩。阿里感到有一块湿海绵在拍自己的脸,嘴里有血的咸味,还瞥见海绵染成了红色,但丝毫没有感到疼痛。

助手俯下身来用毛巾替他擦着脸,直到钟响,裁判叫道:

"助手离场,第二回合——开始!"

这个回合与上一回合一样,打得又快又猛。他向对方打出的大多是左直拳,在他击中对方头部的同时,对方弯下身子用右拳痛击他的胸下部。

第二场始终是双方相互猛击:阿里用左直拳痛击萨拉丁的头部,萨拉丁的右拳则专击阿里的左胸部。

这一场将近结束时,阿里开始感到有点累,但他仍坚持用同样的速度和力量打下去,直到钟响,他才回到凳上。

助手给他擦脸,按摩肌肉,并在他耳边低声说道:

"放低你的左手肘部,免得暴露你的左侧。他的全部攻击都是用右拳击你的左侧。"

助手的劝告是中肯的。然而,阿里正处于无力理解忠告的状态,也没有时间来学习新的拳击方式。

铜钟响了,第三个回合也是最后一个回合开始。阿里觉得上一回合结束前的那种疲乏感越来越厉害,呼吸变得急促,但他仍奋力用上两个回合所采用的方式,也是他用惯的方式,顽强有力地击打对方。

对方多次击中他的左侧,他也多次打中对方的头部,打得对方眼窝发黑,鼻子出血……他越来越感到疲乏无力,但还是咬紧牙关,坚持一下又一下地打着,机械地下意识地挥动着双拳,就像别人在操纵似的。

终于,在一段阿里比别人更有感受的等待之后,铜钟敲响了,紧接着是暴风雨般的掌声。他站在对手面前,戴着巨大的拳击手套相互握手,接着向院长行礼,离开了场地。

裁判员在伸手揿亮取胜方灯前宣布:

"蓝方打得非常出色……红方获胜。"

他随即伸手揿亮红灯,又是一阵掌声。

阿里回到狭窄的走道,他感到上气不接下气,胸口闷得慌,左侧胸部像针刺一样痛。他躺在一条长凳上,刺痛感越来越厉害了,胸部像要裂开一般。他用嘴咬住毛巾,生怕叫出声来。护士朝他走来,问他的情况。他无法说话,便用手指指自己的左侧胸部。护士试着摸摸他所指的部位,阿里顿时感到像刀刺一样,他隔着毛巾发出一声闷叫。

护士兵立即请来军医。军医俯身检查时,阿里已精疲力竭,几乎无法呼吸。

军医一检查完,便惊讶地扬起眉毛,对护士喊道:

"叫救护车送医院,他肋骨骨折。"

阿里处于半昏迷状态,只感到自己被抬上了担架,放进救护车……接着是去医院路上的一路颠簸,此后,除觉得自己躺在医院病床上外,便一无所知了。

骨折不算严重,只需用绷带把他的胸口紧紧绑住,让骨头按正常位置自行愈合就行。

继苏莱曼陪阿里进医院之后,第一个来探望阿里的是他的对手萨拉丁。眼青鼻肿的萨拉丁一早就来了,他热情地紧握阿里的手,坐在病床边

上,用歉疚难过的声调说道:

"阿里,我真是抱歉极了,我怎么也没想到会把你的肋骨打成骨折。我昨天一夜都没睡着。想到我对准你的肋骨打,而你却若无其事地硬是挺着,我就恨自己……依我看,骨折是在第二回合的最后时刻发生的,当时你显得十分痛苦。尽管如此,可你却继续在打,我还以为你不过是一时被击痛,过了就没事了。"

阿里笑了,说道:

"这不怪你,萨拉丁。你说的,我倒没有感觉到。我只是在第二回合结束时感到有点儿累……不管怎么说,感谢真主,总算打完了。你不知道,我是多么怕跟你比拳击啊!好在比赛算是平安过去了。"

"这还能说平安?我从来没有想到你打我会这么狠。我老实告诉你,我原以为跟你比赛不过是打着玩罢了,可是,你打我可真狠。"

阿里压住萨拉丁的手,笑道:

"那么,咱们是两清了。我总是希望咱们的友谊不断增强,我喜欢你开朗和蔼的性格。我认为,这次交手为咱们未来的友谊奠定了最坚实的基础。"

"我希望你心里不会对我介意。"

"不会,不会,你打伤我并非出于恶意。"

从这时起,他们两人结下了深厚、牢固的友情。

日落之前,阿里躺在床上,想着忧心的事情。

最让他烦恼的是,他受伤正值学年末,考试的时刻即将到来,而且实际上,实践课考试已经开始,他这种状态怎么能去参加呢?他最担心的是卧床不起将使他失去考试的机会,得重读一年,他就成了谚语所说:"月亮啊,我们像是不进不退,一事无成啊!"

他知道是有学员重读的,因为他们在临考前病了。他的情况不会比他们好些。

愿真主诅咒这嘲弄人的命运,命运一手赐予,一手又索回……他要是不得不重读一年,怎么跟父亲说啊?

他对自己很恼火,要是把手放低一些,可能就不会受伤,也可能会毫不妨事地打完第二回合……这可都是因为骄傲和固执。

他也恼火萨拉丁,因为萨拉丁利用他暴露的这个侧面一个劲儿地猛打。

于是,他心里对一切都感到烦乱。他试图借助对英琪的怀念和她的诺言来消除烦恼,却没能奏效。

他闭上双眼,想求助于他对真主的信念来排除胡思乱想……这时,他感到有许多脚步声正在走近他的病房门,接着,他一眼看见红脸、大鼻子、手里晃动着手杖的英国总教官正朝他走来,身旁是讲话带叙利亚口音、拥有上校军衔的军医院院长。

阿里看见总教官吓了一跳。总教官的模样,使全校学员都心怀畏惧,他在学校里是令出即行的统治者。

总教官走到阿里的床边,伸手递给他一个盒子,打开取出里面的东西,原来是一个银制的拳击手小雕像。总教官紧握着阿里的手,用蹩脚的阿拉伯语说道:

"我是来向你祝贺的。你在比赛中输了,但是你的失败,是我所见过的最光荣的失败,你比胜利者更出色。"

接着,他转眼对陪同他的军医院院长说道:

"你真应该去看那场比赛,没看就失去了许多东西……直到终场,他一直打得比他的对手出色,我们谁也没有觉察到他出了什么事……他树立了一个坚毅、顽强和高尚精神的榜样。"

他又对阿里说道:

"我无法表达我心里对你的感激和钦佩,但我向你肯定,我一定要给你应得的奖赏。我送给你的这个雕像,只是一个象征性的奖品,我还要再加给你获胜者应得的五十个学分。你躺在病床上,我将给你参加实践考试的机会。为了你,我会替你安排好一切,你什么都不用烦恼,也不必担心……我喜欢男子汉,你就是一个男子汉!"

阿里接过雕像,又惊奇又困惑,不知道自己做了什么竟配得到这一切……总教官的兴奋和热情,简直是一种疯狂。

二十六　对月谈心

汽车载着英琪在从学校回府第的田野公路上疾驰。夏季作息制度已经开始,回家的时间正值中午。

还不到炎夏盛暑。汽车迎风飞奔,车窗的风吹拂着英琪的脸,拨弄着一绺她不经意间披落在额头的秀发。

她沉浸在遐想之中,惊醒她的是中午从开罗开出的火车的喧嚣声,火车在公路右面的桥上拉响汽笛声隆隆地赶过了汽车。汽车在公路和铁路交叉口的路障前停住了。火车车厢一节接一节地掠过。英琪原先神思恍惚的眼睛这会儿盯住迅速闪过的一扇扇车窗,她那专注和关切的神情表明,她看车窗不是为了排解令人厌烦的等待,而是在寻找特定的目标。

她不是第一次在回家路上像是要寻找什么似的。汽车开出校门以来,她就一直焦灼不安地注视着窗外。

今天是星期四。对她来说,星期四比其他日子更有意义,它带给她甜蜜的希望,令她心往神驰。这是阿里回家的日子,有可能会见到他。在上两个星期四都让她的希望落空之后,这个星期四真希望能见到他。

在那个海誓山盟之夜,他俩在花园里最后一次相会,彼此托付终身、两心相依、至死不渝以来,她再没有见过他。她怕在阿赖干下的那件蠢事之后，嬷嬷私下对阿里父亲所做的警告已经传到阿里耳中，影响了他的心情，他真的下决心避免见她了。

离开学校以来，她就一路上注视着人行道和车站。也许去年夏天带给她第一次相会的机缘，会再给予她赏赐和馈赠。然而，机缘每遇追索，却从不奉送，而只能是不期而遇，不待而至。

英琪瞥见一个身穿带红条纹藏青军装的人，不由得一阵战栗，想叫司机停车，可是她一看清那穿军服的人，就压住了呼唤，因为她发现这是另外一个人，不是她寻找的对象。

她但愿自己有勇气，命司机调转车头，开到军事学院去打听他，如果他还未离校，她就同他一起走。然而，汽车继续在路上飞驰，她闷声不响地翘首向窗外注视着。

火车开过去了，她没有从它的车窗上看到谁。汽车通过岔道，径直向府第开去。她的心里交织着烦恼、失望、期望和思念。

汽车到达火车站的时候，她看见一个正要穿过马路的人影，不觉在座位上全身一震，对司机喊道：

"开慢些，穆罕默德师傅。"

司机靠近这个行人停住车，他正穿过庄稼地，朝清真寺附近的农舍走去。英琪望着这个正在离去的身影，再一次发现自己看错了，他不是阿里，而是阿里最亲近的人，他的弟弟侯赛因。

她不假思索地喊道：

"侯赛因！"

为了会见，她好像已下定决心要有所作为，而不是这样攥紧了拳头令人讨厌地等待机缘送上礼来。

侯赛因吃惊地回头张望，一看见汽车及车里的英琪，顿时笑逐颜开地朝她走来。

两人热烈地握手,都感到他俩中间有一个共同的亲人……英琪知道,她这样站着与侯赛因谈话很不妥当,后果也难保无虞,于是,她说得很快,想三言两语尽快达到目的:

"有一段时间没看见你们了。"

"学校里事儿多啊,关禁闭、值班,还有其他倒霉的事情。"

"阿里呢?他好吗?他也被关禁闭和值班缠住了吗?"

"阿里?你不知道他出事了吗?"

这句反问使英琪一阵哆嗦,她提心吊胆地探问道:

"出什么事啦?"

"他住进了军医院。"

"住院……因为什么?他怎么啦?"

"肋骨骨折。"

"怎么回事?"

"拳击决赛……他差不多就要赢得冠军了……那是一场奇特的比赛,当时……"

英琪的状态不允许她再听对比赛的描绘。她觉得两眼发黑,一阵恶心,手足冰凉,脸色苍白。

她不由自主地打断侯赛因的话轻声问道:

"他现在怎么样?"

"感谢真主,还算好,总的状况良好……不过需要长时间卧床治疗,让断骨愈合。"

英琪不知该怎么回答……她感到自己迫切需要躺到床上,免得晕厥过去。

她用耳语般的疲惫语调喃喃说道:

"代我向他问候。"

接着,她一面点头致意,一面仍轻声说道:

"再见。"

侯赛因对她苍白的脸色和颤抖的声音感到愕然,也点头答道:

"再见。"

她对司机说道:

"走吧,穆罕默德师傅。"

车子开动了。侯赛因呆呆地站着观望。

这个温柔、敏感的姑娘怎么啦?她怎么会惊骇到这种程度?都快要晕倒了。

难道哥哥的消息真让她如此惊惶、这样痛苦吗?这一切是因为什么?她又不是他的母亲,也不是他的妹妹。

这难道就是爱情吗?

奇怪!真奇怪!

爱情会使两个异姓人如此亲近,超出了血缘关系和长年共处的亲属关系?

他知道哥哥对她的感情,他曾说哥哥傻,不管对什么人都不必那么动情。然而,现在,他看见她苍白的脸色,听到她那仍在自己耳边回响着的颤抖声音后,他不再责怪哥哥的感情了,因为她的感情与他不相上下,甚至还超过了他。

尽管如此,他对双方强烈的感情还是觉得惊奇,这两股力量从何处迸发出来?会达到什么境界?为什么?怎么会这样?

这难道就是爱情?

他摇摇头,耸了耸肩,回家去了。

英琪回到府第,双眉颦蹙、神情恍惚地朝自己房里走去,她感到恶心、难受,颓然倒在床上。嬷嬷进来,诧异地问道:

"你怎么啦,英琪?"

"我觉得有点累。"

"你不下楼去吃午饭吗?"

"不行……我要休息一下。"

"我把饭给你端到这里来?"

"不,不用……我歇一会儿就下去。"

嬷嬷给她又是把脉又是摸头。英琪烦了,焦躁地说:

"你让我现在一个人待一会,我没什么,只想休息一下。"

英琪躺在床上,让身体放平,稍事休息,但脑子却翻腾起伏,平静稳定不下来……翻来覆去地想着阿里的受伤住院。

他究竟是怎么受的伤?很痛吗?自己要是能在他身边帮他包扎伤口,使他减轻一点痛苦就好了……但愿自己能为他做点什么,而不是这样绝望无奈地苦苦思量。

他仍一如既往地在想她吗?他在痛苦、忧愁和难过之中还记得她吗?

这样无助和失望真是可恨……在知道他受伤之前,她就非常想念他,现在,她哪怕少活半辈子也想见到他,跟他谈谈。她感到,她的生命是与见一次面、望上一眼、讲一句话联系在一起的。她应该去看他,没有什么能把她同他隔开……她要到医院去看他,毫无疑问,探望病人是允许的,不是违禁的过错,不是非法的罪行。

是的,是的,明天离校之后就去探望他,她知道军医院位于新开罗路上军营的旁边,并不远……全部探望的时间不超过半小时,不会太影响回家的时间……穆罕默德师傅是好人,他喜欢她,讨厌一切伤害她的事,他不会搬弄是非,给她带来什么麻烦。

她按这样的思路想着,最后做出了决定,终于让她烦乱、疲惫的脑子平静、稳定下来,使她悲伤、痛楚的心灵得以宽慰。

夜晚降临,英琪坐在一扇大窗户下面的一张长安乐椅上。天穹中央的月亮洒下银光,使她容颜皎洁、表情明朗,把光明普照万物,公正均匀,毫不吝啬。

英琪遥望着天上慷慨大度、默默无言的月亮,凝视之下,她瞥见月亮唇上带着同情和慈祥的微笑,从洒落在她脸庞和头发上的光亮中,感觉到有一双温柔的手在亲切地抚摸她的头发……她仿佛觉得天上的月亮透过微笑和抚摸正为她带来令人愉快的讯息,一种舒心释怀之感油然而生……她紧闭双唇,凝眸远望,与月亮做了一次无声的谈心。她神思恍惚幽幽地说道:

"唉,长久分离,相距遥远,极度思念,精神给养又匮乏……不见面,不谈话……没有滋润心田的一个眼神,没有聊解饥渴的只语片言……我是多么寂寞、冷清和空虚啊。"

她仿佛听得月亮低声责备道:

"我和你在一起你还冷清吗?"

"你总是默不作声,你怜悯地望着我,却什么都不说。"

"我怕谈话会打断你美好的沉静,扰乱你脆弱的感情,怕会给寂寞、孤独的你增添不安和烦恼。"

"不,不,你什么也不用顾虑……跟我谈谈他吧,再没有比谈他更使我心中欢喜了。告诉我,他怎么躺着怎么坐?怎么醒来怎么睡?又怎么思考怎么做梦?告诉我,他痛苦吗?告诉我,他像我思念他一样在思念我吗?告诉他,我依然是他梦中的公主、幻想中的女王。他早已成为我生活中的王子、心中的主人、精神上的国王和灵魂中的素丹[①]!告诉他,我爱他,爱情如奔腾的洪流,势不可挡,它卷走路上的每一个障碍,摧毁每一道

[①] 一译苏丹,某些伊斯兰国家最高统治者的称号。

堤坝!告诉他,他的英容已隐藏在我的心坎里,充实了我的整个灵魂,他与我已经合而为一!把我的爱情告诉他,见面时我不敢倾诉衷肠,深情使我默然无言,挚爱使我张口结舌。告诉他,别停下,因为我的爱比任何言语都强大,比任何谈话更热烈……告诉他,别怕添枝加叶,因为你说的都不及我的感受,远逊于我的体验……告诉他,我要献上我的肋骨……告诉他,我的痛苦比他更甚……告诉他:

君身痛难缠,吾心直震颤;
宁吾劳劬添,盼君苦楚减。
眼睛纵闭阖,明眸不悠闲;
珠泪涔涔流,滋润君梦园。

她泪眼模糊,默默地伸手拉开床边的抽屉,取出一块小手绢,擦干眼泪。在月光的照耀下,看得出手绢上有两朵深红的血斑。

她把手绢掩住唇鼻,泪水又一次潸潸流下。她透过泪水眺望着月光,继续无声地诉说:

"你知道这是什么吗?"

"……"

"这是曾经擦过他血的手绢。这块手绢上,有我的泪水,我真希望也曾渗入我的血……我觉得他就在这手绢里,我抓起手绢的时候,就感到自己同他在一起……这块手绢的线缝里,蕴藏着世界上最珍贵最可爱的东西。他手指淌出鲜血的那一刻,我觉得我的心也在流血……我用手绢替他包扎伤口,就像是包扎我心上的创伤……他受伤时我能替他包扎是我的安慰……但愿我现在也能像包扎他的伤手一样,替他接上断骨。"

她闭上双眼,感到有一双手在无比怜爱地抚摸着她的秀发。

她又用祈求的目光望着凝视她的月亮,说道:

"但愿你将我的抚摸带给他,就像你的光华给我带来了他的抚摸。"

慷慨的月亮没有辜负她的希望。就在这个时刻,军医院里的灯光熄灭了,病房里除了这里那里传出的叹息声或呻吟声外,一片沉寂。病员们都已入睡,只有一人例外,他仰卧在床上,胸口绑着绷带。他焦躁不安地摇晃着脑袋。他在夜色中闭上双眼,试图召来睡意,收回恍惚的神思。这时,一阵微风吹开了他头上的一扇窗户,射进一缕月光,落在他脸上。他睁开眼睛,只见月亮露出亲切的笑靥,伸进一只慈爱的手,温柔地抚摸着他的额头和脸庞。他感到,令他窒息和烦闷的负担已经消散。他胸中发出一声长叹,带走了所有的烦恼和焦躁……他闭上双眼,进入了舒心、宁静的梦乡。

翌日,英琪忧心忡忡地回到学校。在短暂的休息时间,她坐在宽敞的绿色校园里的一棵枣椰树下——这是她平时坐惯的地方——愁眉不展地陷入沉思。她最忠诚也是最亲密的女友萨娜朝她走来,打趣道:

"英琪,别这样像个百岁老妪似的坐着,你发什么愁呀?是愁孩子们还是愁家?咱们往后要愁要想的事还多着呢。"

英琪没有回答。女友又埋怨道:

"说呀,你怎么啦?……哦,我想起来了。"

她附在英琪耳边,悄声说道:

"一定是他昨天没有回家。对了,对了,昨天是星期四,他准是被关禁闭了。这可是你的错,难道你就找不到比这个令人失望的倒霉家伙更好的人吗?我记得,他不是每星期都出来的吧?"

英琪没有笑,脸色反倒更加阴沉了。萨娜在她的身旁坐下,双臂抱住她的肩,不开玩笑了,惊讶地问道:

"你怎么啦,英琪?跟我说呀,说话呀,不要这样一声不吭地悲伤地坐着。有人惹你生气了吗？是你父亲？阿赖？还是……还是阿里？他昨天没有回家吗？也许是轮到值班，或者是被别的事耽搁了吧。"

英琪尽力克制住，不让自己哭出来，答道：

"他住院了。"

"他得了什么病？"

"拳击比赛时他肋骨被打断了。"

"肋骨断了？谁告诉你的？"

"他弟弟。"

"他现在情况怎么样？"

"他弟弟说他很好，但我不相信。"

"你为什么不信？"

"你以为肋骨断了是一件简单的事吗？那肯定有危险！"

"我可没骨折过，不过，我不明白，你干吗断定他有危险？既然他弟弟说他很好，你就应该相信，不要这样胡思乱想。"

"我想去看他。"

"等他出院后再去吧。"

"我不等，我决定去看他。"

"你去看他？你疯了吗？当着人们的面探望他，你以什么身份？你怎么能去呢？你父亲会允许吗？"

"我不告诉他。下课后就去。"

"听着，英琪，你别犯傻，司机会知道的，阿里的病员同学也会看见你的。不，不，你会给他惹祸的……要是你父亲知道你俩间的事，不定会怎么样呢！"

萨娜的警告增加了英琪的不安和烦恼。她想去，也知道这次探病可能产生的后果，但她尽力不让自己去想这些……她下定决心去，心里便感到轻松，但疑虑又再次警告她会有恶果……她脑海里想去又怕去的斗争一直在持续。

下课了，这一天的课，她一句也没听懂。她夹着书包随着一群群穿咖啡色连衣裙和蓝色围兜校服的姑娘离校，走向大门，那里麋集着来接同学的人。英琪沿着人行道停放的汽车中找到自己的车，打开车门坐好，思想斗争激烈到了极点：去还是不去？思念和爱情鼓动她去，担心和害怕阻止她去。担心他和他的父亲，她想起了嬷嬷的话，想起她对阿里父亲的警告，想起萨娜说自己会给他招灾惹祸的警告。为自己，她想去；但为了他，她又怕去。

是的，为了他，她不应该去。这就是她最后拿定的主意。

司机把车发动起来，取道回家，往车站方向开去。

她不由自主地像是另一个人在说话似地说道：

"穆罕默德师傅，到新开罗弯一下。"

司机什么也没问，就把车调头开往相反方向。到了军医院，英琪用刚才叫司机转向时一样简单而坚决的口气说道：

"停一下，穆罕默德师傅，你等我一会。"

她下车，走进大门，向一个护士兵打听学员的病房。士兵给她指了指。转眼间她已站在阿里的病床前。阿里正闭着眼睛，沉浸在遐想中。

英琪觉得她的心都快要蹦出胸膛了。不等她叫醒他，他已经睁开眼睛，显得十分吃惊，继而又闭上眼睛，像是难以置信似的，接着，他呼吸急促地喊道：

"英琪，是你在这里吗？"

她伸过手去，让他的手紧紧地抓住，她嘴角浮起亲切甜蜜的微笑，让阿里确信是她。她轻声说道：

"是我，阿里，我早就该在这里，可我是昨天才知道。"

"你一直在这里,一刻也没有离开过我。"

"你也从未离开过我,我觉得是我的肋骨断了,不是你……你痛得厉害吗?"

"不,不痛。"

他脸上浮起灿烂的笑容,接着笑道:

"我这一生还没有比这肋骨更珍贵的了,它给了我良好的声誉、一个雕像、五十个学分、躺在床上参加实践课考试……肯定合格并确保名次……比这一切更珍贵的是,还让我见到了你……这是怎样的一根肋骨啊!我真愿意每天都断一根!"

二十七　我就要你这样子

阿里对自己骨折的美好评估并非夸大其词,他确实得到了他期待的好名誉,考试合格,名次不变,比这一切更棒的是他还得到了英琪。

说到好声誉,阿里已成为全校学员中的佼佼者,是操行最佳、口碑最好的学员之一。至于成绩和名次,他已升入三年级,继续排名第三。第一名被授予军士长,第二名当上军需官,他则晋升为中士。在新的学年里,他开始行使高级军士的职权。他的职衔使他在惊吓如鼠的新学员中享有威严和权力。他臂上有红杠的军装,他不论出现在哪里都会引起慌张。在供应热水的日子,他把衣服往浴室门口一放,就等于包下了浴室,学员和低级军士们谁都不敢靠近。

尽管中士的身份在学校里像每一个有权者——管人、执法、维护秩序和执行处罚人员一样,都惹人讨厌,但阿里却是一个受人爱戴的中士。他之所以受人爱戴,是避免犯所有军士或长官的通病——他们一上升为军士和长官马上就忘记了普通学员的疾苦,立即会换一副脸色,摆出新的架势,连脾气、行为都会变,认为长官就应该这样,应当变得符合自己的新身份,而普通学员就应该像他们自己过去那样,听从长官的颐指气使,受苦受难。

这就是阿里能够避免的通病。他作为一名中士,行使自己职权时,心里怀着普通学员的感情,他与普通学员交往时,会想起自己也曾处在对方的地位,也曾像一只受惊老鼠似的惶恐不安;当他站在这些慌张"老鼠"面前,在即将会冤屈别人时,会记起过去自己的委屈感:自己也曾是一个无名小卒,竭尽全力想有所作为,到头来得到的却只是惩罚。这些他都记得,他给予那些没人知道也无人鼓励的努力奋斗却默默无闻的学员不是处罚,而是鼓励、打气的言语。

他受人爱戴,是因为他能设身处地地看待犯有过错的人,在下令处罚前,先想一想如处罚的是自己,他受得了吗?如自己能接受,那就实施,否则就宽恕对方,用规劝和指导来代替惩罚。

他受人爱戴,是因为他最能理解别人的痛苦,体谅别人的处境,能借鉴自己的痛苦感受,不让他人再吃苦遭罪。

他受人爱戴,是因为他不以怨报怨,用伤害来对待伤害。

他受人爱戴,是因为他聪明,知道怎样赢得人们的爱,怎样尽可能地摒弃自己和人们心目中的怨恨和妒忌去争取胜利。

这就是五号中士阿里·阿卜德·瓦希德……骨折给了他好声誉、好名次,使他与打断他肋骨的对手萨拉丁·贾马勒班长间的友谊更加巩固。他们两个再加上他的老朋友苏莱曼·扎基中士,几乎成了关系密切、片刻不离的三位一体。

苏莱曼已变得不那么愤懑和激烈了。他觉得不久前去世的那个傲然不可一世的国王,与其说代表的是埃及统治者,不如说是土耳其王室家族,继承他王位的这个年轻人,看上去更埃及化,也更懂得埃及人的心理、感情、愿望和痛苦。苏莱曼认为老国王去世和新国王接位,再加上各政党的联合和条约①的签订,是为一个新时代的开启奠定了基础,为建设一个

---

① 指1936年8月签订的英埃条约。该条约名义上给予埃及独立,废除了治外法权,但实际上埃及仍处在英国的控制之下。

沿着正确方向前进的新国家做了准备。

一天晚上,苏莱曼与阿里在图书馆里复习(在图书馆自修是毕业班的一种特权)。苏莱曼合上《地形学》课本放在一边,然后走向阿里,在他背上猛拍了一下——这是苏莱曼表示友好的习惯动作,对他嚷道:

"情况怎么样?"

阿里惊奇地望着他,问道:

"这是干吗?你疯了吗?我不是已跟你说过成千上万次,别用这种野蛮的方式打招呼吗?"

"因为我高兴。"

"你高兴?这跟我有什么关系?"

"我为学校决定在明年1月招收一批新生高兴。"

"当然啰,新生越多,你就越有权威,你将重新找到一个作威作福的天地,老学员已经习惯了军队的一套,我们在他们面前已经不像当初那样威风了。"

"我不是指这一方面。你知道,没有比新生更麻烦的了。"

"那你高兴什么?"

"我高兴的是,这是扩军的迹象,一个发展壮大的开端……我还高兴军队摆脱了英国人的控制,不让他们插手了,高兴英国总教官走了,一个埃及人取代了他的位置。这些难道你不高兴吗?"

阿里没有作声,低下了头。他想起这个英国人曾到医院去探望他,送给他雕像,对他说:"我喜欢男子汉,你就是一个男子汉。"阿里说道:

"我绝不讨厌他,而且衷心喜欢他。他是个模范教官,赏罚分明。"

"我也不讨厌他这个人,像你一样喜欢他。尽管如此,我还是很高兴他的离去,因为他走了,英国人卡在咱们脖子上的一只手就消失了。我们不应该把英国人看作是单独的个人,作为个人,在待人接物和品行方面,他堪称好表率；但作为一个群体，他们是殖民主义、自私自利、恶劣可恨的政治品质，因循守旧、欺诈狡猾和诡计多端的坏典型。他们不是作为个人而是代表一个国家占领着我们的国土。我们应当在这个基础上去对待他们、感受他们。你作为个人，总教官也许很器重你、欣赏你，但我向你肯定，我们作为埃及人的群体，他不会尊重你，也不会尊重我，因为他是作为殖民主义统治集团中的一员来看待我们这个埃及人群体，他们通过强加给我们的政治指导实施控制。因此，我们应该只把他们视作是这个统治、欺压我们的集团成员，应该竭尽全力地摆脱它的魔掌。我认为，我们扩充军队是摆脱他们的最好途径，而且也是条约上规定的正式途径，因为他们声称，当我们的军队有能力保卫运河的时候，他们就会离开我们。"

"你以为他们竟然愚蠢到会听凭我们这样加强军队，削弱他们对我们的控制？"

"为了在未来的战争中借助我们，他们可能会让我们加强军队。扩军显然对他们有利，我们也应加以利用，应利用双方的共同利益来巩固我们自身的利益，这才是我们唯一可利用的途径。如果双方的利益相抵触，那么，我们会吃亏，因为我们处于弱势。我们的实力越强，就越有能力取得较大的利益。"

"你认为我们能够用武力抵抗英国人吗？"

"我的意思不是用武力，而是……我们的实力感，实力感能增加我们的力量，削弱他们的对抗。我很乐观，觉得我们像是走上了正道，随着岁月的推移，将一步步地拿回我们的权利。"

阿里感谢真主，为苏莱曼已变得乐观、高兴、稳定，不再生发开去谈论其他感受而感谢真主。阿里的思想从不超出自己的范围和与他有联系的视野，也从不想去眺望苏莱曼探索的广阔天地，他觉得那与他无关，自有专门的政治家及其圈内的人去负责。

阿里认为自己的天地限于家庭和学校,在他天地里活动的人,不外乎家人和学校里的长官学员。有一个人凌驾在所有人之上,张开双翼、拥有权力、主宰着他的整个世界,使他的思想和目光只能围着这个人转,这个人是他全部的思想源泉、一切行动的目标。

这个终极目标,就是英琪。岁月增进了他们彼此间的感情,使之更加亲密——如果还有增进感情空间的话。

新学年给他俩带来了更多的见面机会。阿赖陪卡马勒亲王到英国去了,英琪感到自由多了;阿里在进入三年级后,离校的机会也更多了,他挨关禁闭处罚不说完全没有,也已少之又少。

两人相会开始时是悄悄的尽量避人耳目,然而,爱情、时间和反复的见面,使这种约会显得正当而且自然。在两人心里都感到难舍难离,订立世上没有任何力量能破坏他俩忠贞相守的盟誓之后,他俩已不再像过去那样花心思去掩饰约会了。

仲春时分,已显露出学年末的迹象。有谣言说,中级班将提前在这年末毕业。关于毕业方式,则众说纷纭。有的说,赶在毕业班的年终考试之前先进行一次考试,然后并入毕业班,初级班将顶补中级班;也有的说,毕业班将按现有名次不经考试就毕业;还有的说,中级班将并入毕业班,在学年末一起参加毕业考试,而不按毕业考试的惯例要看以往的考试成绩,并加上各人的学分。

以上最后一种谣传,对毕业班的学员伤害最大,因为这样做就使他们过去的努力全都付诸东流,在初级班和中级班时取得的成绩也全白费了,他们得与中级班的学员一起重新进行角逐;而毕业班原来只限于十几个学员,各人毕业时的名次几乎早已是十拿九稳。

一天傍晚,阿里与英琪在他们选定的大树底下相会。英琪感到阿里不时显得有些心神不定,便问道:

"你怎么啦,阿里?你心里准有烦恼的事!"

阿里强笑着答道:

"我有什么心事都瞒不过你……你好像都看见了?"

"我好像?我确实看出来了!"

"那你说,我在想什么?"

"你在学校里有事受挫,输了一场比赛,或有一门考试考砸了?"

"这倒是真的,我击剑比赛输了。"

"你就为这事难受?人人都是有输有赢……"

"但这是淘汰赛的最后一场。我本来希望能得几分,年终时对我有些帮助,可是不走运……上学年我击剑倒是得了十分。"

"别发愁,你会在别的比赛中得到补偿。你不是对我说过,你已经保住了班中的名次,你们同学之间几乎已不存在竞争,大家都安于现有名次,你下一名的同学正在琢磨诗歌了吗?"

阿里笑了,答道:

"是啊,我是说过……只是我怕情况有变,我们不得不去参加一场大战。有消息说,中级班将并入我们班,我们过去的努力全白费了。"

"并班你有什么可担心的?你就像过去一样去参加一场考试,照样会名列前茅。"

"我不这样认为。上次我考得好,是因为考试来得突然,大家都没有准备。但这一次考试,准备时间很长,我不喜欢长时间的准备。击剑失败是个预兆,我担心自己会不走运。"

"别这样悲观,就算你排名落后几位,对你又有什么损失呢?"

"我的损失是将失去留学英国的机会,在我没考上空军后这对我可是个安慰。"

"感谢真主没让你考上,我可不愿让我的心一直伴你悬在半空,我也不愿意你考上去留学。"

"我想去是因为想成为一个有学识的军官,一个对社会有用的人回到你身边,而不是像其他军官似的,被人说成愚昧无知。"

"我就要你这样子。不论什么原因,我都不愿意离开你,你懂吗?"

"是的,我懂!正因为如此,我想要配得上你……你就要我这样子,就是要我有价值,要我能配得上你。配得上你的爱情和器重,我就得去拼搏、奋斗,变得更出色,更完美。你理解我为什么关注晋升、担心名次了吧!"

英琪用她纤巧的手指轻叩他的小腿,笑着说道:

"我们现在别谈学校了吧。下个星期咱们一块儿去骑马好吗?下个星期五我放假,我将吩咐他们替我们备好两匹马,日出时我在花房后面等你,从后门跑向田野。"

"你父亲呢?假如他……"

"他不会在家。这整个星期,他要到亚历山大去接阿赖回来,这是咱俩一起骑马的好机会,我真想与你并驾齐驱。"

阿里回到学校。英琪的一席话驱走了他的烦恼和忧虑,消除了内心因击剑失败造成的沮丧和失望。

这个星期开始射击,为此取消了队列操练和课堂教学。星期六起床号还未响起,学员们就醒了,到操场上列队。他们背上枪,扎好武装带,带着水壶,把芝麻糖片和白乳酪放进口粮袋里。

阿里随着队伍出发,卡其布的伪装披兜遮住了额头,披垂在后背。他踏着坚定有力的步子走在队伍前面,左手抓着枪带,放在裤子外面的卡其布衬衣纽扣上挂着哨子。

最初两天是试枪,不计分。第三天开始计分射击。将来毕业考试总分中的现场射击分数,取决于这次射击成绩。

击剑比赛时缠住他的坏运气,好像在射击场上仍不放过他。二百码慢射开始了,阿里趴在打靶位置上,对护墙上方的靶子看得一清二楚。教练下令子弹上膛,接着命令射击。

阿里闭上左眼,把枪上的准星与缺口对齐,肩抵住枪,遵照瞄准和射击的要领,屏住呼吸,第一下压住扳机,接着扣动第二下,子弹飞了出去,枪身反冲撞向他的肩部。他随即把第二颗子弹推上膛,压低枪身,眼睛紧盯着靶子,等待报射击的结果。四块靶牌沉了下去,报靶员打出信号,报了其中三块靶的命中环数,一个击中靶心,一个打在环内,第三个打在环外,只有一块靶牌没报,那是阿里的靶牌。射击军官命令坐在通话机旁跟护墙联络的电话员道:

"通报三号靶的环数。"

电话员把他的话重述了一遍。不一会儿,红旗打出一高一低的信号,是零分。

阿里愣住了,心乱如麻。射手们听到了打第二发的命令,阿里扣动扳机,打出第二枪。稍停,红旗再次出现。第三次情况依旧……阿里越来越慌乱和烦躁……正当他准备打第四发子弹时,听见电话铃响,电话员大声报告护墙军官打来的电话:

"军官先生说,三号射手打的显然是二号靶,二号靶上发现两发子弹,而三号靶上一发都没有。"

阿里在打失三枪之后才把事情弄明白。两块靶离得很近,他一开始瞄准的就是二号靶,而不是三号靶。他神经紧张,在打最后两发子弹时,感到枪在自己手里发颤,结果是过去全白练了。

阿里很悲观,也很慌乱。慢射时不遂心意的情绪,快射和射活动靶时也没帮上他的忙,最后,他射击考试不及格,分数全丢了。

阿里感到这第二次打击真是残酷,是因为不走运还是自己不争气,他不知道，只好用英琪的话来驱散失望，排除难受和烦恼。星期四，他把马裤放入提包，尽力不再想射击的成绩，想象着明日清早如何与英琪并辔纵马在旷野上驰骋……这是他旧时的美丽梦想，将要实现了。

在离校去实现梦想之前，命运又给了他第三次打击。学院参谋长站在休假队列前宣布：已决定中级班学员不经考试并入毕业班，全部执行一份压缩计划，将参加一次决定毕业成绩的考试。

这消息在阿里听来并不新鲜，前一段时间它被当作谣言早流传开了，他当时心里就很当真，尽管如此，现在乍一听到，便感到考试这一仗将会很激烈，在出现了种种倒霉迹象之后，他觉得两年来一直保持的名次也将会失去。

阿里夹着提包回家，竭力想丢开一周来压在身上的负担，排遣掉内心的不快，能澄清心境去见英琪，免得她为他的烦恼和愁思而加重负担。

是呀，不管发生了什么，他也应该与她一起享受理想中的逍遥游。

他回到家里，见只有母亲和巴希娅在。母亲笑逐颜开地迎过来抓住他。巴希娅接过他的提包，问道：

"里面有什么东西要洗吗？"

巴希娅洗侯赛因装在手提包里带回来的衣服，已习以为常。可是阿里答道：

"没有……包里只有一条马裤。"

母亲问道：

"你带马裤干什么？"

"我带它回来打算骑马。"

"骑马？你在学校里还没有骑够？"

"不，这回是骑着玩。明天早上，我要跟英琪去溜达一会儿。"

母亲舔了舔嘴唇，像是不以为然，但没说什么，却把话题转到另一方

面,问道:

"要给你准备午饭吗?"

"我们不等爸爸回来吗?"

"他不回来,正在花房里忙,王爷下午要去那儿。"

"王爷这个星期不是出门去了吗?"

"他儿子出门旅行,他已经到亚历山大接着儿子回来了。"

阿里觉得,像是一个沉重的噩梦压得他喘不过气来,厄运似乎发誓不离开他!

二十八　惊马

正当阿里因王爷父子的回来而感到懊丧的时候,阿赖在察看马厩和马匹。他发现马夫阿卜德·哈米德忙着在刷洗英琪的马鞍,旁边还备好了另一副鞍具,便诧异地问道:

"这是干吗?谁吩咐你准备鞍具了?"

马夫抬起头来,一面把马镫塞进马鞍里,一面答道:

"是小姐。"

"我指的是另一副鞍具。"

"也是小姐。她吩咐我准备两副鞍具放在两匹马上,一匹是她的咪咪,另一匹是安塔儿。"

"奇怪!她没有告诉过我,难道她想一个人骑两匹马吗?"

"我猜想,她是与阿里贝克①一起去骑马。"

"阿里贝克?阿里贝克是谁?"

"军官阿里贝克。"

"军官?我想不起我们认识的军官中有叫阿里贝克的。"

---

① 贝克是奥斯曼帝国时代的爵名,现一般用于尊称。

"阿卜德·瓦希德师傅的儿子阿里贝克。"

"贝克？花匠的儿子竟成了贝克？"

他鄙夷地朝地上啐了一口吐沫，接着呵斥道：

"那你就整好这副鞍具让他用，备好马让他骑？可是，他会骑马吗？"

阿卜德·哈米德像其他花匠和农民一样，都喜欢阿里，觉得阿里穿上了军官服装却没有改变对他们的感情和待人接物的态度，他温和、善良、谦虚，使大家感到他是自己的孩子或兄弟。

阿卜德·哈米德讨厌阿赖这样瞧不起人，他恨不得摔下手里的马鞍，给他一巴掌，消消心头被阿赖的傲慢激起的怒气。可是，得保住饭碗养家糊口哪，此事他只能想，不能做。阿卜德·哈米德低下头自顾自整着鞍具答道：

"我想他们在学校里学过骑术吧。"

"他们学的不是骑术，只是马车夫和马夫的活计。"

"军官们都是最出色的骑手，您父亲王爷就是一位好骑手，因为他当过军官。"

"废话！我骑得比王爷好，我就不是军官。你是一头不懂骑术的驴！快把这鞍子卸下来！我决不让卑贱的花匠儿子骑在我们高贵的骏马背上。"

阿卜德·哈米德抬起头，咬紧牙，硬压抑住的怒气使太阳穴和额头两侧的青筋都暴了出来，频频地颤动着。他坚决地说道：

"是小姐吩咐我安上的。"

"我对你说，把它解下来！"

"我不能违背小姐的吩咐。"

阿赖沉默了片刻，一面怒气冲冲地望着执拗的马夫，一面露出思考的表情，终于问道：

"告诉我,你安的是哪一匹马?"

"安塔儿。"

"他怎么能骑安塔儿!不行,别给他备这匹马。如果他一定要骑,你就给他备'闪电',那匹蓝颜色的新马。"

阿卜德·哈米德明白他的用心,因为"闪电"桀骜不驯,是一匹还没有被人骑过的烈马。感谢真主,那匹马跛了,这就不用跟这个居心不善的恶少多费口舌。他答道:

"'闪电'跛了。"

阿赖显得很不耐烦,愠怒地嘟哝道:

"跛了?为什么?"

"它冲出马厩,撞上了大门。"

一阵沉默。阿赖明显神经质地抖动着膝盖,最后,像个心怀叵测的人似地说道:

"听着,把我的马也备好,我明天也要骑。"

日出之前,英琪、阿赖和阿里三人都提早醒来……英琪没找到机会把父亲和哥哥回来的消息告诉阿里,因此只得践约,牵着两匹马到他俩约定的地方去等他。她本以为这么早骑马出门不会被人发现,也能指望马夫阿卜德·哈米德保守秘密。即便事情败露,为了兑现诺言,跟阿里一起出门同游,听几句训斥,受几个小时父亲的怒气,她还能挺得住。

她来到马厩,看见阿卜德·哈米德正牵着两匹马在等候。她发现另有一匹马也已配备好鞍辔在马厩过道里等着,便惊奇地问道:

"这是给谁准备的?"

"阿赖少爷。"

"他吩咐你备马了吗?"

"是的。"

"是他本来就想骑,还是知道了我要骑马?"

"他已知道你要骑马。他看见我在准备两副马鞍,便问我是怎么回事。我告诉他,一副是给您的。他就问另一副,我说,我猜是给阿里贝克的。"

英琪露出不安、烦躁的神情,喃喃地说道:

"你干吗对他说这些?"

阿卜德·哈米德耷拉着脑袋,显得十分愧疚,答道:

"我抱歉极了,没有想到这让您不高兴了。"

英琪的唇边泛起微笑,勉强地说道:

"不必抱歉了,说了就说了。把马带来吧。"

阿卜德·哈米德牵着她的栗色马过来。这匹马,脖子细长,小头,颈部披洒着金色鬃毛,身躯矫健。他一腿跪下,两手手指交叉在一起当作一级梯子,让英琪一只脚蹬着跨上马背。她坐稳后亲切地拍拍马脖子,说了几句逗弄它的话,接着,对阿卜德·哈米德说道:

"把那匹马带来,跟着我。"

阿卜德·哈米德在牵着马走之前,对另一个马夫喊道:

"当心些,把安塔儿带来。等少爷来了,要是问起我,就告诉他,我跟小姐走啦。"

两人来到花房,发现阿里正慢步走来。他身穿绒布马裤,白衬衣,小腿严严实实地打着骑兵的裹腿;他的光头前部已长出头发,差不多能分出头路了。他白皙的额头与棕色的脸庞边界分明,那是长时间戴着毡帽在太阳底下出操的结果。

阿里上前亲切、热烈地向英琪问候,像朋友似的向阿卜德·哈米德问好。阿卜德·哈米德想让他踩着自己的膝盖翻身上马背,如同他惯于为主人们做的那样。但阿里接过缰绳,诙谐地说道:

"你可别毁了我,阿卜德·哈米德,我们的骑术教官从不让我们养成骑马要人帮忙的习惯,他教我们自己上马……就这样。"

阿里按照所学,收短缰绳,把多余的一段甩到马脖子的另一侧,接着,左脚伸进马镫,右腿一跨,稳稳地骑上马背,右脚随即插入另一只马镫。

骑在马上的阿里,一字肩,挺胸,腰板笔挺,显得自信而轻松。他对英琪说:

"咱们走吧。"

阿卜德·哈米德走在英琪旁边,他望着阿里直点头,喃喃地赞赏道:

"花匠的儿子!凭真主起誓,他可比你强,少爷……你这个黄脸瘦小的家伙!"

一双坐骑朝后门走去,阿里钦佩地望着英琪说道:

"我原来怕你来不了,我听说老爷和阿赖都已经回来了。"

"谁告诉你的?"

"我妈妈和爸爸。"

"我不想失约……心里很想见你,跟你一起走走。我觉得这是一种值得冒险的乐趣,所以就大胆来了……希望在这么早的时间出来和回去,不被人发现。可是,我的想法落空了,阿赖已经知道咱们今早要骑马,要人给他也备了一匹马。"

阿里脸上露出惊讶不安的神情,在走出大门的时候问道:

"什么时候的事情?"

"我刚才看见已给他备好了马,不过,我相信他还没有醒来呢。"

她话音刚落,就听得传来的马蹄声,自远而近,接着看见阿赖策马朝他们赶来。阿里停下来,英琪也放慢了速度,直到阿赖赶上来,用嘲讽的口吻嚷道:

"你们两个好像急得很哪,干吗不劳驾等等我?"

他接着对阿里说道:

"你怎么样,军官先生?你干吗不穿红条纹军装啊?你腿上绑的是什么玩意儿哪?"

他发出一串高声狂笑。

阿里尽力控制住自己,免得发怒。他平静地说道:

"早上好!"

阿赖继续格格地笑着。英琪满脸通红,生气地喝道:

"有教养的人是会答礼的,他在对你说'早上好!'"

阿赖用讪笑的口吻答道:

"当然啰,你既然陪着有教养的人,还有谁比你更懂得他们的作为呢!"

他又对着阿里和他的马投去审视的目光,然后,像是突然发现了一件严重的事情,纵身下马,走到阿里的马旁边,嘴里啧啧有声地表示遗憾道:

"这是什么,肚带快勒破马的肚子啦,我总是为此警告阿卜德·哈米德这个畜生。你本应该亲自检查一下嘛。"

他说话间用手解开了马的肚带(那把马鞍绑住马腹部用的)。接着他转向马头,不让阿里有反对的机会便抓住马笼头,急匆匆地说道:

"笼头也是,快把马嘴勒破啦,我一定得教训教训这个笨蛋。"

他又解开拴在马笼头上打着活结的缰绳。不等有人看清他的动作,他就退到马后,举着马鞭说道:

"我想你的骑术学得不错,会懂得怎么稳住自己的吧。来,让我们瞧瞧……"

他突然对马屁股猛抽一鞭。马冷不丁挨打立即惊跑起来,蹿出大门,折向河边的路上跑去。

阿赖的行动快而突然,出乎大家预料。他站着观望载着骑手的奔马,

看看惊慌失措尖叫着的妹妹,从心里发出一阵狂笑,他用手指着阿里,喊道:

"让我们看看你的本事,军官先生!骑马可不是花匠儿子的事,就是当了军官也不行!"

英琪从惊愕中醒悟过来,立刻策马尾随着惊马奔去。阿里由于突然受到惊骇,有一会儿控制不住自己的心神,一阵慌乱让他失去了自信,忘记了所有学过的骑术,他觉得自己坐在马背上,像是风中的一片羽毛。

突然的打击过去了,阿里开始恢复自持力,控制住了自己的情绪,感觉到马发疯似地在跑,风冲进马的鼻腔,刺激它更加狂奔不已……阿里的脸碰擦到公路旁垂下的树叶。他调整自己在鞍上的姿势,坐稳,慢慢收紧坠在马脖子上的缰绳。

阿里明白,勒住惊马的最好办法是带着它绕圈子,越绕越小,直到它站住……他得断断续续地轻拉缰绳,用缰绳逗弄它的嘴,不能连续猛收缰绳,免得它更加冲动……但绕圈子办不到,因为路右边是围墙,左边是小河,除了一次又一次断断续续地轻拉缰绳试试,别的就没办法了。

可是一拉缰绳,是第一次,也是最后一次,因为缰绳从马笼头里掉了出来——它已被阿赖解开。这样,阿里失去了控制马的所有手段,马就不受任何约束地任意奔驰。

阿里心生恐惧,鞍座受到他双膝的压力,在下面晃动,这更让他感到事态的严重。

马继续在狂奔。阿里刚能在掉落的马笼头和被解开的鞍具间保持自己的平衡,马已跑到桥口,迎面路上正好来了一辆载运蔬菜的车,惊马便突然折向桥上跑去。阿里尽全力夹紧双膝,但马的急转还是把他摔落在地,他双膝夹着鞍鞯,手里抓着缰绳。

阿里倒没有摔伤,在英琪赶到之前他已经站起身来。英琪在他身旁翻身下马,气喘吁吁,脸色苍白。

阿里想安慰她,脸上露出淡淡的微笑,尽量调匀呼吸,说道:

"真抱歉,给你造成了这样的麻烦,我去把马追回来,送回马厩。"

她关切地审视着他,答道:

"别管马了……你没伤着什么吗?"

"没有,没有,一点没有。"

"我在你后面追赶,差不多要急疯了。我不明白这个疯子怎么敢这么干……真是太抱歉了。"

"没什么好抱歉的……要不是马嚼子被解开了,我失去了控制马的手段,我是能让它停下来的。我这样摔下来,真不好意思。不过,它是突然急转弯,马鞍又被解开了。"

"有什么不好意思的,你是连同鞍鞯一起摔下来的,你做到了一个骑手所能做到的一切……祸因是我哥哥发疯了……感谢真主,幸亏你没有受伤。"

"现在要紧的是得把马带回来。"

"不,不,乘我们还没有被人围住,得赶快回去。阿卜德·哈米德会把马带回来的。"

两人回马厩去。英琪牵着自己的马,阿里拿着从马身上坠落的鞍鞯,尽力掩饰摔跤的疼痛。阿卜德·哈米德惊奇地迎接他们。英琪吩咐他接过阿里拿着的鞍鞯,然后去把逃跑的马带回来。

两人要分手了。英琪握着阿里的手,目光中充满歉意,向他告别道:

"感谢真主让你平安无事,咱们另找机会骑马吧。下星期四我等你。"

阿里回到家里,心中满是失望、沮丧和苦恼。他还不知道那马后来的遭遇。他情绪低落的根源是极度的倒霉感,觉得厄运紧紧地缠住他不放,担心这次事故可能造成的后果,对在英琪面前摔下马来感到羞愧,以及再一次听任她哥哥当面摆布产生的失败感。

他走进自己房里，默默地换好衣服，开始收拾手提包准备回校。他觉得不应再耽搁了，最好回校去花几个小时在复习上。

他收拾提包时，一直在为那匹狂奔逃逸的马担心，求真主让阿卜德·哈米德能把马平安地带回来，免得把事故消息传到王爷耳中，坐实阿赖可能散播的诽谤和诬告。

然而，逃失的马已不需要任何人把它带回来了。它一路狂奔，像是中了邪，跑过桥后又转到路的另一面，始终极度恐慌地跑个不停，直到路的拐口，突然从另一个方向开来一辆卡车。司机冷不防看到马冲到面前，来不及刹车，也来不及避开，猛一相撞，马立即毙命。

阿赖是事故的始作俑者，他在鞭打马后就站着观看，他远远地看见阿里从马背上摔下来，提着鞍具往回走，便幸灾乐祸地发出一声傻笑，然后追着那马而去。

阿赖看到了马的倒毙。尽管突发事故令他心惊胆战，但他生性偏恶，喜欢看流血场面，他猜测着马的死亡可能会给英琪和花匠儿子带来的严重后果，心里有一种兴奋感。

归途中，他看见阿卜德·哈米德正骑着马去寻找那匹逃遁的马。

阿赖看着他挖苦道：

"慢点，阿卜德·哈米德，你这么急干吗？"

"一匹马跑了，我想去把它找回来。"

"不必着急嘛，它在路拐弯处等你呢。"

"你看见它站在那儿吗？"

"我看见它躺着哩，你可还活着呢……它被一辆卡车撞死啦。但愿你和英琪小姐也许会喜欢，再把它送给花匠们的儿子吧……去吧，它的尸体躺在路中央，去看一看，欣赏欣赏吧。我保证把这个喜讯告诉我爸爸，如果天从人愿,他将会捣毁你和那花匠儿子的家,不让你们再拿我们的马消遣。"

他一说完话便策马回府,把马丢在马厩,即向父亲去报信。

他见父亲正在卫生间里盥洗。他了解父亲是多么爱马,只要有一匹马出现了些微伤痛都会发急。他不等父亲回屋就进了卫生间,像问早安似地简单说道:

"安塔儿死了。"

水龙头在哗哗流水,王爷正专心盥洗,没听见阿赖的声音。阿赖又提高嗓音重复道:

"我是说,安塔儿死了!"

父亲茫然地回过头来,停下盥洗,诧异地扬起眉毛,张开嘴巴,对儿子喊道:

"谁死啦?"

"安塔儿,那匹叫安塔儿的马!"

"怎么回事?"

英琪正在自己的屋里换衣服,听见父亲询问安塔尔的喊声,她提心吊胆地竖起耳朵,听见哥哥回答说:

"它在路上跑,给一辆卡车撞死了。"

"是谁放它出马厩的?马夫当时在哪儿?"

"是马夫给它备好鞍辔把它放出去的。"

"给谁骑的?"

"阿里贝克。"

王爷听着阿赖一句句冷淡、简单的回答,顿时发起火来,对阿赖吼道:

"阿里贝克是谁?"

"军官阿里贝克,花匠的儿子,英琪的男朋友。是英琪吩咐为他备马,还陪他一同骑马。"

英琪觉得,这就像一块火柴扔进油箱,或像一场平地骤起的大风暴。

不一会儿,英琪站在父亲跟前。父亲咆哮如雷,愤怒的词句都听不明白。她最终听懂了他话的意思:

"我的女儿居然同花匠的儿子一起骑马!我应在你这么做之前砸碎你的脑袋!可是,我将教会你作为一个王爷的公主,而不是一个流氓的女儿,应有怎样的举止行为;我也知道怎样教训他们,要让他们看到,这匹被害死的马要抵他们十个人……是的,我要宰了这个杀死马的畜生,宰了他的父亲和全家!"

怒不可遏的王爷一面派人去叫阿卜德·瓦希德,一面继续大发雷霆。英琪退回到自己屋里,倒在床上战栗抽泣,她感到,一道坚坝又将耸立在她与阿里的中间。

阿里已收拾完提包。母亲见他准备回校,感到诧异,赶快给他端来早餐,坚持要他坐下来吃。

为了让母亲放心,为了让她相信他不是瘪着肚子出门的,阿里吃了几口。接着,他拿起提包打算走了。在回校前他决心搞清楚那匹马是否已经回来,好让自己放心。然而,他刚一迈出大门,就突然见他父亲低垂着头、神不守舍地走来,显得极度忧悒。阿里看到他这副样子大吃一惊,全身一阵哆嗦,问道:

"爸爸,您怎么啦?"

父亲抬起头,悲哀、失望地看了儿子一眼,接着发出一声长叹,答道:

"我被解雇了。"

阿里又用几乎听不见的声音问道:

"因为什么?"

父亲带着责备的口吻答道:

"就因为那匹被你搞死了的马。我原来以为你比较理智,可是,你的感情使你鲁莽,偏离正道,把自己同那些只会鄙视你的人纠缠在一起……阿里,我求求你,丢掉那愚蠢而又毫无希望的感情吧,它只会把你引向毁灭……我不是为了我自己,而是为了我丢了一辈子面子替你争来的前程!"

二十九　两不相遇

阿里从那以后经历了一生中最糟糕的阶段,各种各样不幸、难受、失败和失望的事情交织在一起,没有一点安慰,也没有一线希望。

阿里的事在村里掀起一场轩然大波后,他认为再要见英琪已绝无可能,学校便成了他的避风港,他把自己关在学校里。

他沉浸在悲苦之中,想借复习功课来消愁解闷,他直瞪瞪地望着面前的讲义,却什么也没看懂。历史阐述部分在他面前跃动,想吸引他注意力去跟踪比尔萨巴之战、阿伦比进攻加沙、追剿土耳其人和渡过阿瓦贾河,等等,但他的心思却老在想一些与阿伦比、追剿等战术和地形学课程毫不相干的事。

实践考试开始了,失败和倒霉的迹象也随之出现。考官们在实践考试打分时,印象对他们的心理具有很大的作用,他们打分主要按照学员的名次、仪表、声誉和机敏,而不是根据学员考试的实际成绩。学员一站到他们面前,还没有做什么,他们的脑中就打好了分数。

最奇怪的是,中级班的第一名学员(这个班已并入毕业班,他在上一次考试时是第十一名,没有超出前十名)在两班合并之初,教官们好像都认为他是班上的第一,成了他们心目中的第一名。仅凭着这种感觉,他们给他的评价和分数就越来越高。与此同时,阿里在考试阶段开始后各种考试和比赛中出现的一系列失误也印进了他们的脑海。他们对他的评价下降了,心里不再把他列入有优点和特长的一流学员,这次考试还未开始,他们给他的分数就已降到了中等。

于是,随着接踵而至的失败,他的精神状态也越来越萎靡,整日蜷缩在校内,断绝一切娱乐活动,只死守作息制度,不越雷池一步。毫无疑问,没有比长期封闭、一味蜗居和令人厌恶沮丧的循环往复更能摧毁学员的意志了。

侯赛因一次又一次地来看他,想让他摆脱孤独。可他总是借口要复习功课,考试临近必须做好准备,参加这场决定他名次和出国留学的考试。

萨拉丁和苏莱曼也想把他从失望中拉出来。可他给自己筑起了一道坚固的篱笆:顽固、执拗,除了复习功课,对一切都不感兴趣。

一个星期四,学员们吃完饭已经离去。萨拉丁坐在军士的餐桌旁,对阿里说道:

"阿里,别复习了,这是造成你失败至今的原因。你第一次考试成绩优秀,是因为你没有机会复习,参加的是突击式考试。你干吗要把自己搞得这么累?兄弟,愿真主诅咒出国留学,诅咒名次……你跟我一样,是个有理性的聪明人,干吗要跻身无聊优等生行列!他们在生活中,除了装聋作哑,没一点本事。兄弟,起来吧,凭真主起誓,我决不让你毁了自己,掉进那愚蠢的前几名队伍里去……把这些讲义给我。"

萨拉丁从他手里夺过历史讲义和战地工程教科书。

阿里跳起来,在他后面喊道:

"别开玩笑,萨拉丁,你无忧无虑,因为考取了空军,不需复习了,你要是也参加考试,就不会有工夫来劝告我,而将一刻不停地复习。把书给我，求求你！"

苏莱曼插进来说道：

"萨拉丁，别给他。我确信，你阿里眼睛盯着书，却毫无感觉，你处在又累又烦的状态，不可能理解到什么。三天来，我看到你始终停留在历史讲义的第十五页上，这一页都快被你的手摩破了，你却还没翻过去。难道你是想告诉我，三天来你一直在复习比尔萨巴战役？别固执了，阿里，你用这种方式来压制忧愁将是愁上加愁。出去走走，散散心，放松一下自己吧。"

阿里固执己见，不以为然地答道：

"我不需要散心和放松，待在学校里我也不觉得烦。"

"你是太烦闷了，所以不再觉得烦闷！"

萨拉丁接嘴道：

"今天不管你愿不愿意都得出去。"

"我不出去，不回家。"

"不必回家。咱们到市里转转，去看场电影，然后到美国商店去吃几块夹心面包，再一起回到学校过夜。起来，跟我们走吧。"

"不，不，我昨晚开夜车复习累了，想睡觉。"

"好吧，你睡到五点钟，咱们六点钟之前不出门。"

五点半钟，萨拉丁穿好衣服到阿里的寝室去催他，可是不见他的踪影，被服叠好，柜门也已关上……萨拉丁出去到处找他，图书馆、俱乐部、教室、食堂，直到找得泄气了，最后来到苏莱曼处。苏莱曼是值日军士，他背着拴上皮带、上好刺刀的枪，站在楼下的甬道里查看签到册。

苏莱曼问道：

"你们两个还没有走？"

"我找不到阿里，你认为他会一个人出去吗？"

"不可能。你仔细找了吗?"

"所有的地方都找了,图书馆、俱乐部、食堂、理发室,全找过了。我们不应该听任他这样灰心丧气下去,一定得让他的心情稍微放松一点。"

"听我说,萨拉丁,我知道他在哪儿……我知道他老是独自一人躲在那里复习功课。你知道'三十码操场'吗?你到操场与球场之间的那棵大柏树下面,或者第四分队宿舍楼下靠近学校大门左边的苗圃里,会找到他。"

萨拉丁正打算去苗圃,瞥见一个警官学校的学员正进入军校大门迎面走来。他认出这是阿里的弟弟侯赛因,便迎上去欢迎。侯赛因问道:

"阿里在哪儿?"

"我正在找他。"

"他不在学校里吗?"

"我相信他在,虽然我已经找了他半天。我们说好一起出去看电影,到美国商店吃晚饭。他状况很糟,绝望得要垮了,最近他什么事都不走运,甚至连他去年得过五十个学分的拳击今年也没指望了,因为他左手大拇指练习时打裂了,医院不得不给他手指上了石膏,禁止他参加比赛。"

"但是,咱们就不能找到他吗?"

"咱们一定得找到他,带他出去走走,让他摆脱那种压得他窒息的悲观失望气氛。"

球场尽头有一棵巨柏,它的枝叶垂落在军事监狱的围墙和打靶护墙上。阿里坐在树下一只沙袋上,头靠着树,两腿平伸,左腿上放着红封面的地形学教科书。他用食指在翻着书页,以确定原先看到的一页。

他背后的太阳正从监狱围墙后面沉落下去,投射在体育学院和训练营周围树冠上以及洒落在屋顶上的红色光线也逐渐变淡、消失。晚霞的余光就像夕阳的求救声,很快就消失在遥远的空间。阿里仿佛感到自己被身后的监狱围墙围住了，甚至自己四周就是一座凄凉、阴暗的监狱，从他心里发出的希望呼叫，犹如那遁去的阳光，转眼就泯灭了，继之而来的是沉重的静默和漆黑的一片。

阿里闭上眼睛，发出一声绝望的叹息。他周围的一切都令人失望，乃至最大的希望也成了最大的失望。

他对英琪还能指望什么？指望得到她的爱情吗？难道他的全部希望，只是永久的相思和持续不断的梦想？难道这就是他能寄托终身的最大希望？他不过想跟她一起骑马，就惹下那场灾祸。荒唐的是，他把发生的事归咎于厄运，而厄运只不过是让后果提前展现出来罢了。即便昨天没有分手，今天或明天仍会分手！

我们的生活，不是按照我们的感情和愿望形成的。物质上的限制决定我们行进的方向，我们的感情不能改变它。虽说我们在兴奋和情思缠绵之际总会对自己妄作判断，认为只要我们有感情，与对方有感情交流，就足够了，一切事情都会变得易如反掌，强加给我们的其他物质限制都不值一提，既不在我们规划未来的考虑之中，也不影响我们实施自己理想的计划。

感情交流——按照他对人生的最大愿望订下山盟海誓，曾使他感到满足、欢欣鼓舞。而接下来……却是他现在这样绝望、无助地坐着，更加绝望、无助地望着未来。

他原来以为，只要进入军事学院，毕业后成为军官，就能跃出渊底，与英琪并列封顶，身份相称，成为共同生活的伴侣。但他现在觉得自己依然站在高墙坚坝的后面，最坚固的感情纽带都无法将他俩拴在一起，越过那传统和差别的高墙。

他不是生活在中世纪，能将她从府中劫走，骑马私奔……他生活在埃及……一个美好、平静的国家，这里的一切都循规蹈矩缓缓地滑动，不偏离轨道，不愤激，不暴躁……主子始终是主子，奴才永远是奴才……到处都是篱笆，无望消失或逾越。

这就是埃及，一个平静、驯顺的国家……很难指望它沸腾起来改变局势，上下翻转，或掀起一场风暴，颠覆堤坝和差别，摧毁傲慢、跋扈和贵族政治的堡垒。

阿里想起了苏莱曼的叛逆和愤懑，发觉自己的思想在某个特定的角度和方面与他会合。但即便是这种想法也不过是空想，与骑马劫人的幻想一样，改变不了周围僵硬铁板的现状。它像一副钢模，把他和英琪铸成了特定的类型，感情、意志和愿望都改变不了各自的结构和形态。

阿里心里充满了痛苦，他试图借助于回味约会时的美好瞬间，追溯甜蜜的互诉衷曲来消除或减轻它，然而，长时间的失望使他丧失了回味、追溯的能力，他一个劲儿地苦苦思索，得到的是伤感和难受。他痛苦地问自己：她难道不应该记得他吗？他不能给她写信，她为什么不写信给他？难道她不为自己不在感到苦恼吗？还是分离已熄灭了她的恋情，认为他俩之间只是一时心血来潮，已被理智的声音和传统的格式消泯？

他记起了与侯赛因的争论。侯赛因劝告他说：

"你走的路才叫崎岖和荆棘丛生呢。我追求的不过是一夜欢娱，你却把自己拴在一生的情爱里。我要是被人抛弃，就与她一刀两断。你要是被她抛弃，则会粉身碎骨，化为灰烬。我的手伸向能得到的东西，你的手却伸向星星和云霞……我摘的是果实，你却要抓彩虹般的彩色幻景……人家迎面走来，我笑脸相迎；她转身而去，我会笑得更欢。你呢，她向你走来，你便心生爱意；她要是转身丢下你，你就更加神魂颠倒。我及时行乐，你却无所适从、无望捕获。我抓住的是自己路上的人；你走在一条路上，想的却是另一条路。你的路在低处，另一条路却在高处……依咱们现在根本无望改变的境况，这两条笔直平行的路，永远不会相交！"

他痛苦地对自己重复道："是啊,是永远不会相交。"

他正在失望地悄声自语,忽听得草地上沙沙的脚步声。他睁开眼转头一看,只见侯赛因正随同萨拉丁向他走来。

萨拉丁开玩笑地喊道：

"好啊,你让我在全校找得晕头转向,你倒在这里躲进了地形学书里……起来,教科书、讲义该瞪够了吧……你这样会送掉命的……起来吧!"

阿里磨磨蹭蹭地站起身来,有点惊讶地对弟弟说道：

"你好,侯赛因,你怎么来了？"

"你难道不想我吗？我是来看你的,我要把你从囚禁自己的监狱里带出去。咱们走吧。"

"去哪儿？"

"你别问去哪儿,我哪怕顶着枪尖也要把你带出去。"

三个人穿过球场,向学院大楼走去。兄弟俩快步上楼到学员俱乐部去。萨拉丁在后面喊道：

"我很快会赶上你们。侯赛因,你看住他,他就是穿衣服也别放过他。"

兄弟俩坐在俱乐部一个角落的两张面对面放着的阿斯尤特椅子上。一路走来,他俩都没有说话,这时阿里打破了沉默问道：

"你们大家都好吗？"

"都好。"

"爸爸呢？"

"也好。你不回家他觉得很奇怪,问是不是他有什么让你不高兴了。他对我说,他不是要责备你的行为,也无意伤害你,他只是担心你轻率地走上一条崎岖不平、荆棘丛生而且没有尽头的路……你这样鲁莽热情地走下去，只能走向悲剧和灾难……这些话我不是也跟你说过？你记得吗？"

阿里发出一声烦躁的叹息，沉默片刻后答道：

"现在不谈这些……我不出去，我想复习功课，快考试了，能用于恢复的唯一机会只有星期四和星期五两天。我不想把时间浪费在来回的路上。你知道，在家里很难复习功课。"

"阿里，别对我说这些话。你知道，你能理解我的心思，我也能理解你的心思；我骗不了你，你也骗不了我……把事情搞得更简单明了些吧。你不要把自己关在那铁制的模块里，强加给自己一种钻进去出不来的特殊感情……你别把生活建立在一个愿望上，除了它便四大皆空……你把自己禁锢在发热似的绝望、难过中，是因为你一门心思只想一个女人，很难得到的女人……而且是无论如何都不会属于你的女人。这一点，你用脑子不要用心去想就会明白。你觉得生活中没有她就是一片荒漠……砸碎你牢房的围墙，到外面去，你会发现生活依然美好，有各种各样的乐趣，都有滋有味，这里有难处那里能代替。你现在跟我出去，我将让你看到，你周围一片漆黑的人生仍然照亮着人们，有许多寻找乐趣的办法……起来，穿上衣服！"

"时间晚了，我也累了。"

"时间并不晚。你累是因为你翻来覆去老看书，太厌倦、太封闭了……我发誓要带你出去，无论如何都不会放过你……我向你保证，你再回到学校的时候，这些忧愁就会一扫而空，你会变得心平气和、精力充沛，复习功课也更加事半功倍……起来，阿里，咱们走吧。"

他拉着阿里的手一起向寝室走去。

弟弟说的一切都挺有道理。阿里也觉得，要是继续把自己关在这高墙里，眼睛只盯着教科书里那荒唐的几行字，那就不是失望得要死便是发疯。

他穿好衣服,感到压在身上的负担开始减轻,伤感、绝望的顽石也在瓦解。一脱下卡其服,穿上休闲衣服,他心里便闪过一抹可能会见到英琪的微光。这种可能性无论怎样微弱,随着时来运转,机遇偶现,说不定会出现,总比听天由命、不去碰碰运气、一味失望地待在学校的围墙里强。

三人相偕离开学校,正是傍晚七时。开罗大街上满是行人——闲逛的人和流动小贩。商店的橱窗里射出五颜六色的灯光,陈列着炫目的商品。

三人在伊马德丁街和福阿德一世街的交叉路口站了一会。那里是有轨电车的终点站,挤满翘首候车的乘客,过路人几乎无法从他们中间穿过。挤在路口美国商店门前的人群中混杂着许多身穿红条纹裤子、高领子藏青色或黑色上装的人,他们卖弄着自己笔挺的身板,体态威武,观赏着上下电车或正在候车的各色妇女,有女学生,也有女店员。在观赏者与被观赏者之间,是流动不断的目光,有愠怒,有审视,也有的含笑。下车的那些女人径直走自己的路,电车带着先前候车的女人开动了,车站上又到了一批新面孔,随即就被伫候着的眼睛用同样的目光捕捉住了,似乎这些脸并没有什么改变,又好像它们承担着必不可免的职责。

三位骑士夹杂在人群中间。萨拉丁和侯赛因很兴奋,他俩眼眶里滚动的眼珠在车站、电车和来来回回的脸庞间流转……市声、灯光、许许多多脸庞和微笑喧哗的嘴巴,大大减轻了阿里的伤感,他受到两位同伴兴致勃勃的感染,不再动摇和困惑,而开始用眼张望,像个急切的寻觅者,想从那些脸中找到某一张脸,从泛泛的笑容中发现一个特别的微笑,一张最可爱的笑脸,从嘈杂声中听到亲切的声调和可爱的耳语。

过了一阵,阿里觉得这样站在路上夹在人流里,盯着来回走动的人脸看,有些尴尬,便问侯赛因道:

"我们就这样一直站在路上吗?过去我常常指责这样站在马路上的学员,记得还处罚过几个人,因为他们站在马路上跟姑娘们调笑,就像我们现在这样。"

萨拉丁笑着答道:

"你难道不欣赏这一大溜可爱的脸蛋?瞧,站在电车站上的那个光膀子大眼睛姑娘……她正在看你呢!"

阿里朝那姑娘看了一眼,发现她微微一笑……他更感到局促不安,便回答道:

"咱们这么站着不合适。"

萨拉丁问道:

"你要我们去哪儿呢?"

"除了这儿哪儿都行。"

侯赛因插嘴道:

"咱们到美国商店去吧,我有点饿,想吃几块夹心面包。"

三个人穿过店里坐满人的桌子,四处的镜子照出他们的影像,三人各自整整衣冠,对自己的形象投下满意的一瞥,登上木楼梯来到楼层不高的二楼,其屋顶也俯瞰着一楼。

侯赛因点了一瓶啤酒和几块夹心面包,萨拉丁要的相同,阿里只要了一杯苏打冰淇淋,他拿着长调羹搅拌,待把苏打水跟红色果汁拌匀,开始用一根细麦秆吮吸起来。

三人轻松愉快地闲聊着。侯赛因和萨拉丁性格活泼,谈吐诙谐,加上周围欢快的气氛以及旁边席上几张惹人喜爱的脸儿,将阿里心头残存的积郁都驱散了。

八点半了,侯赛因站起身来说道:

"咱们走吧。"

阿里问道:

"去哪儿?"

"到舞厅去,那儿九点钟开场。"

阿里推辞道:

"我要回学校。"

侯赛因惊讶地望着他说道:

"回学校?"随即生气地抓住阿里的手说:"走吧,别瞎闹啦!"

三十　棕色皮肤的痴心姑娘

三人来到伊马德丁大街的努埃玛·穆罕默德舞厅。舞厅门前有几级大理石台阶，门上垂挂着一块绿色天鹅绒帷幔。站在那儿管门的易卜拉欣·穆弗塔里是个彪形大汉，窄前额，宽肩膀，长发披散在后脖子上，身穿法兰绒长裤和英国格子呢上装，蓝衬衣领子翻在上装领子外面。他右手握着一根粗而短的棍子，不时虚张声势地呵斥小贩和孩子，显示他的威风，呵斥时还尽力牵动着那满是伤痕和皱纹的脸，以增强他的力量和蛮横。

站在最上一级台阶的另一头凶兽是阿里·阿布·锡塔，不过他的外表与上面的那个恶棍不同：他又瘦又瘪，身着长袍，头戴网状小帽，脚穿白色球鞋，他把鞋后帮踏扁当作拖鞋，鞋头有一个窟窿，他的第六根脚趾便钻在外面，正因为此他才得了阿布·锡塔①这个诨号。他双手捧着一堆红色的广告，上面印有舞厅名、表演节目和几幅歌手、滑稽演员和伴舞女演员的相片，其中有埃及的头号舞女、女滑稽演员、叙利亚滑稽演员、伊拉克女歌手和双人舞演员。

---

① 这里意为有六个脚趾的人。

阿布·锡塔闭着眼睛,张大嘴巴,挥着手,直着嗓子大声嚷嚷,在报节目。他头顶的墙上是一幅用粗体字和彩色图文组成的广告。门上方是以女主人名字命名的霓虹灯舞厅名,灯光时亮时灭。

售票窗口位于大门右边,进舞厅的人在入门之前先得买票,易卜拉欣·穆弗塔里也只对那些企图不买票进门的人极尽攻击之能事。

尽管有这些忌惮之处,侯赛因却带着两个伙伴自信且有恃无恐地径直走向那头满脸皱纹连声吼喝的凶煞把持的大门。他一见侯赛因一行三人,便舒展皱纹,变咆哮为温顺的欢迎和亲热、欢喜的接待。他一面掀起门帘推开门,一面说道:

"欢迎,欢迎,侯赛因贝克,您让敝厅生辉了。"

"你好吗,阿布·哈利勒①?"

"很称心……感谢真主。"

"夫人呢,她好吗?"

"感谢真主。"

"她来了吗?"

"当然,她八点钟就来了。在她屋里或吧台就能见到她。"

三人跨进大门。阿里对他的弟弟受到侍者、演员和一些顾客的亲昵接待感到吃惊。

里面的场地不如阿里想象的宽敞,它就像一个大户人家的一间大客厅。进门左面是个舞台,垂挂着红色天鹅绒帷幕,上面有金银线绣成的老板娘名字。舞台前面是几排座位,后面有几张桌子,桌子边围放着藤椅。两侧是包厢,有一道木栏杆把包厢与大厅隔开。大厅右面是酒吧,整个墙面是一面大镜子,玻璃橱里是排放整齐的约翰·黑格牌、杜尔斯牌和白马

---

① 埃及民间有叫小名的习惯,这是易卜拉欣的小名。

牌的瓶酒。镜子前面有一张大理石面的木账台,把酒吧伙计斯泰伍罗和几个坐在高凳子的顾客隔开。顾客们肘部撑着大理石桌面在啜饮威士忌,下酒菜是几片黄瓜、虾和芝麻酱拌色拉。

三人走到大厅中间的时候,努埃玛·穆罕默德(或叫纳玛特·纳阿伊姆,或其他一连串她享有盛誉的名字)正从吧台旁的小门出来。这扇小门连着一条通向演员室的窄走道,走道的另一头与舞台相连。

努埃玛一路走来,魅力四射。这靠的是她风韵犹存,她打扮精心,紧绷在身上的衣服鼓突出了臀部,双峰突起,使中间的一道沟显得更深,像是胸部的一条峡谷。

舞厅老板娘的步态像一个教行走举止的女教授,她知道怎样利用臀部扭动和胸部轻颤的诱惑力。她的目光一落在侯赛因身上,便喜不自胜,咧嘴粲然一笑,露出半黄半白的牙齿,也使她那用化妆墨点在嘴角上边的假美人痣消失了。她抽了一口夹在手指间的烟卷,喷出烟来,舞厅里的空气更加烟雾腾腾,然后欢迎道:

"欢迎,欢迎!你好,苏纳,你让舞厅蓬荜增辉啦。"

侯赛因紧握住她伸过来表示欢迎的手,向她介绍自己的两位伙伴:

"我的哥哥阿里,我的朋友萨拉丁。努埃玛夫人当然是鼎鼎大名的人物。"

努埃玛带着不无惊讶的口吻欢迎道:

"你的哥哥?欢迎,欢迎。长得可太像啦,不过,他看上去要比你文静多了,你却是个魔鬼。"

"我?关在监狱里的都是受冤枉的人。我可是个大好人哪。"

"你?你呀,眼珠子里跳出来的几乎都是蛮不讲理!"

她又转眼注视萨拉丁,像是想起了什么,说道:

"尊颜我不陌生,咱们过去准见过。"

萨拉丁笑道：

"是的，确实见过，你记不起来了？"

"往事我决不会忘记。咱们有一次在开往曼苏腊市的火车上见过。"

"对啦，还有一次是在亚历山大市萨尼娅·基什塔的家里。"

"对，对，不错。"

接着，她对三人打量了一番，转口说道：

"可是，你们干吗这样站着呀？"

侯赛因答道：

"我们要找个包厢，这两位朋友是我请来的。"

"我请你们三位吧……你是我的常客，你的客人就是我的客人。请吧。"

她拍拍手，召来一个侍者，吩咐道：

"你留在这儿伺候这几位先生，问问他们有什么要求。"

接着又对他们说道：

"允许我离开一会儿，我去看看姑娘们，萨尼娅病了，得另外找个人顶她的节目。"

三人朝一号包厢走去。阿里心中有一种既尴尬又沾沾自喜的感觉。尴尬的是他觉得弟弟在大庭广众之中受到这样的招待是一种可耻的景象，弟弟就像是舞厅里的一个演员或伙计；沾沾自喜的也是这种招待，使他认为自己有别于其他观众，心里像其他人一样有一种难以驱除或摆脱的洋洋自得的优越感。

他们在包厢里坐定，又过了一会儿，阿里才控制住了自己，适应了灯光不再聚焦在他们身上，原先他们三人穿着制服进来受到努埃玛的欢迎而招致的目光已移向别处。他开始从自己的隐蔽处静静地举目四望，从容不迫地审视周围那些喧杂的各色人物。

节目还没有开始。舞厅里的说笑声和呼喊声此起彼伏,压过了那些窃窃私语声。通常,等待久了就自然会有这样的讲话声,又仿佛是一种沉默。

侍者端来一杯威士忌、一瓶啤酒和几碟下酒菜。萨拉丁一面把啤酒往自己杯子里倒,一面对阿里说道:

"你跟我一起喝这一瓶吧?"

"我只陪你们吃点下酒菜。"

侯赛因一面把两片虾往嘴里扔,一面喊住侍者道:

"喂,穆罕默德,告诉萨弗鲁特给我单做一盘鸡豆色拉,再来一盘虾。"

萨拉丁和侯赛因从进入舞厅起就有说有笑、无拘无束地互相挤眉弄眼逗笑,就像在自己家里的亲人中间一样。阿里毕竟没能摆脱腼腆、尴尬的束缚,或在这喧嚣、放荡的人群中排除掉别扭、孤独和失落等感觉。

阿里坐着,一直用旁观者的目光在扫视。他稍觉安心,因为旁观者的角色比受人观看、监视的角色更适合他的秉性。他的目光就在这批奇怪的混合人群中转悠,他想不出除这里之外还有什么地方能容下这么一批人。他看见第一排的一伙人想来是大学生,他们用引人注目的卖弄方式在谈笑打闹,与其说他们是在追求逗笑的本身,不如说是故意在抓人眼球。他们自以为在舞厅里的角色不只是普通的观众,而是想跟表演者们一起登台共演。

学生们的旁边,有一位戴缠头巾的先生,像个村长,粗脖子,大脑袋,眼睛直盯着幕布,似乎想透视幕后的情景,或者是那里有他急着想看到的什么特别的东西。坐在他旁边的是一个秃顶老家伙,大腹便便,胡须松垂,正专心一意地从一只袋子里掏出东西朝大嘴巴里扔,随后又机械地快速地拼命咀嚼,像是被责成得在有限时间里嚼完一定数量似的。

那些涂脂抹粉、身体半裸的女演员相继掠过阿里的眼帘。他四下顾盼，不被人察觉地巡视他们，感到有一种快慰。他从座位上看到对面的包厢，又转向各座桌，再是小贩，直到突然落定在一双正盯着他看的眼睛上。这双眼睛随着他在人们中流动的目光移动，流露出一种暗暗求告和期盼的神色。他顿时觉得他自由自在的目光被这双眼睛拴住了，仿佛是为他设下的陷阱，一直张着口，在等他掉落其中。

他没有想回避……他对这双眼睛凝视了一会。这是一双大眼睛，长睫毛，上面是两条浓眉，不曾经过修饰，也没用画笔重描；棕褐色的窄额被刘海遮住了，乌黑浓密的头发全向上梳，在后脑勺绾成一个大发结；眼睛下面的鼻子较为小巧而且挺直，鼻梁正中有一颗几乎看不出来的小瘢；人中稍宽，却不难看；鼻孔下的嘴巴虽称不上是理想的美，但与脸上的其他部分搭配在一起，倒挺可爱，瞧着让人感到舒服。

阿里把自己的目光从这双盯着他看的眼睛上移开，可不久又转了回来。这一次，他与她的目光一相遇后他便迅即向下打量她的体态。

她的身体与舞厅里供人观赏的身体不同，既不丰满肥硕，也不那么妖艳挑逗……全身并无缺陷。她在舞厅里的不足之处，是缺少诱惑人的条件，没有凸起的胸脯和肥大的臀部，也没有圆润的手臂和丰满的小腿，而只是身材匀称适中，瘦削苗条，缺乏勾引色眯眯眼光的鼓突曲线。她似乎有自知之明，知道自己不具备引诱、挑逗人的天赋和条件，也就不把自己当作观赏的对象，不穿那种袒露胸脯、臂膀和腋下的服装，而只穿了一件普通的长袖及肘的圆领红色外衫和一条宽大的黑裙，仅罩衫的袖口以下露出棕色细腻的前臂，裙子上有类似苏格兰裙子的皱褶。

一般地看，她不搽脂粉的棕色脸蛋、绾在头顶上的乌发、纤弱的身体和朴实的衣服使她成了一件没有价值也与舞厅无关的人，舞厅里的顾客们不会对她趋之若鹜，也找不到她有什么诱人之处。

她在舞厅里虽无足轻重，但在阿里的心中倒有所谓。他敏感的心灵和细腻的感情,对那些赤裸供人观赏的肉体很是反感。他更在乎人的价值。看着那些供人观赏的肉体,他觉得这是对人的一种蔑视和侮辱。他对自己周围的一切感到有伤体面和困窘。

在这种放荡、荒淫的气氛中,他发现这位女性像是无耻者中的隐士,邪教徒里的礼拜者,觉得她的思想和构造一定与那些嬉闹、庸俗的女人不同。他寻思着,她是否会用自己苗条的身材和天真无邪的模样做出跟她们同样的行为。

侯赛因瞥见阿里的视线盯着某一个方向,便循着望去,看是什么引起了阿里的注意。侯赛因的目光一与那双黑色的眼睛相遇,便微笑着挥手致意。她也报之一笑,摇手示答。阿里想打听打听她,但觉得尴尬,难以启齿。侯赛因能一眼看穿他的心思,不等他询问就解释道:

"那是克里梅……克里梅·瓦来德①。"

"瓦来德?"

"是呀,因为她瘦,个子又小,他们就这样叫她。她是个可怜的姑娘,心眼挺好,可正如努埃玛夫人所说,她叫人为难,一点没有'胆量',差点儿被夫人撵出去。因为她似有若无,不论在舞台上还是在大厅都没有什么用,没有希望把她造就成为一个有价值的舞女。她身子瘦,没有一个地方能抖能颤,在大厅里也没人替她花销,因为她不善于挑逗和招揽客人。可能整整一个晚上没有一个顾客会替她开销一瓶酒。夫人可怜她的境遇,把她留了下来,充当招待,算是舞厅里的跑龙套角色。"

阿里听着弟弟像个专家权威似的谈话,他对舞厅里的开销、诈取等奥秘一窍不通。侯赛因谈论克里梅虽毫无赞扬或夸奖之意,但阿里却听得很舒服。他觉得这与她留在他脑海里的印象很是吻合,她的"叫人为难"

---

① 瓦来德意指孩子。

和在舞台、大厅里"似有若无"也让他高兴。

不等他再朝她看上一眼,灯光就灭了,幕布升了起来。

演出开始,是一个棕色皮肤的讨人喜欢的男滑稽演员在钢琴伴奏下表演的三个小节目:《两夫一妻》《丈母娘》《挑逗女人的下场》。观众一再要求加演,他进去、出来了好几次。

幕垂下来了,在第一轮的歌唱节目开始之前,有一段短暂的间歇。接着,幕布升上去,出场的是老歌女法塔希娅·萨布里。她那肥胖的躯体坐在乐队中央,斜分头路的头发披在她的额头,两眼圈涂着脸蓝,红底色的脸颊上画着一颗大美人痣,两片抹着口红的嘴唇中间,露出一颗闪闪发亮的金牙。她微笑着向观众们致意。

她的乐队是一支形貌迥异的奇怪队伍。右面坐着一个满脸麻子的盲人竖琴手,他把琴夹在两条小腿中间,手指拨动着琴弦,正在调音。他的旁边是又瘦又高的提琴手,长发盖住颈脖,直到肩上,他的脸两侧后缩,像是一张侧面图,鼻子长得仿佛鸟喙,脖子上系着一条黑领带,他举起提琴用下颌和一个肩膀夹住,对周围的一切毫不理会。他的右面是长笛手,坐得恭顺而谦卑,像是一个求讨施舍的乞丐。

法塔希娅的左面坐着乐队的另一翼。第一位是乌德[①]弹手。他在这支老人乐队中显得颇不协调:一头黄发柔软光滑,脸蛋白皙鲜嫩,脸颊红润,双唇殷红,一脸的女人气,比他身旁的女性还有过之而无不及。人所共知的是,这个年轻的乌德手,除了弹乐器,还是女歌手的情人。他旁边是一个侏儒,两条腿从凳子上耷拉下来,摇来晃去,就是够不到地面。他身上穿着闪光的演出服,本是黑的,这会儿看上去则呈油绿色,他的小脑袋一半藏在宽大的毡帽里,另一半缩在肥大的衬衫领子中。他把鼓夹在

[①] 乌德是一种阿拉伯常用弹拨乐器,类似中国的琵琶。

裤裆中间,一面敲,一面向观众分送着微笑。

挨着侏儒最左面的是一个威风凛凛的铃鼓手。说他威风凛凛,绝非夸大其词。他魁梧伟岸,矜持威严,有一种不同于乐队其他成员的独立风格。

这位威风凛凛的铃鼓手,叫马哈茂德·丹杰勒,他不仅在乐队中鹤立鸡群,而且也是舞厅里的佼佼者,在懂行人的眼中他还是国内的一位突出人物。

身材高大魁伟结实的丹杰勒坐着,脸色严峻,锁眉蹙额,既不东张西望,也不眨眼睛,脸上的肌肉纹丝不动。他对大厅四处响起的向他致敬、呼喊的叫声"你好啊,丹杰勒"漠然置之,似乎乐队、舞台或大厅都与他毫不相关,他十足像是一位首相或国家元首,正在出席一项大工程的开幕式,或在观看庆祝先知①诞辰的盛典,坐姿庄重,表情严肃,目光沉稳。他全身上下只有一样东西能让他摆脱这种种的威严和庄重,把他与法塔希娅·萨布里女士及其奇特的乐队联系起来,那就是他双手抓着的铃鼓。

演出开始,全体成员都投入了表演,摇晃着身体,抖动着四肢,只有丹杰勒除外。他表演时仍不失庄严和稳重,他的全部动作只是举起他手里的小铃鼓,不时地用手指拍几下、摇几下。这便是这位魁伟可敬、威风凛凛的大人物做出的全部伟大贡献。

阿里坐着注视丹杰勒,听着唱歌,心中已经释然,而且还感到很高兴。他不时有一种隐秘的欲望,想转眼过去,在昏暗中寻找那张棕色清瘦的脸庞,那双长睫毛的黑眼睛……流露出隐约期盼和渴求同情的目光。

阿里还没有看到那温柔的脸庞,只听见一个很亲切的声音耳语似地唤道:

---

① 指伊斯兰教创始人穆罕默德。

"你好,侯赛因。"

弟弟一面转向说话的女人,一面答道:

"欢迎,克里梅……请吧。"

接着,他半站起身,给她递过去一把空椅子。克里梅在他与他哥哥中间坐下,说道:

"他准是你的哥哥。"

"你怎么知道?"

"长得太像了。"

侯赛因笑着答道:

"真奇怪,除了我与他之外,所有的人都觉得我们长得像。"

姑娘转过脸来对着阿里,现出一种关切的表情,问道:

"这是你第一次来这里吧?"

萨拉丁笑着代阿里回答道:

"这是第一次,也是最后一次。"

克里梅有些诧异地问道:

"到这种程度了吗?你不喜欢这里?"

侯赛因答道:

"他是有福不会享。"

克里梅望着阿里,眼中露出亲切、幽婉的企求神色,问道:

"你怎么不说话?"

阿里笑着答道:

"我找不到说话的机会啊,你问,他们两个答,我怎么说话?"

侯赛因抓住克里梅的胳膊正想说话,克里梅却用肘部把他推开了,开玩笑地呵斥道:

"我是过来陪他的……他是我今晚的客人。"

这时,舞女考克菠走过来了。她光着肩膀,露出了胳肢窝,胸脯挺在前面开路,两个屁股扭来扭去,一起一落,宛如天平上的秤盘。

俗话说:"来了水,代净①无用。"在侯赛因看来,如果克里梅是缺水时能用的代净的话,那么,考克菠就是他眼中波光粼粼、水势盈溢的大海,一切代净都用不着了。

侯赛因把"代净"留给阿里,伸手抓住考克菠的胳臂,把她拉进包厢,说道:

"我的夫人,好啊,晚上好!"

考克菠望着侯赛因欢叫道:

"欢迎欢迎,苏纳。"

接着,她便坐在萨拉丁和侯赛因中间的空位上。

克里梅感到有些担心,生怕这新来的猎物像吸引阿里的两位伙伴似的把阿里也吸引过去。她抬起一双带着企望和恳求神情的大眼睛望着他。

阿里情不自禁地报以同情的目光和温柔的微笑。

---

① 穆斯林礼拜前需用水做大净或小净,在缺水或有病等情况下用他物代替水做大小净。

三十一　下次再来

　　歌唱节目完了,由考克菠和带着几个伴舞的舞女——其中包括克里梅——主演的东方舞即将开始。她们两个不等歌唱节目结束,就已离开包厢,去换舞衣,准备登场。

　　考克菠出场了。她脱得只剩下一件轻柔的薄纱遮着身体,上面挂满了条条珠子和闪光片。她摇摆扭动,一弯一曲,尽可能地暴露展示⋯⋯她随着音乐的旋律抖动胸脯和臀部,用眼睛、嘴巴和各种表情表达最大限度的女性肉感,以挑逗观众们的情欲,引得他们血管里热血奔腾。阿里望着她,内心交织着渴望、怜悯和局促不安的感觉。一批伴舞的舞女出场了,她们簇拥着考克菠边唱边扭。克里梅也在其中,她身上遮盖的并不比考克菠和其他舞女的更多。

　　阿里在看克里梅扭动胳臂和小腿时,越加感到烦闷和怜悯。她与旁边体态丰满的舞女相比,就更显得瘦小。他恨不能拿一件长袍盖在她的身上,把她从舞台上抱下来,放在一个安全隐秘的地方。

　　东方舞结束,克里梅赶紧换衣服,显得非常匆忙。考克菠嘲弄地说道:

　　"别着急,克里梅小姐,猎物逃不掉,它已进了粮仓。"

"谁都不关我的事。"

"我不过是劝劝你,免得你去跟一个只会替你要一杯啤酒或一杯水的学生浪费时间,你还是去找个能拍板的主顾,让他替你开销一点吃的吧。"

"我不要谁来劝告。"

"随你的便。不过,你小心别把你的网套伸向侯赛因……你知道他是谁的专利,你也知道努埃玛夫人对她的专利可从来不会宽容。"

"侯赛因不关我的事。"

"我只是提醒你注意,不要自作自受……你很清楚,她最近这次答应你留下来费了多大的劲。"

克里梅既反感又气恼地冲向通向大厅的走廊。她气喘吁吁,神经紧张。快要进大厅的时候,她站定了一会儿,让自己静下心来,克制住流露在脸上的激动表情,试图说服自己接受考克波的规劝:不要把时间浪费在学生身上,应去找更有利有用的对象。

然而,克里梅刚踏进大厅的门,便朝阿里的方向望去,恰好与他的目光相遇。阿里似乎在期待着她的到来。克里梅嫣然一笑,他也回以微笑。她不由自主地向他走去,心里有一种愉快的兴奋感。途中,那个口袋鼓鼓的肥头粗脖子的乡下村长招呼了她一声,那家伙已喝得烂醉,几乎要从凳子上跌下来。克里梅刚从他身边走过,他便拉住她的手,要她坐下来。这本是克里梅当晚最求之不得的邀请,但这会儿她却感到非常不耐烦。她一面迅速摆脱这个家伙,一面四下张望,生怕舞厅老板娘看到她逃避顾客。不过,这时站在门口的只有考克波,她拍着巴掌,惊讶地说道:

"这丫头疯了,她找不到吃的,却不要送上门的享受,坐失良机。这个家伙要不是喝多了神志不清,是决不会邀她的。'黄蜂毁了自己的巢还嗡嗡叫'……这不关我的事。"

这时的舞台上正在演出一场边唱边插科打诨的滑稽剧。克里梅挨着阿里坐下，微笑着问道：

"你欣赏我的舞蹈吗？"

"不，我欣赏的是不跳舞的你。"

"你为什么不欣赏我跳舞？"

"一般来说，我不喜欢舞蹈，它在我的心里引起的是对舞女的同情和怜悯。你在我眼里，要比单纯是个舞女好。我看你在舞台上半裸着身体，就有一个愿望，想用一件长袍去裹住你，把你带得远远的。"

"你真有这种想法？"

"是的。"

"那干吗不做？"

"我有十条理由，这就像土耳其司令没有向英国舰队鸣炮致敬的理由一样。他们审判他，问他为什么不致敬。他说，他有十条理由，第一条是他没有炮弹。于是，法庭不想再听其他的理由就宣告他无罪。"

"你的第一条理由是什么？"

"我没有长袍。"

"无罪。不必再说其他理由了。"

两人都笑了，一时间他俩各自陷入了沉思。接着，克里梅打破沉默道：

"我看到你走进大厅门时，不知道是什么把我吸引到你这里来的。我觉得，咱们好像是老相识了，你的脸我并不陌生。我但愿能够坐在你旁边，跟你谈谈。当我和你坐在一起的时候，我觉得自己找到了要寻找的东西。"

阿里从姑娘诚恳、委婉的谈话和她那双含情的眼睛中，感到自己像是陷入了一种险境，从她的言谈和目光看，她似乎是情窦初开。他无法断定，一见钟情、一见倾心是否可能就是这样产生的？但他心里感到的只是同情和怜惜，其原因也许在于这姑娘与她的环境格格不入，她特别的容貌与他看到她所处的气氛不协调，如果他在别的地方看见她，她就不会引起他的注意。

是的，阿里的感情不可能更甚于此，因为：首先，这个姑娘本身不会在他的心中激起更多的感情；其次，他本人不拥有更进一步的感情，他的心灵已被一个人填满、占有，不容他人再占领了，要在这两人之间做比较是胡闹、荒唐。况且，他也不可能出现这样的念头，仅仅这样去想就像是对自己的一种不可宽恕的侮辱。那位不在这里、无望相会的君王，在他的心里比所有的君王都强大，他心里对那位君王的爱比任何的爱都更坚实。

阿里只是怀着同情和怜惜的感情，他无法接下去回答她那预示着爱情即将迸发，既热情又委婉的谈话。再说，除此而外，他不是一个能与这一阶层建立关系的人。这个姑娘，无论怎么可爱和与众不同，毕竟只是个舞女，每一个与她有关系的人，都应当是舞厅的一个主顾和常客……不行，不行，这一切如同沉重的梦魇，令他窒息。

她悄声把迷惘地望着自己的阿里召回神来，亲切地微笑着对他说道："你太会走神了，你在想什么？"

"没想什么。"

"但愿你跟我在一起。"

"我现在是跟你在一起。"

"现在和接下来……你不跟他一起走吗？"

她以目示意，指正专心一意观看舞台表演的侯赛因。阿里问道：

"去哪儿？"

"回家去啊。他每次晚会后，就跟努埃玛夫人一起回家。我将摆脱一切约会，跟你俩一起回去，我只属于你一个人。"

如果只是那温存语言和祈求目光的暗示，就已经使阿里感到即将陷身险境,那么,这坦率的邀请则使他惊愕地感觉到像是被人猛然推了一把,要让他坠落深渊。他不禁猛地往后一退,以避开被推的危险。他脸色难看,神情迷惘,低下了头。克里梅本能地感觉到了她在他心里造成的影响,很后悔自己的冲动,歉疚地喃喃道:

"要是我冒犯了你,那真是对不起……我的全部希望是你别马上离开我,想尽可能跟你多待一会儿。"

推开一只断了翅膀在央求的鸟儿,伤害它的感情,阿里都于心不忍。他用亲切、温柔的语调轻声说道:

"该抱歉的是我,因为我在无意中伤害了你,不经意间使你沮丧。其实,我是个一点都不适合你的人,跟你要追求的也完全不同。我到这里来,纯粹是偶然。我不认为咱们今后还有理由再相见,咱们两个只能是各乘着一辆朝相反方向驶去的火车上的两个旅客,刚一相遇便消失了。你已经在我心里留下了美好的印象,我希望我在你的心里也留下同样的印象……即便是在我说了这些话以后。"

克里梅没有回答。她似乎喉头哽塞,咽了一口唾液,双眼含着一层泪水在暗色中闪闪发亮,遮住了充满祈求的目光。

阿里伸出手去,拍拍她搁在膝盖上的手指,悄声问道:

"我的话使你烦恼吗?"

她的脸上浮起一个温柔的微笑,缓缓地摇摇头,用伤感的声调答道:

"你使我烦恼?几十年来,我不记得曾有过像今晚这样感到幸福。不过,我和幸福之间总是非常不投缘,幸福一落到我身上,就像电光一闪……这不是你的过错,而是我的错……这就是我一生的命……给我的往往是我不想要的,我想要的一切却都得不到。"

阿里有点苦涩地笑笑,答道:

"咱们都一样……生活的本质就是这样。"

滑稽剧结束了,掌声四起,幕布落下,灯光亮了。

一个侍者过来,附在克里梅的耳边低声说了几句。克里梅答道:

"好的,告诉她,我马上就去。"

侯赛因询问道:

"他说什么?"

"没什么,他说夫人要我过去。"

阿里站起身来。侯赛因诧异地问道:

"去哪儿?"

"我回学校去。"

"回去?还不到十一点,晚会才刚刚开始呢。"

"我十一点钟以后熬不了夜。我觉得眼皮都沉得睁不开了,全身都累。"

"至少等到节目结束吧。"

"不,不了,我现在一定得回去了。"

阿里问萨拉丁:

"你还待下去吗?"

"嗯,我待到晚会结束,我不急着回去。"

阿里伸出手与克里梅握别。克里梅抓住他的手说道:

"我送你到门口。"

"不必麻烦了,你到努埃玛夫人那儿去吧,别去迟了。"

"我一定得送送你,你今晚是我的客人。"

阿里与他的弟弟和伙伴一一握别。侯赛因问道:

"你打算明天回家吗?爸爸想见你。"

他沉默了一会儿,答道:

"我会回去……你呢?"

"我也回去。"

"那好,咱们明天在家里见。"

接着,他伸过头去,在阿里耳边悄声说道:

"你别提起咱们见过面……按理我星期五才能离校。"

阿里点点头答应了,然后离开包厢朝门口走去。克里梅走在他旁边,问他道:

"你干吗走得这么早?"

"十一点钟还早吗?"

"你难道不能多待一会儿吗?"

"不,最好不多待了。"

"对谁最好?"

"对你,也对我。"

"对我?为什么?"

"夫人不是在叫你吗?"

"我去一下再回来呢?"

"所以,我才站起来,免得你再回来。"

"你为什么不要我回来?"

"因为我不能整夜拉住你,又不给你要点什么,让你丢下你的工作和你赖以为生的顾客。"

"我宁可什么都不要,就与你坐在一起。"

这时,他俩正好经过那个醉醺醺的村长的桌子。村长一见克里梅,便用食指指着她嚷道:

"我要这个,要这个黄毛丫头。嘿,我的脾气就是这样。军官先生,你要多少预付金才丢下她?我爱芦苇秆爱得要死,亲爱的,我对鼓棒般的苗条娘们爱得要死。"

阿里感到热血沸腾,血直往脸上涌。他站在原地,正打算朝那醉鬼走去,可是克里梅温和地拉住他的胳膊,说道:

"别理他,他醉了,说什么自己都不知道。咱们走吧。"

两人走到门口,阿里站住,握着克里梅的手说道:

"晚安。"

"晚安。"

克里梅没放开他的手,而是把他的手留在自己的手心里,好像不愿放弃……她低下头沉默了一会,又抬起她那双满含祈求的眼睛,轻声说道:

"答应我,下次再来,哪怕再来一次。"

"我会来的。"

"这,我相信……我想咱们之间的关系不会这样一转眼就结束,如果咱们今日相见,是两辆朝相反方向驶去的火车上的两个乘客之间的碰面,明天,也许咱们中的一个会换乘一列火车赶上另一个。"

阿里说"会来的",不过是句结束语。可是,当他发现姑娘抓住了这句话,他可不愿给她一个约束自己的承诺,让她据此建立起虚幻的关系。他紧绷着的脸透露出了他的思想。克里梅微笑着,难过地说道:

"别为我的话为难,这只是我对自己的安慰。你再来或是不来,都是你自己的事,没有人能强迫你的。"

阿里又一次感到对断翅鸟儿的强烈同情,不由得一面紧握着她的手,一面坚决地说道:

"不,我会再来,来是为了看你。"

阿里离开舞厅,在伊马德丁大街上走着。街上的嘈杂声已经减少,变得冷清,灯光也很暗淡。他一直走到纳齐莉王后街,站着等十路公共汽车。他看着发亮的地面,清洁车一面喷水,一面拖着车尾的大排刷开过,清道夫跟在车后,用他们的长扫帚把水和垃圾扫向人行道一侧。不时地有奔驶的出租汽车或小轿车掠过。

他乘上公共汽车,靠窗坐下,把玻璃窗放了下来,迎面吹来夜间湿润的微风,他深深地吸了几口气,仿佛想借此拂去意外漩涡在他心里扬起的灰尘。

阿里这一夜睡下的时候,漩涡的余波还在他脑子里作响,在他胸间翻腾。克里梅像一只迷路的鸟儿,闯进他屋子里窗,在玻璃窗和门上扑腾、碰撞。

阿里不想承认她在自己的心里有什么位置。尽管如此,他刚想把她忘却,置之脑后,一种像是鸟儿扑腾翅膀撞击玻璃窗的声音就把他唤醒了。他睁开眼睛,便看到那双黑眼睛,长长的睫毛,带着令人同情的期望、祈求目光……他从树叶的飒飒声中仿佛听见:"别为我的话为难,这只是我对自己的安慰。你再来或是不来,都是你自己的事,没有人能强迫你的。"

是的,那是他自己的事,他不会再去了,因为没有任何理由可以把他俩联系起来。

翌日清晨,他醒来时已下决心离校回家去。他感到自己已经完全摆脱了束缚他的忧郁、愁闷和失望的桎梏。他迎接清晨湿润的微风、鸟儿的啁啾啭鸣和摇曳树叶的沙沙声时,感觉敏锐,原因是他只想回到英琪那儿去。他将经过她府第的围墙,走过小河边上芦苇障后面他俩相会的地方,有可能从一辆路过的汽车里或在一匹马的马背上见到她,都已近在眼前了。

他穿好衣服,嘴里吹着口哨,手中挥着手杖,沿着甬道往外走。半路上,他遇到苏莱曼穿着值班服、手里拿着签到名册,正从寝室里出来。苏莱曼见阿里身穿假日服装,专心一意地吹着口哨,精神饱满地走来,便笑着叫住他:

"好极了,从樊笼中彻底解脱了吗?你这么一大早去上哪儿呀?昨晚玩了一夜还不尽兴吗?"

"我十一点钟就回来了,路过你的寝室发现你已经睡了。"

"你干吗那么早回来?"

"因为我不喜欢夜生活,不喜欢那种气氛。"

"你这会儿去哪儿?"

"回家去。"

"只是回家?"

"我想是的。"

"事情没有新的进展吗?"

"没有。不过,我觉得长时间不回家总没有道理,我不会待太久,看看父母亲马上就回来。"

"要是你见到她呢?"

"我不认为有可能见面。"

"为什么不会?今天一清早就像是个好日子,你瞧!"

苏莱曼指着校园大门旁边两棵粗大的金合欢树。

阿里反问道:

"瞧什么?"

"晋级树呀。"

"它怎么啦?"

"已经开花啦。"

学员们称这两棵树为晋级树,因为它火红的花盛开的时节总是在七月,这是升级的时间。学员们看到这些花儿常常很乐观,认为是升级的预兆。他们急切地期待着花开,生怕它不开,那是不会升级的坏兆头。

阿里笑道:

"树上的花开还是不开,升级总是肯定的事情。"

"这世上没有肯定的事情。你不要为某事而说'明天我一定做那件事',除非同时说'如果真主意欲'①。你还是多说说'如果真主意欲的话'吧,为开花的树高兴吧……那可是个好兆头啊。"

阿里离开了学校,走在路上,眼睛注视着每一辆轿车。他在公共汽车里坐在右面靠窗的位置上,正好朝着她学校的方向。快到英琪学校的时候,他感到心里一阵颤抖,眼睛眺望着校园,幻想在每个穿咖啡色校服人的后面看到她。

他终于到家了,心里为无缘邂逅而感到失望和烦恼。过去要见面很难,除非是在路上。现在命运却坚持不让他俩相遇。

他走到门边敲了敲门。不一会儿,巴希娅来开门。她站在他跟前,既不惊讶,也不兴高采烈地欢迎他,这跟他预料的情景不一样。她似乎在等待他的到来,或像是他一直就住在家里,又仿佛他是刚出去就回来似的,再就是她似乎有心事……

巴希娅的神情和家里出奇的寂静使阿里惊骇。巴希娅一直站在敞开着的门口,像是还在等另外一个人,这也使他觉得奇怪。她等了一阵,不见像有谁出现,便问道:

"侯赛因没有来吗?"

阿里诧异地摇摇头,说道:

"我怎么知道?我是一个人从学校里回来的,他大概一会儿就会到吧。"

"你一个人来的?穆奥瓦德先生没有去看你?"

"穆奥瓦德先生?穆奥瓦德·法基先生?他去看我?为什么?"

---

① 见《古兰经》山洞章第二十三、二十四节中的话。

"去叫你和侯赛因回来。"

"为什么?出什么事啦?"

巴希娅关上门,悄声说道:

"你别这样嚷嚷,免得惊扰他。"

"惊扰谁?"

"姨父。"

"他怎么啦?"

"昨天夜里他昏迷过去了,摔倒在自己屋里,不省人事。我们在半夜里请了大夫,大夫说他患的是高血压……"

阿里不等听完她的话便冲进屋去,他觉得有一只残忍的手在揪他的心。在窗户紧闭着的黑魆魆的屋里,他见父亲闭着眼睛躺在床上,母亲坐在他旁边,双手抱着头。她一听见阿里的脚步声,就迎上前来,一下把他搂在怀里,双眼泪水直流,喃喃地说道:

"不管怎么样都得感谢真主啊。他的半边脸和一条胳膊中风了,大夫向我们保证,托主保佑,他会好起来的。"

躺着的病人觉察到了动静和声音,便睁开眼睛,见是自己的孩子,就用那条好胳膊向他打手势,弯着舌头叫他。

阿里朝他俯下身去,急切地亲他。父亲用他那条能动的胳膊极其慈祥和疼爱地搂着他。

晚上,阿里回到学校,走过校园的时候,他一眼看见那两棵开花的树,在通道立柱路灯的照射下,花儿显得像火一样红。

他仿佛觉得从树叶的飒飒声中,传来一个嘲讽声音:

"这是个好日子……是个好兆头……"

三十二　新军官

阿里在这之后,经历了一段阴暗、忧愁的时期。其间,失望的负担比过去更沉重地压迫着他。他凭着濒临崩溃被毁的神经,不由自主地投入考试的战斗中去,没有一线光明也没有一丝希望来支持他、鼓励他。

考试结束了,他不知道是怎样开始、怎样结束的。在考试期间,他像是在穿过重重的迷雾,周围什么都看不见。他没有离开过学校,只抽了一个很短的时间去看了看父亲,接着就回校,穿上卡其布短裤、白衬衫和球鞋,拿着讲义,不是在游泳池旁边,就是在监狱附近的横松树下,独自复习功课。

他相信考试准是砸,认定自己的名次又得后移许多位,没有希望挤进到英国的威尔士去学习炮兵的前四名了。从学员们中间传出的流言证实了他的预感:人们在传说,阿里·阿卜德·瓦希德中士在考试中明显退步了。

阿里脸上的忧郁表情总是伴随着他,他很少微笑,也难得说笑。萨拉丁与苏莱曼试图宽慰他,撵走笼罩在他身上的忧伤阴影,偶尔他会淡漠地笑一笑,但很快又回到内心根深蒂固的愁闷之中。

他的忧郁和失望不仅使他的同学们不安,而且连他的教官们也觉察到了。那位担任学院参谋长的高个子红脸军官从来表情严峻,学员们都领教过他的厉害,也非常同情阿里。他凭借地位已经知道尚未公布的考试成绩。阿里的退步以及阿里前一阵在体育比赛和实践考试中的不走运都令他忧虑。他在操场、教室或食堂里看到阿里的时候,觉察到了阿里的烦恼,看到了阿里脸上明显的忧郁神色。成绩公布前,他正站在跑道中间观看学员们在操场上走步,像往常一样对他们大声呵斥,阿里也得在他面前经过。阿里走近,举手向他敬礼继续向前走时,他却用响亮的声音和拖长的声调叫住了阿里:

"阿里中士!"

阿里立即用同样拖长的声调高声——这种声调是一种良好军事素质的表现——答应:

"长官!"

阿里快步向他跑去,接着两个脚后跟咔嚓一声并住,用力地敬了一个礼。

参谋长还礼……他一反常态用全校谁都听不见的声音讲起话来,好像为此做了特别的努力,谈话只有阿里一个人才听得见。

他用难以摆脱的命令和威吓口吻说道:

"听着,阿里中士,你干吗显得这么难过?你怎么了?"

"没有什么,长官。"

"不对,你有心事……你觉得自己退步了,因此很难过。你的名次确实后退了,你的退步对我们大家都有影响,因为我们认为你的名次应该比这更好。但这是不走运的缘故,我们全都在人生的某个阶段有过不走运的经历。如果说你在决定你名次的最关键的军人生涯阶段是运气不好的话,那么,我们已决定对你的排名做补偿,你已被任命去骑兵部队。这是全体一致的意见,是学院领导和骑兵部队领导的意见,因为你享有极好的声誉,尽管你不是名列前茅,但却获得了只有全班第一名才能获得的岗位。这是我们第一次破例,是因为你个人破的例,而不是因为有什么人替你说情。我希望,我说的这些话对你在名次上的落后是个安慰。去吧,解开你眉头的愁结,往后,我不想再看见你难过的样子。"

接着,他皱起眉头板着脸,用粗暴的命令口吻对阿里低声喝道:

"走吧……我对你讲的话,不许向任何人透露,因为考试成绩还是保密的。"

阿里举手敬礼,接着向后转一百八十度朝原来的路走去。

阿里从参谋长的话里感到了很大的安慰,原因不只是他将去骑兵部队和学校对他的评价,而且还在于这位粗暴的人物感受到了他的烦恼和痛苦,愿意解除他的忧愁,减轻他的痛苦……这种愿望居然强烈到了使这位极其谨慎、严格、富有军人气质和恪守纪律的人物,在考试成绩仍然保密谁也不敢泄露的情况下,冒险地公开向他宣布成绩,告诉他将被任命的岗位。

毕业的日子终于到了。阿里不像他的同学们和他自己原先预想的那样快乐。成绩已经宣布,尽管他已确信自己的退步,但还是感受到了失败的痛苦。他发现自己的名次从第三名降到了第十名。在成绩公布后,他随着大批兴高采烈、喜气洋洋的同学及其家长离开体操房。他独自一人闷闷不乐地溜到寝室里去拿提包,准备离校。

去寝室的路上,苏莱曼迎面走来,他高兴地抱住阿里说道:

"永远跟在你后面……命运好像注定不让咱俩分开了!你还记得咱们一起被录取的那一天吗?我最大的愿望,就是跟你分到同一个兵种……这个兵种成了骑兵部队,你说怎么样?"

阿里回答他的是淡淡的一笑,这微笑无法抹掉流露在他脸上的忧郁。苏莱曼问道:

"你怎么啦,阿里?到了毕业的日子你还闷闷不乐?这可是咱们最幸福的日子,你还难受什么?难道是因为你没能去留学?什么留学、留学生,统统都见鬼去吧。"

"我不光是留学不成,苏莱曼,我还有其他的事……没有一件是值得高兴的……父亲生病,接二连三的失败……疲惫不堪的困乏。"

"你父亲的病情已经好转,你不用再烦心了,失败已经过去,困乏也已消失……不过,我很清楚你烦恼的是什么。"

"你指什么?"

"我是说,原因在她。但即使在这方面,我看,咱们的境况也比过去强……而且比我们可能去干的任何行当都强。"

"我看不见得。"

"怎么不见得!你现在已经成为一名军官,你的时间归你支配,见面的机会唾手可得,或者至少比过去要容易。你没有去留学,反倒对你有利。你认为你留学回来,就配得上她了。可是我觉得,四年的分离将会把你从她的记忆中驱走,从她的心灵上抹掉。你把时间和空间想得太好了,这两点恰恰足以切断你俩之间的所有关系。而现在,你经常在她的跟前,你是骑兵军官,人人都用赞赏和羡慕的眼光注视你,你与她亲戚中的任何一位王子都平起平坐了……她父亲本来不也是骑兵军官吗!赞颂真主吧,把过去这一段时间老伴随着你让你习以为常的忧愁,从你的身上丢掉吧。我对爱情懂得不多,不过我相信,这种忧愁是因为长期分离和过度禁锢。现在,你即将与她见面了,我看你没有理由再发愁了,你肯定不久便会遇到她……解开你眉间的疙瘩,真主会把她带到你的面前……走吧,兄弟,别让我后悔跟你一起分到骑兵部队。"

阿里禁不住笑了,他提着手提包,在离校前跟苏莱曼一起去向同学们告别。同学们有的已穿上军官服,那是一早就准备好了的,为的是成绩一公布便穿上身,成为军官才离开学校。

阿里到家了,侯赛因在门口迎接,他的后面是巴希娅。侯赛因一见阿里便欢呼起来:

"恭喜你,军官先生,你现在有权要我尊重你啦。你被任命去哪个单位?"

"骑兵部队。"

"真棒!如果天从人愿,我也分配去骑警部队,咱们一起骑着马回到这里来,不喜欢谁,就踩断谁的脖子。"

巴希娅握着阿里的手,笑着说道:

"可是你干吗还穿着这身衣服?干吗不穿带星星的军装?"

"不用这么着急,我到骑兵部队报到,还有一个星期的时间做准备。"

侯赛因嚷道:

"瞧你的心思……你打算等上一个星期再穿军装?"

"我得等裁缝把衣服做好。"

"你这么冷淡可真要急死我了……今天我就去找他,他不把衣服给我,我就不放过他……我要陪你去,出出风头,显摆显摆。"

母亲颤动舌头欢呼着,满面笑容地迎接阿里,热切地把他搂在怀里喊道:

"下回轮到你啦,侯赛因。"

接着,她举手向上祈求道:

"主啊,让我活到看见你们两个成为新郎,庆贺你俩的婚礼吧。"

侯赛因笑着答道:

"您别预报坏兆头啊。"

巴希娅脸有愠色,不以为然地问道:

"结婚是坏兆头吗?"

母亲笑着拍拍她的背,说道:

"别信他的话,他是开玩笑。"

阿里从母亲的怀抱里脱身,走进父亲的房间。父亲坐在长椅上,看上去很消瘦,他中风时的症状已经消失,不过留下了后遗症,说话吃力,动作也迟钝。

阿里走向父亲,热情地拥抱他。父亲满是皱纹的两颊上禁不住老泪纵横。他慈祥地摸着儿子的头,像是自语似地低声说道:

"恭喜你,阿里。感谢使我痊愈的主,让我如愿以偿地看到你,看到我的辛苦没有白费……我想看看你穿上带星星军装的样子。"

阿里笑了。跟来祝贺阿里的侯赛因站在门边也笑着嚷道:

"爸爸,您说说这么冷漠的家伙……他说,他还有一个星期的时间,军服对他好像是个负担,他还有机会摆脱它。我现在就去找裁缝,他要不交出军装,我就吓唬说要杀了他。"

父亲笑道:

"没有必要去杀人。我可不愿意为了看见他当上军官,而眼见你成为囚犯。"

阿里说道:

"预约的时间是明天,我相信他肯定已经做好了。"

阿里从热闹的欢迎队伍中出来,回到自己的屋里坐定。潜在的思念和被压抑着的热望在隐蔽地开始活跃起来……他非常想见到英琪或听到她的情况,但愿有人跟他谈谈她的消息:她在哪儿?在做什么?她没有问起过他吗?难道她已经甘心断绝往来,安于分离了吗?

然而,在家里向谁打听呢?在发生那一切以后,这是一件他不敢做的事情……唯一能够跟他谈论英琪或告诉他有关消息的人,是侯赛因。可是,侯赛因对他与英琪的关系从来不抱希望,况且,侯赛因对她几乎一无所知,他在家里一刻也待不住,老是忙于冒险和夜生活,顾不上去打探她的消息。

阿里只得屈从现实,满足于梦幻和愿望,悄悄地巡回一下留下回忆的地点,免得让人看见,寄希望于命运慷慨地赐予他一次美好的邂逅。

一个星期过去了……府第的围墙在他的跟前犹如竖在魔鬼与天园之间的堤坝,无望使它消失,也无望逾越过去……音信全无,联系断绝。

到了新军官向单位报到的日子,也是去骑兵部队的日子,阿里已经获悉,他必须在部队里住宿,因为宿舍里有八间新到军官住宿的屋子,部队里每接受一个新军官就占一间,原住的军官便搬到外面住,拿住房补贴。

即便不是非住宿不可,阿里也会自愿去住的,从他家到骑兵部队的距离使他很难赶上出早操,他只有住在军营和马厩旁边的宿舍才行。

新军官们在开罗军区集中,军区司令给他们做例行训话,要他们成为认真和正直的模范,讲述了他们肩负的重任和祖国埃及对他们的需要,嘱咐他们遵守纪律,维护他们身上军装的尊严。

之后,军官们便解散,各赴自己的单位。阿里与他的伙伴苏莱曼一起去骑兵司令部。两人的长筒马靴后跟橐橐地敲在地上,靴刺相碰,发出玎玲玎玲清脆的声音,好像他俩各戴着一副脚镯。他们的左手按着马刀刀鞘,免得它在身边晃动。马刀刀柄呈球形,明亮而且装饰华丽。

他俩走进骑兵部队的大门……手握带红绿缨标枪的岗哨站在通向大街的走道口,向他俩敬礼。他俩还了礼,径直向连接营房的长走道走去,右边是机械化部队营地(后来是军队的后勤部)的围墙,左边是一块宽阔、空旷的泥地(后来成为两个机械化团的营地),泥地的尽头是一个蔬菜园,里面有一个养鸽塔和两幢英国式的斜屋顶房子(以后成了骑兵司令部)。

这两位新军官——在下一届学员毕业之前,他们就一直被人这样称呼——来到了参谋长办公室。这间办公室加上司令办公室和文书们的办公室,占了一幢厚墙老平房,坐落在一排房子的当中,这排房子中有骑兵宿舍和两个骑兵营的办公室。房子四周,是一圈高高的已有年代的绿色连翘树树墙,正面的一块空地位于一排马厩和对面一排办公室与士兵宿舍的中间。空地四周用木柱围着。他俩后来知道,这是准备饲养新军马的厩栏。

阿里和苏莱曼畏缩地在少校参谋长面前坐定。参谋长坐在屋子正中的办公桌前,他的左面还有一张办公桌,坐的是在学院里教他们骑术课的骑兵上尉。

参谋长显得和蔼可亲、很有修养。他揿了一下旁边的铃,传令兵进来。他用提醒的声调对传令兵说道:

"端两杯咖啡来,再让谢赫·基尔德①进来。"

咖啡是用来喝的,阿里一听就懂,可是他叫谢赫·基尔德进来干吗?他们这里为什么会有谢赫·基尔德?再说,基尔德怎么成了谢赫?谢赫又怎么是基尔德?

不一会儿,有人轻轻地敲门,接着,一位稳重而文静的军需官轻轻地走进来,到参谋长的桌边站住,一声不响。

参谋长从他面前的几张纸上抬起头,说道:

"听着,谢赫·基尔德。"

阿里恍然大悟,心里也放松了,开始听参谋长继续说下去:

"你在军务册上记上,两位军官先生已来报到。我以后会告诉你他俩所属的营。"

"是,长官。"

"再记上明天要进行加冕典礼的队列排练,军区司令将到步兵营后面

---

① 谢赫一词的意思,是老人、长老、老先生等,基尔德意为猴子,这里是此人的诨号。

的操场观看。"

"是,长官。"

"记上,通知全体军官于下星期四早晨聚餐。"

参谋长一直口授着命令,谢赫·基尔德不断地回答"是,长官",直到命令发布完毕。始终拘谨地坐在凳子上的阿里和他的伙伴这时也喝完了咖啡。

谢赫·基尔德离开了办公室。他俩准备起身,但参谋长却仍让他俩坐下,说道:

"你俩稍等一会,我去报告司令你俩到了,让你俩当面见一见他。"

不一会,随着走路的长筒靴声,他回到房间对他俩说道:

"请吧。"

两人走进司令办公室。司令中等身材,肩很宽,他的下半身隐没在办公桌后面,头上方是一幅国王肖像,肖像上面有两杆带穗子的标枪,交叉摆放,中间是一顶斜放的钢盔。

司令做了些要爱护士兵和马匹、关心鞍鞯和马厩的训示,接着对站在他身旁的少校说道:

"他们两人各去一个营,年纪大的去第一营,年纪小的去第二营。你俩谁的年纪大一些?"

阿里向前侧举手,仍像军校学员似地回答道:

"长官,我。"

"好。我希望你们两个都成为良好的榜样。骑兵军官的任务并不轻松,不光是穿长筒靴和骑马,还需要多年的磨炼,你们两个才都能成为真正的骑兵军官……请吧。"

他俩举手敬礼,然后向后转,离开了屋子。

阿里到第一营去。每当调换住地改变环境,他心里总会有陌生的畏惧感，他对周围的一切——军官、军士、士兵和马匹，都感到害怕。充斥他心间的孤独感促使他想逃跑。他心里压根儿没觉得自己是个受人尊敬的军官，他将有权处置这些在他面前经过的士兵，将成为满是马匹和鞍鞯的马厩主人。

营部有两个办公室：一间是营长及其参谋官的，另一间是军需官的。至于军官们，则不一定非得待在办公室里。阿里朝军需官办公室走去，看见有几个军官站在门口，便向他们行了一个标准的军礼。他们对他表示欢迎和祝贺。其中年纪最大的一个进去报告参谋官说阿里来了，参谋官要他让阿里等着，等营长把手上的工作处理完毕。

阿里站在那里等着。他靴子挤脚，这么站着，心里挺烦。过了一会，营长叫军官们进去，阿里跟在他们后面，大家在营长桌前排成一排。阿里站在排尾，是标准的立正姿势：绷直身子，挺起胸膛，目不转睛地盯着前面墙上的一点，只是间或偷眼瞧一下坐在他跟前的人，接着便收回目光，再次直视前方。

阿里发现他的新长官是一个眉清目秀、身材颀长的人，安放在木平台上的办公桌——这是为了区别于他对面放在地上的参谋官办公桌——只能遮住他身体的一小部分，他的两条腿从桌下伸出来，胸脯与肩膀都高出桌面。

他脸色显得严峻地翻看着手里的纸，接着，并不抬起目光便用呵斥的口吻说道：

"这是丢脸的成绩，不能算是检查过了……马厩的天花板上长满蜘蛛，马匹糟透了，鞍鞯脏得像柏油……这副样子，你们知道军区司令明天要来观看操练，你们不把马匹和鞍鞯洗刷干净，还等什么？你们期待降下一位天使来检查吗？听着，上尉先生（他对着营里的上尉参谋官），军官们在整顿好他们的连队之前，不得离开营房。下午我还要做第二次检查。

明白了吗？"

说到这里，他才从桌上抬起目光，逐个地问着军官：

"明白吗，阿卜德·拉赫曼先生？"

"明白，长官。"

"明白吗，奥斯曼先生？"

"明白，长官。"

他最后在排尾发现了一张过去从未见过的新脸，那人绷直了身体，挺着胸膛，直瞪瞪地望着墙。他诧异地看看他，然后望着参谋官问道：

"这是什么人？"

阿里感觉到他的询问里有一种嘲讽和蔑视的味道，顿时涨红了脸，但他依然笔直地站着，直视前方。

军官们尽力克制着不笑出声来。参谋官想挽回局面，答道：

"他就是那位新军官。"

"他现在到这里来干吗？"

"他是跟军官们一道进来的。"

营长没有对阿里说一个词，却对参谋官说道：

"让他到外面去等着，我叫他时再进来。"

阿里忍受着作为一个军官在尊严上受到的第一次打击，退了出来。参谋官为了消除营长的无礼造成的影响，立即跟了出来，解释道：

"中校先生因为军官们疏于检查，正在火头上。他马上就会叫你的。"

过了一会，营长叫他进去，并没有向他致歉，而是重复向他做训示，要求他坚强如钢，因为软弱与骑兵军官不相配，要当一名好军官，应该承受各种艰难困苦。

之后，参谋官把他叫去，向他解释他在营里的职责，通知他将编入易卜拉欣先生的连队，因为易卜拉欣是一位纪律严明的老军官，他将从易卜拉欣身上受到许多教益。接着又告诉他,有一辆普鲁士大车什么时候都可以把他的行李搬进宿舍,他会叫易卜拉欣先生下令替他备车。

这时,易卜拉欣来了。他是个高个子,棕色脸庞,大鼻子,头戴一顶高毡帽,毡帽斜压在一条眉毛上,遮住了他的秃顶。参谋官一面把阿里介绍给他,一面对他说道:

"中校先生命令,这位新军官跟你见习,希望你把他变得比你更出色。"

"是,长官。"

这天下午,村里人看见一辆两头骡子拉的大车停在阿里家门前,车上坐着骑兵部队的两个士兵,他们拉走了一张床、一个柜子、一条旧地毯、一个衣帽架和两张凳子。当这两个士兵赶车离开时,阿里站在门口回应他俩的敬礼。

太阳下山之前,坐在宿舍花园里的老骑兵军官们看到普鲁士大车停在花园的门口,还看到负责宿舍的士兵们把一些简陋的家具搬进属于一位新军官的屋中。

阿里心里满怀着寂寞、凄凉、离别的痛苦和思念的忧伤,在宿舍里度过了他的第一夜。

三十三　谁告诉你

那段时间,骑兵部队像其他的军事单位一样,正忙着操练准备加冕典礼上的队列。阿里和他的伙伴苏莱曼作为新军官,在如此盛大的检阅中骑马,被认为不够可靠,因此无缘参与队列操练,他俩的工作只是在早晨带着新兵在遛马场院里操练。阿里一大清早就来参加第一场的骑马操练。按理应该给新军官准备一匹温驯的马,以便让新军官适应穿着长筒靴骑马,这按骑兵部队的说法,叫消除"膝头夹紧马鞍"的恐惧。

阿里走近易卜拉欣先生从他受训连队里为他准备的马。这是他一生中第一次作为军官骑马,在即将跨上马背时,他心中有些惴惴不安,原因是担心他这个受人尊敬的军官穿着长筒马靴和笔挺的制服,很可能当着士兵们的面摔下来。士兵们正用审视的目光望着他,想通过他的每一个动作来看清他是哪一种类型的军官:是严厉的、一本正经的,还是轻松的、诙谐风趣的?是非常冷酷的,还是和蔼可亲的?是坚强的,还是软弱的?是干练的,还是无能的?

在过去两年中,他骑过许多次马,两个膝头上伤痕累累,也常常摔下来。不过,那时他是个学员,摔倒并不要紧,作为数十名学员队伍中的一个,他摔跤,其他学员也摔跤。而现在,他已经成为军官,摔跤将记录在案,将伴随他整个骑兵军官生涯。这就是他在走近那匹马夫兵牵着缰绳的马时脑子里充满畏惧和担心的事。

马儿跳跃着,显得焦躁不安。它昂着头,蹄子不时地踢地,这使阿里更加害怕。模样警觉而漂亮的马并不意味着它老实。阿里看到拴在马背上的是一副小马鞍,像一张桑叶或一条比基尼游泳裤,不由得恐惧倍增,因为骑在这种鞍具上,没有骑在前后两头翘起、中间凹进的鞍具上的安全感。那种骑鞍,前后有隆起的鞍头,骑手可以用手抓住,不会摔下来出洋相。这副小鞍具也不像军官鞍鞯,前面有个扎紧的高拱,有支撑骑手双膝的护托,骑手会感到比较安全和舒适、放心。

阿里想起他那次从王爷的马上摔下来的情景,便前去试了试马背上拴住鞍鞯的肚带和勒在马嚼铁里的缰绳,在都放心以后,他收起缰绳,把左脚伸进金属马镫,尽着新马裤和又硬又长的靴子所容许的程度弯起膝盖……而马却根本没有想让人骑的意思,它开始围着阿里转起圈来,用蹄子踢地。阿里试图收短缰绳,迫使它停下来。马夫兵喝叫着,从他的吆喝声中听着既是对阿里喊的,也是对马喊的:

"得了,得了,婊子养的……请上马,军官先生。"

阿里用力一跃,跨上了马背。马一感觉到压在身上的重量,就像发了疯或中了邪似的……这匹蠢马首先提起两只前蹄,发出一声长嘶,如同人猿泰山的长啸。

阿里一开始十分害怕,仿佛心在往下沉,但他立即控制住了自己。他觉得自己的名声已系在这匹烈马的背上,他用双膝和两条大腿紧紧夹住马的两侧,身子前倾,免得失去平衡坠落下来。

马好像感觉到了它的这些动作无法把骑手摔下来,它便把抬起的两条前腿放落下来,前腿刚一着地,就又用两条后腿接连迅速地向空中乱踢,每踢一次,都把背一弓。阿里觉得自己几乎要被甩出马背跌落在马的脚下,遂将两条腿进一步夹紧,最后不得不用双臂抱住马脖子以保持平衡。

马用蹄子踢,两条腿在空中乱蹬,骑手却依然稳坐在它背上,它仿佛发誓无论如何也不让骑手留在自己背上,或者说它的背上任何重量都不能压,要把骑手摔下来,它只得带着骑手一起倒在地上。果然,它两条腿乱踢了一阵之后,刚消停片刻便侧身倒下了。阿里不由自主地随着马一起摔倒在地,想维护尊严、避免摔跤的最后希望也随之失掉了。

阿里感到马重重地压在他的左腿上,但时间不长,马就独自站起来,把躺在地上的阿里丢在后面,朝马厩和办公室中间的营房方向狂奔而去,用尽可能大的动静宣布他的摔倒。

阿里站了起来,觉得十分尴尬、羞涩、烦闷和恼火,他唯一担心发生的事情——厄运偏偏让他碰上。

正在这时,少校参谋长骑着马到了。阿里做好准备听取对他骑马受挫的呵斥、责备和嘲讽,也做好为自己进行申辩的准备。但他只见少校翻身下马,不安地向自己走来,问道:

"伤着了没有?"

"没有,长官。"

"怎么回事?"

"马把我甩下来了。"

这时一个士兵牵着逃走的马回来了,少校惊讶地望着马喊道:

"易卜拉欣先生在哪儿?"

"他在马厩里。"

"去叫他来见我。"

高个子、歪着头的易卜拉欣先生噔噔地跑来了,他举起手用力敬了一个礼,两个脚后跟啪嗒一声并拢,说道:

"长官。"

"这匹马是哪个连队的?"

"是我连里的……是匹新马。"

"是谁下令备这匹马的?"

"是我,长官,因为所有的老马都用于检阅队伍了。"

少校冲着他的脸叫道:

"易卜拉欣先生,你竟然让新军官骑新马!还跟我说,所有的老马全用于检阅队伍了。你易卜拉欣先生扣下一匹马,或者从别的连里给他备一匹马,或者根本就不给他备马……无论你怎么做,都不应让他骑这匹只有老骑手才驾驭得了的疯马!易卜拉欣先生,劳驾你另外再给他备一匹马,一匹你的马,明白吗?"

"明白,长官。"

就这样,阿里在他骑兵军官的新生活中,又受到了第二次打击。

之后,见习操练在持续,阿里和苏莱曼也一直跟新兵们在一起出操……检阅的日子终于到了。

这是值得纪念的一天。各军事单位一大清早就从营地出发。马蒙哈里发街的两侧响彻军乐队的乐曲声,各兵种开始在位于库巴桥骑兵部队大门前被叫作检阅场的开阔地里整队。

队伍排好了,从"立正""向右看齐"一直到"枪上肩"的整队口令声消失后,部队由开罗部队司令指挥。他牵着马,面对整齐的部队,站在检阅场的中央,身后是骑在马上的参谋军官们,他们的马焦躁不安,不停地晃着脑袋,马头下面垂着红绿颜色的穗子。参谋军官们后面是一个信号军士,他手里拿着旗子,按照司令的口令,忽高忽低地打出旗语,统一部队的行动。队伍整顿完毕,开罗部队司令向总参谋长敬礼,请他指挥队伍。

骑兵们排在靠近兵役局大楼一侧的最右面,他们骑着马,排好队,手持飘动着彩色缨子的标枪。他们的旁边是骆驼兵部队,骆驼伸长脖子翘首远望,骆驼兵们戴着高高的缠头①,脸色黧黑发亮。紧挨着的是炮兵部队,大炮有拖着的,也有装载在车上的。再接下来是步兵营,军事学院排在步兵营的最前面。

军乐队排在队伍后面的正中间。检阅队伍的正前方,是一直连接到大街的来宾席天篷,居中是一个高台,上面飘扬着一面绿色的大旗。

在主天篷里,坐着国家要人,有王公、大臣、使节、议员、教长和社会名流。检阅场周围,群集着各阶层的民众,他们来观看年轻新国王的加冕典礼。

阿里与苏莱曼同观众坐在一起注视着检阅的队伍。由于未能加入受检阅的队伍,特别是他俩在其他部门的同学都随部门参加了,他俩心里都感到难受和沮丧。

阿里开始情不自禁地幻觉自己骑在那匹漂亮的栗色马——在被它摔在地上之后,他已将它驯服——上,带领着一个连队,昂首挺胸满怀信心地行进在阅兵队伍中……而英琪站在天篷里,欣喜而自豪地注视着他。阅兵式结束后,她邀请一起乘车,到他俩常去的花园里休憩。

阿里的鼻子里自嘲地哼了一声,嘴里发出一声失望的叹息。他斥责自己还在做绝望的梦,怀着毫无结果的希望。

他骑不了马,她也不会来,想这些有什么必要呢?可是,她为什么不会来呢?所有的王公都在,她有可能已经跟着她父亲一起来了。谁知道呢!

他失望地耸耸肩。

不过,纵使她来了,又有什么用?她跟她的父兄坐在一起,他能够越

---

① 用布裹成,像一顶帽子,有的很硬,可以戴上去。

过这一大群达官显贵去跟她攀谈，诉说他对她的爱慕和思念吗？

不，不，这一切都没有必要……与她握一握手就行了，甚至能在远处和她的目光相遇一下也够了。远远地望上一眼，就能滋润他燥热的心田，解除他精神上的渴望！

他转眼向主天篷望去，想看清里面的人。

真是枉费心机……在草堆里觅一枚针，也要比在这万头攒动中找到一张特定的脸容易得多，这成千上万张脸从远处望去，都是一个模样。

礼炮一声轰鸣，宣布检阅开始和王位继承者的到来，这也把阿里的思想拉回到检阅场上。骑着膘肥的骏马、身穿挂有金银线饰带的白色礼服的先头队伍，从兵役局大楼方向缓缓地过来，几位侍从武官走在队伍前头，他们中间是骑着一匹驯良温和的大红马的国王。从高处往下望，国王看上去面目清秀、英俊、和气，他腰板笔挺，气宇轩昂。在他身后走着的是其余的侍从武官。

检阅场上响起了一片掌声和欢呼声。人们的脸上洋溢着为这张英俊、宽容的面孔而高兴、庆幸的表情。苏莱曼向阿里抒发他内心的感受道：

"我喜欢这位国王，他的外表令人感到乐观。我觉得他比他父亲更接近人心。那种把人民和君王隔开，让人民处于渊底，而君王高踞峰顶的鸿沟，已不复存在。我自从看到他从国外回来继承王位的照片，听见他通过广播向人民宣读第一篇公告以来，就不由得喜欢上了他，人民也将会喜欢他。我知道他有可能成为我们的希望所在，埃及有可能由他开创一个新时代，实现强盛的复兴。是的，阿里，这位年轻英俊的国王，有可能领导埃及走向光荣的顶峰，赢得埃及的自由和独立。他被赐予这块作物欣欣向荣、茁壮成长的肥土沃壤，也拥有了人们心中的爱戴、忠诚、好感和美好的希望……你难道不这样看吗……你瞧他，瞧瞧人民对他的欢迎……国王与他的人民间的关系,就应当是这样。"

阿里看问题没这样深刻,没有想到要把国王与人民联系起来,没想过国王的能力,他会成为众望所归……这一切,他都没想过,也不会去想……他认为这是苏莱曼的一种空谈,苏莱曼对政治和民族主义的兴趣,阿里心中可没有。

国王长得很帅,文雅英俊,这是阿里看到的一切。此后,他的心思不是放在探讨国王与人民的联系,或研究他实现自由、独立的能力上,而是忙着观察广场上的队伍,偷偷地在天篷里寻找一张特定的面孔。

国王来到广场的中央,面向队伍站定,接受致敬。王国国歌一奏完,检阅便随着队伍指挥官的一声大喝开始:"队伍散开,奏军乐!"军乐队开始奏检阅进行曲,曲调欢快优美。首先是王室的行列,他们个个身穿华美服装,骑在漂亮的骏马上,从右面骑兵集合的地方开始,经过武装部队面前。

巡视结束,国王一行回到广场中央的检阅台,旗帜在高高的旗杆上迎风招展。

国王站立着,身后是身材顾长、头发花白的总参谋长。总参谋长容貌慈祥,颧骨和下颌突出。队伍指挥官又大喝一声:"队伍靠紧,奏军乐,官兵站回自己的位置。"

接下来是一连串组织各兵种通过检阅台的口令。阅兵开始,武装部队站成一个大圆圈,从兵役局大楼处开始行进。军乐队向前来到广场中央,面对王室观礼台,在每一兵种通过时奏各自的进行曲。

骑兵部队过来了,官长们走在前面,紧接着是骑兵的军旗,上面绣着骑兵部队经历过的各个战役。两个骑兵营均按连队排列,营长走在自己营的前面,连队由连长先导……他们都绷直身子,挺着胸膛,几乎要把肋骨都折断……高昂着头,表情严肃,眼皮眨都不眨……全身一动不动,犹如固定在马背上的一尊尊钢铸像。他们刚走近检阅台,便发出一声高喊:"全连——向右看!"他们好像不仅是在命令自己的连队,而且也是对全体受检阅部队和人山人海的群众发号施令。口令声刚喊完,他们就用力举起马刀,刀柄对着嘴,刀刃笔直竖在头顶,再同样用劲地挥刀向下,刀柄及于膝盖,刀身顺沿着胳膊方向,刀锋微朝下偏。

每走过一个连长,阿里就把自己放在他的位置上,又分身置于天篷,与眺望的众目一起观看着骑在马上的自己,感到很快乐,继而便觉怅然,他发现自己乘骑的不过是一张凳子,偷瞧天篷的目光一无所获,在成千上万脸庞中找不到他心目中的面孔。

骑兵走过后,接踵而来的是戴着缠头、骑在高高驼峰上的皮肤黝黑的骆驼兵,他们的脑袋,宛如高出清真寺拱顶的宣礼塔塔尖……随后,军乐队逐一奏出挨次通过的受检阅部队的进行曲。阿里注视着行进在阅兵式中的同学们,向苏莱曼逐一报出他们的名字,看到他们握着军刀,脸色严肃,打着绑腿、腰里束着皮带的身子绷得紧紧的,他俩感到欣喜和安慰。

最后一个营过来了,阿里看见马哈茂德·奥斯曼与营长和参谋官组成的一个黑色的三位一体,显得协调与和谐,他嘴角露出了微笑。苏莱曼笑道:

"把奥斯曼放在这两位黑人军官中间合适的位置上,真是个奇妙的巧合……应该把这个营叫作黑人营。"

武装部队经过检阅到广场指定位置后再次返回。这次是呼"国王万岁"的口号声,然后,乐队奏王国国歌,检阅结束了。

人声喧腾,汽车壅塞,各种汽车喇叭声与人喊声混杂在一起……各部队准备返回驻地,"稍息""立正""枪上肩""背枪"等各种口令声响成一片。

阿里看见主天篷里的来宾散开了,各自向路上挤得紧紧的汽车走去,他没有从中见到一线能照亮他身心的光明,感到很是沮丧。

苏莱曼与他的伙伴在拥挤的人群中开出一条道回营房去,好不容易来到了车水马龙的马蒙哈里发街的人行道上。一辆汽车疾驶而过,后面没有车接上来堵住马路,这正是穿马路的机会。苏莱曼正想迅速穿向对面的人行道,但阿里却呆呆地站着不动,眼睛盯视着那辆驶去的汽车。

那是伊斯梅尔王爷的车子,阿里对它很熟悉,黑色的亨勃牌汽车,他还清楚地记得它的号码。从后玻璃窗里,他认出了王爷的脑袋,柔软的白发盖住了他红色肥壮的后脖子和太阳穴与大耳朵的一部分。他还瞥见金黄色的秀发熠熠发亮,如同照亮他心房的电光。是他真的看见了,还是他想入非非?他看见的,只不过是他眸子中的幻象……在他看见和没看见的一切之中……他走在路上,在遛马场骑马、在闭上双眼面对屋里的天花板、在睁开眼睛眺望星云和透过云缝俯瞰的月亮,他都看到这一幻象……这会儿他见到的,究竟是刻画在他眼里的幻象,还是真的看见了她?

不对,他是看见了她,闻到了她的芳香……他几乎可以断定……是的,是的,那是她。

苏莱曼对他这么站着感到不耐烦,用力拉他的胳膊,汽车开过来又把他俩的路给拦住了,他俩穿不过去。苏莱曼对他嚷道:

"你干吗像泥雕木塑似的站着不动?"

阿里走在苏莱曼旁边,眼睛一直望着那辆远去的汽车,不由自主地答道:

"那是她,是她……"

"是谁啊?"

"那是他们的汽车,就是在咱们面前开过的那辆。我看见她的父亲在车里。"

"你找她父亲干什么?"

"不,我还瞥见了她,是的,我相信是这样。"

"你相信你看见了她?"

"我相信……我好像看见了她的一绺头发。"

"但是,就算真的是她吧,现在又能干什么?你愿意咱们去找一个骑兵连来,追上汽车,劫持她,然后,把她当作俘虏带回宿舍或者四连的马鞍房吗?"

阿里显然没有多少准备受人揶揄,也没有心思去理解和回答苏莱曼的话,他的思想一直尾随着汽车。他只能回答苏莱曼道:

"咱们要是早到一秒钟,我就能在汽车开过前看到她了。"

是啊,只要一秒钟就能让他赶到车前,而不是落在车后。假定她是在车里,他就能看到她的脸庞,瞥见她那让他心怀希望、振作精神的亲切微笑。

苏莱曼显然要打断阿里的沮丧,把他脑海的虚拟词除掉,不让他纠缠于"要是早到一秒钟,就会如何如何"之中,他用肯定的口气说道:

"咱们要是早到一秒钟,你最多只能看到王爷的脸和他的后脖子。别难受了,宝贝。"

阿里固执而又烦躁地答道:

"咱们要是早到一秒钟,我就看见她了。"

"你是想入非非。我看见车里只有王爷一个人。"

"可是,我看见了她的一绺头发。"

"你有时候看见的是你喜欢看到的东西,而不是你实际看到的东西。"

两人走进骑兵部队的大门。岗哨两个脚后跟一并,取持枪姿势,向标枪上方举手敬礼。

两个后跟的撞击声没有把阿里从恍惚之中唤醒。苏莱曼提醒他道:

"还礼,否则我就还礼了。"

阿里用机械的动作举手还礼。

阿里认为没有必要继续争论她是不是在车里和他有没有看见她。两种情况都导致同一个结果,就是沮丧和失望感更甚,思念渴盼之心倍增。

他俩回到宿舍,坐在客厅里。在又长又宽的客厅中央安装着一个火炉,很显眼。阿里躺在炉边的一张大安乐椅上,松弛地闭上双眼,沉浸在遐想之中。而苏莱曼则忙着打开收音机,左右拨动调台的指针,弄出尽可能大的噼噼啪啪声和各种快速杂乱的声音。他终于找到了一个东方台正在播送卢尔达卡什的流行歌曲:"你要我待在屋里,自己去追求时髦。"

苏莱曼让收音机哗啦哗啦地唱着歌曲,自己回到阿里身边,在他旁边的一张椅子上躺下,对阿里喊道:

"嗨,随便聊聊吧。"

阿里没有理他。苏莱曼的目光从阿里转到火炉顶上的福阿德国王像,那像上有国王的签名。他说道:

"他们干吗到现在还保留着这张像?"

阿里睁开眼睛,看看他所指的是什么像。苏莱曼又说道:

"这张像应该拿掉,跟它的主人一起被抛弃。应该换上新国王的肖像……应该让希望取代失望。我现在就把它取下来。"

他跳上椅子去摘像。阿里朝他喊道:

"苏莱曼,你别犯傻。这不关你的事,这是宿舍管理军官、参谋官们和营长的事……再说,我看你也不必对新国王这样热情,对老国王如此仇恨……好像他杀死了你的父亲。"

"他杀死了我们民族。"

"即便你说得有理,谁告诉你儿子与他的老子有本质上的区别?谁告诉你,这根棍棒不是那些棍棒中的一根?又有谁告诉你有其父必有其子,豺狼倒会养出羔羊?谁告诉你……"

"不,不,我觉得他跟他的家庭不是一码事,我希望他能给埃及带来许多东西。"

三十四　盗窃者的机遇

在那以后，阿里开始感到工作的艰辛和极度的劳累，加冕典礼的操练已经结束。那次操练占据了骑兵部队领导的全部注意力，他们暂时无暇顾及这两位新军官的胡闹和心情不舒畅。

阿里并不觉得他的新生活与学校生活有多大差别。相反，他发现新生活更苦也更严。学校里最艰苦的是骑术操练，在毕业班时这种训练不过三次，现在则成了每天必尽的职责，更累，时间也更长。他在骑兵部队做任何一项工作时，都体会不到自己是个军官。操练时他受到的是士兵的待遇，乘坐的是骑兵鞍具，进入场院，要像任何一个士兵一样服从教练员的命令。带操的长官命令举起马镫，他就得举起。最糟糕的是，他作为军官，总觉得应该比队里的任何一个士兵都做得好，他应当竭尽全力，坚忍不拔，不在士兵们面前出洋相——训练结束后，他很可能就率领他们。

他知道，现在让他感到疲劳的这种操练，不过是更艰苦也更严格训练的前奏，这是每个新军官要成为"骑兵军官"都必须参加的骑士班训练，不经过这个班，他在骑兵部队人员眼里，不过是个会骑马的步兵罢了。

他像在学校时一样，每天五点或五点半醒来，六点或六点半到达马厩。他发现易卜拉欣先生像是在马厩里过夜似的，总是已在马匹和士兵们中间踱来踱去等他了。操练结束,他不能回去让身体歇息一下,而是得先站在马槽旁饮马,还必须跟士兵和军官一起吹哨子,让马喝得畅快、舒服。其间,号兵会发出数百种号声,阿里得一一区别清楚。骑兵部队的号声,与他在学校里耳朵听惯的号声完全不同,不是仅限于按时干某项特定工作的号声,而是针对各种人的号声:对中士一种号声,对卫生班长一种号声,对上士又一种号声。每当有人要找他们,号兵就吹号召唤。阿里常陷于困惑,搞不明白那些接连不断的愚蠢号声的秘密。除了三种号声,他几乎分辨不出其他的号声。饮马和喂马两种号声是他从马匹身上听懂的,对这两种号声,马匹要比他的反应快,它们不停地嘶叫,焦躁地用蹄子踢地,直到给它们端来饮水和饲料。至于第三种,那是刷马号声,他明白,如果刷马的时候他不在,自己会遭到什么样的灾难。

等到饮马、喂马结束,他就回宿舍去吃早饭。要是去不了宿舍,那就在骑兵饭铺里凑合要一客蚕豆或素炸丸子,喝一杯芒果汁解解渴。接着,再去参加第二场骑兵操练,那是教授使用马刀和标枪的操练。

再接下来,开始刷马、检查马匹和马厩、中午的饮马和喂马,然后是办公室工作,到下午两点才结束。

一吃完午餐,就到了下午操练的时间。等到操练结束,阿里觉得自己的两条腿已支撑不住全身的重量,遂回房去休息,直到临睡。

加冕操练后的几天过去了。阿里一直埋头工作,像他在军事学院当新生时一样,只是在入睡前躺在床上,瞌睡还未攫住他的眼睑时,才有一会儿思索的时间。

有一天,轮到他值日,这是他第三次单独值日。之前,他担任过几次"见习"值日,亦即练习性值日,新军官跟着一位老军官,让老军官教会他掌握值日工作中的细节和秘诀。

军官们解散后,阿里跟值日中士去发"口粮"(士兵们的饭菜)。时间已过两点,七月的骄阳把灼热的火鞭抽向人们的头和全身。阿里手持一根短而细的藤杖,脚穿长筒靴走着,靴头满是尘土,靴筒内有白色泡沫的污迹,那是洗鞍鞯的肥皂水、马汗和马鬃毛混杂在一起的脏物。他的马裤挺沉,紧贴住两个膝盖,往上皱缩,大腿两侧有红褐色的斑点,是擦鞍鞯的油溅染上的。一条连接左肩背带的宽皮带紧拴在腰部,束住了裤子。卡其布衬衣的下摆塞在裤子里面。几周下来,经过日晒和洗濯,衬衣已经褪色,变得黄白相间。两个肩上各有一块带一颗星的肩章。衬衫领口露出他汗水模糊、细长而坚硬的脖子和瘦削、清癯的脸孔,严肃的表情透露出疲劳,另也夹杂着不耐烦、倦怠和顺从。

厨房坐落在马厩的后面,是一排矮房子,正对后门,俯瞰着沙地和遛马的场院。阿里站在厨房门前,看了一眼整齐地摆在厨房前面地上的铜餐盘,接着便向站在餐盘前的班长查问。班长把两个弧形的靴刺一碰,声音就像铁板相撞,举起右手敬礼,左手握着一根藤杖。在骑兵部队里,藤杖似乎是值日军官和准尉军士的必备品。

阿里认出他是自己所在的第一营的一个军士,问道:

"二营的餐盘呢?"

"奥贝德班长还在召集当班的士兵。"

阿里感到烦躁和恼火。他两只脚都快站不住了,这个值日的畜生却还没有把餐盘收齐。盘子不送来,他只得挨烈日的暴晒。

阿里光火地喊道:

"告诉号兵把二营值日班长召来。"

阿里已经开始习惯在来来往往中使用号兵。

号兵吹起了号。阿里当然分辨不清号声的奥妙,不知道它究竟是在叫值日班长还是骑兵部队参谋。重要的是,过了一会奥贝德班长用藤杖驱赶着几个扛着餐盘的士兵来了,他们跑到阿里跟前,奥贝德当着他的面对士兵们吆喝道：

"快跑，你这个马驹子，你们这些小畜生都快点跑。下一次，你们要是还迟到，我就要把你们绑在马厩柱子上，用鞭子抽。"

班长当着阿里的面叱责士兵，威胁要用鞭子抽，这使阿里感到尴尬，不知所措。但是，火辣辣的太阳和极度的疲劳使他宁可装聋作哑、置若罔闻。他对班长喊道：

"快一些，班长。"

班长对着驱赶来的一队人叫道：

"立正……报告，长官。"

士兵们开始把餐盘排在原来已经排好的餐盘另一边。这时，炊事班长出现了，他在另一个士兵的帮助下抬来一只大锅，放在餐盘的旁边，接着又到厨房里去了一会，端回一个小瓦锅，里面是红色的液体，像是肉汁卤子。他揭开餐盘的盖布，往盘里盛卤汁。

阿里看到锅子，显出诧异的神色，问炊事员道：

"这里面是什么玩意儿？"

"我们做的小扁豆汤。"

"可是，蔬菜和肉呢？"

"晚上再发。"

"为什么？"

"因为供应车从饭店里送来迟了，我们只有到晚餐才有时间准备。"

"可是，我们上一次中午不就发了吗？"

"那准是干菜，干菜豆。"

阿里走进厨房，看到一个角落扔着一堆西葫芦皮，炉子上有两只汽锅都煮开了在咕嘟咕嘟地叫。炊事员打开其中一只锅的盖子，说道：

"这是西葫芦米饭。"

他盖上第一只锅盖,接着又打开第二只道:

"这是肉。"

阿里满意了,走了出来。他向炊事员要来一把勺子,尝尝小扁豆的味道。这是为了执行易卜拉欣先生在教他值日要领时向他阐述过的指示。

他用勺子长长地喝了一大口汤,装腔作势品了一下味道,对炊事员说道:

"分吧。"

炊事员分完餐,上午值班的最后一项任务也就结束了。阿里觉得可以回宿舍去吃点东西、歇息和凉快一下。他看看表,已经两点半了,便对随他值班的主要助手、值日中士说道:

"我回宿舍去了。我想在下午操练之前咱们没有什么事了吧?"

"没有了,长官,您可以去休息了。我去准备饲料,供操练后用。"

"我四点钟到你那儿。要有什么事到宿舍里来找我。"

阿里离开厨房,径直向宿舍走去。他刚踏上回宿舍的路,就瞥见营部军需官从办公室方向朝他急匆匆地走来。他揣测是出了什么新问题,便站住等军需官走近,心里却越来越烦,都快没有耐心了,不等军需官开口,就冲着他嚷道:

"又怎么啦? 我四点钟来,不能等我回来再说吗?"

军需官伸手递过一只蓝色的信封,说道:

"这是您的信,邮差今天才送到。"

阿里接过信,惊讶地问道:

"我的信?"

"是的,上面写着您的名字。"

他看到信封上用蹩脚的阿拉伯文写着他的名字,觉得没有必要与军需官继续争论,或让他也感到惊奇,就用不无歉疚的语调对他说道:

"我真没有想到会是信，所以你急急忙忙地朝我跑来，我心里挺纳闷，生怕是出了什么事。"

"我怕信里有什么急事，就不等到您下午回来时再送了。"

"谢谢，马哈茂德。要有什么事情，我在宿舍里。"

"是，长官。"

军需官柔和地向他敬了一个礼，既不碰脚后跟，手也没发颤。阿里一面继续向宿舍走去，一面十分惊奇地把信翻来覆去地端详。他并不想把它打开。

谁会把这样一封信寄到他的骑兵部队里来呢？他感到自己的思想正使劲地企图把他推往某个方向——一个愉快而甜蜜的方向，但是他马上竭力遏制自己这样去想……他不想让自己成为甜蜜幻想的玩具，被它恶作剧地用力一推，推向一次比电光一闪更快消失的欢乐……转瞬又把他扔进漆黑一团的失望幽谷之中。

不，不，他不会荒唐到竟然企图使自己相信她会写信给他……也不会用一个虚妄的幻想来自慰……他手里就拿着驳斥这种幻想的第一个证据：这封信不可能是她寄来的！

可是，为什么不可能？她写信给他，有什么不可能的？

可是，她干吗要写信呢？如果她给他写信是有可能的，那她过去为什么不写？

傻瓜，不要再欺骗你自己了！不可能是她写的信，倒可能是你弟弟、父亲、巴希娅或随便哪个朋友写来的……是除她之外的任何一个人写来的……可是，这些人中谁都没有必要写信给你呀！

同样，她也没有什么理由要写信啊。

可是，他干吗不解脱自己，打开信一见分晓呢？是他害怕真相而乐于猜测，还是因为他希望把她当作写信者而自我陶醉一会儿呢？

他已经走完了通向宿舍的路。路两侧是高大的连翘树树墙,中间的花台里,是一片繁密的红色绣球花……他穿过按法老时代的简易式样搭成的花园门,走向花园中央的圆形喷水池,水从池中心的一尊石马头上喷洒出来。

他满脑子乱哄哄的想法,那封还未打开的信捏在他插入裤袋的手里,他走进宿舍的客厅。他看见苏莱曼跟往常一样忙着在调拨收音机,几个同宿舍的老同事坐着等开中饭。苏莱曼丢下收音机,迎向阿里,问道:

"你怎么回来得这么迟?"

"我在分发口粮。"

"仅仅是分发,还是跟士兵们坐在一起,看到他们吃完才放心?"

"我求求你,苏莱曼,我没兴致讽刺挖苦。"

阿里无心争论,只想独自面对信,去想一想、猜一猜是谁写来的……然后鼓起勇气来打开它……他躺在远处一个角落的一张椅子上,口袋里的手仍抓着信,思绪依旧推着他在希冀和失望之间摇摆,猜想是她,又相信不可能是她。

终于,他趁同伴们忙于谈话和听收音机的时候,鼓起勇气从口袋里掏出信,拆开信封,从里面抽出信匆匆一看,只见是一封用铅笔写的英文信。

来信所用文字起初使他惊愕,但他脑海中闪过的一个念头使他的心几乎要跳出胸膛。他不由得用颤抖的手指小心翼翼地展开信纸,目光看到英文写的台头"我亲爱的阿里",不及再看其他词句,又急忙翻到末页寻找签名,只见是"忠诚的英琪"。

他的手抓着信,却并不往下看,仿佛生怕有人抢走它。他把信塞进口袋,左顾右盼,心里有一种避开检查人员眼睛偷藏赃物的感觉。

静静地过了一会,他努力调匀胸间急促的呼吸,让欢呼雀跃的心平静下来,想着这份放在口袋里的上天赐予的厚礼。

他不想急急忙忙地把信快速浏览一遍,也不想在长期的分离和思念之后,当着同伴们的面,在收音机的喧闹和同伴们的呼叫声中与写信人相会,而只想静静地与她单独相处,长久而从容地与她相会。

他最好还是把信放在口袋里,等吃完午饭,回到自己房间,关上门,独自透过信的字里行间倾听她的喁喁私语,吮吸她的馨香,逐字逐句地品赏信的内容。

军官们已经脱下衣服、长筒靴和马裤,换穿上长裤,让他们的小腿从长筒靴的重压下解脱出来。其中一个名叫阿卜德·拉赫曼的人最活跃也最会胡闹,像是要好好地休息一下,穿上了睡衣,坐在一张椅子里,两条腿懒洋洋地搁在沙发柄上,向左右的人讲着笑话,嘻嘻哈哈地。

他看见阿里蜷缩在角落里,仍在"一身戎装"的重压下,穿着马裤,束着武装带,神思恍惚地在想心事,便对他喊道:

"喂,你这个新军官,你这么全副武装地坐着干吗?你是打算吃饭还是打仗?是觉得身穿戎装很开心?起来,去解放一下自己,轻松轻松吧。"

阿里知道他的尖嘴薄舌,有挖苦人的本事,自己这会儿没有心思跟他一起说笑,脑子只记挂着藏在口袋里的蓝色的来信,于是便简短地答道:

"我值日。"

"值日?我猜是易卜拉欣先生告诉你值日人员必须整天全身戎装的吧?"

这确实是易卜拉欣先生强调过的,他在整个值班期间亲自给阿里做过榜样,直到十二点钟,在查完寝室、马厩和岗哨之前,他都一直穿着长筒靴。

阿里仍简单地答道:

"是的,他向我强调过。"

"易卜拉欣先生啊,愿主毁了你的家,就像你坑害新军官一样……你别听信他的话,别事事学他的样,不必像他似的见到人就敬礼,也不必无缘无故地在马厩和宿舍中间穿梭似地奔跑、蹦跳。你想成为一个受人尊敬的军官,就决不要去干易卜拉欣的事。易卜拉欣先生的行为在我们这里叫做大惊小怪,你不应该做一个他那种大惊小怪的人。"

"可是,易卜拉欣做的,是军令明文规定的。"

"傻瓜,不是军令规定的一切都应当去做。你只要尽到自己的责任,让自己心安理得,做到其中一半就够了。剩下的,你不用做,只要在值班报告上写上已经做过就得了。我们全是这么干的。即便易卜拉欣先生本人,你以为他平常值日也像当着你面时那样什么都做吗?他可没有好好教你,他教你的是应该做些什么,而不是他做些什么。你还真以为他整个值班期间都全身戎装吗?"

"是的。"

"他是在拿你开心。他中午丢下你的时候说他一个人去检查马鞍,免得你跟去受累,要你在客厅里等他。你知道他去哪儿了吗?"

"去鞍房?"

"不对,是上床啦。他脱下马裤和靴子,穿上睡衣,实实在在地躺下了,却让你被衣服裹得紧紧的。"

"你怎么知道?"

"我碰巧到他房间里去了。他把我当作了你,怕事情败露,从床上一跃而起,钻到了床底下。"

"不可能。"

"但这却是事实。你别以为职责攸关的他都做,禁令规定的他都做不到……否则,你就是白活了。起来,像我一样去穿上睡衣,谁都不关你的事。"

正在这时,易卜拉欣先生进来了。他看见阿卜德·拉赫曼正在叫阿

里去穿睡衣,便责斥道:

"你这是干什么,阿卜德·拉赫曼?你竟穿着睡衣坐在客厅里?"

"这不关你的事。"

"要是少校先生看见了呢?"

"少校先生不会看见我,他现在准是在自己家里。"

易卜拉欣向窗外望了一眼,惊讶地警告道:

"少校先生正向花园里过来了。"

阿卜德·拉赫曼藐视地答道:

"是老早以前吧!"

然而,易卜拉欣表情严肃,他迅速转向门口,警告其他军官道:

"大伙注意,少校先生骑着自行车从宿舍的路上来了,把你们的脚从椅子柄上放下来,不要吵闹。"

军官们赶快坐端正。阿卜德·拉赫曼以为少校真的来了,便纵身一跳,跳到壁炉旁边的一扇后窗前面,再一跳,就躲到了后面连接炊事房的通道上。

易卜拉欣哈哈大笑,叫阿卜德·拉赫曼道:

"告诉我,就这点勇气?回来吧,兔崽子。"

"不,大爷,我去穿衬衣和长裤。这一次平安无事,下一次说不定他真会来。"

宿舍的勤务兵进来,向军官们宣布午餐已经准备就绪。大家起身,走向室外俯临花园的阳台,餐桌整个夏天都放在这里。

军官们围在餐桌四周,笑话和笑声又响了起来。阿卜德·拉赫曼伸长脖子望着易卜拉欣先生面前的一小盘土豆——那是他的母亲给他送来的,揶揄道:

"当然是不会有肉的。易卜拉欣先生,告诉你妈妈,有一样东西名叫肉，好人们总是把它跟土豆放在一起的。"

"肉是单放的。"

"干吗要单放？你给我三块土豆、一勺子芝麻酱色拉，我给你一块肉，你看怎么样？"

"一块肉，不带骨头？"

"行。"

"另加一块黄瓜？"

"你别贪心不足，一块肉抵五块土豆呢。"

争论和调解、笑话和笑声持续不断。阿里心不在焉，几乎对周围的一切都无动于衷。他刚吃完一块西瓜，便离座溜回到自己的房间，关上房门，坐在圈椅上伸直双腿，把信掏了出来。

三十五　邀请

我亲爱的阿里：

　　在我给你的信的开头,先要为它的文字致歉。我知道你热爱埃及的文字,我也爱它,不亚于你对它的热爱,那是因为它,也因为你。尽管如此,我却不得不仍用英文来写……不是因为我不懂阿拉伯文,而是由于我的英文表达能力要比我的阿文表达能力强。如果我是给一个普通的人写一封平常的信,那我不会感到需要有表达能力,用阿文抑或用英文写都一样。但这是给你的信,我在动笔的时候,感到非常需要这种能力,我所怀有的感情,要比倾泻在纸上的我们通常用来表达内心感受的普通词句,更深也更广……我无疑非常需要创新满足我要求的新方式。

　　这是我第一次写信给你,我不知道在这以前我为什么没有给你写信。也许是我不习惯于凡事主动,我的本性是等待。在我想念你,渴望与你相会时,我便坐着等待,等待某一个夜晚,我坐在大树底下时你的到来;或者某一个清晨,我正独自在路上骑马,你从小河边的芦苇丛后面出来……甚至我就让手推车载着我冲下,也许你会从花房后面奔出来,这一次不是为了拯救我的身体,而是把我的心灵从长期孤独和极度思念中拯救出来。

我等待着,等待着,既然你毫无动静,我就希望命运能做些什么,希望命运像过去一样,把你投到我的路上,为我做出安排,哪怕只是一次美好的邂逅。然而,命运仿佛抛弃了我,已将我置之度外。

我不知道自己打算继续等待、听天由命、寄希望于你自天而降的幻想,或通过机缘巧合把你如同珍馐一般赏赐给我,要到什么时候。

自从你父亲不到花园里来,我父亲大发雷霆,威胁我说,假如他知道你见到过我,或咱们之间还有丝毫联系,就要给予最严厉的惩罚……以后,我就很难获得你的消息了。

尽管如此,我还是有办法知道你已经从军校毕业,进入了骑兵部队。当我父亲告诉我,他应邀去参加庆祝加冕的阅兵式观礼时,我感到内心一阵震颤,但愿自己能去观礼,因为我觉得你肯定会参加,而且由于思念心切,直觉得你就是整个阅兵式,没有你就不成其为阅兵式。

我不想向父亲说明我想跟他去的急切心情,免得引起他的怀疑,知道我想去的原因,而且也怕他从我的表情上看出我的心思——那种可疑的表情就像在说"带上我吧"。

我对他的话没有做任何表示,仿佛这件事跟我没有多少关系,甚至就像我根本没有听见他说的话。可是,当我坐下吃午饭的时候,我随便地问他有关加冕典礼的情况。他随即笑着问我道:

"你过去没看过阅兵式吗?"

"我怎么会看过?"

"那就跟我一起去看看吧。"

"那真值得观看吗?"

"当然值得。国家是不会每天举行加冕典礼的……这种庆典只有在每次王位交替时,也就是当老王驾崩新王登基时才会举行……我想,国家不会每天都有一位国王驾崩的。"

就这样,我顺顺当当地被他带去参加庆典了。

我坐在那里观看,当然不是观看整个检阅队伍,而是要观看某一个人,我猜想他会出现在远处队伍最前面的一匹马的背上。

眼睛跟耳朵一样是会骗人的,它让我们轻易地看到我们想要看到的人,即便他根本就不存在……于是,你就像蜃景似地出现在我的跟前,出现在走过来或走过去的每一匹骏马和每一位骑手上……当我仔细审视时,我却发现不是你,蜃景便消失了。

我宽慰自己,等检阅开始,队伍从我们面前通过的时候,我肯定会看到你。然而,队伍过去了,除了被事实驱散的蜃景,我没有看到你。

我想你不会知道,看到阅兵结束却不见你的踪影时,我是何等的失望……我去只是为了看你,我想象中的阅兵队伍只有你。

后来,直到最后……

奇迹发生了,发生了又过去了,恰似电光一闪。

我一眼瞥见了你,汽车正载着我们飞驰,你和你的一位同伴正想穿过马路。

阿里拿着信的手垂落在膝上……思想飞到了那辆疾驰的汽车和透过车后窗玻璃看到的那一缕披落的金发。

那么,那的确是她,他没有想入非非,也不是一厢情愿。

是的,是的,他从没有看错过她,即使没有看清,也是看到了她。他有感知她的能力。

他非常兴奋,觉得正如他看见她一样她也看到了他,已经有过相会了,虽然相会出现时他没赶上。

他举起信来,又读了下去。

我几乎要喊司机停车,叫你上来与我一起乘车。可是,我想起了父亲,我只能缄默、出神,让思绪随着你驰骋,用幻觉和想象来召唤你。

回到家里,我心里有一种想看看你的强烈愿望和不可抗拒的与你相会的企盼。那匆匆的一瞥,犹如星星之火,引燃了我思念的炸弹,要摧毁忍耐和抵抗的坚垒,荡平屈从和等待的城堡。

我觉得,我应拥有自己的权利,一种生活的权利。我在等待中白白丢失的时间与生活毫无关系,它只是指从生活中被剥夺、扔进虚幻之中的光阴。

我认为,摆脱我强加给自己的这种消极态度的最好办法,是我与你直接联系,无需通过中间人或使者。于是,我抓起笔来给你写信,我惊异地问自己:我过去为什么没有写?

奇怪!一个人在无奈无助虚度年华的时候,却会突然找到自己能亲手实现愿望的途径,他应做的只是抛弃屈从和等待,伸出手去摘取自己想要的东西。

我怀着困惑和惴惴不安的心情向你伸出手去。我一面伸手,一面疑惑地问自己:你还是你吗?我在你的心目中仍一如既往吗?我依然是你美好的理想和甜蜜的希望吗?理想还没有被离别驱散,希望也没有被光阴改变?

就我自己而言,时间和离别如有影响的话,那就是我对你——对你在我心中的地位和你在我生活中的必要性感觉都有增无减。

毫无疑问,时光会让人忘怀。然而,对于你,它的影响与忘怀相反……真主知道这是为什么！时光只是让对你的回忆历久弥新，长久的分离只是使你的形象更加清晰和深刻。

现在，我不知道再写些什么。我发现尽管已写了满满几页纸，可却觉得我还什么都没有说。思潮在我的脑海中涌动，错综混乱，不过最终全集中在两句话上：想念你，强烈地想见到你。

我不知道，在我给你写的字里行间是否已说出了我的意思，还是尚未谈及。

在这段离别的时间里，我形成了一个坚定不移的看法：咱俩是人们所说的相辅相成的一个两半，大自然缔造咱们，让咱们相互补充。如果在咱们一生的某个阶段，生活的传统和环境迫使咱们出现某种分离，那么，大自然这个最强大有力的因素一定会修正其他因素所造成的错误。只要咱俩矢志相互归属，咱们只是协助大自然尽到它的责任。

基于这样的看法，我决心不再等待，摆脱消极，不让别人维护无聊表象的想法压倒咱们维护自己生活权利的愿望。

凭借这个决心，我提起笔给你写信，向你诉说我的衷情。

我明天将去亚历山大。我好像觉得，要是你能够来，那里将更有见面的机会，因为我们将住在圣伊斯梯法努饭店，直到我父亲修葺完亚历山大的房子。饭店到了傍晚总是熙熙攘攘，挤满宾客，这使你我有可能在饭店的庭院或露天电影院里相会。

我听见父亲叫我下楼的声音了，他要我随他进城去买些东西。我不想耽误发信，我现在就收笔，以便能把它投进最近的邮筒。

我原想在出门之前见到你，可是，我想命运不会在长期的分离之后慷慨地赐给我这个机会。

总而言之，我在去争取我认定的生活权利之后，便不想等待命运的恩赐了。等我们在饭店住定，知道我们在那里的生活安排后，我再从亚历山大给你写信。

我的全部希望是你想法能来，哪怕只有几天。

下封信再见。致以

最良好的祝愿

永远忠诚的
英琪

阿里拿信的手再一次垂落在膝上。他伸直双腿，闭上眼睛，思绪逐渐向远处翱翔——信仿佛有翅膀，带他飞向一个充满快乐和幸福的安谧世界。

这封信包括它的内容，都令人难以置信，他需要努力让理智接近它，相信它的真实。他不时地用手指摸摸信，以确定它的存在，接着又回想它的内容，把信举到眼前，以证实它的确是真的。

他身不由己地从椅子上站起身来，离开屋子，经过宿舍的花园，向营房走去。周围的一切都使他感到愉快。

信为四周增添了辉煌的色彩，以至一转眼工夫，一切都变了，栽满绣球花的花坛绿叶青翠，鲜花绽放，树枝摇曳婆娑，枝头鸟儿在婉转歌唱。太阳的炽热也变得温和了。

他来到马厩。高墙斜顶的马厩，第一次在他的心目中显得可爱了。呵斥马的声音、马的嘶叫声、蹄子的踏地声、链子的摩擦声和马厩值班人员的喝骂声，在他听来，像是组成了一支旋律优美、曲调动听的管弦乐队。

他第一次感到自己喜欢营房，包括里面的建筑、马匹和士兵，所有令人厌恶和烦躁的因素，都已烟消云散……他坐在一个饮槽的边沿，看着汩汩流进去的水，接着抬眼望望一堆堆排放整齐的玉米穗、草料和干苜蓿包,观看饲料班班长把大麦同干草、麸皮和盐拌在一起,为马匹准备一顿盛馔。

在这种内心感觉亲切的氛围中,他从口袋里掏出信——这令他感到幸福和陶醉的源泉——挑出几段,念上两句或三句、四句,仿佛是他即将要参加考试似的。

值班日过去了,那照理是工作最吃力、最繁重的一天,阿里在营房里奔来跑去,检查武器,给马鞍上蜡,分发口粮。他满怀信心噔噔地走着,既不觉得累,也不感到烦。每到休息的时候,他就从口袋里掏出"精神食粮",从中念上一段或看一句,然后在脑子里回答那一段,评析这一句所蕴含的寓意。

"我好像觉得,要是你能够来,那里将更有见面的机会。"

可是,他怎么能去呢?可以争取一次休假,还是星期四中午出发星期五晚上回来?可他怎么对两天假期里期待着与他共享天伦之乐的双亲说呢?是说他值日,还是说他到亚历山大去出差?

"我的全部希望是你想法能来,哪怕只有几天。"

她希望他能去,好像他不想似的。如果事情到了要他逃出军营,他也敢。

"下封信再见。致以最良好的祝愿。"

今后他应留心通信兵,过去他从未感觉到通信兵的存在。他没有久等,第二天一早,他在检查刷马的时候,通信兵就朝他走来,交给他第二封蓝色信封的信。

易卜拉欣先生看见士兵交信给他,笑道:

"好极了,阿里先生,蓝色信件开始了。你可真有福气,我是当差两年之后才收到一封蓝颜色信。"

阿卜德·拉赫曼在自己的马厩里已经站得不耐烦了,便朝他俩的马厩跑来,寻易卜拉欣先生的开心,接口说道:

"是啊,我倒还记得,那是一个法警交给你的。"

易卜拉欣大喝一声,警告道:

"回你的马厩去,阿卜德·拉赫曼!营长要来了。"

"就是骑兵部队司令也不关我的事。"

从阿卜德·拉赫曼的马厩方向传来一声拖长的喊声:"立——正!"他一面向马厩跑去,一面说道:

"倒霉的日子,他真的来啦。"

易卜拉欣笑了,追上一句:

"快跑,胆小鬼!"

阿里拿着信,既不拆开也不看信封上的地址,立即塞进口袋,仿佛怕被人抢走,或遭人嫉妒受害。

易卜拉欣见阿里看也不看就把信塞进口袋感到纳闷,诧异地问道:

"你干吗不看信?"

阿里好像觉得,马厩里所有的士兵和马匹都已知道他的事情,洞悉他的隐私。他要是掏出信来拆开,他们就会伸过脖子来看里面的内容。他神色慌张地答道:

"没有什么重要的事情。营长快来了。"

"在他查完第一连之前,你还有充足的时间。他在阿卜德·拉赫曼连里,准得花半天时间来解决他发现的垃圾和问题。"

尽管如此,阿里还是不敢打开信来读,像是怕它会流失点滴,或飞出片言只语……他觉得只有在独自一人,关紧门窗,防备好监视者和好奇者的情况下,才能够读它。

刷马、饮马和喂马都做完了。号手吹出十几种号声,阿里跟平常一样分辨不清。坐办公室的时间开始了。他感到自己等不到办公结束回到宿舍再看信了,既然没有耐心,不如躲到(与马厩相连的)马鞍房去,在不让人觉察的情况下摄取他的精神食粮。

他溜进马厩,那里除了一个值班人员外,已没有士兵。值日兵一看见阿里,就高喊"立正",但响应他的只有马匹。它们非但毫不理会,而且依旧在嬉戏、乱动,晃晃脑袋踢踢腿。

阿里吩咐值日兵继续干他的活,自己走进两间鞍房中的一间。四连(这是阿里跟随易卜拉欣先生见习的连队)有两间狭窄的房间,代替其他各马厩相连的一间大房。四连的马厩是新近修建的,位于营房尾部,在后门与兽医处之间。

阿里坐在一只大木箱上。木箱里面放的是马厩里用的设备、几副多余的铁器和修理用工具,还有王室鞍鞯物件,以及易卜拉欣私人的马球用具——他迷恋一切与贵族有关的东西,从马球、高尔夫球,到结交每一个碧眼金发的外国女人,也不管她们的模样有多丑。

阿里打开信,只有一张信纸,满足不了他的欲望,也解除不了他的干渴,不免有些烦躁和沮丧。

他再把信翻来覆去检查一遍,也许会找到哪个角落还写有文字,之后,才慢慢地念起来:

我亲爱的阿里:

我利用到亚历山大后第一次独自一人的机会给你写信。我坐在自己的屋子里,从窗口能眺望与天际相接的蓝色海浪、波光潋滟,听得见涛声,它柔和温顺,用"潺潺"一词形容,似乎比"轰鸣"更贴切。

我周围的一切,都促使我思念你。这儿一片岑寂、宁静的海洋,无边无垠的蓝色。我真想看到你,让咱俩共享、观赏。我的快乐感是残缺的,因为我一感受到快乐就会想起你,盼望你跟我一起来领略它,你仿佛已经成为我感觉的器官,没有你,我对任何事物的感受都不会完整。

我希望你已经想好了前来的办法。见面的机会比我原来猜想的更多。父亲明天要回开罗,在那儿待几天,出席他担任主持人的一些会议和社团活动。阿赖忙得我都几乎见不到他一面。饭店到了晚上宾客盈门,几乎谁也顾不上谁。没有比在这里相会更容易、更后顾无忧。

我不给你多写,因为想尽快把信寄出去,向你强调我想要你来的强烈愿望和见面的方便。

星期四傍晚,我将在广场或外厅里等候,你找我不会有困难。如果你在别的时间到达,你可以打饭店电话跟我联系,不过,如果不是我接的电话,你就别回答。

致以

我最美好的祝愿

永远忠诚的

英琪

邀请热烈而且令人愉快,可是,想要赴约,却令人困惑、很复杂、很麻烦……困难重重。

他只去过一次亚历山大,那是在小时候。还记得起来的几乎只有锡迪贾比尔的车站、海边和英国军营旁边那条东西向的大街。

尽管如此,她却直截了当地要他到圣伊斯梯法努饭店去见面,在外厅或庭院里找她,说找到她不会有困难。

愿主宽恕她,原谅她对他的信任。

他不仅找她有困难,而且要找到那座饭店也不容易。他对所有的新东西、对他不习惯的一切都心怀恐惧。他的才能、本事和个性,只在他熟悉和习惯了的范围里，才能显示出来。至于让他到一个平生只去过一次的城市，要他去那里最大的一家饭店，会见一位王爷的女儿，那可身陷巨大的危境。

他确实已经成为一名骑兵军官，在他自己的岗位上，他是一个受尊敬的人，人们总是用钦佩和赞赏的目光看他。他的文雅英俊仪表，不逊于上流贵族阶级子弟。尽管如此，他内心仍感到自己依然故我，是阿卜德·瓦希德师傅的儿子，从小坐在矮圆桌边或草席上啃干大饼和穿打补丁裤子长大的孩子。这些，即便是他想从中脱身，切断联系，置之于遗忘的角落，但却并不引以为耻，也不感到困窘。相反，他对这些总是心怀眷念，引以为荣。每当他回到家乡和家里，他就感到心情舒畅和恬适自在。他对那里的农民邻居和熟识的工匠都很亲近，毫不矫揉造作，他与他们拥抱几乎从不在乎他们身上的泥土会弄脏自己的衣服。他对他们的感情和亲近都很强烈，与此相反的是他对另一个阶级的感觉，在他们中间总感到自己是个迷路的陌生人。

怀着这样的恐惧和那样的感觉，他预感到了这次赴约必然会遇到的困难程度，和他去亚历山大，闯进大饭店，在那迷宫中寻找她时将亲身经历的危险程度。

尽管如此，他却必须勇敢前去，而且为了相会，即便要投入流血的战斗，他也决不犹豫。思念情切，不可抗拒，也难以抑制。

星期四上午，他收拾好出门的行装，做了一切必要的安排。他把自己的打算告诉了苏莱曼。苏莱曼对他去亚历山大的想法尽管不以为然，但在他坚定的决心面前，也只能送他去乘中午开往亚历山大的火车。

苏莱曼站在靠火车车窗的月台上。开车前，两人闲谈着打发时间。苏莱曼说道：

"你知道吗，他们打算把咱们调到新建的两个机械化团去。"

"这是谁告诉你的?"

"我是听助理参谋萨利赫先生说的。他说,你将调到轻汽车团去,我则调往轻坦克团。"

"这些汽车和坦克在哪儿?这一切不过是纸上谈兵。实际上,咱们只看到过英国中士用来训练一些埃及军官的几门轻炮。"

"坦克和汽车就要来了。新团实际上已经组成。"

"不管怎么样,我宁愿待在骑兵部队里。"

"别傻!机械化团是有前途的单位,是作战用的装甲部队。军事顾问团正在认认真真地训练咱们,给咱们配备武器。在部队发展的时代,咱们把自己拴在马匹上是太蠢了。"

"我只有在马匹中间才觉得快乐和兴奋。"

"因为你就是一匹马驹子。"

火车开动了。阿里笑着向苏莱曼挥手,说道:"谢谢。"

三十六　冒险

阿里到达锡迪贾比尔车站,拎着小提包,里面装着睡衣、刮脸用具、牙刷和拖鞋,夹在成群的旅客中间,登上连接两个月台的天桥。他应该先去锡勒西拉的军官俱乐部找一间房子,安顿下来,洗去旅途的风尘,然后打电话联系英琪。

他必须打听锡勒西拉街和俱乐部的地址。他感到难以启齿询问,身穿军服,在人们面前却连军官俱乐部的地址都不知道,很不好意思。然而,他刚一走出车站大门,就听见一个惊喜的声音在叫他:

"阿里·阿卜德·瓦希德,你怎么来啦?"

他回头一望,见是阿卜德·阿勒,他的一个同班同学,分在亚历山大的一个炮兵单位,此刻从一辆别克牌汽车里下车,非常热切地迎上前来,一面握着他的手,一面向他问候。阿里答道:

"我来办一点事情。"

"是公事?"

"不,是私事。"

"你好吗?我们可真想念你。真是一个有趣的奇遇。我来迎接第二炮台台长马哈茂德·哈利勒上尉,可是他没有来。你上哪儿去?"

"到俱乐部去。你知道俱乐部在哪儿?"

"问我知道俱乐部在哪儿? 就在我们炮台旁边,傻瓜。走吧,我送你去那里。"

阿里在他旁边坐下。司机驱车直奔俱乐部。阿卜德·阿勒问道:

"你到俱乐部去干吗?"

"我先洗一洗,吃点东西,打个电话,休息一会,然后出去。"

"干吗去俱乐部? 这些事,你在我的炮台宿舍里都可以解决。我带你走吧,绝对不必去俱乐部。"

阿里觉得一阵轻松。他怕生,本来就怕去俱乐部,不过也怕给朋友添麻烦,于是说道:

"我不想打扰你。"

"打扰我? 这是同班同学间说的话吗? 我要是到骑兵部队宿舍里住也打扰你吗?"

阿里笑着答道:

"当然不会。"

"那你怎么就会打扰我呢? 我将让你吃一顿你平生从没有尝过的饭菜。我们宿舍的厨师已为咱们准备好了一顿很不错的鱼餐。我将让你洗一洗,炮台里的电话随便你打。然后,用车送你到你想去的地方,你看怎么样?"

"这是再好不过了。"

汽车来到炮台,穿过了建在铁丝网中间的大门,铁丝网里面是一批帐篷和大炮。汽车在一间用木料和洋铁皮搭成、外面涂着石灰的棚屋跟前停住。阿卜德·阿勒招呼阿里进去。

棚屋分成两半,一半放着几张阿斯尤特椅子、藤椅和一只小圆茶几;另一半的中央是一张桌子,上面整整齐齐地放着餐具。有一扇小门通向厨房和与棚屋相连的盥洗间。这儿虽然家具简陋,却显得干净、整齐。潮湿、清凉的海风从窗口吹拂进来。两个朋友在阿斯尤特椅子上坐下,阿卜德·阿勒喊道:

"贝尔法斯特①!"

有人在厨房高声应答,就像一个乡村咖啡馆的侍者:

"长官。"

阿里奇怪地问道:

"你叫他什么?"

"贝尔法斯特。"

"他是什么人?"

"是宿舍的厨师,名叫马哈茂德·贝尔法斯特,因为他自称在入伍之前曾在贝尔法斯特当过厨师。不过,我相信他最多在图尔贾曼窝棚区②的大烟馆里混过。"

厨师走了进来,棕褐色的脸膛,表情和蔼,满面带笑,是个讨人喜欢的人。阿卜德·阿勒嚷道:

"马哈茂德,咱们有位客人,骑兵军官阿里先生阁下,他声称骑兵部队的伙食比炮兵的强。我想让他证明情况正好相反。"

炊事兵俯在阿卜德·阿勒耳边,悄声说道:

"最好就让他这么说吧,因为咱们根本没有饭菜了。"

"怎么回事?"

"扎基先生等了你一阵,以为你不来了,就把你的一份饭菜吃掉了。"

"他干吗不吃他自己的一份?"

----

① 地名,在英国的北爱尔兰,这里是厨师的外号。
② 开罗的贫民区。

"他吃了。"

"又吃了我的饭菜?"

"是的。"

"那么,就把上尉先生的一份给我们端来吧,他不来了。"

"也被他吃啦,他把我们所有的饭菜全吃掉了。"

"天哪,主啊……那就给我们煎几个蛋,开一罐沙丁鱼,来一块乳酪,按你的风格,给我们做一份百页包。"

贝尔法斯特做了一个舞台动作,转身直奔厨房。

阿卜德·阿勒说道:

"我想,在他给咱们准备好饭菜之前你可以洗一洗、打个电话。咱们走吧。"

两人站起身来。阿卜德·阿勒指着窗外道:

"那就是军官俱乐部……这是旅指挥部。"

阿里洗毕。阿卜德·阿勒指着放在一张小木桌上的一架旧电话机,说道:

"你打什么号码?"

"我不知道具体的号码,我想要圣伊斯梯法努饭店。"

"就只要圣伊斯梯法努?你打给谁?"

阿里的脸上显出犹豫的神色,打给谁难道能对他说吗?当着他的面打电话合适吗?阿里迟疑了一会儿,答道:

"我有一封信要交给那里的一位旅客。"

阿卜德·阿勒笑了,说道:

"调皮的家伙,这事儿准牵涉到女人。我去给上士吩咐几句,然后再到你这里来。"

阿卜德·阿勒离开了宿舍。阿里面对电话机坐着,好一阵子游移不定。这事情对他来说显得复杂而艰巨。

终于，他举起话筒。过了一会，传来电话兵的声音。

"长官。"

"给我接圣伊斯梯法努饭店。"

"您是……"

"阿里·阿卜德·瓦希德少尉。"

"请稍等，您搁上话筒等我叫您。"

不一会，电话铃响了。阿里拿起话筒，听见电话兵的声音说道：

"长官，您要的饭店电话。"

阿里探询道：

"喂，圣伊斯梯法努吗？"

"是的，你找谁？"

阿里感到很紧张，想搁下话筒，但他还是做了回答，就像冒险扔出一颗炸弹，然后站着等挨炸：

"请接伊斯梅尔王爷的房间。"

"别挂断，稍等。"

他等了一会，几乎听见自己的心在怦怦地跳动，好几次想搁下话筒，逃出宿舍。他怕王爷来接电话，不懂得即便出现这种情况，他也可以一声不响把话筒放回原处，事情就一下子了结了……他却以为王爷一拿起听筒就会看见他，掐住他的脖子。

等了好一阵子，他觉得拿听筒的手发僵，听筒与他的耳边凝结住了……终于，他听见了声音，由于两次转线，声音显得十分遥远……是女人的声音，不太辨别得清楚。

阿里稍觉放心。听得出来，声音里带有女性的温柔，他的恐惧消失了大半。但他还不十分放心，因为他辨别不清是谁的声音。

他把话筒贴紧耳朵,一面说,一面试图辨清声音:

"喂,谁啊?"

他的心跳在加剧,几乎要跳出胸膛。心灵是最能辨别,也最能领悟的,尽管如此,他却不想冒险明说,觉得最好还是再采取一个以防万一的步骤,于是又问道:

"你是谁啊?"

回答他的声音显然带有不耐烦和生气的口吻:

"电话是你打来的,说吧,你是谁?想找谁?"

阿里怕对方一生气把电话挂断,便探问道:

"是英琪吗?"

一阵沉默,他没听到回答,担心是搞错了对象……但他很快听见了回答,声音热烈、温柔、亲切、激动,满怀思念、期待和欣喜之情:

"阿里吗?"

从她的话里阿里感到一种奇妙的陶醉,不由自主地又问道:

"英琪?"

声音又一次传来,像是惊讶得难以置信:

"阿里?"

"你好吗,英琪?我真想念你啊!"

"我也是,我想见你差不多都快疯了……你什么时候到的?在哪儿打的电话?"

"我刚到,从锡勒西拉军官俱乐部旁边的炮台宿舍打的电话。"

"你打完电话后干吗?"

"跟我的一个朋友一起吃午饭。"

"我什么时候能见到你?"

"听你的。"

"听我说，阿里，我们受邀到体育场去喝茶，在那里不会待很久，因为爸爸必须乘六点半的火车回开罗。我将送他去车站，大约七点钟回到饭店。"

阿里有些焦躁，他恨不能飞到她身边去，怎能忍耐到七点钟呢？

英琪又接着说：

"你看怎么样？到时我能见到你吗？"

"在哪儿？"

"在饭店里。"

"饭店的什么地方？"

"我在溜冰场旁边等你。"

"溜冰场在哪儿？"

"你知道靠海的那个院子吗？"

阿里笑着答道：

"我连饭店在哪儿都不知道。"

"你到饭店来决不会有困难。广场的右边，电影院大门对面就是溜冰场。咱们可以进电影院，想坐多久都行，电影是连续放映的，任何时候入场都行，里面的座位几乎都空着。我七点钟等你，别迟到。"

"我会提前到达。"

"现在我得挂断电话了，我看见阿赖正在走来。再见。"

"再见。"

阿里搁下听筒，心里却想一直拿着不放，不过，声音虽已消逝，期待中的约会却是给他的安慰。

不到七点，阿里从所乘的拉姆勒电车在圣伊斯梯法努站下车，朝饭店走去。他穿着轧别丁军装，身材颀长，胸膛突出，腰间系着皮带。来到广场，没有遇到他想象中的困难。他穿过饭店花园，经过长廊，进入豪华宽敞的大厅。里面的桌子排列整齐。大厅一角高台上的管弦乐队在演奏乐曲，声音在厅内四处回荡。

富丽堂皇的建筑、精致的家具和宾客们的贵族气派，使阿里感到紧张。他竭力想驱走这种畏惧感，对自己的身份有些自信。然而，他觉得自己是个渺小的异客，在这里走着的不是他本人。

广场濒临大海。一道没有草木的铁栏杆把广场与海滨大道隔开。广场里满是漫无目的在散步的人，他们只能观赏他人，也供人观赏，既是展品，又是观众，两种身份集于一身……阿里还看见许多过去只在报纸上才看到过的政治家和国家要人的面孔。这又增加了他对这块地方的畏惧感，因为他不曾想到有朝一日会与这些名人同聚一地，亲眼看见他们没有前呼后拥的人群就在自己身旁行走，他可以与他们谈话，或至少能听到他们的声音。

他走向溜冰场，那里一片喧嚷，热闹非凡，男孩女孩穿着带轮子的溜冰鞋冲来冲去，着了魔似地大声叫喊、欢呼。他顾盼四周，不见英琪的踪影，看看表，还不到七点，于是给自己找了一个能看清全场的角落，目光盯着自己刚进来的入口处，英琪一进来他就能看见。

他目不转睛地望着入口处，目光稍向溜冰场或广场里的游客一转便又收回到入口处来。俊俏的脸孔比比皆是，近在咫尺，却引不起他的注意。他犹如一个狙击手，端着枪对准某一目标，生怕目标溜脱，不敢移目旁顾。

目标尚未出现，只听见一个柔和的声音在唤他：

"嘘……你这么出神干吗？在看什么哪？"

他朝发出声音的地方转过身去，只见英琪站在旁边。她身穿一件天蓝色的开领短袖衫，脚上是一双精制的白色高跟鞋，头上盘编的发辫好像戴着一个光轮。

梳着圆髻、穿着长裙和高跟鞋的英琪，胸脯隆起，细腰，臀部丰满。她的体态，比一个女学生更富有女人味，也更成熟，尽管她的脸庞依旧那么纯洁、真诚，神情仍然那么尊贵、高尚。

两人都怀着满腔的思念紧紧地握手，嘴边都泛起灿烂的笑容，流露出由衷的幸福感和最欢欣愉快的神情。

阿里答道：

"正在等你出现。我原来以为你会从入口处进来。"

"我让你久等了吗？"

"才十分钟，我是六点四十分到这里的。"

"我要知道这样就早一点赶来了。"

她朝他们对面的电影院入口处看了一眼，接着说道：

"电影还没开始，才六点五十分。我想，不到七点一刻或七点半，在天完全黑下来之前，电影是不会开演的。"

英琪转向身旁，跟一个从她身边走过的姑娘点头招呼，显得很不安。阿里察觉到她心神不定，这样一直站着也许会给她招来一些麻烦，他一定得做点什么。

阿里问道：

"你愿意咱们找个地方坐坐吗？"

英琪又不安地环顾四周，接着定睛看着广场的一个方向，说道：

"我没有料到卡马勒亲王的孩子们会在这里。我看见苏海蕾在那里，她要是看到我，我就得过去跟她待在一起。"

"那咱们进电影院吧？"

"电影院还亮着灯呢。"

"你先进去，过一会儿等灯灭了，开始放影片时我再进去找你。"

"我怕苏海蕾也会去电影院。"

她沉思了一会，突然抬起头来，像是脑子里闪过了一个摆脱困境的主意，欢呼道：

"听我说，阿里，我有一个带点冒险的主意，不过，咱们当前也只能这样了。"

"什么主意？"

"那辆梅西迪斯牌小轿车停在花园里，我有它的钥匙，是司机走之前留给我的。咱们开车到阿布基尔路上去兜风，你看好吗？"

阿里对她的主意感到意外，觉得这建议既危险却又有趣。

命运赐给他的是一个多么奇妙的机会！他要与她单独乘一辆车外出，到一条空旷路上去兜风！可是，不会有人看见他俩吗？不会……

然而，干吗这样荒唐？她冒险提出这个主意，他却试图加以议论，表示担心……跟她走吧，管它会发生什么。

可是，他不会开车，她也许会指望他开车，他不得不问道：

"你会开车吗？"

她笑道：

"你什么都甭担心，我沿着人行道开。"

"我不知道你已经学会了开车。"

"我是去年学的，已经开过许多次了。你别害担，要死咱俩一起死。我先去把车开出来，你在大门旁那条通向海边的路上等我。"

英琪走了。隔了不多一会，阿里也跟着出来，在靠饭店一侧的路上伫候，没多久，就看见她驾着一辆黑色的轿车驶来，到他身旁停住。他上车后，车子便疾驶而去。

好一阵子谁都没有作声，对这场冒险，两人都有些惴惴不安。英琪紧把着方向盘，眼睛透过车窗玻璃紧盯着前方，神情显得很迷茫。她自己也不明白怎么会这样大胆。在这五分钟里，她的行为与过去的她相比，大胆得宛若两人,她不是凭自己的意志在做,而是好像内心深处另有一人,坚决、执着、急切,充满渴望,决心要在长期遭受禁锢之后享有自己的权利,不让久渴之后获得的水滴平白流失。

恐惧引起的紧张逐渐消失。汽车刚从维多利亚路转向阿布基尔路,道路在农田中间铺展延伸,两侧各是一行枣椰树,两人开始感到安心,神经松弛下来,怕被行人看见,担心会在他俩旁边冒出一双好揭人隐私的眼睛或出现一张诽谤中伤嘴巴的心理消失了。路上空空荡荡,静寂无声,除偶尔有个牵着牲口归家的农夫,或一心赶路飞掠而过的汽车之外,没有什么行人。

英琪减慢了车速。刚才促使她车开得飞快的是她觉得自己像是一个冒险的逃跑者,或一个后面有人追赶的小偷,随时都会有个士兵出来迫使她停车,要她把车开回去,把阿里从她身边带走。

她笑了,在笑声中把自己的全部恐惧、劳累和紧张都驱走了。阿里望着她含笑的侧影,也笑起来。两人稚气地笑了好一阵子,就像两个孩子夺得一个球,一直跑个不停,惊慌失措、气喘吁吁,直到避开人们的眼睛,才感到安全,于是站定发笑,笑个不止。

英琪大笑过后长长地舒了一口气,仿佛是一个跑累了以后躺下来休息的人,说道:

"行了。"

阿里没有应声。他专注地看着她的鼻子,审视她鼻子与上唇相连的地方,像是有人要求他对这个鼻子进行几何测量,以便仿造一个似的。

英琪接着说道:

"咱们是两个疯子。我从未想到我竟然敢这样做。"

"我没有想到能在这样一条幽静的路上单独坐在你身边,差一点没高兴得发狂。这超出了我在幻梦中所缔造的最美好境界。现在,我再回忆起童年的理想时就觉得在这个世界上理想是可以实现的。"

"在愿望、信念和毅力面前,没有办不到的事情。"

"不,是在天命和幸运面前没有办不到的事情。有许多人他们有愿望和信念,在坚持不懈的忍耐中过了一辈子,却一无收获。一个人虽然可能具有一切成功的要素,但是他也许会功败垂成,虚度终生。他与想要达到的目标相距咫尺,那是命运的咫尺,在他的一生中,可能一直阻挠着他获得自己的所求。我们在自己的一生中怀有愿望,然后致力于实现这个愿望,除此而外,我们只能向真主祈求,期待真主的恩赐。我现在非常想感谢真主,感谢真主给予我的赏赐。"

英琪的双眼远眺着枣椰树和地平线相交的地方答道:

"我更想赞美真主、感谢真主,愿真主永远慷慨,帮助实现咱们的全部渴望。"

三十七　海浪拍击

汽车继续在栽有枣椰树的路上行驶。暮色渐浓,火红的晚霞正在隐去,留下暗灰色的残痕。

沉默笼罩着这对情侣。汽车已开过通向锡迪比什尔站的拐口,继续往阿布基尔的路上驶去。到了与夏宫方向来的路相交叉的十字路口,英琪看看表,说道:

"咱们开得好快,才七点过五分。你愿意咱们沿夏宫的路回去吗?"

一说到回去,阿里就感到烦恼。他俩开车出来不到十分钟,其中一半时间还是在最初的惊慌和生怕被人看见的担心中白白丢失的。

她放慢车速,似乎打算转弯。阿里望着她探询的目光答道:

"咱们不停一会儿?"

"停在这里?"

"为什么不行?"

"天快黑了,待在这么空旷的地方不太安全。"

"指哪一方面?"

"我害怕乡村的夜晚,道路漆黑,地点又荒僻。"

"我跟你在一起你还担心吗?"

"我为自己担心,更为你担心。"

"那么,让咱们停一会儿,等天全黑下来再走。咱们还没有谈过话呢。我对你的思念不是这样短暂的瞬间能满足的……"

汽车停住了。英琪显出不安和沉思的神情,不过,她很快便向他转过身来说道:

"听我说,阿里,我有一个主意,比这样停在马路上要好得多。"

"什么主意?"

"到马穆拉海边我家的小屋去。"

"马穆拉在哪儿?"

"就在去阿布基尔的路上,从这里过去用不了五分钟。小屋坐落在一块临海的小丘上。你看怎么样?"

"这还需要征求意见和商量?你该直奔那儿……你怎么一开始没有想到?"

"我怕去晚了那儿有看守人。可是,我刚想起来,看守人星期四晚上回他自己家过夜,我这里还有一把小屋钥匙,跟车钥匙放在一起。我想,咱们要是在那儿待上半小时,加上一刻钟的路上时间,八点钟之前就能回去了。咱们走吧。"

她调转车头,向马穆拉驶去。沿着田间大道走的时间不长,即往左拐向一条岔路,路上有几幢红色的斜顶房子,不一会又向左拐,朝一条开辟在一片高丘间的沙石路攀登。高丘把海与马路隔开,一个小丘顶上有一座长方形的小屋,用白石砌成,木质的斜屋顶。

汽车在小屋旁停住,两人下车站了一会,观看着小丘脚下一望无际的海洋。海水在日光之尾与初降夜色相互交织的朦胧暮霭中,颜色暗蓝。阵阵拍向岸边的海浪,在长久的喧嚣、汹涌之后,变得平缓而舒展,留下的是白色的泡沫和海草。

英琪向小屋的阳台走去，说道：

"咱们到里面去搬两只椅子出来，坐在阳台上。"

柔和的海风充满阿里的胸膛，一种奇妙的陶醉感流遍他的全身。他笑着对英琪喊道：

"咱们就坐着？在这自由自在的快乐天地里谁还会坐着？说吧，咱们去跑，去冲，去飞，去游泳！"

英琪停下脚步，望着他，微笑着点头答道：

"去冲……去飞？这容易，你等一下，我进屋去给你找翅膀。"

她推开屋门进去。从里面传出她的笑声和喊声：

"这里没有翅膀，只有游泳衣。"

阿里在外面喊着应道：

"那咱们就游泳。"

英琪从门里探出头来，微笑着问道：

"你说话当真？真想去游泳？"

"当然是真的，干吗不是！"

他想象自己与她一起在这宁谧的夜晚和广阔的空间，在沙滩上奔跑，出没于波涛之中，不觉兴奋异常。然而，他很快有些沮丧地说道：

"可是，我没有游泳裤。"

"不要紧，你可以用阿赖的一条游泳裤。"

她沉吟片刻，犹豫地又说道：

"可是，我怕咱们回去迟了。"

"如果你快点换上游泳衣，不耽搁时间，咱们回去不会迟。"

"我马上出来。"

她关上门，开始换衣。

她要去做的事是何等的疯狂？是什么魔鬼唆使她此时此刻到这里来

冒险？假如她已经做的和正要去做的事暴露，父亲、哥哥或者任何一个有理智的人会怎么说？而且，就是阿里本人看见她在夜间脱掉衣服和他一起在沙滩上奔跑，在海浪里游泳，又会怎么说？不，不，她应该理智些，不应该听任这类愚蠢愿望的驱使，而应该恪守闺范，谨慎从事，这才符合她的本性和她正派的品格。她开车到这里来已经够傻的了，不必一傻到底啊！是的，是的，她应该停止这种疯狂。

尽管如此，她却继续换着衣服，站在镜子跟前打量自己：蓝色羊毛游泳衣紧绷在被太阳晒红的身躯上，露出两条滚圆的小腿，适中的身材和匀称的肢体。她对自己的美丽感到满意，心里充满自信，她不再自责，她想博取阿里赞赏的愿望压倒了其他一切想法。

她的思想开始为自己所谓的疯狂和愚蠢的一切做辩解。他看见自己身穿游泳衣，跟他一起游泳，有什么罪过呢？她过去难道不曾跟哥哥以及他那些庸俗无聊的朋友一起游过泳吗？阿里难道不比那所有的人跟自己都更亲近吗？

窃取片刻的欢乐，以滋润她长期受禁的心灵，为将有可能的离别储备精神食粮，又算什么荒诞不经呢？

不，不，她不应该用疑惧、担心和自怨自责来破坏她偷偷攫取来的欢乐。

她的行为，并非罪愆。他俩已决心相互归属，要逾越一切障碍，消除各种堤坝，那就没有什么能阻止他俩安享美好的相会和幸福欢乐的时刻。

阿里坐在外面的阳台边上，纵目观望那最早出现在灰暗天幕上的孤星和一弯明月。日光尚未褪尽，夜色还不浓重，散布在四处的繁星犹如点点沙粒。

他脑子里在想的与英琪的想法一样，也觉得自己愚蠢而且疯狂，为刚才的行为和即将的行为责备自己，他不好意思看见只穿着游泳衣的她。

过去,他对她的胳膊和小腿从来都不敢正视。

自责之浪过去后,继之而来的是自辩之浪。

在如此长久的离别之后,他享受一下与她相会的乐趣,有何不可?他俩在这水天之间的宽广天地里奔驰,有何不可?他感到她已经只属于他个人,不容他人分享,他看到她身穿游泳衣又有何不可?

小屋的门开了,黯淡的光线下显出英琪苗条优美的身影。她嘴边泛出灿烂的微笑,带着明显的羞涩……她一面赶快沿着小丘的斜坡向海边跑去,一面喊道:

"我在海边等你,你别磨蹭。"

他一跃而起,进入屋内,一面答道:

"我马上就赶上你!"

几分钟后,他穿上了一条已放在凳子上的羊毛游泳裤出来,跟在她后面跑,一赶上她,两人就手携着手,兴奋地大声笑着,发疯似地冲向大海。

两人泡在水里。英琪开心地喊道:

"水里又有趣又温暖,我原来还担心水凉。这是我第一次夜间游泳。"

"小心浪潮!"

英琪往上一跃,说道:

"它盖过我之前,我就骑在它上面。"

"咱们稍微往前游游。"

"我不想把头发弄湿。"

"那我去游一下。"

"不,不,你别离开我……让我抓着你的胳膊。我怕这漆黑的海水颜色,觉得水里像是有可怕的动物要咬我。"

她伸出手,抓住他的胳膊,他俩之间仿佛通上了电流,都感到一阵震颤。一个浪头猛地向他俩袭来,英琪叫着,更紧紧地抓着他。他感觉到,她的身体在喧嚷的海水和飞溅的泡沫中，与他的身体贴在了一起，她的脸碰到他的胸膛，他的鼻子触及她的头发。浪，退下去了，他俩的身体又分开了，尽管两人的手指仍紧紧地交叉握在一起。

英琪笑着问道：

"这么疯玩，你高兴吗？"

"高兴极了。咱们是两个疯子，海也疯了，咱们周围是一片疯狂。"

又一个海浪涌来，比前一个更高也更猛。他俩不及留神，海浪一下子把他俩摔到了岸边。

海浪退去，他俩留在沙滩上，身上带着泡沫，粘着海草。

阿里趴在英琪身旁，食指拨弄着细沙。英琪仰天躺着，凝视满天繁星，发辫已经松开，披散在沙地上，俊俏的脸上挂着晶莹闪亮的水珠，胸脯平稳地起伏着。

英琪耳语似地悄声说道：

"这世界真奇怪，我们每时每刻所看到的情景奇怪地充满着矛盾。比这一切更奇怪的是我们竟如此的无能为力，我们只有通过参与我们共同观看的另一只眼睛和帮助我们一起感受另一种感觉，才能领略世界的美。这美丽的星空、这奇妙的大海以及大自然的其他各种景象，只有通过你，我才体会到它的美，只有与你联系在一起，或在对你的怀念中，它们才有价值。"

阿里的手指从拨弄沙粒转向抚摸她的发辫，把她的辫梢绕在自己的食指上，接着，手指伸进她的细发之中，然后拿到自己鼻下，一往情深地嗅着。他低声答道：

"我也是，观看世界总是通过你，通过你在我脑海中的情影、在我耳边的喁喁私语和你写给我的信才能观看清楚。你的信对我所起的作用说来你会不信，它把我原来认为是沉重、可憎的东西变得可爱了，让我坐在饮马槽边上,如同置身于乐园的溪边,从马的嘶叫声中听出了最甜最美的音乐。"

"在这之前,我早该给你写信了。咱俩既然决心不再分离,就不应该蜷伏着等待命运的赏赐和意外的恩惠,而应该反抗各种各样的分离。"

"从今以后,什么都不能使咱俩分开了。"

他的鼻子在她的发辫上悄悄地往上移。无意之间,他的嘴唇碰到了她的耳朵,引起她全身一阵战栗。她伸手摸他的头,抚弄他的头发,接着向他转过脸去,双唇正好碰到他的肩膀,继而滑至他的颈部,再一直慢慢地向上移动,终于她的嘴唇碰到了他的下颌,鼻子触到了他的双唇。

好半晌,他的嘴唇在她的鼻子上,从容而温柔地在那一对小小的鼻孔和高高的鼻尖上蠕动。这鼻子,他过去总是怀着爱慕深情地凝眸注视,但求能用指尖抚摸一下,现在他的双唇已经碰到。

他感到,这只鼻子在朝上移,而自己的双唇却往下滑,落定在一个更合适也更热烈的部位上。

一片静默岑寂。嘴唇吻合在一起,呼吸停止了,仿佛整个宇宙屏住气息,在伫立观望、等待,唯恐弄出一点声响,打扰了那紧贴在一起的嘴唇。

相吻的嘴唇渐渐越压越紧,嘴微微张开,牙齿也贴在一起了。英琪伸开双臂,抱住阿里宽阔的胸膛,头跟他的湿漉漉的脑袋紧靠在一起。

在长久而热烈的接吻之后,两人的嘴唇分开了。他俩的呼吸显得急促,胸膛一起一伏,像是在比赛似的。

英琪睁开眼睛。阿里望着她,悄声唤道:

"英琪!"

"阿里!"

"你爱我吗?"

"……"

"告诉我,英琪,你爱我吗?"

"问我的眼睛吧,你没有从中找到答案吗?难道没有看到什么吗?"

"我看到了一切,不过,我愿意听你亲口说。"

"我爱你,我对你的爱,存在于我胸间回荡的每一次呼吸之中,在我心脏搏动着的每一根血管里。我爱你,远远超出这句话的字面含义……我爱你,我爱你,我要是能够在一生中就只这一句话……我爱你,我爱……"

她的话被他的吻打断,在相吻中,她的双唇仍在蠕动,低声地说着那句令人销魂的话:

"我爱你……我爱你……"

两人的嘴唇再次分开,以获得片刻的喘息。英琪看看俯瞰他们的月亮和凝视他们的星星,喊道:

"咱们要迟到了,阿里,现在一定得回去了。"

"时间还早呢。"

"不,咱们偷用了时间……走吧,我感到冷得打哆嗦。"

英琪起身跑向小丘,阿里跟在她后面。她走进小屋,在关门之前伸手递给阿里一条毛巾,说道:

"把身子拭拭干,免得着凉。已经在降夜露了。"

阿里接过毛巾,开始拭胸和四肢。英琪进屋没多久就出现在门口,头发用一块丝巾扎住,脸上没有补妆。她手里拿着表,对阿里喊道:

"你看,都已八点半了。咱们快走。我回去要迟了。"

阿里钻进屋里,说道:

"马上就好,一分钟。"

几分钟后,汽车打开车灯在一片漆黑中摸索前进,不一会上了大路,向饭店疾驶而去。

归途上,这对恋人都未作声,他俩还沉浸在翻滚思潮的漩涡里,这是他俩不假思索地经历了疯狂冲动的阶段后必然会有的。

阿里在来亚历山大的路上,没有想到自己与她竟在这么短暂的时间里,越过了如此长的距离,也没有想到他在两人都身穿游泳衣的情况下拥抱她、吻她。这是他连做梦都不作指望不抱幻想的,而且,也不敢去想,即便他敢,那他就会斥责自己,把这种想法逐出自己的脑海,就像我们会把各种做坏事和作恶之念逐出脑海一样。

尽管如此,这些情况,却是通过最直截了当和最简单的方式发生了,既没费力,也没有前奏,像是一件理应发生的事情一般。他丝毫不对此感到困窘和后悔,反而更觉得恋恋不舍和心往神驰。

她呢,陶醉和依恋之情也并不亚于他,而且还体会到了彼此之间的亲密无间和连接他俩的纽带牢固有力。

两人都没有去想马上就要分手,也不觉得烦恼,亲近感比离别感更强烈,谁都不再觉得他们还有可能会分开。

在饭店附近,两人约好明天见面就分手了。阿里回炮台宿舍他的同伴处,英琪回饭店,两人的心,像饮了玉液琼浆,如醉似痴。

阿里回到炮台营地,向门岗回过礼,径往宿舍棚屋走去,里面除一个勤务兵外别无他人。他问起阿卜德·阿勒,知道他已在俱乐部里等自己。

他整了整仪表,便往俱乐部去。俱乐部离炮台只有几步远。他穿过俱乐部正面的濒海的小花园,走进通向宽敞大厅的大门,感到紧张。大厅正中的墙上挂着一幅国王加冕典礼上的照片:国王骑马居前,后面是骑在马上的一批侍从武官和总参谋长。阿里的惶恐不安,是因为大厅里挤满了高级军官和他大都不认识的各级军阶的人。若不是阿卜德·阿勒看见他,他已打算走了。阿卜德·阿勒坐在收音机旁的椅子上喊他:

"阿里!"

他朝阿卜德·阿勒走去,看到阿卜德·阿勒旁边有几个熟人:同期毕业的同学和其他几位在学校里见过的同学,心里安定了一些。

同学们高兴而热情地欢迎他,给他腾出了一个身旁的位置。

他们的谈话七嘴八舌,互相矛盾。这里问,那边答,有的问了没答复,也有的没人问顾自讲,絮絮叨叨,传播小道新闻,讨论并无主题,或对并无分歧的问题争论一通,最后也不知道在争什么。他们还谈论营房、大炮和值班人员,等等。

在这样乱糟糟的谈论中,阿里的思想集中不起来。一个他最爱听的声音吸引了他,那是收音机里阿卜德·瓦哈布在唱《你赏识了我》。歌刚唱完,阿卜德·阿勒就拉着他的手说道:

"走,咱们去吃晚饭。"

餐桌上谈论的是政治。阿里一面吃一面不得不留神听正在进行的讨论,不时地插进一句两句,免得阿卜德·阿勒像刚才大家坐在收音机前时那样,再指责他"情思缠绵,心不在焉"。

阿卜德·阿勒说道:

"内阁已经奄奄一息。"

旅部参谋马赫福兹上尉答道:

"这是非常法[①]和遍布全国的蓝衫组织[②]造成的必然结果。"

一个名叫卡马勒的步兵军官答道:

[①] 1936年初到1937年底,华夫脱党再次执政。其间,它推行了非常法(或称非常政策),即在重要的人事安排上,任人唯亲,不按法定标准、资历等常规条件办事,因此,受到了王室和反对派的严厉抨击。

[②] 1933年底,埃及出现了一个具有军事组织特点的"埃及青年党"。该党成员都穿绿衣服,一直到1937年底,有"绿衫党"之称。绿衫党对华夫脱党持敌对态度,反对与英国人谈判,并与意大利法西斯分子相勾结。华夫脱党根据这种情况,相应成立了一个蓝衫组织,以与绿衫党做针锋相对的斗争。

"华夫脱党为了讨好自己的支持者,无论如何也得采取非常法;到它不执政时,在反对袭向它和全国的专横风暴,保障自身安全时,它也离不开这些民间组织。"

阿卜德·阿勒回答道:

"这是一项错误的政策。每个官员为取悦自己的支持者,却会激怒成千上万个不支持他的人……没有比刺激人的非常法更让官员们恼火的了……蓝衫组织也不是民间组织,人民对它非常不满。"

"不管怎么说,这非常法对于所有的政党内阁来说,都很正常,虽说华夫脱党的非常法的范围太广了一些,这是因为它势力最强,支持者也多。我不觉得这就是你认为的造成内阁垮台的原因。"

"那么是什么原因呢?"

"造成内阁倒台的第一镐,是马希尔和纳克拉希①的退阁。"

"但是,他俩不正是由于非常法才退阁的吗?"

"谁知道呢!"

"你说'谁知道'是什么意思?这个原因是一清二楚的嘛。"

"还有别的原因,有宫廷牵线陷害华夫脱党的幕后活动。宫廷害怕华夫脱党的力量,担心蓝衫组织坐大。"

"宫廷与华夫脱党和别的党并不相干。国王凌驾在众人之上,他远离政治活动。"

"我不是指国王,而是指宫廷大臣。阿里·马希尔不是一个简单人物。内阁送交宫廷的所有法令全被束之高阁。你将会看到,内阁很快就会毁在

---

① 马希尔即艾哈迈德·马希尔。他和纳克拉希都是第一次世界大战后发家的大金融资本家,曾在1937年8月23日华夫脱党举行的纪念该党创始人萨阿德·扎格卢勒逝世十周年时,以"左翼"姿态出现,反对当时华夫脱党努哈斯内阁,并宣布退党,另组萨阿德党。这两人后来都担任过法鲁克王朝的内阁首相。

宫廷大臣手里。如果天从人愿的话,他本人将成为政权的合法继承人。"

"他怎么能执政?靠谁?"

"靠另外一批反对者,把他们组织成一个相互支持的派别,用从华夫脱党中分裂出来的人亦即纳克拉希和马希尔派的人,来扶植这一派。你知道纳克拉希和马希尔为什么反对华夫脱党吗?这是马希尔派的一个圈套。"

"废话!你把阿里·马希尔①想得太好啦!艾哈迈德·马希尔和纳克拉希的退阁,与阿里·马希尔风马牛不相及。华夫脱党人自相残杀,它的腐败已深入骨髓,已失去对民众的控制。你难道没有听见大学生游行呼喊的口号吗?那些游行全是反对华夫脱党的,高呼要打倒它。华夫脱党在作为一个战斗党时,曾经很强大。至于现在,它从原先坐人行道转为坐沙发,放弃了斗争以享受斗争成果和瓜分战利品之后,已经失掉了在群众中的威信。"

阿卜德·阿勒默然,接着,他向阿里发出询问。这是阿里随时都在做准备的。他竭力集中心思跟上谈话的进展,免得被问个猝不及防。

"你看呢,阿里?"

"依我看,华夫脱党与一切统治者一样,一旦登上执政地位,就会失去在民众中的威信。人们憎恶统治者是正常的事情,诗人说得好:

"'掌权者纵然执政公允,
总有半数人民怀敌意。'

"这是动摇对华夫脱党信心的首要原因,假如华夫脱党秉公执政,也会失掉半数人的爱戴;它如果不公正,那就会丧失全体人民的爱戴。总而言之,它必然会再一次退回到人行道上,号召人们跟它一起奋斗,直到收回它失去的东西。"

---

① 阿里·马希尔是艾哈迈德·马希尔之兄,当时是法鲁克王朝的宫廷大臣。

三十八　两心合一

  阿里与英琪又在饭店里见了一次面,在饭店的大厅、广场、溜冰场和电影院里走动。这次会面,被苏海蕾和英琪的几个女友撞见了。英琪起初感到不安,但很快就不以为然,决心不再理会或害怕什么人。那次见面之后,阿里回到了开罗。

  苏莱曼在车站送阿里去亚历山大时说的话,被证实了:阿里调到第一轻汽车团,苏莱曼转入第一轻坦克团。这是骑兵部队新建的两个机械化团,是组成一支新军的第一步,新军将不同于这支只在红白事上派用场的礼仪部队。

  阿里开始时对调动很不高兴。他喜欢骑兵:马匹、马厩、士兵、饲料、马粪,喜欢列队时在人们面前显示出来的全部气派和他们看不到的马厩里各种隐秘的赃物,喜欢那里又多又累的活儿和没完没了的责任,也喜欢铁嚼子在草料袋里晃动——用骑兵的行话来说,叫作"磨牙"——的声音,还喜欢浸在肥皂水里的皮条子、明亮亮的鞍鞯、光闪闪的马镫,喜欢马刺的碰撞声以及马匹冲出马厩在营房里的狂奔乱跑。

  虽然如此,他也只得转入新团队。咖啡色的工装取代了马裤和长筒靴,钻进汽车底代替了跨上马背,汽油、机油和润滑油取代了草料和麸皮。

他在新的工作中,感受到了一种新精神——奋发向上的精神。苏莱曼对他说的话,得到了证实:英国军事团正在认真地进行训练和配备装备——组织起了各种班组,练习使用轻炮、驾驶和维修汽车。坦克团接收到第一批轻型坦克,这些坦克体积虽小,在骑兵部队的围墙里开来开去,却令人感到自豪和强大。

阿卜德·阿勒的政治预言也被证实:华夫脱党的宝座动摇了,被赶下了台。民众对它下台的高兴劲儿,是它政治生涯中所从未有过的。但还没有轮到阿里·马希尔继承政权,他依旧当他的宫廷大臣,在暗中牵动着令人不安的细线。自由立宪党①的主席穆罕默德·马哈茂德依靠议会里与反对华夫脱党的各党派合作,执掌了政权。

这年夏天,阿里有机会再次出门。国王要观看新近运到骑兵部队的一种轻机枪。阿里奉命送枪去亚历山大,请驻跸蒂恩角宫的国王察看。

这任务艰巨而令人生畏。这是他第一次进入王宫,他对一切新东西都心怀畏惧,当这新东西竟然是属于王宫时,他会作何感想?

尽管如此,这次任务毕竟给他提供了去亚历山大与英琪见面的机会,因而也就减轻了它的艰巨性。他在下午快三点时到达亚历山大,带着送枪的士兵直接前往王宫。

卫兵把他领到侍从武官值班室。值日武官亲切地欢迎他,要他稍待,以便禀报国王。

不一会儿,侍从武官便要阿里带着枪跟他走。阿里跟随武官走过好几条长廊和几间宽敞的大厅……他不想认路,脑子也记不清周围的细节。豪华的雕塑和富丽堂皇的陈设,让他惊讶得几乎目瞪口呆。

---

① 是当时右翼政党,代表大地主和买办资产阶级利益。1937年12月~1939年8月,该党党魁穆·马哈茂德联合除华夫脱党以外的各政党成立联合政府,由他担任首相。

最后,他来到一间中等大小的房间,房间四壁空荡荡,只有几张椅子、一只沙发、一张办公桌以及一些武器和机械。他看见屋子中央有一个只穿长裤、赤裸着上身的人,躯体白皙魁伟,胸毛浓密,有些肥胖。

阿里愕然,站在他跟前的正是国王本人。

他从没有想到自己会面对面地看见国王,原先他还以为只要把枪交给一位侍从,或礼宾官,或随便哪个人,由他们转交给国王就行。即便他曾想到会觐见国王,也决未料到竟是这么一幅离奇的情景。他想象中的国王,只能是衣着锦绣,身佩宝剑,雍容华贵,由侍从武官、王公显贵和大臣们簇拥着,如同他习惯在庆典和接见照片中看到的国王仪仗。

而国王在这间简朴无华的屋子里这样赤膊站在他跟前,他压根儿没想到,尽管是亲眼看见,却还是难以置信。

国王大声地欢迎他,走过来像个行家里手似的察看机枪,而后要他留下枪自便,并命值日侍从武官为他准备午饭,因为他还未吃过午饭,如果他想留宿就为他安排住处。

国王对他的亲切欢迎和周到接待,使他的满意感压倒了他起初因为国王袒露着肥胖多毛的胸脯站着引起的惊奇。对国王的满意,使他把国王的这种行为归之于朴实和民主,而不是乖戾。这次晋谒的结果,使他对国王怀有感佩和敬仰之情。

他在回开罗之前,匆匆地与英琪见了两次面,一次是晚上在饭店的电影院里,另一次是白天在海边的小屋。他在两次会面中,啜饮爱情的甘露,解除了干渴,满足了他的欲望。

他向苏莱曼讲述他见到的国王。苏莱曼听后觉得惊讶,国王那光着上身的样子使他感到不满。然而,钦敬的眼睛总是看不见各种瑕疵。他像阿里一样也把这看成是朴实与民主。不过,在这以后,各种传闻不胫而走,有关事件都证明了国王的愚蠢和怪癖。

第一个传闻是他们的一个同事讲的,他父亲在财政部身居高位,曾听见时任财政部大臣的艾哈迈德·马希尔谈起过一场风波。

同事说,在一次大臣主持的财政委员会会议上,电话铃响了,大臣去接电话,稍谈了几句,脸上即显出十分专注的表情。一听完电话,他就起身离座,对委员们说道:

"诸位,请原谅,我不得不离开你们,国王召我立即前去觐见,肯定事关重大。希望诸位继续开会,等我回来。"

会上大家顿时互相探询起国王召见财政大臣是为了什么。先是众说纷纭,后是大家都断定,准是内阁请辞,大臣将受托组建一个清一色的萨阿德党内阁。

委员们开始探讨议会的命运,自由立宪党人会信任萨阿德党的首相吗?萨阿德党会拥有保证内阁稳定的绝对多数吗?另外有些态度游移的分子会加入萨阿德党吗?

猜测一直持续到财政大臣回来,他嘴上挂着一个愉快的微笑。

委员们问道:

"还好吗?"

"没什么,一桩小事。"

一个委员问道:

"内阁辞职了?"

"辞职……为什么?"

"我们猜想这次突然召见,是要你去组建一个新内阁。"

财政大臣哈哈大笑,回答道:

"不是,不是,事情要比这简单得多。"

"那么,发生了什么事啦?"

"我到宫里去,一到就觐谒了国王,只见他站在宫里的一间大厅里,身上只穿着裤子,显得情绪激动、气势汹汹,一看见我,就立即把铺在地上的毯子拉起来,一面狠撕,一面吼道:'这样破烂不堪的毯子难道应该铺在王宫里吗?我叫你来,是让你亲眼瞧瞧,免得你以后再削减宫廷的预算!你自己看看吧,你不是财政大臣吗?'我只得表示遗憾和歉疚,退了出来。"

另一个闹得满城风雨的有关国王的传闻,也向阿里和苏莱曼证实了国王的鲁莽和愚蠢:国王把库巴火车站的售票亭拴在一辆汽车上,然后开动汽车,把亭子拉掉了。

尽管如此,这些传闻却没有动摇国王在他俩心目中的地位。他俩认为,这些传闻即便属实,也只是年轻人的一种冲动或好强罢了。

夏天过去了。英琪从亚历山大回来。冬天来临,她与阿里凭着自己的决心和敢于冒险不时地见面。

阿里和苏莱曼随同他们的团队投入了冬季联合演习的准备。班、连、营在苏伊士公路附近的实地训练结束,又由军事团的顾问英国中校用沙盘教授了几个战术项目。

二月,联合演习在奈特龙洼地举行。坦克和汽车在壳牌石油公司招待所附近的营地活动。演习结束,阿里带着他的车辆再次回到库巴桥,不久,他的连队随同英军一个连到西部沙漠去作一次勘察旅行,以测试轻便汽车和装甲车在埃及沙漠里的行进能力。

一九三八年夏天,侯赛因从警官学校毕业,被委派在亚历山大工作。阿里得到了第一次休假。当时,英琪已去亚历山大,他便去那儿度假,跟弟弟一起住在一座寄宿公寓的一间屋子里。

那年夏天,阿里和英琪享受了一生中最幸福的日子,他俩没有一天不见面,不是清晨在海边游泳,在礁石上休憩,便是夜间相会于圣伊斯梯法努饭店。他的弟弟凭他当警官的本事,替阿里搞到一张饭店的长期出入证和一张拉姆勒电车的乘车证。

带着美好回忆的夏日过去,冬天又来临了。

英琪与阿里在习惯于夏日里天天见面之后,现在一天不见面,就更加想得厉害,简直就觉得是在虚度光阴。为见面想方设法和冒险,占据了他俩的全部心思和时间。他俩把电影院、马阿迪区、金字塔街和新开罗区的空荡荡的夜总会当作幽会的场所。

苏莱曼感到,阿里太分心了,似乎已被领导觉察到了他的有失检点,这有损于他在过去两年中努力建树起来的声誉。冬日的一个夜晚,他俩坐在宿舍客堂里的火炉前。阿里刚打完一个长电话,双眼瞪着火炉,显得心神不定。苏莱曼问他道:

"你怎么啦,阿里?"

阿里回过神来,答道:

"没什么。"

"你刚才跟谁打电话?"

"跟英琪。"

"你跟她的关系应该疏远一些才好,她占据了你的全部时间。我不知道这一切的结局会怎样,没有一种关系会永远掩人耳目。你预料会有什么结果?你打算娶她吗?她即便愿意,你认为有可能吗?"

一层愁云笼罩着阿里的脸,他陷入沉默。苏莱曼又问:

"你怎么不回答?"

"我怎么回答?你明明知道这是回答不了的问题。这些事情,我们陷进去时并没有考虑过结果。现在,我们无论会得到什么样的结果,都已无法自拔了。"

"不,阿里。抗拒这类事,需要的是坚强的意志。"

"抗拒什么?抗拒我对她的爱?她对我的爱?我为什么要反对自己生活的权利?我难道没有权利爱人和被爱吗?"

"这件事时间很长了,阿里。从我们进军事学院起你就已沉浸其中。我知道许多人,他们爱过、忘怀了,也被人爱过、被人忘怀了……但我从没见过一个人像你这么执着于这种我看不可能有正常结局的爱情。你认为王爷会同意你娶她吗?你仍然打算不顾王爷的意愿与她结婚?比如说把她劫走?还是你愿意这样一辈子只当她的情人?"

"我自己也不知道,苏莱曼。我不愿对此想得太多……到头来,我会接受徒唤奈何的结局,一心一意地爱她,不去考虑下场或后果。"

"那么,你至少不要让爱情影响你和你的工作,败坏你的声誉啊!"

"可是,我哪项工作都没有耽误啊。"

"下午的操练你请假太多。你还经常调换值班。"

"那也只有一两次。"

"你还嫌不够?不管怎么说,我还没有听到有人告你的状……我只是担心你因为失职或疏忽而挨人骂。"

"我会尽力不让外面的事情影响我的任何一项工作。"

一阵沉默。苏莱曼乘机打开收音机,从中传出一首威尼斯游船曲,阿卜德·瓦哈布在唱:"我就是那个在幻想中虚度年华的人哪!"

苏莱曼笑道:

"你听见谶语了吗?它告诉你什么?"

阿里有些难受地笑笑,答道:

"幻想不会保留到生命的最后一息,我倒真愿意在幻想中度过一生。还有什么比我们的幻想更甜蜜、更美好的呢,苏莱曼?"

他把一块木头丢进炉膛,沉吟了片刻。接着,突然抬起头来,好像是鼓起勇气要做一件考虑再三的事,探询道:

"苏莱曼,你有钱吗?"

苏莱曼显得很惊讶,反问道:

"钱?"

"嗯。"

"要多少?"

"五镑。"

苏莱曼更加诧异不置,惊呼道:

"五镑?你要干吗?"

"我想借用一下,下月一号就还你。"

"可是你干吗用呢?"

阿里低下头,不耐烦地说道:

"我想要就是了。"

"我现在有三镑,我想明天能从别的地方再给你搞到两镑。可是你要钱来干吗?"

阿里没有回答,像是陷入了沉默。苏莱曼又以伙伴的口吻问道:

"你干吗不有话直说,阿里?从什么时候起,你对我都保密啦?我劝你是因为我替你担心,因为我爱你就像爱自己的兄弟。不过,相信我,即便你我意见不同,我也不会不及时帮你的。把整件事情都告诉我吧。"

阿里抬起他低垂着的脑袋,说道:

"后天是英琪的生日,我想给她买件礼物。"

"她的生日礼物得花五镑钱?你疯了吗?你为送她一件礼物而借钱?这一切是为了什么?"

"因为我应该还她的礼。"

"什么礼?"

"她送过我一块金表,是她用自己的零花钱给我买的。当时,她看到我的表带坏了,要我别买新的,她会给我带一条来,接着就是她突然送了我一块带原配表带的表。我怕拒绝了会伤害她的感情,只得接受下来,心里又为难又高兴。我决心找一个最近的机会还她的礼。可是怎么还呢？我一直挺困惑……我看她什么都不需要，不合时宜地还礼又显得我矫揉造作，像是我要退礼似的。直到我知道后天是她的生日，我觉得这是个还礼的最好机会……你说呢？"

苏莱曼惊奇地点点头，答道：

"你说得对，这样做是最好不过了。可是，你想给她买什么呢？"

"我看中一根细巧的金项链，上面挂着鸡心和钥匙，价钱不到五镑，我看，好像挺合适。"

"她送你的表在哪儿？你这个狡猾的家伙，干吗没给我看看？"

"我把它放在柜子里的一个盒子里，跟她送给我的第一件礼物保存在一起。"

"在这以前她还送过你别的礼物？"

"几年前，她送我一朵玫瑰花……我不想把表的事告诉你，因为接受它曾让我感到十分尴尬。男人收受女人的礼物，我总觉得心中不安。"

苏莱曼笑了，说道：

"不管怎么说，你既已决定还礼，那就不必犯难了。"

翌日，阿里乘火车到马阿迪下车，径直朝尼罗河畔的夜总会走去。时近黄昏，太阳已向地平线倾斜。夜的凉意驱赶着夕阳留下来的余温。夜总会门口显得空空荡荡，只有一个保姆怕两个孩子着凉在哄他们跟她离去，一对情人躲在一片高榕树墙的后面。

过了一会儿，英琪从她父亲的一个亲戚、贵妇人哈蒂婕老人的家里出来，快步走来。她想在马阿迪与阿里会面，就借口来看哈蒂婕，在哈蒂婕那里坐了一会儿，便托词想到外面散散步，把汽车留在哈蒂婕家门口，自己步行走向夜总会。

这对恋人热切地相互问候。两次相会之间哪怕只隔几分钟，他俩的思念之情也不会中断。他俩总是情思缠绵，难以忘怀。

一股冷风从尼罗河方向吹到英琪身上。她问道：

"这儿不冷吗？"

"我想咱们在这里，不会有人看见。"

"这儿空旷无人，除了咱们没有别人。"

"既然你愿意，那咱们就进去吧。"

阿里和英琪朝玻璃大厅走去，在俯临尼罗河的一个僻静角落选了一张桌子。两人面对面坐下，阿里脸朝大厅的门，英琪对着尼罗河的河面。

英琪的目光越过他的肩膀，望着红色晚霞映在平静水面上的粼粼波光，笑道：

"我的面前是一派美景。"

阿里望着她的双眼，答道：

"我面前的景色更加美妙。"

"我看到了尼罗河上的晚霞。"

"我从你的眼里看到了天园。"

他凝望着她的眼睛，沉默片刻，接着又说道：

"我有的时候觉得自己不用所有的生活手段，光看着你的眼睛就能够待上几个月、几年。"

"我的眼睛能代替其他人的眼睛使你感到满足？"

"它能代替我的吃喝、睡眠和生活中的一切需求。"

"我也是，跟你在一起的时候，我什么都不需要了。"

"那你不跟我在一起的时候呢？"

"除了回到你身边来，其他的一切都不需要。"

阿里伸出手去，抓住她搁在桌子上的手，温柔地抚摸她的手指，然后把它举到自己嘴边，用双唇摩弄她的掌心。她用手指抚摸他的鼻子、眼睛和头发。

侍者过来，英琪把手从他脸上收回。阿里问道：

"要点什么？"

"咱们一起喝杯茶吧。"

阿里向侍者点了茶。侍者刚一离去，阿里便说道：

"刚才对你的眼睛谈了许多。我希望你闭上眼睛，咱们能另外谈点什么。"

"等茶来了，我就闭上眼睛随便你谈。"

"你现在就闭上。"

"为什么？"

"我跟你说闭上眼睛。"

英琪闭上双眼。阿里伸手从口袋里掏出项链，把它戴在她的脖子上，说道：

"睁开眼睛吧。"

英琪睁开眼睛，低头看着项链，诧异地问道：

"这是什么？"

"祝你生日快乐，英琪。"

英琪显得高兴极了，对他嚷道：

"你还记得？"

"有关你的一切我都记得。"

"可是，你干吗要破费呢？你只要记得祝贺一声，我就很满足了。"

"要是我能够把整个世界都送给你的话，我决不会犹豫。然而，我能送给你的，只有我的一颗心。"

"这把钥匙呢？"

"只有你才能打开它。"

"我将打开它，把我的心也放在里面，两颗心将合而为一。我要把钥匙扔进尼罗河，不让两颗心分开。"

三十九　音信中断

这对恋人喝完茶、互诉衷肠之后,英琪起身准备离去,阿里跟在她后面。两人刚跨出大门,正好有一辆汽车从他俩跟前掠过,英琪惊惶失措地愣在原地。接着,她对阿里悄声说道:

"我看见阿赖坐在车里,不知道他看见咱们了没有。咱们得马上分开……一有机会,我就把情况告诉你。"

她急急忙忙向哈蒂婕家奔去。阿里走向车站,心里隐隐感到不安,特别是他看见那辆从他俩面前开过的阿赖坐车改变了方向,转到英琪走的路上去了。

他回到宿舍,依然惴惴不安。当晚,他想给她打个电话,能让自己放心,可是联系不上。

几天过去了,英琪没来电话。他疑虑加重,心中也更焦躁不安。他每次打电话给她,回话的都不是她的声音。有一次,他鼓起勇气向接话人问起她,回答是她不在。

一个值班日,他参加完队列操练,给鞍具上完蜡后,疲惫地拖着沉重的双腿,心情烦躁地回到宿舍。这是个星期五的夜晚,宿舍里仅他一人。他坐在一张大椅子上,松弛地伸直双腿,寻思起来。

她这段时间杳无音信,究竟是什么原因?是阿赖向父亲告发,使他大为震怒,加紧了对女儿的看管?可是,她就不能抽出片刻空隙给他打个电话吗?看管严得连给他讲几句宽慰的话都不行吗?抑或她生病或身体不适?如是,那他就没有尽到责任。他干吗不再打个电话问问呢?

可是,他已打过电话了,他怕自己老打电话过去,又不先问话,会让她为难。

那就最后再试一次吧,兴许这会儿时机倒挺合适呢。

他起身走进宿舍后院餐室墙边的电话木屋,坐在凳子上,关好门,用颤抖的手指拨号码盘。

铃声响了几下,他的心随着铃声怦怦直跳。他屏住呼吸过了片刻,从听筒里传来一个低微的声音:

"喂,是谁啊?"

他觉得自己的心在狂蹦乱跳、在欢呼雀跃。他用发颤的声音探询道:

"是英琪吗?"

"你打的什么号码?"

他对她的声音不再有丝毫的怀疑,遂答道:

"我是阿里啊,英琪!"

尽管如此,那声音却机械地随即答道:

"号码打错了。"

电话挂断了。他觉得血涌上了脸,好半天,手里拿着听筒,眼睛困惑而绝望地瞪着电话间里狭小昏暗的空间。接着,他慢慢地把听筒放回原处,迈着沉重的脚步离开电话间,回到宿舍客厅,像是垮了似的瘫坐在大椅子上。

又过了几天,仍然杳无音信。他的脑子乱纷纷的,各种想法和念头此起彼伏,时而这个念头占据上风,时而那种想法又压倒一切。埋怨连续不断,接着是反驳的理由和辩解的托词。在所有这些互相矛盾的想法和起伏不定的念头中,还伴随着一阵阵的思念,若不是还有一些自持、克制能力,他真想大哭一场。

原先最能排除他埋怨英琪的理由,是她病了。疾病是唯一可能阻碍她联系的理由,尽管这一次她接的电话削弱了这条理由,但他对此的辩解是:也许她当时就在电话旁,病得不重,还能接听,可旁边有人,不便长谈。

他就这样试图为她辩护,反而责怪自己没有尽到问候的责任。

可是,怎么去问候呢?他走近府第几乎就是犯禁,写信给她不可能,打电话也没有用。

他的思想一直没有超出这个范围,直到苏莱曼来到他的屋子。苏莱曼已穿好衣服,准备去参加下午的操练。他把一本《图画》周刊扔给阿里,不动声色地说道:

"社交栏里可能有你感兴趣的消息。"

阿里惊讶地抬起眉毛,一面系腰间的皮带,一面问道:

"我感兴趣的消息?"

几个星期来,阿里的精神恍惚和忧心忡忡没有瞒过苏莱曼,苏莱曼也不难了解其中的原委,但插手干预或做任何规劝都没有用,他最清楚那是白费力气。他相信,这个问题要全部解决只有依靠时间,它一定会全面影响阿里的一生。

尽管如此,他似乎觉得他在杂志上看到的消息也许会让阿里开点窍,让他看到应该看到的而不是喜欢看到的事。

阿里穿好衣服,拿起杂志,刚一翻到苏莱曼要他看的那一版,便大惊失色。

最先引起他注意的是英琪在扎马利克岛赛马场上的一张照片,她的旁边是一个文雅、英俊的青年和一个与他长得十分相像的漂亮姑娘。

阿里绷着脸默默地端详照片。接着读照片下面的文字。他快速掠过谈论比赛预测输赢以及编辑关注的各色人物等几行,终于看到全文中他最关心的一段:

在一个包厢里,有一张光艳照人的脸,这是伊斯梅尔王爷的千金英琪小姐。她穿着一身灰色高领大衣,缀有四颗蓝色的大扣子,服装虽然简单,却极为雅致。坐在她旁边的是卡马勒亲王的公子易卜拉欣少爷,他总是陪伴她观看比赛。

阿里竭力克制住照片和消息在他内心掀起的感情风暴,一声不吭,也不让脸上露出一丝震颤。他伸手把杂志还给苏莱曼,看着表说道:

"咱们走吧,操练时间快到了。"

这对朋友动身了,表面上沉默不语,心底里都在喧腾。苏莱曼但愿阿里做点什么,不要这样该死的平静……要命的沉默无疑会撕裂他的肺腑,五内如焚。

苏莱曼已做好了各种说服的准备,把阿里拉出忧伤和绝望的深渊,他只是在等阿里流露出忧愁或愤怒,真情发作地对照片和文章发表评论。阿里对这件事竟是如此心平气和,仿佛与他无关似的,这反倒使苏莱曼心神不安起来。

两人走过宿舍前的路。五辆坦克一字排开在通向岗哨的路上,穿着红色工作服的士兵们已在坦克前排好了队。在两人分手各去自己的队伍之前,苏莱曼问道:

"你什么时候结束炮兵操练?"

"老时间,四点半钟。"

"结束以后你去哪儿?"

"还没有考虑。"

"那你就等我回来。我去阿勒马扎区附近进行汽车驾驶训练,五点钟之前准回来。"

阿里点点头表示同意。但是,苏莱曼又强调道:

"我回来之前你别出去,我有件要紧的事跟你谈。"

苏莱曼跳上头一辆坦克,阿里继续走他的路,来到操练场地,对炮兵组点过名后,带着士兵们到一间大宿舍,在里面进行训练。

两个机械化团占据了骑兵营和公路中间的一片低矮空地,里面盖的是苏伊士式建筑,墙由红砖和木头砌成,斜屋顶上盖着油布。这块地一分为二,靠近岗哨的一块由轻坦克营占着;另一块靠近花园,停放着轻型汽车。办公室的一排房子建在沿公路一边,相平行的机修房则位于骑兵部队那边。办公室与机修房之间是垂直排列的汽车库,中间有一块供列队操练的开阔地。至于骑兵部队机关,则已迁到面朝公路的一座独立别墅,它过去是骑兵司令的寓所。原先的骑兵部队机关房子用作骑兵团的指挥部。

阿里在汽车团的一间机修房里踱来踱去,皮鞋上的铁后跟敲打着紧压在宿舍地面上的白色大石板,发出橐橐的响声。他望着沿房间直线排好的各班。各班前面都有一位教练,踩在一块铺在地面的油布上,油布上放着一门伯尔尼火炮。

教练员开始高声讲解今天训练规定要讲的课程。阿里的眼睛在看,耳朵在听,但什么也没看见,什么也没听清。

他机械地在各班中间走来走去,几乎分辨不清哪是炮哪是士兵的鞋。他思绪万千,心潮翻腾,埋怨的洪流激越湍急,没有一个借口或理由能阻遏得住。

他觉得自己的理想大厦行将倒塌,他受到的震动强烈而突然。

难道这有可能就是音信中断的原因?那么,不是因为患病染恙,而是厌倦、离弃和遗忘!

她接电话时的推脱、拒不相认,是故意的,早有预谋!

竟有可能发生如此快速的变化?为什么?是什么原因呢?

这个天使般的高贵形象,他一直把她放在自己幻想的云霞顶端,带着她在理想的天际翱翔,怎么会坠落下来,进入杂志的版面,跻身于登载上流社会赛马和宴会照片版面里那些无聊的名媛淑女之列呢?

英琪,这个在他想象中仅属于他的高贵女性,怎么可能会公开出现在杂志上,听任人们谈论她的姿色和文雅,描绘她衣服的颜色和头发的式样?

更有甚者,人们还极其随便地议论那个在各种社交场合都与她形影不离的男伴,仿佛这是一件理所当然和必不可免的事情。

不,不,英琪不可能是这样的人。这里面,一定另有隐情,另有原因。他很难相信这些表象。他对她的信任是绝对的,对她的信念也不容置辩和毋须多虑。他俩仍一如既往,抵挡着一切指责的冲击,支撑和维护着自己理想的大厦,不让它倒塌、崩溃。

是的,她……

"大炮打两发,卡住了……"

教练的大声叫嚷——他趴在大炮跟前,解释着大炮打了两发卡住该怎么修理的声响,使阿里从沉思中惊醒过来。

他在教练的叫嚷和自己乱糟糟的思虑中,一直恍恍惚惚,直到训练结束……回到宿舍。

他刚在自己的屋里坐定,苏莱曼便推门进来,头发、面孔和衣服上都是一层灰,就像一个掉进面粉桶里的耗子。

阿里脸上浮出淡淡的微笑,想对苏莱曼表示欢迎,说道:

"你好,你回来得好快。"

苏莱曼明白这微笑遮掩的是痛苦、颓唐、失望和难受,他不想用无用的应酬话浪费时间,便拖过阿里旁边的一张椅子坐下,两肘支撑在膝盖上,抬眼注视着阿里佯作平静的脸,说道:

"听着,阿里,咱俩有话直说。你别假装不在意,装平静。我很了解你心里在想什么。我给你看那版消息,明知道它会让你痛苦和难受。我没有蠢到要无缘无故伤害你的地步。我不是你的敌人,要拿你的伤感取乐。我是想让你看清一个你假装不知道、一心想否认的事实,你陷入的这场爱情,不会有好结果,是你想入非非,上当受骗了。你爱上了一个由你的幻想臆造出来的女性,试图把她与你的女友合而为一。可是,她俩是何等的不同!你用想象的丝线编织起来的女性,细腻,高尚,合乎理想,充满诗意柔情。她与你现实生活中的女友既无联系又不相像。你的那位被登在杂志上的女友,是一个外表好看的贵族小姐。她感情浅薄,思想空虚,关心的只是衣着、发式、赌赛马和陪衬她的无聊男友,这就是她的真面目……你不要争辩……她与你幻想中的偶像,有丝毫相似之处吗?你要是借她来解闷,就像她拿你来消遣一样,那事情就好办了……可你这样疯狂地爱上她,把自己的命运和前途都押在她的身上,这就是十足的愚蠢……一个月来,你像一个神不守舍的白痴。我想替你遮盖,掩饰你的错误,可这要到什么时候才算完?"

"你替我遮盖什么?你指的是什么错误?"

"这不是咱们的话题。我只是说一说你的行为,这是我对你的责任,而且为了你,我还将继续这么做,因为我爱你,觉得你是一个值得爱戴和钦佩的人。我不愿意你由于对一个不值得你爱的浅薄女性抱有错误的幻想,而毁了你的生活和前途。"

阿里愁眉蹙额,一直想克制住的痛苦心情清楚地展现在他脸上。他用手摁住额头,似乎想防止它崩裂。

他沉默了一会,想控制住自己,接着发出一声长叹,缓缓地答道:

"我信任你的真诚和好意。你的话也许很有道理,但要我接受却不容易。一个人多年来用心意和情感编织起来的东西是很难摧毁的,它深藏在我的心底,与我的灵魂紧密相连,不是你以为的只是幻想……要把它从心里拔除,心灵就会流血;要它与灵魂分离,等于对灵魂的杀戮。诗云:

> 她或正视或旁顾,
> 都让人难过,
> 正如从身上拔除箭矢,
> 必然带来痛苦。

"你提出忠告不难,那无疑是金玉良言……可就像是教练员站在岸边给淹没在波涛中的溺水者上游泳课。"

"但溺水者为了自救得挣扎啊!"

"我也想挣扎。"

阿里起身穿上衣。苏莱曼问道:

"去哪儿?"

"回家去看看父母亲,我已有一个星期没有去看望他们了。"

"你不等一下咱们一起走吗?"

"不了,我想赶六点钟的火车。"

阿里离开宿舍。不一会,火车已载着他向家乡驶去。

他真的是想去看望父母吗?这是真实的动机,还是另有不由自主的隐秘原因?

他还希望见到她吗?

他心里有一个声音在呼叫:但愿能够!

见一次面,一切模糊便会澄清,所有难题都能解开。

难道他没有权利要求她解释、回答为什么音信中断,为什么出现这样的变化等种种疑问?

然而,怎样才能见面呢?

下了火车,他沿着经过高墙的远路朝家里走去。一路绕着围墙,除了掠过树梢的飒飒风声,听不见别的声响。他正打算穿过马路,只见一辆汽车的车灯驱散黑暗驶来。他靠着一棵大樟树站住,感到自己的心怦怦直跳,就如宣告危险逼近的警铃。

汽车一颠一颠地从他身边开过,他看见英琪的脸庞,也辨出在杂志照片上见过的她身旁的那张面孔,旁边是他妹妹苏海蕾的脸。

汽车消失在黑暗中,在阿里心中留下了更多的思念和痛苦。他满心愁苦地继续向家里走去。穿过家门前杂草丛生的走道,敲敲门,听见里面母亲慈祥和蔼的喊声:

"巴希娅,去看看是谁。"

他听见轻轻走来的脚步声。接着,门开了,露出巴希娅和善的脸庞,她问道:

"谁啊?"

"是我,阿里。"

阿里在热烈欢快的气氛中走进了家门。母亲坐在堂屋一角的一张垫子上,她面前的一只小炉子上正煮着一壶咖啡。阿里跪坐在母亲的旁边双膝抵地。母亲张开双臂拥抱他,热切地亲他。

阿里张望四周,不见父亲的踪影,便问道:

"爸爸呢?"

"去看拉杰卜老汉了。他坐久了,就待不住。要不是实在没有力气,谁也没法硬让他坐着。过去整天走路、干活不停,现在连走到车站这段路他也累得慌啊。"

"不管怎么说,他什么事都不必操心,他该歇息了。"

"阿里,对你爸爸这样的人,歇着反倒累。他干活惯了,习惯了凭汗水挣钱养家。"

"他凭汗水挣钱养家已足够了,该由我们来报答一些他的辛劳了。我还记得小时候他跟我说过,他为了我和侯赛因丢尽了面子。"

"侯赛因今天有信来。巴希娅,信在哪儿?"

巴希娅拿着一个小盒子过来,从里面掏出一封信,交给阿里。

母亲说道:

"念吧。"

阿里开始念信。但母亲喊道:

"声音响一些。"

阿里笑道:

"巴希娅没给您念过吗?"

巴希娅笑着回答:

"我已经念过十遍了。"

母亲坚持道:

"我想听上二十遍……我可真想侯赛因。谁给他做吃的?谁给他盖被啊?他晚上老是要踢被子。"

阿里笑道:

"他已经不是孩子,而是一个受人尊敬的警官了。"

"在我看来,你们都还是孩子,只有当你们都结了婚我才放心得下。"

阿里露出惘然的表情。他极力微笑着说道:

"还早呢,妈,干吗要着急呢?"

"我想在去世之前,能看到你们的孩子。"

"愿真主赐您长寿,您会一直活到看见我们孩子的。"

"能见到你俩的孩子,我就心满意足了。巴希娅已经像个新娘,你们两个中有一个娶了她,实现了我的心愿,我才放心。"

巴希娅满脸绯红,害羞地低下了头。

阿里抬眼看巴希娅。她第一次在他面前显得是个成熟的姑娘,表情温柔,容貌姣好。阿里立刻想到深蕴在她心间的爱情……看着她用手抚摸着那个从中拿出侯赛因信的小盒子,又想起弟弟在来信中尽是冒险和胡闹的事儿,最近还谈到他与一个宫女的关系,说他怎么在蒙辛伊尔夜总会里与她相识,她邀他跳舞,后又去皇家游艇俱乐部共进晚餐。

阿里非常同情巴希娅,同情她悬在空中的理想,感到在她与她追求的理想之间隔着一道深渊。

母亲的问话,把他从沉思中召了回来:

"你说呢,阿里?"

他十分同情地望着巴希娅,答道:

"妈妈,巴希娅是我的妹妹。"

母亲并不欣赏这种说法。她用一种隐秘而另有其意的语调,不满意地喃喃道:

"也许是地位不相称吧!"

四十　比过去爱得更深

　　冬天过了。阿里的心里依然覆盖着离别的阴霾,堆着失望、烦恼和沮丧的冰雪。一九三九年的夏天,带来了战火即将爆发的警讯。张伯伦①带着他的伞为垂危的和平所做的努力,只不过是人为地让和平苟延残喘,推迟它的死亡罢了。

　　骑兵部队中出现了不同寻常的训练、充实武器和配备车辆的积极活动。在两个机械化团的各项活动中,都可以嗅到备战的气味。

　　对西部沙漠的勘探、侦察活动开始了。驻扎在利比亚的那个轴心国②军队若从埃及西部边境发起进攻,西部沙漠乃是首当其冲的地区。

　　协约国好像已经制订了保卫埃及的初步计划,其根据是轴心国军队有可能从两个方向进攻。第一个方向是通过沿海的马特鲁到亚历山大一线;第二个方向是在东南方向,由锡瓦经过沙漠到巴哈里亚绿洲,再到开罗,或由法尤姆到开罗。

　　他们似乎也已经决定,在抵御后一种进攻的行动中,将积极借重埃及

---

① 即亚瑟·涅维尔·张伯伦(1869~1940),英国保守党首领和首相(1937~1940)。1918年他当选为下院议员,历任邮政总长,卫生、财政各部大臣。首相任内,执行纵容法西斯德国侵略的绥靖政策,缔结《慕尼黑协定》。

② 指意大利。

的机械化部队。就轴心国军队而言，发动这样的进攻较为艰难，可能性也较小。但是协约国军还是从当时已改编成机械化兵种的骑兵部队中集中少量兵力，去防御对北线的任何进攻。

阿里陪同军事团顾问和机械化团团长去做勘察旅行……考察连接巴哈里亚绿洲和开罗的公路，以及公路承载车辆的能力，调查进出绿洲的通道。阿里还被单独派去考察通往锡瓦的公路和朝北岔向马格拉，再往北直到在阿拉曼附近与沿海公路相交的一线。

这些勘察旅行使阿里暂时无暇顾及其他，也掩盖住了他的部分忧伤，直到出差结束，他回到了开罗。

第一次回家，他情不自禁地到他的圣坛去转了一圈，对"莱拉"①的家进行一次郁悒失望者的朝觐，呼吸一下它的空气，闻一闻它的香味。

战争警报频仍，风声越来越紧。汽车团开始准备奔赴巴哈里亚绿洲，驻守在绿洲外面俯瞰由锡瓦经13号山路到巴哈里亚公路悬崖峭壁的阵地上。

这时，英琪已去亚历山大。汽车团接到了在一周后出发的命令。阿里对英琪想念至极，一心想在动身前见她一面。

他借口想去看弟弟，利用几天休假，去了亚历山大。

亚历山大使他回忆起那最欢乐最美好的日子，想起他俩在马穆拉的第一次幽会……那里，海风醉人，涛声舒怀。

侯赛因最热烈地欢迎他，告诉他将为他制订一个娱乐计划，让他待在巴哈里亚绿洲的整个时期都念念不忘。

侯赛因一个劲儿地向他讲述计划，历数着在夜间娱乐时将陪伴他俩的美女和将遇到的社会明星。阿里心不在焉，神情恍惚……直到侯赛因

---

① 著名的阿拉伯民间故事《莱拉的痴情人》中的莱拉。这里指英琪。

讲完了,问道:

"嗨,你看怎么样?"

侯赛因的问话使阿里仿佛从茫然中醒了过来,他问道:

"什么怎么样?"

"什么?我对你说的这种种夜间娱乐和消遣啊!"

阿里抬眼望着弟弟,像是下了决心似的说道:

"听我说,侯赛因,你知道我对你的夜间娱乐不感兴趣,我在这里只想做一件事……我会对你直说的。"

"是什么?"

"见英琪。"

侯赛因望着哥哥认真的表情,哈哈一笑,用开玩笑的口吻说道:

"只不过是见英琪?这简单,把她托付给真主吧。"

"我不是在说笑,侯赛因,我说话当真。我走之前一定得见着她。"

侯赛因的表情变得正经了,说道:

"不管怎么说,我认为要见她并不难。我记得,一个星期前,我曾在百货商店外面看到过她。"

他沉默片刻,像是在思索,接着又说道:

"为了见到她,咱们只要守在百货商店门口就行,她再来一次我们就会见到。"

"你不开玩笑不行吗,侯赛因?"

"那么,让我想一想,怎么能看到她。"

接着,他突然一把抓住阿里的胳膊,叫道:

"瞧我有多蠢,哥哥,咱们到海边去看她,他们家在锡迪比什尔一号,准有一间海边小屋。"

"他们的海边小屋在马穆拉。"

"也许他们在锡迪比什尔还有一间?"

"我不认为。"

"不管怎么说,我认为见她不是一件难事。她父亲在齐兹尼亚的府第很有名。"

"他们也许会像去年似的不住在那里。他们去年下榻的是圣伊斯梯法努饭店。"

"那我到圣伊斯梯法努去找她。不管怎么说,让我出马吧,你把事情交给我。"

侯赛因通过他各色各样的熟人和消息人士当天就打听到了英琪住在她父亲齐兹尼亚的府第,她大多数日子去锡迪比什尔的海边小屋,有时候下午会去圣伊斯梯法努饭店。

他还进一步了解到,她通常总有她的哥哥和卡马勒亲王的孩子易卜拉欣与苏海蕾兄妹陪伴。

阿里费了好大的劲才掩饰住弟弟透露给他的最后一条消息所引起的烦恼与沮丧神情。

他感到失望在心坎蠕动,觉得自己是继续错误地寄希望于妄想,错误地到亚历山大来想见她。

尽管如此,他却不能转身回去,他内心深处仍然有一样东西在支持他,支撑着他理想的大厦……那就是对她的信任,对她爱情的信念,毋须思索的信任和不由自主的信念。

第一个夜晚过去,他徒劳无益地在圣伊斯梯法努饭店转悠。接着又过了几天,假期即将白白过去。弟弟想使他消遣解闷的努力并不起作用,他跟随着弟弟,愁眉蹙额,心神恍惚。

他俩坐在蒙辛伊尔、爱克勒西苏尔那些地方,耳际响着热闹的音乐,眼前不断掠过袒露的胸臂和摇晃的躯体,接着都化成云烟散去,留在他脑海里的只有一个坚持不肯离去的形象。

假期的最后一天,他跟弟弟坐在一家普通饭店吃午饭。他一面把毛巾放在旁边,一面失望地说道:

"我坐下午三点钟的火车回去。"

"干吗这么着急?晚上还有一班车,六点开,九点到开罗。"

"没必要再拖了。"

"常言道:拖一拖,总有用。"

"拖了四天都没用,四个小时也不会有用。不必再拖了。"

"去看完赛马再走吧。"

"赛马?"

"是啊,半小时后开始,在那里很可能会见到她。"

阿里脑海里浮起他在杂志上看到的形象:她手上拿着望远镜,旁边坐着易卜拉欣。他脸上堆起烦恼的阴云。

侯赛因再次强调道:

"我相信咱们会看到她。"

"这有什么用?"

"什么用?"

"咱们看到她高高地坐在包厢里,像一颗禁果,或被一群贵族同伴包围着……这有什么用?"

"这有什么,你就上去跟她谈话就是。"

"不行,不行。"

"哥呀,你别把事情搞复杂了。咱们先见到她,其他的事让真主解决吧。"

两人吃完饭,前往赛马俱乐部。侯赛因在大门口出示了一张两人入场证。进去后,他笑着对哥哥说道:

"我在这里生活,除了住宿费几乎什么都不用付钱。我要是想在每一家过一夜也办得到,不过,我总得给自己找个住处。"

第一场比赛已经开始。阿里随着弟弟挤进观众席里。侯赛因马上全神贯注地观看比赛。阿里则开始悄悄地左顾右盼,前后张望,努力审视包厢,指望能在一间包厢里发现她。

这场比赛结束了。侯赛因转过头来,手里抓着比赛项目单,热切地对阿里说道:

"下一场我要赌一下,我发誓一号'风驰马'准赢,我赌一号和三号,你看呢?跟我一起买一注?"

"没必要下注,侯赛因。"

"我只赌一个里亚尔,你也参加。你等着,我就回来。"

侯赛因消失在拥向售票窗口的人流中。阿里站着观看赛马场和看台上挤得满满的喧嚣的人群。

在这样的万头攒动中寻人并不容易,但阿里却很耐心地慢慢扫视着,终于他突然发现了一个证明她在场的证据,那是她哥哥阿赖的面孔。他抓住这条线索,希望通过阿赖找到她。

阿赖正向练马的小围场走去,那里圈着即将参加比赛的马匹,供人观看。阿里一直看他走进围场门口簇拥的人群中间。第二场开始比赛的信号响了。赛马一匹接一匹奔向赛场。阿里紧抓住线索,双眼仍盯着阿赖。阿赖返回看台,半路磨蹭了一会,向一个戴红色高毡帽的老人问候,老人像是赛场里的重要人物。阿赖接着又登上看台,再往下走,进入一条走道,不见了。

这样,阿里就失去了阿赖这个向导,心里非常烦恼……真恨不得去找阿赖,问问英琪在哪儿,但他只能继续注视阿赖消失的那条走道,希望他再一次出现。

阿赖没有出现,侯赛因却像火箭似地冲来,他一把抓住阿里的胳膊,说道:

"快,我看见她了。"

阿里茫然地问道:

"谁?"

"英琪。快,她在等你。"

阿里不由自主地跟在他后面朝外走,直到突然发现自己已经站在英琪跟前。英琪靠在一个绣球花花坛旁边的清静角落,假装在仔细地看赛马节目单,脸上露出惶恐不安的神色。

她从节目单上抬起头来,两人目光相遇,热切、销魂的对视,充满着思念和渴慕,双方都有一种想投入对方怀抱的狂热欲望。充斥在阿里脑中的一切指责、质问和疑团都已化解,她殷切的目光,溶化了堆砌在他心头的一切失望和烦恼的磐石,她温柔感人的微笑,涤荡了沉积在他胸间的所有忧郁和伤感的污垢。一转眼间,他见到的只有英琪,这个他梦境的女主人,理想的目标……内心对她的信任和爱她的信念,都恢复了,更加坚强,更加有力。

这一切都发生在四目相视的一刹那间,两人都还没有作声……英琪伸出手来握手,有点慌张地说道:

"你好吗,阿里?我不知道你在这里。"

"我已经来了几天。"

铃声响了,宣布第二场比赛开始。侯赛因一面丢下他俩回比赛场去,一面叫道:

"我走了……阿里。我在看台前面等你。"

英琪脸上更显慌张,她惴惴不安地向四周张望。阿里也被她的惶恐搞得提心吊胆。一时间,两人都紧张得说不出话来。阿里终于说道:

"英琪,我有许多话想对你说。"

"我看这会儿时机不合适。"

"那什么时候才合适呢?我一定得跟你谈谈,也得听你说说。绝望几乎要摧毁我的理想,破坏我的希望堡垒。要不是我对你的坚定信心,对你爱情的深沉信念,我心里的所有光亮和一切希望都早已熄灭。"

"让信心依旧坚定,信念仍然深沉。"

"要等到什么时候?我都快要疯了……这么长久不通音信和疏远,究竟是因为什么?"

远处出现了阿赖的身影,他正与苏海蕾一起走来。英琪更加惶恐,着急地叫道:

"咱们现在谈不完。"

"但我一定得听你讲几句……四天来我一直在找你。"

"那咱们明天在锡迪比什尔见面吧。你要是能去那里,我设法在迈阿密电影院里见你。"

"我等不到明天了,我今天晚上就得走了。"

"为什么?"

"因为我们明天要出发去巴哈里亚绿洲,全团都开拔去那里。"

英琪流露出烦恼、忧伤的神情。

阿里又失望地说道:

"这是我见到你的最后一次机会。"

"别这样说,等你回来会见到我的。"

"怎么会呢?你不愿见我,连电话都不接。"

英琪痛苦地摇摇头,难过地说道:

"我也是迫不得已,没有办法,只能那样做。"

"你干吗不想法告诉我一声,让我替你找个理由,以消除我心里那些要命的猜疑？干吗不写封信？过去不是给我写过信吗？"

"我曾经想写，但又搁下了。写信没有好处，而且还可能有害。"

英琪顾盼四周，慌乱而忧郁地悄声说道：

"我现在得离开你了。"

"这么着急？"

"我必须得回包厢。"

阿里满心忧伤，低声道：

"就不说点什么吗？"

英琪像是在克制哭的冲动，牙齿紧咬着下嘴唇，绝望地说道：

"我能说些什么呢？"

"你对我的爱情仍一如既往吗？"

她用几乎听不见的声音低语道：

"比过去爱得更深！"

接着，她就离开原地朝看台走去。阿里站着，木然地看着她的迅速远去，直到身影消失……他拖着沉重的步伐走向弟弟。

阿里站在喧哗笑闹的人群中间，凝视那长长的绿色赛马跑道，马匹正从远处沿着跑道飞奔而来。周围呼喊声四起，鼓掌声，加油声，催促声，响成一片。在这种种声响之中，他脑中只盘旋着一句低声细语，它压倒了最响亮的喊声，控制着他的情感，攫住了他的心弦，像最甜蜜的歌声、最优美的曲调，回响在他耳畔："比过去爱得更深！"

比过去爱得更深，比过去爱得更深……除此之外，再无其他。赛马结束，阿里离开亚历山大，回到开罗，心里深感宽慰和平静。

她温柔的目光和亲切的话语，片刻之间便抹去了几个月来堆积在他心头的猜疑。一道厚厚的帷幕降下，遮住了一直被分离和音信隔绝而被歪曲的景象，他脑子里只剩下原先的英琪——心灵高尚、温柔多情的爱侣形象。

他心里不愿再想他原先的疑虑,也不要求什么辩白、解释和道歉,有了短暂对视和片言只语,就已够了。

清晨,团里的车辆检查完后,就拉着大炮,载着弹药,穿过开罗的大街出发了。士兵与军官们第一次意识到他们是去从事一项庄严的工作,为保卫埃及尽一份职。

阿里朝每一幢他内心喜爱的建筑物注目眺望,每次经过这些建筑,他都会感觉到自己的心怦怦跳动。他想象墙里的英琪正同女伴们一起坐在课桌前听课,或在校园里散步,或在枣椰树下休憩。

他有一种淡淡的感伤,它并不沉重,不同于充满疑虑、不安的忧愁,如果感伤是有滋味的,那么,这是一种甜蜜的感伤,心平气和,充满信任与信念。他感谢真主在最后时刻给了他一个与英琪见面机会,涤除了烦恼与悲愁的尘埃,给他提供了精神食粮,尽管数量不多,在离别时却足以救急,让他留下了回忆,虽说有限,但能抚慰他的寂寞和孤独。

车辆穿过开罗街道,来到金字塔旁通向亚历山大的路口,接着来到去法尤姆的路上,开了一段时间后,又折往通向巴哈里亚绿洲的通路。

这条路长达三百七十公里,从未修整过,除了车辆在沙中开过的痕迹和每五公里一个竖在地面的铁制指路牌之外,别无道路标志。

一路前行,厌烦、燥热和灰尘交织在一起……跋涉者发现自己行进在一个无边无垠的空间,一心只想结束行程。没有一种特别的形态突破这空旷辽阔的地面。除了沙还是沙,每一块地,每一个地区,都是一样的沙,即便是地图上看来是山峦高地,跋涉者经过时也毫无感觉。

人们唯一能够辨别的形态就是沙海。那确实是一片沙的海洋,一座座叫作"古鲁德"的沙丘绵连不断,宛如澎湃起伏的波涛,道路的痕迹都隐没在浩瀚的沙海中。

跋涉者们通过沙海时承受的困苦,使他们过去遇到的一切行路艰难都不在话下,车辆嵌进轻沙之中,就像是在水里行驶。

阿里坐在笨重的车里必须抵抗酷热和扑面而来的沙土,直到他的连队通过这该死的古鲁德。

车辆终于临近绿洲洼地,出现了绿色斑点似的村庄,周围散布着金字塔形的山丘,犹如倒置的漏斗。

车辆没有从山路径奔绿洲,而是一直沿着高地边缘开,进入为防御部队选好的驻守阵地。

四十一　出门和归来

阿里所在的团占据了从西北面俯视绿洲的高地阵地，它正好切断从锡瓦通向13号山路的公路。

阿里曾陪同团长和军事团顾问进行第一次勘察，之后他们就决定占据这块地方，因为它是最适宜守卫绿洲的位置——视野开阔，地面坚硬，便于机械化部队自由移动，能随时袭击可能从锡瓦方向来犯的军队。同时，阵地距离后勤部队建立在绿洲中的拜维推补给基地不远，两者之间交通方便，特别是一块俯临13号山路的峭壁，原先妨碍通行的陡峭高山，已被工程兵们炸掉。他们把石子捣碎，铺成了路，使水车、辎重车和油车得以通过，轮子不会陷进成堆的沙中。

部队布防完毕。阿里的连队从属的第二营位于前沿……第二营与团指挥部在一起，作为后备。

阿里的连队驻守在路右面，另外两个连占据路的左侧。营指挥部设在后面居中的位置。

团队随时准备行动的特点不允许作固定驻扎，而要求反应轻巧快捷。官兵们应露天睡在装载武器弹药和紧急状态用的干粮的车辆旁边。这个轻装行动的团队在这条漫长的路上只能携带极为有限的帐篷，分配给团指挥部和两个营部,其余的大多用于炊事房与食堂。

前沿的三个连分到了一顶医疗式帐篷和一个面积不过一米见方的四方形围屏,三位军官共用。

围屏虽没什么用,阿里却很满意,因为他希望独用。另外一顶帐篷由两位军官合用,他俩将它支在两个连的中间。

阿里终于在他的藏身地安顿下来。经过几天的跋涉、进入阵地、部署兵力、接受上级命令、向军士与士兵做出指示等艰苦行动和连续努力后,他第一次感到相对的安静。

他躺在行军床上,它一半在围屏里面,另一半露天。围屏其实没有什么实用价值,它只不过是四壁布墙,没有篷顶,只能容一个人站着或坐在里面。尽管如此,阿里还是觉得在这无边无垠的空间里有了一个隐秘地,让他感受到内心喜爱的慎独。

他躺在用轻巧的木脚交叉支撑起来的帆布行军床上,上半身放在三面狭窄的布墙中间,头上是块黑色的天空,闪烁着点点繁星,宛如黑袍上的金银闪光片。空气中有一种夏夜开始时的凝滞、沉闷的味道……阿里在狭窄的围墙里觉得有些郁闷……便换了个睡姿,头颈外面露,腿在围屏里,夜空显得更加寥廓、宽广。耳边传来的士兵们在岗位上的哄闹声,在夜的静谧和地面的空旷映衬下显得分外清晰。

他放开思绪去召唤他梦境中的女主人,虽然相距遥远,召唤她来却并不困难。

她旋即翩然而至,来抚慰他的寂寞,神奇地与他一起躺在这冷清的野地和荒凉的沙漠中。

他闭上眼睛……那美丽的倩影就在他身旁不远,陪伴他神游,一如他白天希冀的那样。

几天过去了,前沿部队一直在负责监视,后备部队则进行日常的训练。

白天的时间过得缓慢而沉重,热得令人窒息,让人烦躁。打破周围一片寂静的只有灼热空气中的苍蝇嗡嗡声和驾驶员发动不听话的汽车马达声。

一天傍晚,军官们聚集在团指挥部闲聊,有几个人围在电池收音机旁,他们听到了宣战的消息。

这消息并不出人意料,因为紧张的国际局势已经达到了战争随时可能爆发的程度。大家明白,把他们的团队从库巴桥的营地调到这个荒僻的旷野来,不是闹着玩的,而是为了备战,抵御意大利方面可能沿着这条道路发起的任何进攻。

尽管这消息本来就随时会传来,阿里内心仍为人类无力维护人道主义,人类将陷入战争的深渊而深感悲哀。他对这场战争原因的理解,界定为野心、欲望的矛盾和冲突。

军官们听到消息,开始有些闷闷不乐,但很快就恢复了原来欢快、嬉笑的本性。团长告诉大家,问题是严肃的,战争已经打响,他们的角色并不轻松,意大利人随时可能进攻,每个人都应当好好睁大眼睛。

然而,接下来的几天意大利并未宣战,大家紧张的神经又开始松弛下来。所有的人都感到,他们的情况取决于意大利的立场,只要意大利持中立立场,那么,他们这里的和平状态就有保证,因为威胁埃及西部边界的只有驻扎在利比亚的意大利军队。

虽然暂离战争的阴影,大家感到比较安心,但他们又烦闷得慌。谚语说:宁可大祸降临,不愿等待灾难。驻扎在阵地上等待战争发生,比战争的本身更够呛。

生活越来越艰苦,随着驻守前沿阵地时间的拖长,供应条件变差了,士兵和车辆都驻扎在野地里,他们没有休息或娱乐设施。

汽车从绿洲运来的水数量有限。洗澡很困难,即便有水,也没有洗澡的地方;即便有洗澡的地方,在风沙吹刮下,身上的沙土远比用水洗掉的还多。有一段时间香烟匮乏,士兵们没烟抽,就像疯了一样。香烟的这种神奇影响使阿里感到惊讶。士兵们什么都可以忍受,甚至饥饿与干渴,可是没有烟,几乎会让他们中出现骚乱。他们私下交易一支烟,要超过一个里亚尔。

到处是蚊蝇,轮流来折磨、骚扰——蚊子在晚上,苍蝇在白天。这一批交班给那一批,像是巡逻值班。患疟疾的人越来越多,尽管大家服用了大量的奎宁片。

部队长期分散在旷野,一直待在前沿阵地,意大利方面又没有任何参战的迹象。于是,部队开始采取安排休息措施。

帐篷增加了,营部建起固定的营房,连队从前沿阵地撤回,并搭起了厕所与浴室等设施,做好了更长期也更舒适的住宿准备。其他辅助兵种从开罗调来,建起了车辆与武器修理车间,绿洲里的驻军人数增加。只有汽车团从前沿撤回到靠近绿洲峭壁的营地,单独驻守在绿洲外面。

穆罕默德·马哈茂德对执政已感到厌烦,而且面对重重障碍他都无能为力,也已难以为继。之后是阿里·马希尔登台执政,他一主持内阁,便赶走了形形色色一大批各部次长和高官,各机关大受震动。在被他赶下台的人中,有军队的总参谋长马哈茂德·舒克里,取代这位好人的是阿齐兹·米斯里,他在各个方面都跟他的前任相反。

日复一日,意大利仍然迟迟没有参战,巴哈里亚战线更加平静,也更加令人腻味。阿里觉得时间过得既慢又累,几乎是在倒退。他对英琪的思念日益强烈,原先在寂寞的夜晚和漫长的白天,靠反复回忆往事的度日方式已不管用,余下的只有等待和思考。

战地记事册中记得密密麻麻,是他写给远方友人的一封封长信,既无望投寄也无望送达……仿佛是满腔愁苦时发自肺腑的宣泄。记事册里，战术方案与喁喁情话、侧翼防守和倾吐衷肠混杂在一起。

冬天降临，生活更加艰苦困难。邮路时通时断，信件珍贵难得。阿里住在那里的几个月里，只收到过弟弟的两封信，带来了他的问候和想念，以及他的一些冒险经历。还有巴希娅的一封信，她已经能够用幼稚的文体和蹩脚的字体写信了，告诉他的是父母亲对他的思念和一些无关紧要的消息。

三封信，都没一个词涉及他念兹在兹的事情……信里谈到各种他并不关心的琐事，而对英琪，却没提片言只字。

终于，他又接到弟弟的一封来信，时间是上午。他刚查完车辆与大炮的保养，回帐篷去脱掉红色工作服，换穿短裤与衬衣，在回宿舍的路上经过炊事帐篷，见前面停着一辆食品车，正在卸运来的蔬菜与肉类，军需官一看见他，就过来打招呼，手里捧着一摞信，说道：

"今天的邮件里有您的一封信。"

军需官找出信递给他。阿里感谢地接过信，回到帐篷。

信是侯赛因写来的，信封上的笔迹很容易辨认。尽管在军需官告诉他有信时，他就相信准是弟弟的信，但当看清确是弟弟的信时，他又感到有些沮丧，因为每见邮件抵达，他极度失望的心里希望的灯芯总是会熊熊燃烧。

他心里始终怀着纤弱的一线希望，尽管有时会被失望、厌倦和烦恼的幽暗所遮没，但却抹杀不了它的存在……他正是一直在从中汲取耐心、毅力和像其他人一样的处理生活的能力。

她不是曾经给他写过信的吗？不是要求他继续信任她，对她的爱情要保持坚定的信念吗？

当他问她"你对我的爱情还一如既往吗"的时候，她不是回答说"比过去爱得更深"吗?

那么,是什么妨碍她给他写信呢?

尽管如此,她却就是不写信。

他坐在帐篷里的布制行军凳上,打开信,试图驱散心中的沮丧和烦恼。这不难做到,光是收到信便是一件开心的事情,这是他亲爱的弟弟的来信,准会带来许多他的俏皮话、高兴事和惊险故事。

再说,谁知道呢,也许侯赛因信里会暗示和包含一些她的消息呢!

他在最近给弟弟的信中,不已经示意弟弟希望告诉自己一些有关她的情况吗?

他开始读信。他一行行地浏览欢快、戏谑的词句,嘴角露出愉快的笑容。接着,他感到自己的目光飞快地越过字里行间,落定在数百个字眼中最吸引他的一个词上……他的心飞了起来,怦怦跳个不停。他停了片刻不去看信,以敛住自己的气息,直到确定这个词真的是"英琪",不是幻觉,也不是想象。然后,他又继续看下去:

我曾两次见到你的女友英琪,每次我都但愿自己手上戴着苏莱曼的魔戒①,以便命它的巨人伸手把你从巴哈里亚绿洲边上的帐篷里接来,让你能见一见她。她可真是动人,依我看,她比我们当学生时在她父亲花园里看见她那会有很大的变化……我第一次看见她时,是在穆克斯利苏尔,她跟她的亲戚易卜拉欣·卡马勒少爷在跳舞。她步子僵硬,直昂着头……她在快要离去时瞥见了我,向我点头招呼。她曾稍微停了一下,看她表情,似乎想同我说点什么,但不久就

---

① 根据《一千零一夜》里的故事,谁持有这个戒指,要想实现某个愿望时,只要一擦戒指,就会出现一个无所不能的巨人来为他服务。

跟她的同伴一起走了。

我第二次见到她,是在杜丽娅邀我去参加尼阿玛特公主府上举行的一个私人晚会上。那是一个盛会,我们的老爷也到了,他显得兴致勃勃,极其愉快,到处都能听到他的哈哈大笑声。

我跟英琪有过一次短暂的谈话机会。她向我问起你,我告诉她,你还在巴哈里亚绿洲,在打听她的消息。从她的话里,我觉察不到她表面行动上似乎显示出的快乐,我看,她很苦闷,至少,这是我的猜想。

陪同她的,还是我过去见到过的那"一伙人"……关于英琪,我还知道什么?除了上面这些,现在再想不起什么了……不,不,还有一件事。她曾对我说想跟我谈一件重要的事情……可是,杜丽娅走过来拉我去跟她跳舞……我再回到英琪那里的时候,她正被她那"一伙人"包围着,接着,她就从我眼前消失了,没来得及把她重要的话告诉我……还有什么?我想这就是全部。

至于说到……

阿里没有读完,就听任信从右手掉落到床上。他抬起左手按住前额,紧紧压着,接着,把脸埋入掌心,闭上眼睛。他感到心里像是压上了一大堆忧愁,瘫痪了他的行动,令他精疲力竭。

还有……

在这一切之后,还会有什么?

这就是她"比过去爱得更深"的爱情?这就是他梦中的女主人、幻想中的女神吗?难道这不正如苏莱曼所说,他在自己脑海里为她勾勒的形象,与实际的她既无联系,又不相似?

她真的跟那个到处都只和她一起露面的家伙跳舞吗?

不，不，英琪不可能这么做。他依然记得他俩最后一次见面，记得她热切的目光和甜蜜的话语，记得她像他一向所爱的那样，冰清玉洁、温柔多情、尊贵高尚，跟那个他们让她显示的丑化形象之间毫无联系。

可是，是谁企图让她那样显示呢？是弟弟？弟弟这么做有什么好处？他有什么必要诽谤她？再说，侯赛因直白的描述，并无瑕疵，他的语气既无厌恶，也不勉强。他所做的一切，只是回应自己的要求，告诉自己有关英琪的消息。如果这些就是她的情况，他所能知道的也就是如此……他有什么错呢？

阿里思潮如涌，猜疑咬噬着他的心灵，关山迢递和长期离别使他的抵抗软弱无力……他感到自己被猜忌和怀疑打败，心中极度失望，被抛弃在遥远的孤独中，没有什么指望……在猜疑的攻击下投降，没有用以抵抗的武器，也没有会见、片言只字和目光。

到午饭时候了，他借口突然有些不舒服，没有离开帐篷。下午，他在团长的沙盘讲座中露了一下面，但愁眉不展，心不在焉。军官们晚上聚在一起聊天的时候，他又不在。团长环顾四周，问道：

"阿里呢？"

一个同事自告奋勇地答道：

"大概在帐篷里。"

"他怎么啦？"

"他下午有些不舒服。"

团长问上尉医生：

"你没去看他吗，易卜拉欣大夫？"

"午饭后我去看过他，他没有什么，体温脉搏都正常。我想他只不过是累着了……或者可能是心里有些烦恼。"

"他听讲时心不在焉，愁眉不展，像是置身在另一个世界……我想，我讲的话,他一个词都没听明白。有人知道他是怎么回事吗?"

一位军官答道:

"他今天收到一封信,也许信里有什么让他难过的事。我知道他父亲患有高血压。"

团长脸上露出思索的神情,沉默片刻,对团里的上尉参谋问道:

"听着,阿卜德·阿齐兹。"

"是,长官。"

"下一批军官休假什么时候开始?"

"星期六开始,第一批应于星期五回来。"

"是安瓦尔和卡马勒那一批吗?"

"是的,他俩是上星期六出发的,假期为五天,加上两天路程假,他俩将于星期五到达。"

"第二批轮到谁啦?"

"我想是侯赛因与扎基。"

侯赛因证实道:

"是的,轮到我们了。"

团长又一次沉默不语,接着问道:

"什么时候轮到阿里?"

"我想,轮到他的时间还早。几个星期内都轮不到他。"

"那就让他提前在这一批休假吧。"

"换谁?"

侯赛因与扎基都沉下了脸。但团长很快就驱走了他俩脸上的阴云,说道:

"跟他俩一起休假。"

参谋军官神情迟疑,说道:

"可是,他还未轮到……我是说,有的军官已经……"

"军官们不会有什么异议的。我注意阿里已经有一段时间了,他的精神状态很糟……一直这样继续下去,没有什么好处……他最多只能顶半个人……让他这个星期休假,去看看他的父亲,放下心,他会像一匹骏马似的回到你这儿来。他是个称职的优秀军官,我们应该帮助他恢复工作能力,提高他的士气。"

侯赛因被团长的话感动了,说道:

"我准备把这次休假让给他。"

"没有必要。你们三个可以一起出发,没有你们,团里也可以过一周,我不认为意大利打算在这个星期发起进攻。"

阿里躺在行军床上,凝视着挂在帐篷里的汽灯灯芯,思想飞得老远老远。

要是他有机会见到她,与她谈一谈,那么,这压在心头的失望就会消失。他依旧信任她,对她的爱情怀有信念,他从不让她感到气馁。

这一次,只要能见到她,她的目光就会给他以忍耐和坚持的力量。等他回到开罗,没有什么力量能阻止他去看她,跟她谈话。她对他是有权的——精神联系的权利,终身相依的权利……这一次不系上更牢固的纽带就决不离开她……是的,他应该向她说明自己的忧虑和猜疑,要求她不要再以目前的面貌出现。为了他俩的结合,他要与她一起采取积极的步骤……他这种消极、犹豫的态度要持续到什么时候?他不是已经能配得上她了吗?几天之内,他就将晋升为中尉,能够前去求婚了。

向谁去提亲?向她的父亲?向老爷?这个念头使他害怕,他觉得做不到,即便是想一想也不敢。

可是,他怕什么?既然她爱他,决心以终身相托,要求他信任她,相信她的爱情,那老爷又有什么可怕的呢?

老爷怎么能够对抗自然？怎么能够反对心灵的结合？

不，不，老爷应该屈服。自己这一次回开罗的时候，一定要把事情定下来。

可是，他什么时候去开罗？他觉得自己再也回不到开罗去了，他的余生将消耗在这荒凉的沙漠里，在帐篷、汽车、蚊子和苍蝇中间度过。

要轮到休假，他还得等上一段长时间，按他的资历，只能排在最后一批休假。等不到他休假，绝望和猜疑就会把他彻底打垮。

他觉察到有脚步声在走近帐篷，接着看见一个人影进入帐篷里面，听见侯赛因在叫他：

"阿里，你后天跟我们一起休假，确切地说，是明天，因为我们决定在半夜动身，夜里月光明朗，路面清楚，利用晚上几个小时赶路，星期六中午就能到开罗，有一整天可用，免得把时间浪费在路上。"

四十二　仅仅是梦呓

黄夜,三辆汽车组成的车队在月光下疾驶。路标在苍白的光线下显得暗淡。绿洲内锥形丘陵向旁边投下长长的阴影,除了汽车马达声响,四周一片寂静。

车队离开绿洲,在通向沙海的丘陵上向下开去。汽车的颠簸使阿里疲惫的身体渐渐松弛下来。睡意像大氅似的遮盖住盘旋在他的脑海中的千思万虑。

阿里断断续续打着瞌睡,刚一睡着就被凹坑引起的震颤惊醒,接着,道路变直了,他才长长地眯了会儿……直到车子停住,他睁开眼睛一看,只见东方已经吐白,晨光取代了月光。

车队停下来作暂时休息。三位军官走下汽车,活动一下腿脚。扎基看看表,脸露喜色,说道:

"咱们这么短时间走了好长一段路!"

他的伙伴侯赛因答道:

"咱们穿过沙海时没有一辆车抛锚,可帮了大忙。"

"你开车快得吓人,我只好紧跟着你。"

"不这样,咱们穿过沙海就不会这么容易。"

"不管怎么样,咱们应该减速了。"

"前面还有两百多公里,下面一段路比较平坦。"

"剩下来的路,咱们轻轻松松五个小时就能走完。"

"咱们将要打破纪录……十点钟到达开罗。"

"咱们就像睡在家里醒来……没浪费出发的日子,赚了整整一天。"

"我太想念开罗了,想念开罗的街道、店铺和女人……眼睛看腻了卡其布,想看看红颜色……衣服、脸蛋或嘴唇上的红颜色。我发誓决不在睡觉上浪费一分钟,整个星期都要醒着,等回到巴哈里亚绿洲以后再睡。"

"我也跟你一样……有整整一个月的事情要做,我不知道该怎么分配这个星期的时间。"

阿里一声不吭,心不在焉地站着,双手插在裤袋里,低着脑袋,像一匹不安的马用脚后跟在沙地上刨坑。

侯赛因看看他,想打破沉默,问道:

"你呢,阿里?你打算做些什么?怎么度过你的假期?"

阿里不知道该怎么回答。

他打算做什么,他能知道吗?即便知道,他能做得到吗?

他能在假期中那样去做吗?

他打算跟她见面,责备她,交心地谈一谈,达成一致,用社会公认的积极的誓约将他俩的关系肯定下来,然后去见她的父亲。

然而,他能见到她吗?如果运气好,有见面的机会,她会怎样见他呢?是以她在他脑海中的形象,还是以她出现在人们面前的形象?如果他责备她,她会怎样对待呢?他有权责备她吗?

如果她接受他的责备,令人信服地向他解释她的处境,那她是否会接受他积极确定关系的提议?她会同意这样做吗?她会用她对他的信念进一步增加他的信心和力量,使他有勇气去见她的父亲呢,还是他刚一提出,她就会惊慌失措?

如果她同意,给了他信心、信念和力量,那他自己有勇气去见那个名声显赫、跋扈傲慢的老爷吗?

如果他有勇气去,老爷会怎样对待他?

唉,老爷和这可恨、该死的世界……他阿里在生活中尽力做了并得到这一切之后,却发现在那高傲的贵族巨人面前,自己仍然渺小得微不足道。

他茫然地瞪着他的两个伙伴。

这就是他打算做的事,他这些想法能告诉他俩吗?

对他俩还等着的问题,他简单地答道:

"我要去看望我的父母亲。"

侯赛因笑道:

"看望你的父母亲?"

扎基也笑了,开玩笑地接着说道:

"愿主诅咒你的父母亲……你整个假期都看望他俩吗?"

阿里只得跟着他俩笑笑,说道:

"走走亲戚、到处转转、看看电影,等等。"

"你是说,将白白地糟蹋这个假期……给你假期真是损失……咱们走吧。"

"走吧,咱们都轮着开车,让驾驶员休息一下,我担心他们在路上会睡着。"

汽车再次出发,碾过砾石、沙粒和开阔空旷的地面。晨光渐渐地扩散,红日带着柔和的霞光从地平线升起,拓开一条通向天空的道路。汽车越开越快,三位军官都不理会计速表,仿佛没看见。

路途仍然漫长而乏味,在一片空旷伸展的地平线尽头,露出一个暗淡朦胧的阴影,它被晨雾裹着,很难分辨清楚。

地面起伏不平,汽车忽高忽低地前行……阴影也时有时无,就像海市蜃楼,刚一显现就隐没了。大家的眼睛都热切、向往地盯着阴影,心灵都在欢快地跳动。

阴影的全貌终于清楚显现出来,天际耸立的是金字塔明显的锥体形状,接着是它的轮廓……一望无际的绿色原野上,罩着一层雾霭,纵横交错地散缀着房舍和树木的影子,在广泛的绿色和弥漫的雾霭中显得很模糊。

车队一阵兴奋,疯也似地向前飞奔,在腻烦了空旷荒漠的长途跋涉后,仿佛一心想投入人烟和生活的怀抱。

阿里的车子殿后,跟着前面两辆飞驰的汽车。他脚踩油门,紧握方向盘,目光透过车窗玻璃,盯着前车卷过的沙地,像是在参加比赛。

突然,他全身一阵哆嗦,眼前一片翳雾,脑袋接连受到打击,恶心欲吐,头晕眼花,大地在眼前晃动。

他竭力挣扎,用左手按压额头,擦拭眼睛。昨天晚上,他有过一次类似的轻度发作,浑身哆嗦,但一会儿就过去了。他期待着这次像上次一样消失,但却觉得它越来越厉害,全身如裹挟在一股冷风之中颤抖不止,头上的打击越来越重,好像根本无法抵抗,几乎坐不安稳,双手也握不住方向盘。

他的脚松开油门,疲乏地转向刹车,费尽全力踩下去,汽车逐渐慢下来,直到完全停住。

驾驶兵对停车感到惊奇,起初以为是出了故障,但看到阿里身子前倾,胳膊压着方向盘,脑袋疲惫无力地耷拉在胳膊上,接着像是处于半昏迷状态,这才惊叫起来:

"长官,长官,您怎么啦?"

阿里有气无力地低声答道：

"没什么，我有点儿累，不能继续开了……你坐到我位子上来开吧。"

但他没有离开自己的座位，他觉得自己彻底垮了，动不了。

驾驶兵叫坐在后面的士兵：

"马赫迪，从你的水袋里给我一点水。长官昏过去了。"

马赫迪在装有橙子筐和干椰枣盒——那是阿里给自己家里和同事家人带的礼物——的汽车里跳下来，解开挂在车上的帆布水袋。

不等驾驶兵用水袋救护，阿里已经能硬撑着挪身离开方向盘，移向邻座。

这会儿，前面两辆竞相争先的汽车已经发现阿里的车停了下来，便都降速开了一段……接着很快调转方向往回开。

侯赛因与扎基往回开时感到烦躁和不满：开罗已近在眼前，他们距离人烟、绿色和娇美的脸庞只有几公里了。

两辆汽车在阿里车旁停住。两个军官下车，气忿地询问抛锚的原因。他俩还没听到回答，就看见阿里的身子精疲力竭地软瘫在座位上，脸色憔悴苍白。

他俩担心地走向阿里。扎基问道：

"阿里，你怎么啦？"

阿里挣扎着轻声答道：

"有点不舒服，刚才有一阵头晕和发抖，不过咱们可以继续往前开。"

他把手掌贴在前额，只觉烫得吓人，他又感到身体直发抖，牙齿在打架。

太阳已经高悬天空，空气中充满暖意，几乎有点炎热。尽管如此，阿里却颤声低语道：

"我觉得冷，冷得厉害，身上想盖点东西。"

侯赛因对驾驶兵喊道：

"到车里去把我的大衣拿来。"

驾驶兵拿来了大衣，侯赛因把它披在阿里肩上，裹紧。扎基说道：

"毫无疑问，这是疟疾。你什么时候起觉得不舒服的？"

"昨天晚上有过一次，比较轻。"

"你应当休息。你要是早告诉我，我就不让你冒险出门了……你病了。"

"我没想到是疟疾，那一阵很轻。"

侯赛因插嘴道：

"不管怎么说，咱们已经出来，就别说了。要紧的是咱们现在能做些什么？"

阿里疲惫无力地轻声答道：

"继续上路。"

"可你正在发烧，就你现在这种状况？"

"没什么，我只是有点不舒服。我可以这样坐在位子上回到家里。"

"到前面金字塔一号路差不多有十公里，从那儿再到你家还有三十多公里呢。"

"这段路程不算长。"

"要不再等一等，让你稍稍休息一下？"

"不，不了，咱们走吧。"

"那就让我坐在你旁边，我来开车。扎基，你开车领路，开慢点，时速不要超过三十公里。第三辆车跟在咱们后面。"

车队又缓缓地上路了。阿里躺倒在座位上，精疲力竭，脑袋发烫，浑身发冷，牙齿在打架，四肢颤抖不停，几乎抬不起眼皮，直不起脖子，也挺不起腰板。

阿里就这样回到了家。两个伙伴用胳膊架着他下车,扶他进家门。他发烧的脑袋里想得最多的是,离家已久,这样病病歪歪的样子回家会吓着母亲……他原来还想自己突然回家会让母亲感到惊喜。

他抽回自己的胳膊,不让两个伙伴搀扶,尽力支撑着说道:

"我能走,我好些了。"

他还没走到家门口,巴希娅已听到车队的嘈杂声,便来开门。乍一见阿里到来她还来不及高兴,就被阿里的满身疲惫和跟跄步履吓得惊慌失措,顾不上羞赧,当着他两个伙伴的面就冲上去急切地问道:

"你怎么啦,阿里?"

他嘴边露出一个苍白的微笑,答道:

"没什么……稍有点不舒服……妈妈呢?"

"在里面。"

巴希娅跟他握手时感到他身体烫人,她既难过又担心地问道:

"你在发烧?"

扎基安慰道:

"这是轻度疟疾,我们都得过……这是绿洲的人头税,我们人人都免不了。"

阿里随巴希娅跨进家门,回过头对两位同伴说道:

"我没法感谢你们两位了,本来想邀你俩吃顿午饭,可我知道你俩时间宝贵。我这样耽搁你们,真是抱歉。"

扎基紧握着他的手说道:

"谈不上什么耽搁。我们必须把你送到才能放心。"

侯赛因说道:

"我将通知军医院,让他们给你派个医生来。"

两位伙伴离去了。阿里蹒跚着朝里走了几步,几乎要跌倒在地。厨房里传出母亲的声音,还夹杂着煤气炉的声响,她问道:

"谁啊,巴希娅?"

巴希娅高声应道:

"是阿里。"

煤气炉的噪声盖住了巴希娅的声音,母亲没有听清。她向厨房连接堂屋的门跨了几步,耳朵没有听清,便想用眼睛瞧瞧,不料竟见到了阿里。

她站着,愣了一会,接着便扑向阿里,喊道:

"阿里!"

母亲泪流满面,张开胳膊拥抱阿里,泪水遮住了她的眼睛,看见的只是一个摇晃着的模糊形象。

她拥抱着阿里好一阵子,泪水流到儿子脸上,儿子温情地拍着她的背。突如其来的激动使她只感到远离家门的孩子回到了自己怀抱,激动过后,她开始觉察到儿子灼热的气息、发烫的头和哆嗦着的身体。颤抖从他身上传到她的身上,她惊骇地叫道:

"你怎么啦,阿里?怎么啦,亲爱的?你额头好烫!"

蜗在自己房里的父亲察觉到了喧嚷,不断听到叫阿里的名字,于是拖着瘫痪的胳膊和虚弱身子出来探个究竟,嚷道:

"阿里,阿里怎么啦?"

阿里强装出微笑,尽力掩盖几乎要摔倒在地的虚弱状态,答道:

"没什么,爸爸……我拿到一个假期,想回来让你们感到惊喜。"

母亲慈爱地扶住他,领他进卧室,高声说道:

"你身子在发抖……上床吧。"

父亲走过来,抱住他,问道:

"怎么啦,阿里?出什么事啦?"

"什么事都没有,不必这么担忧……只是轻度疟疾,我们那里全都得过……感谢真主,我生病时能在你们身边。"

阿里躺在自己床上，承受着高烧的折磨。他觉得自己说这是"轻度"真是大谬不然……疟疾令他窒息，搞得他困顿疲惫至极，一发作就使他失去知觉，动弹不得。

一连几个劳累漫长的夜晚，母亲通宵不合眼，父亲不安而关切地注视着，巴希娅忙个不停。

侯赛因接到巴希娅写给他的信，获悉哥哥抱病回家的消息后就回来了，参与陪夜护理，哥哥从病魔的重压下苏醒时，就跟哥哥说笑解愁。

阿里的病情严重到了极点，就躺在床上辗转反侧，呻吟，说胡话。

岑寂漆黑的夜晚，母亲双眼噙泪坐着，在蛙鸣枭啼的混杂声中，谛听着爱子的梦呓。

梦呓开始时杂乱不清，像是受委屈者的悲叹或肺病患者的倾诉，但她不久便从中辨出了英琪的名字。

他不断地呼喊这个名字，仿佛在叫她或与她密谈……他谈到的事情母亲都听不明白……他脑中的形象、杂志上的照片，他的信心和信念、希望之风……还有心心相印和山盟海誓。梦呓接连不断谈到的许多事情，母亲的脑子理解不了，她所知道的一切就是这些事都与英琪有关，因为英琪的名字不断被提到。

梦呓里最后提到的一件事，母亲是听明白的，那就是他要去求婚："是的，我要去找他……他是王爷，但我也是个骑兵军官……我奋斗是为了能配得上你……你自己也不承认阶级差别……他为什么要阻碍咱们？我要去找他，他如果不同意，咱们就一起逃走行吗？你自己不是说过，只有死亡才能把咱俩分开……不，死亡也不能……我不会死……我不会向死亡屈服……为了你，我要活下去……要活着……我活下去……"

母亲再也忍受不住，失声痛哭起来。她冲着儿子呼喊：

"儿啊，你会活的……为了她，你还年轻，为了我们大家，你会活的……真主会让你如愿的……真主是慷慨、仁慈的。"

她举手向天祈祷:"主啊!"

侯赛因和巴希娅听到她的哭声和祈祷声走进来,不安地探问究竟。母亲讲述了阿里的梦话和她听出了阿里想要求婚的愿望。

他俩神情惊讶。巴希娅大声道:

"去向她求婚?向老爷的小姐求婚?这不可能!"

侯赛因边思忖边难过地喃喃说道:

"他在说梦话,仅仅是梦呓。"

蜷伏在黑暗角落里的父亲发出一声长叹,他一直闭着双眼,像是在打盹……不在听,懵懂木然,但传来的一切他都听见了,也都理解。

最后一句话落在父亲的脑海里,来回旋转:

"仅仅是梦呓。"

是的,它表面上确实只不过是一句发高热人的梦呓。但是实际上,在这个发烧说梦话人的内心深处,难道真的仅仅是梦呓?它难道不是出自搏动于他身心的真情吗?

一个人向往他毕生追求的目标,憧憬他全力以赴的理想,仅仅是梦呓吗?

自己曾丢尽颜面,饱尝艰辛,为的是让阿里拥有合适的地位和令人瞩目的前程。在做出这一切努力之后,阿里这样的完美人物追求自己的权利,竟然仅仅是梦呓!

为什么?他是一个受人尊敬的军官,为人正派,道德高尚,并无瑕玷……他爱这个姑娘,据父亲看,这个姑娘也爱他。

阿里追求这个姑娘,难道是梦呓?

王爷能为女儿找到比阿里更好的配偶吗?

不,不,他的爱子所追求的不是梦呓,而是与他般配的目标,是能够实现的。

父亲再次长叹一声,转入朦胧状态。

四十三　危险的疯子

　　终于,阿里的病情开始好转,病势减轻,热度也退了。病后留下的是衰弱的身体和疲惫的心灵。

　　疗养期结束,阿里恢复了被病魔夺走的体力……病假一过,他即回到团队的开罗基地,向基地司令报到,待命出发。

　　当时,德国军队已经横扫各协约国,意大利军还蜷伏着窥测等待,未露出任何参战意向,这就使守卫埃及西部边境对付利比亚方向的意大利驻军的防御部队处于平静放松的状态,也使英国将军队减少到最低限度,以便把兵力用到其他战线。

　　紧跟着,埃及也减少了在巴哈里亚绿洲的驻军,要求把部分团队调回开罗,增加驻基地的军官人数。阿里刚回到军营准备出发去绿洲,基地司令便命他留下。

　　接到留下的命令,他正中下怀,这使他又有机会争取与英琪相会了。

　　一连几天,他都在等待时机,直到心灰意冷。他决心克制感情,收敛心意,又要求基地司令让他回巴哈里亚绿洲,关山迢递也许能让他感到安慰。

　　沉默的父亲注视着儿子内心的激烈斗争,看见他满面愁容、心神恍惚,难受得默不作声,在听到他发高烧时不自主说出的梦呓后,已能体会儿子所有的不安和愁虑。

父亲默默地坐着,他想自己也许能助儿子一臂之力。

他完全相信,儿子的理想很正当,要求也合乎情理,相信儿子有资格去实现藏在胸中、不向任何人透露的愿望。

那么,他为什么不向儿子伸以援手?为什么自己不去找王爷,为儿子去提亲,实现儿子的理想,代儿子承受打击和后果……如果有后果的话?

他干吗不亲自为儿子去向王爷的小姐求婚?

这句话可怕地在他身心响起,来回震荡,就像寂静空间的回声。

他去见王爷,为的是替儿子向王爷的女儿求婚?他成了何等愚蠢、昏聩的疯子!

人们要是知道这件事,会怎么说他?而且,王爷本人在听到他儿子的梦呓又会怎么说?

毫无疑问,王爷将认为他疯了!

不管儿子是什么人,取得了怎样的地位……这能改变得了他父亲的真相吗?儿子考取军事学院,毕业后进入骑兵部队,就能改变他父亲是王爷的花匠师傅这个事实吗?

失望的重锤不停地敲击他的脑袋,用尽各种比较方法,都让他气馁和沮丧。

尽管如此,他觉得自己还拥有最后的信念,能顶住所有令人失望的因素,那就是他对真主、对自己和对儿子的信念……他内心坚定不移地相信,他是人,王爷也是人,真主面前最高贵的人是最敬畏真主的人。他最好是自己去承受打击,免得儿子去碰钉子,也免得儿子这样沉浸在沮丧和绝望中。

一个星期五的早晨,宣礼塔上响起了宣礼员呼喊礼拜的声音,他挂着手杖,另一只瘫痪的手用套在脖子上的绷带拴住,走出了家门。他坐在清真寺里的一角,念念有词地祈祷。他礼拜的时间很长,直到太阳射出血红的光芒,透过清真寺的窗照到地板上。

他感到内心十分宁静,满怀信心,便拄着手杖站起身来,朝府第走去。

他知道王爷有早晨巡看苗圃和花坛的习惯,觉得这是单独会见王爷一吐隐衷的最好机会。

他跨着沉重的步子,缓缓地从后门走进去。接近苗圃了,他心里有点乱,开始寻思将怎么跟王爷说。

漫步在盆景和繁花丛中,他备感亲切,恍如在长久离别之后又回到了亲人与家族中间。他怜爱地凝视着花卉,不由自主地伸手拔掉一棵花旁的杂草。

他抬起头来,突然看见王爷正站在他的对面瞪着他,目光中充满了诧异,问道:

"阿卜德·瓦希德师傅,你怎么到这里来了?"

他张口结舌,一阵震颤,半天说不出一句话来。

王爷看到他挂在脖子上的瘫痪的手,亲切地问道:

"你的手怎么啦?"

"瘫痪了。"

"什么时候瘫的?"

"有一段时间了,在我离开老爷的花园以后。"

"不要难过,我不知道你得了病。你现在的情况怎么样?"

"感谢真主。"

王爷习惯地伸手从口袋里掏出一张钞票,塞给他道:

"这,你拿着……你要是需要什么,就告诉我。"

阿卜德·瓦希德接过钞票,说了几句感谢的话……王爷等着他离去,因为王爷没想到他不是来求施舍的。但他仍然站着,迟疑而惶恐地望着王爷,似乎想说什么。

王爷有点惊奇地问道:

"你还要别的什么吗?"

他鼓足勇气,尽力恢复他对真主的信念——那被王爷的威严驱散的信念。听他的声音,仿佛是另一个人借他的嗓子在说话:

"是的,其实我来见老爷,不是来讨赏赐的。"

王爷恼火地打断他道:

"那你来干吗?"

"我来是奢望能得到一个更大的恩典。"

"你大概是想回来干活……但你这副样子可干不了什么活了。"

"我并不要求干活。"

王爷更加惊奇、气忿,又一次打断他:

"那你来干吗?有话直说!"

"我的儿子阿里已经成为一名骑兵军官,被提升为中尉了。"

"祝贺你。你想要我为他做什么?"

"他想得到老爷的满意和关爱。"

"他要我的满意和关爱做什么?你想要什么,直说,别浪费时间!"

他似乎觉得气氛已经具备,就直截了当地把炸弹扔了出去,说道:

"他想向老爷的小姐求婚。"

毫无疑问,他的要求老爷根本就不可能想到,以至王爷还以为自己听错了,便追问道:

"向谁求婚?"

"英琪小姐。"

王爷困惑地打量他,内心腾升起各种感觉:憎恶,恼火,惊讶,突然,暴怒……但这些喧嚣的情感很快就平息下来,王爷坚信这家伙是精神失常……开始用小心、怜悯不安的目光望着他。

他低垂着头,伫立着等待,像一片羽毛在等待风暴降临。王爷沉默良久。阿卜德·瓦希德慢慢地抬起头望着王爷的脸,希望能从王爷的表情中看出他没有用嘴明说的意思。

他没有发现暴怒的征兆,也没看到生气的迹象,心想事情也许比他预料的要容易,看来要王爷同意并非不可能。

王爷终于说话了,他尽力使声音显得平静和宽厚:

"听着,阿卜德·瓦希德师傅,回自己家,休息休息,别为你儿子的事担心。他想跟谁结婚都行。"

"他只想要小姐。我知道他爱她,我相信,小姐也爱他。"

竟然到了这种地步!王爷再也抑制不住自己的暴怒,他像火山爆发似地咆哮道:

"从我面前滚开!趁我还没有砸碎你脑袋……滚!是谁允许你到花园里来的?神经病,滚!"

王爷嘴里发出一连串的辱骂和前言不搭后语乱七八糟的吼叫。

阿卜德·瓦希德起初被王爷平静的表情所蒙蔽,现在突然受到这风暴的袭击,显然招架不住。他赶紧转身跌跌绊绊地从原路退回……王爷在他身后继续怒吼,那是冲着急忙从府第赶来的伊德里斯发的:

"神经病!你们把他送到疯人院去,或者把他从这里赶走……我的地面上容不得疯子!"

阿卜德·瓦希德到家后,悄悄溜进门,仿佛犯了罪,生怕被家人知道,出丑。他心惊胆战哆嗦着上床躺下,王爷的吼叫还在他耳边回响。

过了一阵,家里静悄悄的,几乎没有人觉察到发生过什么。直到敲门声响起,阿里已经醒来,赶紧去开门,只见是王爷的随从伊德里斯,还带着几个家丁。

阿里感到诧异,欢迎道:

"你好,伊德里斯先生,早晨好。"

"早晨好,孩子。"

"有事吗?"

伊德里斯看看家丁,显得为难和犹豫,接着对他们说道:

"你们去吧,到府第门口等我。"

然后又对阿里说道:

"我想,咱们能平静地一起来解决问题,不必出丑和吵闹。"

阿里莫名其妙,问道:

"什么问题?出什么事了?"

"你爸爸呢?"

"我爸爸?我想他躺在里面。出什么事了?"

有几个邻居走过来打探情况。伊德里斯遂对阿里说道:

"咱们到里面谈吧。"

阿里让开路,说道:

"请进。事情来得突然,都忘了请你进来了。"

两人在门口的两张凳子上坐定。阿里问道:

"出了什么事?"

"王爷生你爸爸的气了。"

"我爸爸?为什么?他做了什么?"

"他今天去见了王爷。"

"可是他没有离开过家呀。他身体不好,胳膊瘫痪了,除了去清真寺,几乎不出家门。"

"事情是他一大清早来到苗圃,在那里见了王爷。"

"这就让王爷大发雷霆了?"

"当然不是。王爷同情他,给了他赏钱。可是,他对王爷说,他不是来讨赏的,而是为你来向王爷的女儿求婚。"

阿里一愣,冲着伊德里斯吃惊地喊道:

"为我向他的女儿求婚?为我向英琪求婚?"

"是啊,是啊,他是这么说的。王爷认定他神经错乱,下令把他送进疯人院。"

阿里感到呼吸困难,透不过气来,脚下的地都好像塌了。半晌,他才控制住自己,极度沮丧地说道:

"他想把我爸爸送进疯人院,就因为我爸爸为我向他女儿求婚?"

"王爷在理啊……我不知道阿卜德·瓦希德师傅怎么会这样做,怎么敢这么说,他无疑有点不正常……准是瘫痪影响了他的脑子。你不这么看吗?"

阿里没有回答。突然的打击和极度的沮丧使他像一个溺水者。

伊德里斯继续用不无同情的口吻说道:

"我喜欢阿卜德·瓦希德师傅,他是个好人,一生没有得罪过人。我不愿对他造成任何伤害,可是,他的做法过分了……你想象不出王爷的愤怒,王爷不想让你爸爸在他的土地上多待一分钟,命我强制送他进疯人院,可是……"

阿里抬起悲哀地低垂着的头,他已经控制住了自己,说道:

"伊德里斯先生,这一切都没有必要,让我来安排吧,王爷会满意的。我会带爸爸离开这里,我们全走,从今以后,你们再也不会看到我们了。"

"可是,你们去哪儿呢?"

"我会在营房附近租一套房子。其实我很早以前就要爸爸离开这里,但是,他不愿离开这幢房子,把它看作是自己的一部分,妈妈也支持他的想法……不过,我想我能够说服他俩离开。"

"我想你这么做是最好不过,免得被撵走,出丑。我去设法平息王爷的火气,让他相信你爸爸只是突然发病,你已经带他去开罗治病了。"

"谢谢你,伊德里斯先生,我特别希望你尽可能地不要张扬。"

伊德里斯先生走了。阿里走进堂屋,看到母亲焦急、惊慌地站着等他,问他出了什么事,伊德里斯先生来干什么。

阿里简挹地答道:

"他要咱们从村子里搬走。"

母亲惊愕地喊了起来:

"搬走?谁能把咱们从自己的家园赶走?"

"您轻点声。王爷要咱们搬走。"

"咱们干了什么啦?"

"爸爸为我去向他女儿求婚,王爷凭此认定他是个危险的疯子,不应该留在他的土地上。"

母亲颤声叫道:

"你爸爸这样做了吗?什么时候?"

"今天早晨。"

"可他没有离开过家呀?"

"天刚亮他就出去了,咱们醒来之前回来的。"

"他怎么会这样做呀?他人呢?"

"您什么也别跟他说,让我来安排,您自己收拾一下,准备走。"

"我决不丢下我的家。"

"妈妈,为了我,咱们必须走。咱们早就该离开这幢房子了。咱们有条件住比这更好的房子,咱们没必要永远拴在这里。"

"把咱们拴在这里的是土地,是咱们用一块块石头垒起来的墙,是漫长的岁月。"

泪水从母亲的眼睛里潸潸而下。巴希娅走过来,拍着她的背,宽慰道:

"别哭,姨妈,既然咱们都好好儿的,住什么地方都一样。再说,是留是走,咱们没得选择。"

阿里留下巴希娅去劝慰母亲,自己静静地走进父亲的屋里。

父亲平躺在椅子上,看上去很放松,脑袋耷拉在胸前,仿佛深深地睡熟了。但当阿里的双脚一踏进屋里的地板,他就吃力地抬起头,艰难地睁开眼睛,用歉疚、请求宽恕的目光望着阿里,像是在说:

"原谅我吧,孩子。"

阿里不认为父亲有什么要道歉的,也不觉得父亲惹了什么祸,做了什么大逆不道的事,或像王爷和他的随从认为的是什么犯傻、发疯、神经错乱。

父亲丝毫没有违背他年富力强时的处世方式。

他的一生就是为两个儿子做出一系列的牺牲,他从来不想让他的行为显得像是做牺牲,而认为这是他生活的根本责任。他把自己当作树根,摄取生活的精华输送给两颗果子,这两颗果子的生长和成熟就像是他生命的标志。

过去,他不顾自己的脸面,为的是维护他们兄弟俩的颜面。

他今天的行为,不过是他老方式的继续。他再次丢尽面子,以保全阿里的面子,他把自己当作保护儿子的盾牌,不让儿子遭受失望和挫折的打击。

他了解阿里的心思,知道阿里心里正燃烧着爱情的火焰,他只得去做出牺牲,要么带给他儿子理想的硕果,要么免得儿子失望。

阿里不知道怎样向父亲表达自己的感激,怎样才能向父亲说明自己的感情。

父亲正用歉疚的目光望着他,他走近去俯下身子把父亲搁在椅子边上的手举向自己的双唇,虔敬地吻着,犹如在吻圣徒或先知的手,似乎想借此来补偿父亲为了自己而遭受的屈辱。

父亲温和地抽回自己的手,拍拍阿里的背,然后拥抱他,眼睛里的歉疚目光已经消失。

阿里说道:

"爸爸,我真抱歉给您添了麻烦,我本来不想让您过问我的难题,可是您却一定要插进来帮我。只是这会儿,当我把您推向屈辱的时候,我才感到我恨自己,恨我的爱情……我本应该更理智一些,顾全您残存的面子……我曾经努力克制自己的感情,可是,我又能做什么?您总是会钻到我的心,发现我的隐情,知道我的病……为了让我痊愈,您丢尽了仅存的面子。"

父亲的嘴唇嗫嚅着,想回答,但舌头却不听使唤。这次打击使他失去了讲话的能力。

阿里拥抱着父亲——"危险的疯子",热泪从他的双眼潸潸流下。

四十四　不光是同情

阿里带着全家搬到库巴桥一幢靠近马特里亚和枣椰庄铁路的独幢房子。这房子跟他们原先的家没有多大差别，简陋陈旧，水泵装在花园里，花坛里种的是水芥菜，还有几株零散的玉米，丝瓜沿墙攀附伸向屋顶。

这幢房子是一个境况清寒的人家省吃俭用盖起来的，房主退休后因家用缺钱，就将房子出租，自己蜗居在房顶上的两间屋子里。

母亲在新家里找到了一些失去旧居的安慰……特别是砌在花园里的炉灶、鸽子塔、鸟巢和房子前面的一块开阔地。

父亲处于永远的沉默。他坐在俯瞰铁路阳台上的一张椅子里，纵目眺望：簇拥着库巴宫的密集柑橘树，来来往往的火车不时喷向天空的浓烟。

阿里像是惊呆了似的过了几天，悲哀冻结了他的情思，失望冷却了他的感觉，他活动、工作、吃喝、谈话，都没有意识和感觉，也不思考。侯赛因收到巴希娅的信后，知道父亲得病，搬了家，便利用一个短假回来看望父亲。

兄弟俩待在阿里的屋子里，侯赛因首先问道：

"是怎么回事，阿里？"

"你不都看见了吗?"

"我想知道一些细节。"

"没有多少细节……有一天早晨,伊德里斯先生突然来敲门,告诉我王爷发火了,要把爸爸送进疯人院。"

"就这样……一说了事?"

"这是他对我说的。"

"因为什么?"

"因为爸爸去见王爷,为我向他的女儿求婚。"

"爸爸怎么会这样做?你告诉过他什么吗?"

"绝对没有。"

"或许是从妈妈那里听说了什么?"

"妈妈什么也没跟他讲。妈妈怎么会知道?"

"从你说的梦话啊。"

"我说什么梦话啦?"

"说到英琪,说你想去向她求婚,决心为她活下去。"

"我说这些了吗?"

"还不止呢……阿里,我真奇怪你会决心在这条绝望的暗路上走下去。除了这方面,我没有见过谁比你更理智、更有头脑。可是你在这件事上的行为是十足的疯狂。别再这样纠缠和固执了,别再像印度贱民似的折磨自己。你遭遇到的一切,还没有让你对她死心?仅仅是想向她求婚,她父亲就认为是发疯,谁提出就该进疯人院。你还能期待什么?你从此之后还看得到一线希望吗?"

阿里看到自己遭受埋怨和责备,心如刀割,满脸绯红。他觉得弟弟是对的,弟弟轻率冒失,却看到了他的错误,奇怪他坚持错下去,在诘问他,事到如今,还看得到希望之光吗?

这就是他的病根,是他祛除不了失望的痼疾,他的毛病就在于心里依然抱着这一线希望……已经发生过的一切都摧毁不了他对她的信念。

他平静地抬起头,耳语似地说道:

"是的,我心里的希望火焰还没有熄灭。"

侯赛因极其惊讶地扬起眉毛,像看一个疯子似地叫道:

"希望?希望什么?"

"对她的希望,她。"

"怎么说?"

"是她把希望播种在我的心田,只有她才能把它拔除;是她把信念埋在我的心里,只有她才能取掉。"

"在发生这一切之后,你还没有死心?"

"不,我仍然相信她。我可能会遭到一次又一次的失望,但只要风暴一平静,我就会比过去更加强烈地感到她又已回到我的心坎。每当我想起她的话'即便是死亡也不能把咱俩分开',我就觉得对她失望,就是对双方盟誓的背叛。我曾感到沮丧,在命运的打击下败退,但还没有达到死亡的程度。"

侯赛因失望地叹了一口气,恼火地说道:

"王爷下令要关进疯人院去的应该是你,而不是爸爸!你是在胡诌什么爱情和死亡的奇谈怪论……如果你在这一切之后还不对她死心,那么你什么时候才会对她死心?"

阿里的脑海掠过他俩最后一次在迈阿迪见面的情景:他用梦幻的目光望着她坐在他对面,拿着他送给她的生日礼物——项链上的鸡心低声说道:"我要打开它,把我的心也放在里面……我要把钥匙扔进尼罗河,让两颗心不再分开,永远在一起……心心相印。"

接着,他脑子里又出现了在赛马场最后一次见她的情景,她对他说:

"让信心依旧坚定,信念仍然存在。"当他问她:"你对我的爱还一如从前吗?"她低声说道:"比过去爱得更深。"

他不禁不耐烦地忿然回答弟弟道:

"她在我心里植下了深深的信念,我怎么会对她死心?我们在赛马场最后一次见面时,她曾向我重申过爱情,我怎么会对她感到绝望?"

侯赛因打心里非常同情哥哥,不愿意再责备他……于是伸手轻轻地、怜悯地拍拍他的背,用亲切、同情的口吻问道:

"这爱情到头来会怎么样,阿里?它的结局是什么?面对这重重障碍和种种艰难险阻,它会把你俩引向何方?你能做些什么?"

"如果能见到她,知道她的想法,了解她的处境,明白她的困难,相信她仍然坚守誓约,要我去干什么都行。"

侯赛因不由得直截了当地问道:

"如果她不是这样呢?"

阿里低下头,自言自语轻声说道:

"如果她不是这样?"

"是啊,如果她不是这样呢?"

"如果她不是这样,那么,希望之光就会熄灭,我也就会彻底死心。"

侯赛因舒坦地吐出一口气,像是问题已经解决了似地说道:

"哥哥,那你就去见她,让你自己得到解脱。"

"我怎么见得到她?一年了,我总想见她,除了那次在赛马场里的匆匆一见,总也见不到她。"

"哥哥,你得多想办法呀,要是得守在她府第门口才能见得着她,那你就穿上门岗的衣服,或打扮成农民……你总得做点什么。"

"你说些正经话,别胡说八道。"

"别给我搞这一套!你想了解我吗?只要我想,就能见到任何人,不管他是谁。"

阿里烦躁地说道：

"情况是我想见她，可就是办不到。"

"你敢打赌吗，我今天就能让你见到她。"

"没必要打赌，她已到亚历山大去了。"

"你怎么知道？"

"听伊德里斯先生说的。我前天碰到他，他对发生的一切向我表示歉意，告诉我王爷到亚历山大寓所去了，他若是早走几天就不会出事了。"

"那你就跟我去亚历山大吧。"

"我休过长病假后，还不能休假。"

"那你这星期四、星期五两天跟我走。"

"星期五我值日。"

"你怎么这样死板？调一下值日嘛。"

"我试试。"

"别说试试，而应该说就这么办。跟我去亚历山大，我就会让你见到她，哪怕动用警察……你以为我是什么人？像你似的想入非非？我在亚历山大的地位可比市长和省长重要……起来，去散散心，笑一笑，高兴高兴。只要真主愿意，就会解决问题。"

阿里勉强地淡然一笑，仍低垂着头不动。但是，侯赛因拉着他的手说道：

"咱们走吧。"

"去哪儿？"

"晚上跟我一起去消遣一下。"

"我不喜欢晚上消遣。"

"不管你愿意不愿意，我要让你去过一次夜生活。起来，别像个悲伤的国王似的老坐着……你目前的情况,最糟糕的就是坐着想心事。咱们走吧,我今晚要让你过一次夜生活,一辈子都忘不了。咱们先去找克里梅,你还记得她吗?"

"克里梅是谁?"

"克里梅·瓦来德,咱们当学生时去努埃玛舞厅那天跟你坐在一起的姑娘,你不记得了吗?"

"嗯,我记得她,一个瘦瘦的棕褐色皮肤的姑娘。"

"她现在不瘦,也不是棕褐色皮肤。她丰满、出挑多啦,成了她工作那家舞厅的老板娘,是现在埃及最有名的舞女……你没听说过克里梅·马希尔吗?"

"我记得在一些杂志上看到过这个名字。"

"那就是她。她每次见到我都问起你,看见你她准会非常高兴。今晚是她舞厅开张的日子。走吧,起来换衣服。"

"我求求你,侯赛因,你了解我对这种地方的看法,知道我挺烦它的。"

"你对它不了解,有成见,你不可能讨厌的,因为你还没有去体验过。人总是讨厌他不了解的东西。哥,要了解一件事,就得去试一次。"

"我已经试过了,那里没什么让我高兴的事儿。"

"什么时候?咱们当学生那会你就那么坐了片刻,像个听课的学生或听说教的信徒?你现在长大了,应该懂得怎样自找乐趣。你得摆脱那种死心眼儿:一门心思全在一个人身上,要么是她,要么一切都不要。"

"那是我的本性,我改变不了。我天生不适应那种人为的欢娱气氛。"

"别当哲学家了。起来,穿上衣服,剩下的事情交给我。我保证使你开心,不管你的天性如何。"

"我相信我又不会欣赏什么。"

"你不必欣赏什么,为了我去一趟吧,权当是陪陪我。哥,你不是很想我吗？不管怎么说，你今晚要是不去，我就再不过问你的任何事情，也不帮你去会见英琪……你看怎么样？"

阿里笑了，答道：

"我不明白，我去不去关你什么事？"

"哥，我要咱们一起去玩玩，享受享受。起来，起来！"

阿里穿好衣服。晚上九点钟，兄弟俩已跨进克里梅舞厅的大门。侯赛因一如往常，兴高采烈，脸露笑容地一面往里走，一面左右打招呼，接受这里那里的欢迎和款待。跟在他后面的阿里，则昂首挺胸，紧绷身子，皱着眉头，仿佛在队列中行进。

舞厅没有什么显著变化，只是椅子和幕布换了新的，墙壁上了油漆。这里，自然仍是一片喧闹声。阿里跨着军人步子，内心忐忑不安，周围的许多情况他辨别不清，也搞不明白高声的叫嚷，来来往往的人影，有的露出光溜溜的肩膀，有的脸上涂脂抹粉刻意打扮。

侯赛因站了一会儿，放眼环顾大厅，仿佛在寻找什么。阿里站在他后面，却不敢向周围看，而是一直盯着弟弟的头，他为自己这样站着感到羞愧，觉得所有的目光都聚焦在他身上，在审视他。

当侯赛因的目光落到了从舞女房间小门走进来的克里梅身上时，他像是找到了自己寻觅的对象。克里梅一见到他，也顿时满脸喜色，高声招呼道：

"欢迎，欢迎……"

说着，她便朝他走来，一面从拥挤的人群中辟出一条道，一面接受别人的问候和艳羡的喊叫。她直到与侯赛因握手时才看见阿里：侯赛因转过身来把阿里介绍给她。

她看见阿里，似乎愣住了，呼吸急促，脸上泛起了一种处女的惶恐，与她放荡的外表和周围乌烟瘴气的气氛颇不相称。

她把自己的手放进阿里的大手掌里。阿里握住她的手摇着,她感到有一股暖流注入她的身躯,这是一股很久以来从未在她冷漠呆滞的心里涌淌过的亲切暖流。

第一次见面的情景跃入她的脑海,掀起了埋在她心里的思念之情。他仿佛是一位消失的密友,失去音信的熟人,在如此长久的离别之后,她甚至都找不回他的身影,在她经历生活中的各种事件后,连他的形象也已变得模糊……今晚,他居然昂首挺胸、腰板笔直地站在她跟前,她像第一次一样全身震颤,像重新见到已无望会面的人一样感到兴奋。

她一面高声表示欢迎,一面尽力控制自己:

"欢迎,欢迎,怎么这么长时间不露面……见到你的人真得长命百岁。"

阿里有点不知所措,他发现她跟他握手时间比一般问候要长。

克里梅依然抓住他的手,继续欢迎道:

"整整三年,你一次都没想到来看看我们……我还从没见过你穿上军官服的样子呢!"

阿里尽力不让自己脸红,只感到好像所有的目光都集中在他身上,看看他穿上军官服是什么样子。

克里梅一眼就看出阿里脸上的不安和羞涩,这是自己面对他时的幼稚冲动造成的。她赶紧一手抓着他,另一手拉着侯赛因,朝她进来的那扇门走去,说道:

"跟我来,开场之前,咱们去喝杯咖啡。"

她看看表,又说道:

"离开场还有一刻钟,我可以跟你们聊聊。我可真是想念你们。"

他们进入门后一条狭窄、潮湿、满是烟味的走道,走道一侧是几间狭小的房间,阿里能够瞥见里面一些舞女和演员正在化妆打扮或换衣服。

他们来到走道尽头一个开阔的空间,带图案的帷幕从天花板上垂挂下来,四处零乱地放着沙发、椅子和其他一些家具。阿里明白,自己是来到了所谓的幕后,心里有一种失望的感觉,这是每一个第一次看到幕后情景的人都会有的——他面前的舞台看上去陈旧、破烂,景象暗淡颓败,与舞台上挡住观众眼睛的红色帷幕启开时展现出的辉煌,相去何等遥远!

三人走进走道底的最后一间屋子,它与正对面的宽阔舞台相比,显得很狭小,里面只有一张红天鹅绒的沙发,扶手处和靠头的背部绒毛已经脱落;两张安乐椅;一张老式的高梳妆台,上面散放着化妆品和香水;一个咖啡杯,底部有揿灭的烟蒂;一只装着洗脂粉浑浊水的杯子。屋子的一侧,是一张大衣柜,柜门半开,可以看到里面是乱糟糟的一堆舞衣和普通衣服。一个老妪站在柜前,正忙着整理衣服。她的腮帮和手背都有刻青,身穿黑衣服。她一见他们,就丢下手里的活儿,不声不响地离开屋子,朝门口走去。不等她的身影消失,克里梅就喊住了她:

"给我们来三杯咖啡,一杯不放糖。"

侯赛因追了一句:

"两杯不放糖。"

老妪抬起头,认出了侯赛因,咧开嘴爽朗地笑了,说道:

"是侯赛因先生啊?晚上好。"

"你好,哈婕。你还认识我吗?"

"怎么会不认识?眼拙可得挨骂!"

老妪离开之前,又问道:

"两杯不放糖,还有一杯呢?"

阿里答道:

"只要两杯就行。"

克里梅问道:

"为什么?"

侯赛因代阿里答道:

"阿里不喝咖啡,不喝茶,也不抽烟,他肚子里只装有用的东西。"

老妪接口道:

"他做得对,愿主赐给他更多更多。"

老妪离开前,克里梅又叫住她:

"那给他来一瓶斯巴茨牌冰汽水吧。这也不行吗?"

阿里笑道:

"不,不,这绝对没问题。"

老妪走了。克里梅请他俩坐下,说道:

"请坐。这屋子不太合适,但它让咱们远离舞厅的嘈杂。"

她竭力掩饰与阿里面对面坐着的慌乱无措,便絮叨道:

"阿里,你为什么不来看我们? 侯赛因有他的理由,他在亚历山大。尽管如此,他只要来开罗,总会到我们这里来一下。你呢,你的理由是什么?"

阿里含含糊糊地表示歉意,好像他确实没有尽到来看望她的责任:

"我在巴哈里亚绿洲待了很长一段时间,后来又得了疟疾。"

克里梅神色惊慌,这是真正的惊慌,她天生善于夸张地表达感情,使这种惊慌更加突出。

侯赛因笑道:

"你不要这样惊慌。他这会儿在你面前就像一匹马驹子一样。"

随后,三人就闲聊起来,你说一句,他说一句。这当儿阿里一次又一次地窥视克里梅。

这次见面,她丰满多了,丰满不是胖或臃肿,而是臀部、胸脯、胳膊和小腿各部都很匀称,只有腰肢仍保持得又细又紧。她的脸,分开各部看不怎么样，但作为一个整体，却显得充满甜蜜。

侍者端来了咖啡与汽水。克里梅倒了两杯咖啡，把汽水倒入另一只放冰块的大杯子。

阿里一直注视着她。

他想起上一次自己曾想去遮盖她裸露的肌肤，这一次，他倒乐意她暴露出来。他心里纵然厌恶这种念头，却又控制不住，不由自主地一次次地偷看她柔软无毛的两腋，以及一转脸一低头都能看得到的胸脯间的那条深谷。

一股可爱的香水味钻入他的鼻腔，若不是羞赧和谨慎，他几乎就会凑上前去多闻一闻。

他脑子里尽管闪过这种种念头，但他内心却很排斥。他始终保持着严肃的表情和军人的坐姿，回答她的话简短、羞涩和拘谨。

他们听见舞台上宣布开场的传统的三下铃声。侯赛因看见克里梅正喝完杯子里的最后一口咖啡，便问道：

"什么时候轮到你？"

"在这一场后面。"

"那我们走了，你准备上场吧。"

三人站起身来。克里梅还未走出屋子，一个侍者进来，在她耳边悄声说了几句。她回答他道：

"去告诉他，我今晚没有空。对所有问起我的人都这么说。"

接着，她又对侯赛因和阿里说道：

"我一演完，直接到你们那儿去。我已经吩咐过他们，给你俩定下了一号包厢。"

两兄弟沿着走道去舞厅，刚走几步，克里梅又把他俩叫住了：

"侯赛因，咱们今晚一起吃晚饭，你俩是我的客人……这里的开销都包了。"

侯赛因答道：

"不必客气啦，克里梅。"

"你别算钱了……你知道，咱们之间不用客气。"

两兄弟继续往前走。侯赛因笑着嘟囔道：

"她怎么像哈梯姆①似的慷慨起来了？看来，她对你可是想苦了。你真有福气。"

"我？为什么恰恰是我，而不是你呢？"

"我到这里来不下几十次，她可从来没请我吃过晚饭，更没有这样硬请我。再说，我每次到她这里，她总是问起你。你看到她为了你，推掉了今晚所有的约会。你还想要怎么样？"

"我不需要她这样，也不想要。我对她没有需求，让她省掉这一切吧。我不跟她一起吃晚饭，也不跟她坐在一起，我现在要回家了。"

侯赛因十分惊奇地望着他，说道：

"你说什么？你疯了吗？"

"我没有疯，我的做法正是出于理智。没有必要陷进去跟她发展关系，因为我不准备发展这种关系。"

"你指的是什么准备？"

"如果她今天请我吃晚饭，明天我就得回请。我没有钱，没有时间，也没有兴致。我没法与她来往或满足她的需要，我跟她互不般配。"

"你胡扯些什么，好像要你去跟她结婚似的。哥，咱们今天高高兴兴地过一个晚上，你考虑和琢磨这些干吗？走吧。"

"我得回去了，我要回去睡觉。"

---

① 哈梯姆·塔伊，阿拉伯蒙昧时期的诗人，以慷慨著称。

"睡觉？现在才十点钟，你就说要睡觉？走吧。"

"我跟你说，我得回去，你继续玩，我走了。"

"我决不放你回去……那女人会怎么说咱们？你至少得坐着看完她那一场演出，然后向她告辞。"

两人在包厢里坐下。侯赛因开始接受人们的问候，融入了周围气氛。阿里则愁眉苦脸地坐着。第一场结束，克里梅主演的一场开始：先出来一群舞女，是她舞蹈的开场，接着，她身上裹着一条黑色透明的饰带登台了。她光着脚轻快敏捷地晃动、旋转着。不一会，她丢开饰带，半裸着舞动起来。这舞蹈显示出她对四肢和全身每一块肌肉控制自如。她的舞蹈近似疯狂，目光却对准一个方向，紧盯着一双特定的眼睛，似乎她只看着这双眼睛，只是为这双眼睛而翩跹起舞的。

阿里想起了在第一次看她跳舞时她瘦削的身架和她望着他时那种躲躲闪闪的目光，想起自己对她出于强烈同情而引起的好感。她在舞台上怀着疯狂的热情旋转时，两人的目光相遇了，他再次被好感或比好感更强烈的感情攫住了，其原因不只是同情，而是思慕与欲望……这使他充满恐惧，帷幕降下时，他坚决地站起身来，朝门口走去，下决心回家，逃避这头一次体验。促使他逃遁的是一张天使般洁白红润脸庞的突然出现，犹如一道坚固的屏障，把他与那裸露着的扭动身躯隔开了。

四十五　相互失望

　　阿里把星期五的值日跟人调换以后,就跟弟弟去了亚历山大。两人坐火车在锡迪贾比尔车站下车。亚历山大湿润的海风吹拂着阿里的脸庞,唤起了他最甜蜜的回忆。在出租车里,他坐在弟弟旁边,脑子里接连浮现出第一次在圣伊斯梯法努饭店见到英琪时和受马穆拉海浪拍击的情景,他不由得从燥热的胸间发出一声长叹,吸进一口抚慰心灵、快畅人意的海风。

　　侯赛因看着他,笑道:

　　"你像个死了孩子的娘们似的唉声叹气吗?我原先还以为你会把忧愁丢在开罗,轻松愉快地来到亚历山大。我不是已经答应你的要求了吗?"

　　阿里勉强地笑笑,接着又走了神。

　　汽车没走多远,就停在与海岸线垂直的克娄巴特拉主街上。侯赛因下车,阿里跟在后面,两人走进一幢离海不远的大楼。来到二楼,侯赛因按了一家的门铃。不一会,门开了,一个中年妇女探出身来。她体态丰满,脸颊红润,讲一口蹩脚的阿拉伯语,喜形于色地说道:

　　"欢迎,侯赛因,感谢真主让你平安归来。"

侯赛因回答道：

"你好，丽塔妈，我可想你啦！这是我的哥哥阿里。这是丽塔妈，要不是她，我就流落在亚历山大的街头，连一根葱都不值！"

他拍拍她厚墩墩的脊背，发出响亮的声音，接着又笑道：

"丽塔妈是我至今为止认识的最可爱的女人，有人说得对：论肥实，就数老母鸡。"

丽塔妈娇嗔道：

"你不害臊！"

她对阿里说道：

"你这个弟弟调皮极了，老是开玩笑！"

她让开路，两人走进堂屋。屋里有一张旧桌子，一个银白色的高柜，柜背装有一面大镜子，镜面已显模糊；几层玻璃搁板上放着几件瓷器古玩和一套水晶茶杯。

一种凡在亚历山大的住家都会闻到的霉湿味道，夹杂着古今希腊人家庭特有的气息，钻进阿里的鼻子。在两兄弟走进侯赛因的房间之前，那女人问道：

"你们要吃饭吗？"

时间已经三点半了，他们除了每人吃过一块夹心面包暂时填填饥外，还没有吃过饭。

侯赛因问道：

"你有吃的吗？"

"炉子上有一盘通心粉，还有白菜豆。如果你俩想要，我给你俩煎几个蛋，开一听沙丁鱼罐头，或者烤一条鲱鱼。"

"可真是心灵手巧，丽塔妈。我原以为在你这里吃不上中饭，正在想到哪儿去吃饭呢……那就给我们准备饭吧，我们先去洗个冷水澡。丽塔呢？怎么没见她的影子？"

"她去看电影了。"

两兄弟走进卧室。这是一间普普通通的屋子，与任何一个寄宿公寓的卧室没什么两样：一张床，一个梳妆台，一个柜子，靠床一个床头柜，一个衣架，两把椅子，一张小桌子——桌上放一只台灯，叠放着几本书籍和杂志。

侯赛因脱下衣服，一丝不挂地走向浴室。阿里叫住他，呵斥道：

"这是干什么？身上披点东西吧，那女人会瞧见你的！"

"你别替她发愁，她跟我们不分彼此，我已经让她习惯了。"

侯赛因在莲蓬头底下扯着嗓子唱起歌来，尽管声音刺耳，阿里却还是按他俩过去的老习惯，情不自禁地用正确的音调跟着哼起来。侯赛因只要跟着阿里一起唱，就觉得自己唱得不错，阿里一停下来，他就会发现自己唱走了调。

侯赛因洗完澡，阿里去洗，他当然是遮盖着身子进浴室的。洗了一个澡，加上侯赛因的诙谐，阿里觉得有点神清气爽，丢开了大部分的遐想和忧虑。侯赛因坐着梳头，边往脸上抹绿柱石牌雪花膏，边唠叨道：

"这个丽塔妈是个便宜货，没有她，我不知道在亚历山大该怎么办。你想，这间屋子，包括吃、喝、洗烫衣服才四镑钱，外加一个晚上。"

"一个晚上？"

"是啊，我每个星期跟她睡一夜，代替她那死去的当海员的丈夫皮特鲁。她稍微胖了一些，不过在床上是过得去的。她女儿丽塔也不错，看上去小一些，但很有味。"

阿里望着他，惊讶地摇摇头，说道：

"你是个动物？"

侯赛因一面往头上扎毛巾，一面答道：

"你比任何动物都蠢,你将在追逐海市蜃楼中白活一辈子。"

丽塔妈叫他俩吃饭的声音传了进来:

"午饭好啦,请吧。"

饭后,丽塔妈问侯赛因:

"要我把丽塔的屋子收拾一下给你哥哥住吗?"

"不用,不用,你什么也别麻烦。他跟我睡,我们从小就习惯睡一张床。"

侯赛因躺在床上,阿里松弛地靠在安乐椅上,漫不经心地浏览一本杂志,他在等弟弟先开口,说说打算如何行动,实施会面方案。

侯赛因闭上眼睛,似乎想好好睡一觉。但阿里很快就把他唤醒并问道:

"你还没有告诉我打算怎么做呢……咱们只有今天晚上一个机会,明天我必须返回开罗。"

"你干吗不坐后天的早车?"

"我应当在七点钟之前到达营地,操练七点整开始。"

"那就不必参加这次操练。"

"不行,不然他们算我操练缺席。"

"交一份医生证明上去。"

"我不习惯搞这些幼稚把戏。"

"不管怎么说,我相信我今天晚上会替你把事情安排定当,免得你去搞这些幼稚把戏。"

"怎么安排?"

"我会跟卡德里娅·马哈茂德联系,要她弄清楚英琪他们今晚去哪儿。"

"她到什么地方去弄清楚?"

"她跟他们所有的人关系都很好,因为这些日子她在那位大人物跟前身价提高,已经不只是一个王后的宫女啦。"

"你指的是什么?"

"我是说国王爱上了她。"

"国王爱上了一个宫女?这是她告诉你的吗?"

"是啊。"

"她准是在撒谎……她跟你是什么关系?"

"她说她爱我。"

"这可能吗?国王爱她,而她又爱你?"

"为什么不可能?你自己不是认为爱情是不讲物质价值的吗?"

"是的,精神的爱情是不管物质价值的,可是,物质的爱情却必须讲。"

"不管怎么样,我不知道这种爱那种爱之间有什么区别……它们都是爱。"

"你对她是什么态度?"

"我喜欢她。"

"肯定?"

"我想是的,她是我认识的人中最可爱的一个。"

"因为她是你认识的人中最有势力也最有用的人。"

"可能是,尽管我还没有想到这一点。我是把她当作女人来考虑的,我要她,她也要我;我使她愉快,她也使我愉快。我第一次跟一伙人到蒙辛伊尔去见她的时候,她从所有的人中选中了我,因为我不落俗套。她整夜都陪着我跳舞,我们跳舞,并不只是相互搂搂抱抱……从那一夜以后,我就成了她亲近的爱人。"

"当然是排在国王之后啰?"

"国王在众人之上,你难道不知道?"

"我知道,你跻身进去,你自己也做不了主。"

"你呢?几十年来,你在想跻身进去的事上自己做得了主吗?"

一阵沉默。阿里愁容满面。侯赛因觉得自己大概是触到了哥哥的痛处,抱歉地说道:

"咱们别谈这些了,重要的是我得靠我的女友来实现你的要求。我将要她弄清楚英琪及其伙伴今晚去哪儿,让她给咱们订好一个他们旁边的位置。"

"你认为她会做吗?"

"当然会做,你不了解我对她的价值。现在让咱们稍微打个盹吧,我昨天晚上只睡了不多一会儿,今天又得熬夜……你躺到我旁边来,眯一会儿吧。"

"我宁可坐在椅子上睡一会儿。"

晚上,两兄弟走进蒙辛伊尔饭店的大门。侯赛因带着阿里径直走向角落里的座位坐下。乐队已开始演奏,一个身穿白色演出服的黑人站在乐队中间,用有点沙哑的低音嗓子在唱。座位上的人,有的脸有喜色,有的装出一副笑容。中间的舞池里有几对舞伴搂腰搭肩在摇晃扭动着。

阿里神经非常紧张。他刚坐定,两眼就迅速扫视四处,接着,目光转向弟弟,只见侯赛因正在点头向一个准备离去的中年妇女打招呼,她被几个青年簇拥着。侯赛因悄声对哥哥说道:

"这是伊丝凯里夫人,她的爱好就是网络青年……她是卡德里娅的密友,一向乐于助人。"

从弟弟一连串话里,阿里只听明白了卡德里娅这个名字。他迅速向门口偷看了几眼,不安地问道:

"她还没有来?"

"别担心,她肯定会来。她告诉我,他们全会来这儿,英琪,阿赖,萨米赫、苏海蕾、易卜拉欣,以及其他的伙伴。她要我等她,我相信她准会跟他们一起来。"

阿里又盯着门口瞧。接着,他皱起眉头,犹犹豫豫地问道:

"可是,你认为我……我的意思是,在这种场合……适合跟她谈话吗?"

"为什么不适合?我已跟卡德里娅约好,她一看到咱们,就邀请咱们到他们的桌子那去,把咱们介绍给他们。我以为在那之后你应该办你的事……跟她谈话不是一件难事。"

"你真这么想?当着你提到的这伙人,我可以跟她想说什么就说什么吗?"

"当然。你以为他们会干什么?他们每个人都只顾自己,喝酒或忙其他的事情。你可以带她去一个远一点朝海的角落……你别这样束手无策嘛,不要皱眉头,微笑一下,坐得轻松些,咱们不是在出操,咱们……"

他的话还未说完,一眼瞥见卡德里娅走进大门,随即悄声说道:

"他们来啦,那个就是卡德里娅。"

阿里回头一望,只见走来的卡德里娅步伐轻盈,目光媚人,身材适中,面容充满贵妇人气派,她后面跟随着其他伙伴,他们一个接一个地走进门来,但没有英琪。阿里目不转睛地盯着门口,像是在注视自己的命运……这伙人都进来了,英琪仍无踪影。阿里一脸失望,他悄声问弟弟道:

"她不来了?"

"不会,卡德里娅向我保证说她会来的……你耐心些。"

阿里没忍耐多久,没几秒钟,英琪进来了,后面跟着阿赖。

阿里觉得自己的心怦怦直跳,像发疯的铃铛,或像一只关闭在胸间振翅欲飞的小鸟。他简直想跳过去拥抱她表示欢迎,但却只能默默地注视着,看她迈着稳重从容的步子走向同伴们围坐的桌子。

阿里观察她的脸,觉得在她那美丽细润的容貌里含有悲愁的神情。她与同来的其他人不同,脸上没有刺眼的脂粉,显得冰清玉洁,仍如他在府第花园里常看到的那样……金发挽在脑后。

侯赛因当着他面边喝啤酒边说道:

"你现在让他们去,别理会他们,只当没有看见一样。"

阿里有点难为情地收回视线,假装在喝面前那杯剩下的汽水。侯赛因又道:

"别担心,过一会,卡德里娅会假装突然看见我,请咱们到他们桌上去。我希望你别不好意思,他们是一伙不知害臊的人。你想说什么就对她说什么,谁也不用理会。我只能给你这次机会,没有下次了。我这次说服卡德里娅时称这不是我的事,我见不见英琪或其他人无所谓,我只是想让你见到英琪。这才算是把她给说服了。我想下次就不能再这样说服她了。"

阿里的状态,既听不进也没法理解弟弟的话,他已经集中心思在想他怎么去见她,她又会如何见自己呢?他见她时,是直抒思念,还是遮遮掩掩、逢场作戏呢?对她说些什么?他曾经数百次复述过跟她的谈话。现在事到临头,要对她说话时,却一个词都想不出来了。

英琪会怎么回答他?他记得在亚历山大赛马场见到她时,她说的最后一句话——当时,他问她,她是否还一如既往地爱他?她低声回答说:"比过去爱得更深。"

这句话是维持他爱情大厅不崩溃的支柱,是他远徙他乡、音信中断、身处沙漠之中时,滋润肺腑的甘霖,是驱散失望幽暗的光亮,是这句话使他的信心不致动摇。

今天晚上,如果他再问她,她会怎么回答?会再给他一滴甘霖以滋润他的心胸吗?不过,一滴帮助他活下去的甘霖,他不会满足,他希望她赐予他生活的本身,想跟她多谈谈,终结那笼罩他的黑暗,想了解她对所发生的一切的看法,她对他俩的爱情的信念依然坚固吗?他仍能逾越障碍和堤坝吗?仍能藐视传统和差别吗?她还坚持到死甚至在死后都属于他吗?

不过,她还记得她自己的这些话吗?

如果她还记得,她的信念和爱情仍一如既往,那她怎样才能越过那由严酷传统和固化差别构成的万丈深渊呢?他俩何时才能逾越呢?他父亲只不过想做一次这样的逾越,就被诬为发疯。她对他的态度这么消极,越来越疏远,他怎么能再尝试?怎能……

他的扪心自问还未完,弟弟就突然起身离座,把他从思忖中解脱出来。弟弟对他说道:

"你等我一会儿。"

侯赛因与卡德里娅的目光相遇。卡德里娅朝他点头示意要他过去。侯赛因走到她那群人围坐着的桌子前跟她握手,吻她的手,并向其他坐着的人点头致意,他们正在畅饮和说笑。卡德里娅高兴地说道:

"你好,侯赛因,近来好吗?坐吧。"

侯赛因望望他哥哥坐的地方,抱歉地说道:

"对不起,我和哥哥坐在一起。"

"让他也来咱们这儿一起坐吧,免得你俩孤零零地坐在那边。去叫他来吧。"

侯赛因走向他的哥哥。原先侯赛因过来时,英琪正在与苏海蕾闲聊,见到侯赛因,她不怎么惊讶,点点头回答他的问候。但当侯赛因托词阿里在那儿而没坐下,并朝阿里望去的时候,她大吃一惊。

在这之前,她未看到阿里,因为她对身边的情况都不怎么关心,也从未想到此时此地竟会看到他,因而感到非常突兀,也极为慌乱。这使她失去了控制自己表情和神经的能力,呼吸变得急促和难受,仿佛是在赛跑,细巧的鼻子随着急促的呼吸翕动,胸脯起伏不停。

卡德里娅注意到了英琪的慌乱。苏海蕾诧异地望着英琪,问道:

"你怎么这样心神不定？怎么不回答啊？不舒服吗？"

英琪低声答道:

"没有,只是不时有点气闷。"

侯赛因带着阿里走来。阿里一面带着严肃的表情,保持他军人的走路姿势,一面努力使他的面部显得平静,实际上却是五内俱焚。

阿里跟卡德里娅握手,她随即把弟兄俩介绍给她的同伴,微笑着用亲切的语调一一报出名字。

大家都客气地点一点头。最后轮到阿赖了,他的动作和声调都明显带有醉意。卡德里娅一报出他的名字,他就笑着喊道:

"我们是老相识了。你们俩好吗？阿卜德·瓦希德师傅好吗？"

他又喝了一口酒,接着对他周围的人说道:

"他俩的父亲曾是我们家花园最棒的花匠。"

血涌上了阿里和英琪的脸。他俩本来正在相互对视,不安的目光充满渴望、爱情、拘谨和担心。英琪在听到她的哥哥那句蠢话后,马上感到他还会做出更荒唐的事来,场面可能更加尴尬。

总是跟英琪形影不离的萨米赫,用审视的目光看了阿里一眼,接着问阿赖道:

"那么,这就是他？"

阿赖不等他把话说完,就用放肆、嘲讽的口吻打断他道:

"是啊,他就是那个向英琪求婚的人。你想想这是多么胆大妄为和厚颜无耻！"

随后,他哈哈大笑起来。

所有的人一片沉默。侯赛因两眼冒火,阿里感到一股愤怒的浪头袭向全身,恨不得把桌子掀翻在他们头上,他克制住了,一声不响地拉着弟弟的手,默默地离开了那儿。

阿赖继续用咯咯的笑声为他俩送行,说道:

"我父亲差点把他送进疯人院……但后来只是把他撵出庄园了事。"

英琪极其愤怒地看着他,哽咽地说道:

"疯人院应该收容的是你!……阿里比你们大家都要好。"

萨米赫扬起眉毛,语带讥讽惊奇地问道:

"你干吗这样激动?干吗这样关心和同情他?"

英琪没有回答,她像是沉浸在忧伤和悲哀中,不久便用手按住额头,接着吃力地站起身来,说道:

"我头很痛,我要回家了。"

苏海蕾惊讶地问道:

"这么快?咱们的夜聚还没开始呢!"

萨米赫企求道:

"稍微坐一坐,我肯定头疼一会儿就会过去。"

英琪坚决地答道:

"我不能再待了,一定得回去。"

萨米赫站起来答道:

"那我跟你一起走,我用车子送你。"

"谢谢你,我乘自己的车,送到后我再打发车子回来接阿赖。"

卡德里娅站起来说道:

"这没必要……我可以送你,我现在也走。"

大伙都叫了起来:

"去哪儿?"

"我想起了一件重要的事情,几乎把它给忘了。英琪,咱们走吧。"

卡德里娅跟着英琪出来。汽车载着她俩驶去时,英琪默不作声,出神地眺望着沿着接连不断的昏暗灯光伸展的马路,大海在远处不停地汹涌咆哮。

卡德里娅低声说道:

"我对我造成的尴尬局面感到抱歉。但我没有想到局面会发展到这种地步,也没料到阿赖会讲出这样鲁莽放肆的话来。"

英琪没有回答,却长叹了一声。卡德里娅又说道:

"你愿意咱们去会一会他俩,表示一下歉意吗?"

一阵沉默。英琪似乎没有听见。卡德里娅又问道:

"你看怎么样?"

英琪绝望地轻声说道:

"没有用啊……"

"什么没有用?"

英琪没回答,惘然地望着波浪后面密集浓重的黑暗。

同一时刻,侯赛因挽着他哥哥的胳膊步履沉重地走着,周围一片漆黑,海风吹打着他俩的脸孔。

侯赛因宽慰难受烦恼的阿里道:

"我刚才真想砸烂他的脑袋,但怕搞成一桩丑闻,也不想让你的处境变得更加复杂……"

阿里始终不吭声。侯赛因不愿他这样沉默下去,知道他哥哥心乱如麻,想说说话让他释怀,为引他开口,便又说道:

"不管怎么说,我最近将找个机会回击他一下……现在重要的是咱们得设法安排另一次见面,我会要求卡德里娅安排那个无耻的畜生不在场的时候让你们会面……但愿你明天晚上就能见到她。"

阿里抬起低垂着的头，轻声说道：

"明天我要走了。"

"你不要固执，写封信去申请在这里休假嘛。"

"我认为没有必要再待下去了。"

"你把事情交给我，我明天白天再给你努力一下，晚上你就可以走了。"

阿里失望地摇摇头，答道：

"没什么用啊。"

"什么没有用？"

"一切都没有用。"

这绝望的回答，仿佛是在答复英琪仅用忧伤和失望的沉默目光回应的难题。

四十六　进一步的希望

阿里睁着双眼躺在床上,脑海在翻腾,思绪如狂风骇浪,汹涌起伏……他一直处在困惑、绝望和迷茫的海洋,已不再能分辨看清自己的事情……他觉得自己的头几乎要裂开了,便悄悄地从与弟弟合睡的床上溜下来。侯赛因从小养成了习惯,摊手摊脚,一人占了床上四分之三的地方,只给阿里留下床边。阿里走向通阳台的门,阳台下面一侧临海。他靠着阳台边沿,遥望水天相连的黑沉沉的空间,星光闪烁,灯光微弱暗淡。他这样站了一会,四下静寂无声,只有他的呼吸在回荡,心潮在澎湃,脑子一片喧嚣,直到他感到寒风彻骨,才回到屋里,悄悄地把门关上。

他没有上床,而是走向屋子角落的桌子,扭亮小台灯,在桌旁的椅子上坐下,拿出几张弟弟备用的信纸,抓起笔,两肘支在桌边,左手按着额头,仿佛用手指挤压能绞出脑汁,或能让乱哄哄的脑子平静下来。

他很惶惑,提着笔在纸上停留了一会儿,他惶惑,不知从何下笔。终于,笔在纸上驰骋起来,倾泻出集聚在他喧嚣脑海中的一切。

我亲爱的:

　　我在为见你用尽一切方法之后,只得给你写信了。我写信,不是为了向你倾诉爱情、陈述思念或重申盟誓,这些都已是明确肯定的事实,多说也是枉然。我提或不提,均无影响。因为你对这种感情及其广度、深度和持久性,是最明白不过的了……我写信给你,是为了想从你这里得到进一步的希望,借以驱走包围我压抑我呼吸的失望。

说到失望,我不是指对你的失望。我对你的信念高于任何失望。我要是对你失望,就不必自找麻烦,写信来打扰你……我说的失望是指包围咱们的反常客观条件、强加给咱们的严酷固化环境、套在咱们身上的沉重桎梏和横亘在咱们中间使咱俩天各一方的坚固堤坝。

是这些而不是你,让我失望。如果你是失望的原因,那事情倒好办了,我就会像少年时一样,把你埋在我心底,把你当一件葬品保存着,爱你如同爱一个葬入陵墓无望复生的爱侣。

然而,我对你并没有失望……我对你的感情,每次疏离和远别,都未使它暗淡和熄灭,它反更显得炽热和明亮;我对你爱情的信心,远比破坏其大厦、捣毁其结构的环境、桎梏和堤坝更强大。

我写信给你,如前所说,是想要得到进一步的希望,这是只有你才能给予我的……你肯定记得,咱们在赛马场最后一次会面时你对我说的那句话:"比过去爱得更深。"虽然见面时间短暂,谈话简括,但这句话却是帮助我生活下去的最好支柱,它驱散了压抑着我的一切失望阴云。

今天晚上,尽管发生了不幸,我却仍记得你忧伤急切的目光,虽然只是一瞥,但我从中感受到了方向、慰藉与希望。

尽管如此,我却还是要写信给你,因为我想得到进一步的希望和了解……想了解许多我不明白的事情……只有你才能够让我理解它们,也最有说服力。

在我脑海心间喧嚣翻腾的问题非常多,我不想对你一一细列,我对你的态度，不是清算者、质询者，而是期盼者和企求者，期盼安慰，企求希望。

对我谈谈你的意愿，说说你的想法吧……你脑子里想到的，你乐意说什么就说什么，对我的想法做些回答，全随你的意。

我不会责备你，也不会跟你计较，在我的心目中，你是不可责备和计较的。

但请回信，如果你认为我配的话，就赐我以希望；如果你认为我理应死心，那就不必做答。

无论你回不回信，我对你的爱情是永存的，因为它早就在我心里，比你已经做的和将要做的一切都早。

区别在于你是判我应死心还是给我以希望。

不同在于是爱一个已经埋葬的情侣，还是爱一个为争取自己的爱情，始终敢于反抗堤坝、困难、差别和传统的爱人。

问题还在于我是把你隐藏在胸间，还是去逾越堤坝、克服困难，最后使咱俩相互归属对方。

这是埋葬抑或生存的问题：把你压在我心底，或为你而生存下去。

忠诚的阿里

阿里写完信，读了一遍，又反复看了两三遍，感到并没有充分表达出自己激越的想法：他想与她谈心，想责备她，对父亲出于好心的行为向她道歉，想了解她的感情、意图和未来的计划。尽管如此，他还是觉得不能写得太多。他好几次想把信撕掉或重写，但不久便把信折好，装入桌子上的一个信封里封好，然后站起身来上床睡觉。

清晨，侯赛因睁开眼睛，发现阿里已经穿好衣服，便诧异地问道：

"你去哪儿?"

"我想赶早上的火车。"

"哥哥,你得冷静些,这么匆忙干吗?等到晚上吧,也许真主会帮咱们解决问题。白天咱们还可以做点什么。"

"我不这样认为。没必要浪费时间了。"

"你在开罗另有什么事吗?你不是换了值日吗?"

"明天团长要到我们那里检查车辆,我今天应该把车辆先查一遍。"

"哥哥,愿主诅咒你,诅咒车辆,诅咒团长。你跟我一起吃过午饭,等到下午再走。说不定,咱们上午还有机会呢。"

"还会有什么机会?我相信即便有机会,也不会比昨天更好。我对你的全部要求,是把这封信交给她……我想你能办到。"

侯赛因拿过信,问道:

"你在信里写了些什么?"

"我写什么与你无关……你能不能把信送到?"

"当然能。"

弟弟沉吟了一会,又无奈地补上一句:

"除非……她不收。"

弟弟的话使阿里吃了一惊,他伸手拿回信,皱着眉头问道:

"你这样认为?"

侯赛因似对自己的话有些后悔,一把夺过信道:

"我什么也不认为,不过说说而已……她干吗要拒绝?出于了解和好奇,她至少也会看一遍。"

"你怎么把信交给她?"

"我要是不能给她,就让卡德里娅转交。"

"你认为卡德里娅靠得住吗?"

"靠得住？你以为你的信竟然珍贵到了卡德里娅想要偷藏的地步？"

"我不是这个意思,我是说,她也许会把信随便交给什么人。"

"放心吧,我保证亲手把信交给英琪。除此之外,你还想要什么？"

"要是她打算写回信呢？"

"我就给你带来。"

"一拿到就送？"

"我会乘头一班火车,亲自给你送去……除此之外你不会再有别的事了吧？"

"没有了。"

"不过,这一切有一个条件。"

"什么条件？"

"你得跟我一起吃午饭,我将让你尝尝羊杂碎,你一辈子都没尝过。你现在坐着,我替你把丽塔叫来,你还没见过她呢,她非常讨人喜欢。"

他把两个指头放进嘴里,打了两声长呼哨,说道:

"她马上就到,两声叫她,一声是叫她妈妈。"

话音未落,门就开了,丽塔进来。她还不到十七岁,乌黑的短发在头上卷成许多小圈圈,眼睛碧绿宛如猫眼,她咧着嘴微笑着,露出一个矫正牙齿的金属架,那是为了矫正她的一颗虎牙,妈妈坚持要她戴上的。她身上穿着一件廉价的绸袍,绸袍的价值就在于它裹着一个晃动着的胸脯和丰满的臀部,显露出姑娘脸上还看不清楚的女性美。

姑娘道过早安,接着问道:

"要我把茶给你俩端来吗？"

侯赛因答道:

"喝茶之前,你先过来,让我享受一下早晨的拥抱。"

姑娘脸上泛起羞色,斥责道:

"侯赛因，你真不要脸！"

侯赛因假作惊讶：

"不要脸？他是我哥哥，你是我妹妹，来吧。"

他从床上跃起，企图抓住她，但她笑着一溜烟地逃走了。

阿里对弟弟的胡来感到惊奇，摇摇头，制止他道：

"弟弟，你不害臊？她妈妈会怎么说？"

"怎么说？你以为她娘儿俩不知道我跟对方干些什么吗？"

两兄弟跟丽塔和她妈妈一起用早餐。阿里感觉到丽塔在用欣赏的目光盯着他瞧。他喜欢她的目光和天真，讨厌弟弟与她胡搞。吃完饭，当他责备弟弟胡搞的时候，侯赛因却笑着答道：

"你想要我跟她怎么样？要我像你那样愚蠢地爱她？我不恋爱，我只要满足欲望，只考虑在我面前的肉体。让我随心所欲地玩玩，因为我不玩弄她们，她们就玩弄我。"

五点半钟，侯赛因站在锡迪贾比尔车站的月台上送阿里，他拥抱阿里。阿里因为穿着军装，天性不喜欢感情外露，拥抱时既难为情又尴尬。但侯赛因不管这些，他喜欢阿里，知道阿里的价值，能体会得到阿里内心压抑着的悲哀。阿里在走之前，对信的事只字不提，可侯赛因却替他谈到了，他强调道：

"如果天从人愿，不出这个星期，我就把回信给你送去。"

"可是，你怎么来呢？"

"我每天要上班，我会利用工作的空隙，晚上去，第二天回来。替我问爸爸妈妈好。"

"还有谁？"

侯赛因笑道：

"也问巴希娅好。"

"你这个浪子,她可是你最后的归宿。"

"归宿留给软弱无能的人吧,我不是无能的人。"

"你是个浪子!"

"我喜欢浪荡。"

"到你没有力气浪荡了,你就喜欢有个归宿。"

"愿主保佑我不受归宿的苦难吧。"

"这是不可避免的一难。"

"只对软弱无能者。"

侯赛因笑了。火车一声长鸣,宣布即将启动,侯赛因挥手送别。

傍晚,侯赛因打电话给卡德里娅,说道:

"我今天晚上想见你。"

"对不起,咱们约好是明天在伊丝凯里夫人处见面。"

"不能改在今天晚上吗?"

"不行,我有个重要约会。可你干吗这么着急?"

"我想给你一封信,让你转交给英琪。"

"老兄,那到明天吧。"

"听我说,你有没有办法打听到她今晚去哪儿?"

"我认为她不会离开圣伊斯梯法努。"

"那我设法自己交给她,如果不行,明天再托你。"

九点不到,侯赛因走进圣伊斯梯法努,对散放着桌子的宽敞大厅仔细地看了一遍,不多一会就发现英琪跟她的父亲坐在一起,旁边是他不认识的一男一女。

她父亲在场使侯赛因愣住了,他感到非常失望。王爷的模样让他望而生畏,从小时候跟随父亲去吻这个人的手、接受他的赏钱和礼物起,他就摆脱不了这种畏惧心理。

侯赛因开始远远地围着他们转,既困惑又失望,因为她父亲在场,要想跟她联系是白费力气。他只得躲在一个角落里注视她,但愿有个机会跟她谈话,把信交给她。

他刚在座位上坐定,脑子里便闪过一个念头,随即起身离座快步走向一间电话室,拿起听筒,回答女接线员的问话道:

"我是侯赛因·阿卜德·瓦希德中尉,请给我接外线。"

他再拨这家饭店的另一个号码,那个女接线员又一次应声,她以为是外线电话,没有想到来电者就是那个要外线的人。侯赛因像是从饭店外面打来电话,说道:

"劳驾,我找英琪小姐。"

"稍等,别挂断。"

侯赛因站着等候,他手插在口袋里抓着信,心中颇为慌乱,时间过得缓慢而烦人,也许英琪已经看到他了,知道是他打的电话,不肯来接。他头脑里疑虑重重。终于,听见女接线员说话了:

"请吧,先生。"

他听到英琪直接的答话声:

"喂——"

"晚上好,小姐。"

"晚上好。是谁啊?"

"我是侯赛因。"

"哪个侯赛因?"

"阿里的弟弟侯赛因。"

"阿里的弟弟……"

一阵沉默。他不知道她是在回想,还是在努力克制自己的惊讶和慌乱。过了一会,她又问道:

"有事吗?"

"你允许我说几句话吗？很抱歉,打扰你了。不过,我受托要交一封信给你。"

"谁的信?"

"阿里的。"

"不行!"

"为什么不行?"

"我怎么可能见你,从你手里拿到信?"

"没有比这更容易的了。我是在饭店里面给你打电话,跟你的电话间只是一墙之隔。当你离开电话间时,我可以直接把信交给你,没有人会看见。"

"可是……"

"没有什么'可是'。如果你怕受罚,那我将保证承担交信的责任,不给你造成任何麻烦；如果你不想收也不需要,那就直说,我把信撕掉或把信退回给他……当然不可能有强迫你收信的道理。"

一阵沉默。侯赛因仿佛觉得听筒里传来她犹豫的呼吸声。过了片刻,他听见她顺从的低微声音：

"我收。"

"回信呢?"

"什么回信?"

"对这封信的回信啊。他要回信……我能够在明天同样的时间拿到回信吗?"

"怎么做?"

"用我交信给你的同样办法。明天我像今晚一样打电话给你,你把回信带在身上。"

一阵犹豫之后,她答道:

"我试试吧。"

"明天再见。你一离开电话间我就把信给你。晚上好。"

"晚上好。"

侯赛因搁下听筒,离开电话间,只见英琪也走出隔壁电话间。她神经紧张,显得非常慌乱。他手里抓着信走上前去,仿佛只顾自己在走路,并不朝她看。走廊里空空荡荡,只有一个看电话间的孩子。他走近她时,碰了一下她的手,很简单地把信塞进她的指间。他继续走路,似乎什么也没干。

英琪十分紧张,手指紧紧地攥着信,把它揉成一团,藏在掌心里。她仿佛觉得所有的目光都盯着这封偷藏的信,在看信的内容,要出她丑。她放慢步子,脑子转得飞快,现在她拿着这封信怎么办?应当把它塞进手提包里去,等到一个人时再看。

她来到桌边,从容地坐在自己的椅子上,不等谁问她,便说道:

"是苏海蕾打来的,她问我明天是不是去她那儿。"

她伸手打开手提包,掏出手绢,擦了擦鼻子,随后把手绢连同信一起放进手提包里。

她没坐多久,就表示想回去了。

回到自己的屋里,她独自坐在黑夜的宁谧中,宽大的窗户后面隐约传来波涛的喧扰。她打开提包,拆开被揉成一团的信,开始看了起来。

看完一遍,又看一遍,她深深地沉入了遥远的遐想,翻开一页页的往事追忆起那一件件、一桩桩。

她记得,他用身体挡在手推车前,救了她的命。为了不给她看到他裤子上的补丁,他不好意思站起身来。她想起他的高傲、自尊心和对她的疏远,接着是他从军事学院考试回来,他俩第一次相逢,他怎样不肯为自己求情……想起他俩在小河边、花园中和电影院里的见面……想起他躺在医院里,她去探望他。后来是他毕业,她在国王加冕日看到他,她写给他的信,然后是他俩相会在亚历山大的海边和花园里……想起她生日那天他俩最后一次相会,他送给她的礼物,那金鸡心和钥匙……想起自己满怀希望的心情。

当时她对他的希望压倒了一切差别距离,她对他爱情的信念比所有的障碍更强大。她认为他是最出色的男子汉,她有权与他结合,谁都不能把他从她身边夺走。只有她,才能决定两人的命运。

她在自己的心里培植起这种信心。每次与他见面,都进一步加深了她的信心,增强了她的信念,直到在马阿迪相会的那个夜晚,他俩分手时,还誓约至死不渝,即便死后也矢志相守。

在那次分手的时刻,她哥哥开车经过,看见了她。

她记得自己当时的担心和烦恼。然而,这种担心和烦恼比起后来发生的事来,还不算什么。

她哥哥嫉恨交加,大发脾气,还煽动父亲使他怒火中烧。他们光火的原因,并非她跟一个男人相会,而在于这个男人的出身,两人之间的天壤之别,在于她对这种关系的认真,对他的一往情深。

她父亲把这事视作灾祸,决心强横处置。他严厉地命她跟阿里断绝一切往来,不许再跟他见面。她只得从命……不是担心自己,而是不放心阿里。她哥哥十分嫉妒、粗暴和疯狂,他决定只要看到阿里跟她在一起或知道仍与她有联系,就杀死他;她父亲又是一个无比残暴自负、位高权重、顽固执拗的人,他决定他俩不一刀两断,就毁掉阿里的前途。

她只能两者择一:要么保持一种克制的关系,它令人失望且无济于事,要么保全阿里的生命和前程。

她选择了后一条路,决心收藏起对他的爱情,像他过去那样,把对他的爱情葬入自己的心田。

她度过的是沉沉的黑夜和痛苦的白天。多少个夜晚，她与那颗小小的鸡心形影相对，用默默流下的泪水浸湿它，用灼热如火的气息吹炙它。多少次，她想提笔写信给他，倾诉衷肠，可又将信纸撕碎。她认为，给他写信会燃起希望之火，乞求时间带来更多的失望。她怕她的信会促使他积极行动，可能导致他的毁灭。

她父亲开始把她的亲戚萨米赫推到她的路上，企图让他占据她的芳心，认为他有可能是她最好的夫婿。

她暗下决心谁也不嫁，她在生活中成了一个像是任人摆布、听人左右的无声木偶。

时光已经治愈她心灵的创痛，把阿里埋葬在心底，撒上大量忘却的尘土……至少她在赛马场突然看到他之前，她或许就是这么以为的。阿里曾跟她谈到过埋葬在他心里的少女，她也出现了同样的感觉，只觉得那个埋葬在她心里的人已经苏醒，在抖落身上的尘土，砸碎坟墓……只见那颗被死亡的寂静笼罩的心灵在跳舞、歌唱、鼓掌、飞翔，爱的洪流在奔腾，犹如被堤坝阻拦着的水涌入一块荒芜贫瘠的土地。当他问她是否还爱他时，她情不自禁地答道"比过去爱得更深"，她真希望能找到比这句话更好的言词，来表达她的心意。

然而，突然相遇曾使她得以解脱的痛苦现实，又筑起了一道堤坝，阻拦住奔泻的感情，抓住逃逸的被埋葬者，再一次把他关进坟墓。

现实的镐头又掘起忘却的土……欢呼的心灵沉默下来，歌唱转为了恸哭，赞歌变成了呻吟。

跟他见面很危险，因为这将削弱她的克制能力。为了他的生命和前程，她最需要克制，需要更多的忘却和失望，把埋葬在她心田的人关紧锁严，阻绝他的长存和生还之路。

她原先以为,她已经铺平了让他死心的道路,通过疏远和离别也有助于埋葬的进程。

她就是这样想的,直到昨天看到他,今晚在他的信里读到:

……我不是指对你的失望。我对你的信念高于任何失望……我对你的感情,每次疏离和远别,都未使它暗淡和熄灭,它反更显得炽热和明亮;我对你爱情的信心……远比……环境、桎梏和堤坝更强大。

在她付诸行动,切断了跟他的关系,离弃他之后,他竟然还这样说!

她用各种方法使他死心,他却向她要求获得进一步的希望,说"请回信,如果你认为我配的话,就赐我以希望"。

他配!就是把她的一生托付给他,他也配!但她却不想给他以希望,因为她担心的是他的生命,而不是自己的生命。

可是,难道她不理应把一切向他说清楚,理应做出解释,理应告诉他为什么她不想给他以希望?

他要她的爱情,她为什么不能写信告诉他:不管怎么样,她对他的爱正如他对她的爱,是永存的。

她为什么不写信给他说,他俩的爱情之高尚,堤坝或桎梏均已无法企及,尽管有疏离、分隔和远别,它仍存在,无论处境、差别和现实怎样,它还在延续。

她抓起笔,开始写回信。

她的笔在纸上不停地驰骋,讲述她的种种处境和强加给她的条件,解释她疏远他的原因,以及她的悲伤和忧愁。

她在信的结尾写道:

我已经向你表明了我的心迹,不知道这能否解答盘旋在你脑子里的所有问题,是否仍有我未能揣测到的问题?我曾经想对你隐瞒我的心曲,以消除你对我寄予的各种希望,让你对我完全死心,获得解脱,彻底忘却埋在你心底的爱人。

然而,你的爱情跟我的爱情一样,比任何失望都强烈。咱们的埋葬入心,不是埋葬,而是增强加固。我除了写信告诉你一切之外,别无办法。但愿我能如你所说,给你进一步的希望。

因此,我也许很自私……也许是你的信掀起了我感情的狂澜,使我丧失了保持沉默、为了你的前途与生命敢于做出牺牲的能力。然而,我感到欣慰的是,我现在相信,咱俩的感情和追求能够超越具体的现实,尽管有这样那样的障碍和堤坝,咱俩的联系始终未断,隔离、远别和可能出现的各种物质改变,都不能让它减色。咱们将从彼此不屈不挠的信念中获得自己的幸福,咱俩至死都只属于对方。

如果咱俩都秉持这样的信念,障碍便不在话下,他们无论在咱俩爱情的道路上设置什么,也已无关紧要。我今后不再会替你担心,也不怕给你进一步的希望,不,是全部的希望。我要对你说:

我爱你……我爱你……我起伏的呼吸里都蕴藏着对你的爱。

你忠诚的英琪

四十七　灰烬

侯赛因坐在夜班火车上,口袋里装着英琪给阿里的信。他伸直双腿搁在对面的空座上,目光眺望窗外的夜色,望着一根接一根向后掠去的电线杆影子。

他转眼看手表,已快十一点了,火车已经开出坦塔,再过一个小时就到开罗了。

他摸摸口袋里的信,漫不经心地想着:

他哥哥竟把自己的幸福和命运寄托在这几页无用的纸上!他理智而庄重的哥哥面对着一阵席卷他感情的狂飙,他的理智和庄重黯然失色。

这几页纸除了文字,还能有些什么?文句对改变生活强加在我们身上的现实,有什么价值?现实又聋又瞎,不听也不看。文句不过是一种麻醉剂,使我们暂时失去对现实的感受罢了。

阿里用闭塞的心去应对那聋瞎的现实岂不是更好?

可是,阿里不愿意这样,非要在宽阔幽深的幻想峡谷里彷徨。这几页纸将带去更多的幻想迷雾,遮掩住现实的堤坝。

阿里把命运寄托在这几页纸上,它们只不过是连篇空话,最多是"我爱你"……对阿里很适合,他会抓着不放,就像溺水者抓住一块沉船的破板,这只能让他遭受更猛烈的风吹浪打。

自己深更半夜跑这一趟,为的是带信给他,带给他幻想,跟他一起犯傻,一起追逐幻景。

假如自己扣下信,把它扔出窗外,让阿里彻底死心,把他从任由无稽之谈摆布的命运中拯救出来,岂不是更好?

而且,自己若把信撕掉,免得为此奔波,也省得英琪再看信和回信,不也很好吗?

是啊,这一切都比自己的做法好。

尽管如此,自己却不得不这样做,继续这样做下去,因为他爱哥哥,不愿意哥哥痛苦、悲伤。

再说,谁知道呢,这封信带去的不会是彻底的失望?

他认为,不会……假如英琪是这个意思,就不必劳神回信,拒绝回信就是了。

她只会给阿里希望,因为她温柔善良……她爱阿里。

这是这件事中最糟的地方。

侯赛因闭上眼睛,直到抵达开罗车站才睁开。

他下车,穿过车站院子,走向宽阔空荡的广场。广场上没有什么嘈杂声,活动已经平静下来。

一股湿润的夜风吹在他身上,驱走了他在车上打瞌睡留剩的睡意。

他感到精神抖擞,还没走到公共汽车站,脑中闪过一个念头,使他更加振奋起来——

才十二点钟,正是克里梅舞厅欢乐和疯狂的高峰,而家里人却睡得正香,这个时候去敲门,无疑会使他们惊骇,他要是到克里梅那里去过一夜又有何不可?只要第二天一早回家,把信交给阿里,跟爸爸妈妈消磨一些时间,然后乘上午的火车回亚历山大去就行。这样,他就一举两得,不会觉得自己为了把一个呆姑娘的信转交给一个痴心汉傻乎乎地白跑一趟，而是既吃喝又玩乐，不虚此行。

主意一打定，他就转向伊马德丁街，朝克里梅舞厅快步走去。

路上空空荡荡，舞厅门口往常的喧闹已变得清净，流氓保镖都钻到里面去了，门口墙旁只有一个用褴褛破衣裹身的捡烟蒂女人的蜷曲身躯，她手上抓着一只铁皮罐头，里面是一天所得……她周围是乱七八糟的海报碎片和果壳。

侯赛因推开门，迎面袭来一股混杂着人的气息、烟味、汗臭和酒气的热浪，直钻鼻孔，代替了路上的洁净空气，他颇觉恶心，但很快就适应了，他从那些在哄笑、鼓掌、叫嚷的踉跄的人群中挤开一条路，往里走去。

他没找多久，就发现克里梅坐在角落的一张桌旁，身旁是一个秃顶胖子，他不时咯咯地笑着，全身晃动，鼓起的肚子抖动频率很高，如同抖动不停的弹簧。

克里梅一瞥见侯赛因，不觉又惊又喜，满面春风地向他招手。

侯赛因过去同她握手。她把他介绍给同座：

"伊斯梅尔贝克，侯赛因贝克。"

接着，她转向侯赛因说道：

"欢迎，欢迎……怎么这样突然光临啊？干吗不早些来？"

"我刚从亚历山大来。"

"刚来？"

"是啊，我做的第一件事，就是到你这里来。"

"你真不错。"

"但愿你知道你在我心里的位置。"

"你呢？难道不知道你在我心里的地位？"

伊斯梅尔贝克拍手招来侍者，扯着嗓子嚷道：

"一瓶香槟……为侯赛因贝克……为他在姬姬这里的地位……"

接着,他唱起歌来,因为喝得太多,身体摇晃着:

"我爱你哟……我爱那个爱你的人……"

然后又转向舞台,摇来晃去,咯咯地笑个不停。

克里梅将杯子举到唇边,问道:

"你哥哥阿里好吗?他仍不想理我们吗?难道我们还配不上他吗?"

"谁说他不理你?"

"那他干吗不来看我们?"

"他不喜欢夜生活。"

伊斯梅尔咯咯地笑着,插嘴道:

"你给他开一瓶……马提尼。"

侯赛因说道:

"你知道,这种场合他从来不来。我试过好几次,想让他习惯,但都没有成功。"

"我能使他习惯。"

"不可能。"

"为什么?"

"因为他在恋爱,盖斯爱上了莱拉。"

克里梅把剩下的酒一饮而尽,发出短促而讥讽的一笑,问道:

"莱拉是谁?"

"像所有的莱拉一样,高不可攀,难以企及。"

侍者送来一瓶香槟,把三个酒杯斟满。伊斯梅尔贝克举起酒杯嚷道:

"侯赛因贝克,为你的健康……姬姬,为你的健康……为莱拉和盖斯的健康……为世界上所有的痴情人,干杯。"

克里梅喝了一口酒,接着又问道:

"你还没有告诉我,阿里的莱拉是谁?"

"咱们别管她,我烦他们俩……我饿了,你们有什么吃的吗?"

"等一下咱们一起去吃夜宵。"

伊斯梅尔贝克插嘴道:

"我邀请你俩跟我共进夜宵。"

侯赛因似乎并不欢迎这个邀请,他俯向克里梅悄声说道:

"我去你那里过夜,咱们这位朋友什么时候离开?"

克里梅答道:

"你别管他。他最多用他的车把我送到家门口,不会干别的事。他的兴趣就是笑和喝酒……是个好人。"

这家伙的确不错,像克里梅说的那样没有要求。

夜将尽。当他用车把他俩送到广场街克里梅的家时,他那肥胖臃肿的身躯醉醺醺地靠在车座上,脸上露出无比幸福和满足的神情。

克里梅的家是在广场街上一幢宽敞老式、厚墙钢窗的房子里。

侯赛因和克里梅胳膊挽着胳膊,互相扶持着摇摇晃晃的身体,一时左一时右趔趔趄趄地登上石级。一边是生锈、积满灰尘的铁栏杆,另一边是潮湿开裂的墙壁。

两人来到克里梅住宅门口,侯赛因用食指敲门,但克里梅嘲讽道:

"用拳头敲吧,只有炮声才能轰醒乌姆·扎努芭。"

"你没带钥匙?"

"我原来带着钥匙,可是这会儿想不起来搁哪儿了。"

侯赛因继续敲门,直到里面传来低微的问话声:

"谁啊?"

侯赛因摇晃的身体靠在门边上,叫道:

"开门,乌姆·扎努芭!"

里面带着睡意的声音又问道:

"谁啊?"

"开门……愿主毁掉你的家,毁掉你女儿扎努芭的家。"

克里梅举起食指,警告道:

"不行,她女儿扎努芭除外……你知道你要毁掉她家的这个扎努芭是谁?"

侯赛因摇摇头。克里梅用手指着自己的胸口答道:

"这就是扎努芭,我就是乌姆·扎努芭的女儿扎努芭。"

"那克里梅呢?"

"那是艺名。"

乌姆·扎努芭小心翼翼地打开门。客堂的灯光下,映射出一个头发斑白、扎着黑头巾的身影。

侯赛因跟着克里梅进去,问道:

"天哪,你什么时候换个家?"

"快了,下月一号我将搬到杜基的新住宅去。我虽然舍不得丢下这套房子,可有什么办法呢,它已配不上埃及第一舞星了!"

接着,她问乌姆·扎努芭道:

"佣人们都睡了?"

"嗯。你想要点什么?"

"不,你去睡吧。"

老太婆消失在旁边的走廊里。

侯赛因疲乏地一屁股坐在客堂离他最近的一张椅子上,伸直两腿,头往后甩,靠在椅子背上。

克里梅一面试图靠着桌子边沿保持身体的平衡,一面笑道:

"你怎么这样坐?"

"我觉得香槟好像流到了两只脚上。"

"你喝得太多了。"

"你呢?"

"我的肚子还装得下一瓶。"

"我还装得下两瓶,你敢打赌吗?"

"敢。"

"拿酒来……你还有些什么酒?"

"我有一瓶香槟。"

"只有一瓶?"

"还有一瓶威士忌。"

"没别的了?"

"一瓶葡萄酒。"

"不错,统统都拿来,赌吧。"

"你先起来,到屋子里去把衣服脱掉,别这样像个死人似的坐着。"

她伸手给他,他一把抓住站了起来,勾住她的脖子,拥抱她,带着醉意说道:

"我爱你,克里梅。"

她学他的腔调回答道:

"我也爱你。"

"很爱吗?"

"嗯。"

"是爱我多,还是爱阿里多?"

"阿里。"

"你说得对。我也爱他胜过爱你,尽管他是个大笨蛋。"

他搂着她,两人走进卧室。他把她往床上一推,压在她身上。她用力

把他推开,说道:

"你等一等,让我换换衣服。"

她想站起身来,可是他轻轻地把她往床上一推,说道:

"你自己亲手换衣服?老天都不答应……我去哪儿?你放心躺着,让我来办……我喜欢看衣服像秋天树叶似的落下。"

他言行一致,开始把她的衣服一件件地脱下,直到胸罩他解不开。克里梅一面起身一面说道:

"你算了吧,剩下的我来做。你也换换衣服。"

"酒呢?"

"我去拿来给你。"

两人的肚子里灌满酒后,在床上抱成一团。

一会儿,侯赛因耗尽了全部体力,精疲力竭地躺在床上。克里梅朝床边的床头柜伸手去摸台灯旁的烟盒,终于抓到打开,想抽支烟,招来睡意,驱走她紧张的神经经常给她带来的不安和失眠,可是,她发现烟盒是空的。

她转脸问侯赛因道:

"你的烟在哪儿?"

睡眼蒙眬的侯赛因答道:

"在上衣口袋里。"

克里梅吃力地摇晃着站起来,走向扔在椅子上的上衣,一只只口袋摸,终于在一只口袋里找到了烟盒。她伸手进去不仅掏出了烟盒,还带出了跟烟盒放在一起的一封信。她把信连同烟盒一起抓在手里。

她躺在床上,翻来覆去地看着蓝色的信封,嘴里喷出烟雾,一圈圈的烟雾刚越出台灯的光圈,便消失在屋里的昏暗中……她把信封凑近鼻子闻闻,讽刺地问道:

"情书……这是你从哪儿搞来的,先生?"

侯赛因没有回答,疲倦、酒和瞌睡使他失去了理解和说话的能力。半醉半醒的克里梅又提高声音问道:

"这是封什么信?"

侯赛因答话了,他想让她别再说话:

"我不知道……把灯关掉,睡吧。"

"我能看吗?"

"你想干吗就干吗……只是别说话……让我睡吧。"

克里梅把烟搁在台灯旁的烟灰缸边上,打开信封,取出信纸,借着灯光开始读起开头的几行来。

她拆信起初只不过是出于好奇,借以消遣,为失眠的眼睛招来睡意,但刚看了前面几行,便惊诧不止地读了下去。

她看完了信,随手把它丢在床头柜的台灯旁,出神地瞪着灯光照不到的黑暗天花板。

那么,这就是痴情人和莱拉的故事……从她信中所说来看,她要给他进一步的希望!什么希望?蜃景般的虚幻希望!她用这希望把他悬吊在受禁阻和失望的宽阔空间,剥夺他的全部生活乐趣。

因为什么?就因为她爱他?

她克里梅也爱阿里,第一次见面就爱上了他,一见钟情。她是个现实的唯物主义者,只承认一切具体的可以感知的东西。若不是那个女的比她先走一着,用称为希望的虚妄之线拴住他,他本来是会爱上她的。

阿里本来是有可能爱她的,如同她爱他一样,接受她准备献给他的一切:爱情、快乐、忠诚和坚贞。可是,他轻蔑地避开她,高傲地拒绝接受她。

心灵中最怪的,是它总是依恋着每一个回避者、拒绝者,尽管难得见面,却紧缠不放。她的心里从未对什么事认真过,只有他的事除外,虽然他竭力疏远她、回避她,让她失望……逼得她找到一种自我宽慰的办法,通过爱他的弟弟来爱他,不能给他的给他弟弟,不能从他那里得到的从他弟弟身上得到。

他的极端固执和坚定让她感到奇怪。

所有的人都对她垂涎三尺,渴望跟她过上一夜,只有他除外。哪怕只是表示一下不花钱的倾慕和愿望,他都不肯;哪怕只过上一夜,任何一个男人都能给女人的东西,他都拒绝。那天晚上,他拒绝跟她共进晚餐的邀请,没有一句告辞的话,也不打一声招呼,就丢下了她。他从她身边溜走,就像健康人逃避疥疮患者,或负债人逃避债主,像是她要夺走他的部分爱情,或要窃取他的一份感情似的。

他的这种爱情对他有什么好处?他的感情又有什么用?只不过是在失望受禁阻的荒野里迷茫、彷徨罢了。

在这以后,他居然还伸出手捧出心,去乞求希望!

空泛的词藻,薄薄的几张纸,没有热的肉体,火烫的嘴唇和温暖的胸脯,那女人给予他的是所谓进一步的希望或更多的幻景。

克里梅转眼去看身边的信,只见放在烟缸边上的烟蒂已经碰着信的边沿,火烧及信纸,从容不迫地慢慢爬过一行行的字,但大都已被吞噬。

她想伸手救出残信,可是,手在床上重得提不起来。

不一会,火烧尽了残信,烧尽了剩余的"希望",留下的只是一堆灰烬,被风吹走了。

克里梅一声叹息,伸手关掉台灯,闭上双眼,心里感到平静多了。

四十八　解　脱

侯赛因一觉睡醒,发现那封寄托着他哥哥命运的、他为此连夜急匆匆赶到开罗来的重要信件已成为一撮冰冷的黑灰迹,毫无希望可言。

埋怨克里梅毫无意思,该受责备的是他,可怎么应对哥哥呢?把发生的一切和盘托出,要求宽限时日,再去拿一封回信?也许没有这样的机遇了,徒让哥哥心里不安和怀疑……要不,先隐瞒一下,等真拿到回信后,再在谈笑中把这事告诉哥哥?

或者,就接受命运的安排吧……命运总是切断这一线希望,硬是要断绝往来,打消希望。

他侯赛因自己不就是曾经不愿带信给英琪,想把回信撕掉扔出窗外吗?可是,他不敢那样做,虽然他相信对哥哥而言,这样做是最好不过。待在失望的深渊比在希望的空间荡秋千强,失望的悲愁有尽头,人们过后会对悲愁习以为常,不再感受到它;而疑惑的烦恼则没个完,像一条若隐若现的蛇,只要介于失望与希望之间的疑惑一起,烦恼就随之出现。

他做不到让哥哥死心,但命运却一定要让阿里绝望,执意把他侯赛因推向克里梅……命运若是愿意,就让他径直回家了……命运还让克里梅没烟了,它要是愿意,就会给她的烟盒里留下一支烟……命运又让克里梅掏烟盒时随手带出了信,而它如果想的话,就会只拿出烟盒放过信。

命运还执意让信丢在烟蒂旁边,而它要是愿意,就会使信放得远一点,让它掉在地上。

这一切,命运都拒绝了,它坚持要烧掉信,切断这一线希望,制止阿里的全部烦恼、忧愁和悲伤……那他侯赛因为什么不听从命运的决定,收拾行装回亚历山大去,就像根本没有什么回信,他也没有来过开罗,或者,他来开罗就是为了和克里梅过一夜。不管怎么说,他跟克里梅共度了一夕良宵。克里梅虽然烧掉了信,但真是十分慷慨大度。

再说,他除此之外还能做什么?

侯赛因就这样说服了自己乘头班火车回到亚历山大去了。对他来说,随心所欲地说服自己,让自己心安理得容易得很。

过了几天,他收到阿里一封焦虑不安的信,打听他办事的情况。他简单地复信说,他尽了最大的努力才把信交给英琪,她告诉他没有回信。他认为阿里最好别再试图联系她或想她了。

阿里是在营区里收到回信的。军邮员送信来时,他工作已完,正打算离开办公室。他从信封上认出是弟弟的笔迹后,便一把夺过信,重回办公室去独自看信。

他站着看信的时候,周围的一切——士兵、车辆、墙壁……什么都感受不到……他只觉得心里沉甸甸的痛苦、忧愁和失望压得他透不过气来。

他把所有的爱情和崇拜都献给了她,这难道就是她的报答?

难道她认为他的信——他激越的感情不值得做片言只语的回复?

多么难堪!他竟替自己珍贵、高傲的心招来了屈辱和羞耻!

多么难堪!他用自己的心灵去乞求,得到的竟是轻蔑的回避!

"请回信……我对你的态度,不是清算者、质询者,而是祈盼者、企求者,祈盼安慰,企求希望。

"请回信,如果你认为我配的话,就赐我以希望;如果你认为我理应死心,那就不必做答。"

她认为他理应失望,所以不回信!

她不回答,连一句遗憾和道歉的话都没有,仿佛生怕她的道歉会给予他一种他不配有的希望。

他的脑际浮起父亲的形象,父亲为了想替他向她求婚,便被屈辱地撵出来,被诬为疯子。

她拒绝他,正如她父亲拒绝他的父亲一样。谁知道呢,说不定她在看他的信时,也认为他是个危险的疯子。

她使他误入歧途、欺骗他,向他展示希望……当他伸手去攫取时,她却用缄默和回避打击他。

他向她乞求片言只字,她都不肯。

可怜啊,自己的心!他和他的心都遭受了重大的耻辱!

他感到痛苦、失望和屈辱交织在一起,在心底沸腾,掀起狂涛骇浪,他生平第一次被仇恨感攫住,憎恨一切:他自己、她、她的父亲、自己的父亲、她的哥哥、自己的弟弟,以及整个世界。

他神经质地狠狠抓住信,把它撕得粉碎。

他冲出屋子,脚步噔噔地朝宿舍走去。

他没有吃午饭,而是默默地僵硬地靠在一张椅子上。下午出操的时间到了,他心不在焉地板着脸去参加。操练一结束,他便回到宿舍,默默地坐着,就像是个塑像。

已担任骑兵部队参谋长助理的苏莱曼正好路过宿舍,看见阿里这么坐着,从他的表情就看得出他压抑着的烦恼。苏莱曼自与阿里同学时起,就是最了解阿里的人。

苏莱曼拍拍他的肩膀,问道:

"你怎么啦,阿里？今天值日吗？"

阿里的头仰靠在椅背边上,简单地答道:

"不是。"

"那你干吗这么坐着？不去换衣服？"

"过一会儿再换。"

"你干吗这样闷闷不乐？出什么事啦？"

"没有。"

"你爸爸好吗？"

"老样子。"

"你妈妈呢？"

"也挺好。"

"其他事情上有什么新情况吗？"

"没有。"

苏莱曼生气地说道:

"那你怎么看上去像在给死人送葬似的？"

"我有点头痛。"

"你不光是头痛。"

苏莱曼拉过一张椅子,坐在他旁边,和蔼地问道:

"告诉我是怎么回事？出什么事了？你还在为那过去的荒唐事难过？你对她还没有死心吗？"

阿里发出一声长叹,自我解嘲地苦笑道:

"感谢真主,他已经赐给我绝望的恩惠了。"

"那你干吗还这样坐着？"

"你想要我干什么？去跳舞？"

苏莱曼抓住他的手,想拉他站起来,答道:

"起来,去换衣服,像大家一样出去走走。起来,跟我一块儿去看电影,福阿德电影院有部故事片……"

阿里抽回自己的手,打断他道:

"我求求你,就让我这样休息吧。"

一个士兵进来,向苏莱曼敬礼,说道:

"长官,主任在上面办公室里,他请您去。"

苏莱曼丢下阿里,离开宿舍。阿里继续沉浸在木然无语的状态中。

周围暮色渐浓,军官们换好了衣服,一个个从他身旁走过,满怀着希望高兴地离开宿舍。阿里待在原地,脑子里各种想法乱哄哄的,内心起伏,以致他觉得自己的头都快要炸了,宿舍的墙壁和天花板成了可怕的鬼影,像是要向他扑来。

他突然站起身来,似乎想逃避自己,丢掉自己的心事。

他刚跨出门,就见苏莱曼向他迎面走来。苏莱曼态度坚决地说道:

"咱们走吧。"

"去哪儿?"

"你去换衣服,跟我一块去看电影。"

"求求你,别管我……我要休息。"

"我决不会把你丢在这致命的失望和孤独之中,你一个人待得够久了……我不知道她有什么值得你留恋的。走吧。"

苏莱曼把他拉回房里……过了一会,两人一起出发去福阿德电影院。

电影放映期间,阿里茫然地瞪着眼,除了几个毫无意义的连续场面外,什么也没看进去。他感谢电影院的黑暗又给了他三个小时的沉默和思考。

电影演完了。苏莱曼硬要他一块去吃了几块夹心面包,接着两人就分手了:苏莱曼乘八路公共汽车,回他在舒卜拉的家;阿里应当乘十路公共汽车,去新开罗。

阿里想走一走,借以解脱和逃避:从紧缠住他不放的阴暗思想控制中解脱出来,从令他窒息的失望监狱中逃逸。

他记起在军事学院毕业前夕,有一次自己陷入了失望,忧郁而沮丧地躲在学院墙边,弟弟曾对他说:

"把事情搞得更简单明了些吧。你不要把自己关在那铁制的模块里,强加给自己一种钻进去出不来的特殊感情……你别把自己的生活建立在一个愿望上,除了它便四大皆空……你把自己禁锢在热昏似的绝望难过中,是因为你一门心思只想一个女人,很难得到的女人……而且无论如何都不会属于你的女人。这一点,你用脑子不要用心去想就会明白。你觉得生活中没有她就是一片荒漠……砸碎你牢房的围墙,到外面去,你会发现生活依然美好,有各种各样的乐趣,都有滋有味,这里有难处那里能代替……你周围一片漆黑的人生,仍然照亮着人们。"

人生真的依然光明吗?

他举目向路上望去,只见灯火辉煌,光华熠熠。首先映入他眼帘的是一块霓虹灯大招牌,上面写着"克里梅舞厅"。

他的脑海顿时浮现出两个形象,一个是满怀着期望、棕褐色皮肤的姑娘。她棕褐色的脸蛋不施脂粉,乌发绾在头顶上,身材瘦削灵巧,还有一双祈望恳求的眼睛。她朴实无华的衣服使她在舞厅里宛如淫荡者中的隐士、邪教徒中的礼拜者。

接着,是同一个女性的另一个形象:容貌比前者更漂亮,身材也更诱人,可是眼神未变,依然充满殷切的祈望和企求。

他回忆起她对他的思恋和他的推辞,她的追求和他的回避,她的邀请和他的逃避。

他读着招牌上一闪一亮的名字,这名字就像是对他的新邀请,在灯光中他仿佛看到了她那祈望、企求的眼睛,心里觉得稍稍舒服了些,似乎感到邀请他、祈求他的这个女朋友,也许会带给他许多安慰,或者能驱散笼罩着他的失望乌云,松弛他头脑里喧扰的思想。

略一踟蹰,他便不由自主地向光亮热闹的舞厅门口走去。不一会儿,他已在舞厅的一个边远角落里坐下,皱着眉头默不作声,木然地观望着。

他神思恍惚,毫不明白女滑稽演员的演出,她跳跃、摇晃,嘴里吐出一连串音调急促的铿锵词句。他只觉得舞厅里的喧嚷使他的思想更加混乱,那令人窒息的气氛使他更加压抑、烦闷,自己正如诗人所说,是"炎夏酷暑求救于火"。

他注视着那伙叫嚷笑闹的无耻人群,他们像是发了疯、中了邪。他环顾四周,犹如俘虏在寻找求救之道。

他的目光突然落在一双愣愣地注视着他的黑色大眼睛上,这双眼睛满是诧异和疑问,其主人仿佛是惊呆了。

克里梅急匆匆地朝他走来,气喘吁吁,胸脯起伏不定,似乎不相信自己的眼睛,又像是想不等他再一次溜走就牢牢地抓住他。

她站在他跟前,竭力控制住自己的呼吸,犹如一个犯了过错的女孩子站在严厉的保姆跟前。作为一个深谙怎样与男人打交道的世故漂亮女人,她失去了一切自制力,失去了所有的能耐和本事。她的胸脯起伏不停,像个纯情的女学生似的悄声说道:

"是阿里?不可思议!简直不敢相信!"

阿里一面起身,一面向她伸出手去,很局促不安地说道:

"你好,克里梅,晚上好。"

"晚上好,请!到那边包厢里去。"

她攥着他的手不放,把他引向包厢,问道:

"侯赛因呢?"

"侯赛因？他没来。"

克里梅目瞪口呆地站住了,惊奇地问道：

"他没来？你是一个人来的？"

她顿时想起那封被烧掉的信,以为是侯赛因把她的行为告诉了阿里,他来是为了跟她算账。她正想道歉,请求宽宥时,阿里却答道：

"是的,我是一个人来的……这奇怪吗？"

她轻声答道：

"我认为对你来说是奇怪的,因为你总是由侯赛因陪着来。"

"我今天晚上感到烦躁和沮丧,正好经过你门口,我想你或许能帮我消愁解闷,于是就来向你求助……不打扰你吧？"

"哪里,哪里……我非常高兴,太高兴了。"

他就这样消除了克里梅的恐惧,克里梅觉得不必表示道歉来让自己出丑了。好像命运带来了她盼望已久的机会。

他感到烦躁和沮丧,而克里梅正是最了解其中原委的人,而且,她在听任火舌舔那封信,消灭他寄托的一线希望时,就巴不得他这样呢……她切断他与另一个女性之间的关系时曾心感舒坦,但未想到命运竟对她慷慨到这种程度,把他给了自己而不是其他人,来替他消愁解忧。

看到阿里记得自己,对自己有感觉,还来向自己求助以排遣愁绪,克里梅深感兴奋。

她不死心地爱着他,她的最大愿望是他能给她一个机会,让她把拥有的一切——爱情、乐趣、忠诚和坚贞等——都献给他,但他却总是回避她、拒绝她。

今晚,他来看她,或如他所说：来向她求助……这给了她一直盼望的机会,她不该坐失良机,它可是她的第一次也是最后一次机会。

包厢里,克里梅陪坐在阿里身旁。阿里颇感羞涩、尴尬和烦乱,觉得人们的目光与其说是盯着舞台,不如说是在看他。

克里梅不难明白他是多么尴尬,知道他俩这样在众目睽睽之下坐在包厢里毫无意义,他既不观赏节目,也不喝什么,而是置身于惶恐、别扭和拘谨的气氛中,徒增他的烦恼。

她深情脉脉地望着他,悄声耳语道:

"我知道你这么坐着很别扭,我不会让你久坐的……我现在离开你去演我的节目,结束后一起回家去吃晚饭……我想这一次你不会拒绝我的邀请吧?行吗?"

阿里看着她一双祈求的眼睛,点点头说道:

"谢谢。"

"谢谢?到底是去还是不去?"

"谢谢,去。"

克里梅离开包厢去跳她的舞。阿里坐着,茫然地望着她。他好像对自己已经做的和即将去做的事感到惊骇,英琪的影子一出现,他就坚决、固执、激动和生气地把它撑开……如果英琪连一句让他感到宽慰、减轻他失望和断绝往来痛苦的话都不肯说,那就彻底死心,从此一刀两断,永远把她埋葬,再不复活、苏醒。

沿着这样的思路,他不让自己有丝毫犹豫和后悔。克里梅一派人来叫他,他便起身跟着侍者,像是去参加检阅操练似的昂首挺胸,目不旁视地迈着军人的步伐,到她屋里去。

克里梅从后门离开舞厅之前,附在侍者的耳边悄声吩咐道:

"要是有人问起我,就说我累了,想休息。"

出租车把他俩送往家中,两人都在想心事,路上只简单地交谈了几句。

两人到家,走上台阶,寓所的门开了,克里梅对女仆稍做交代之后,女仆随即退去。屋子里终于只剩下他俩,没有第三个人。

这是阿里第一次冒险,他的感觉矛盾对立,但很快,这些感觉汇聚成一种有趣的慌乱和隐秘的兴奋,激起他全身的热情,荡涤了所有的后悔、烦恼、忧郁、失望、犹豫和忐忑不安的感觉。

此时此刻,他除了性的冲动感外,一切感觉都已消失,只觉得自己正与一个女性单独相处,想着自己将要跟她一起去做什么……他不知道该怎么开始,该说什么……他站着假装看一幅挂在墙上的画,沉浸在自己有趣的慌乱和愉快的不安中,心里生怕自己缺乏经验加上慌乱而不能尽到一个男人的责任。

正当他这样窘迫地站着的时候,他闻到她身上的香味在逼近,接着是她的胸脯触到他的脊背,一双裸露的手臂围住他的胸膛,温柔地抱着他……他转过身,只见她只穿着一件透明衬衣,全身几乎纤毫毕见。他顿时满脸通红,情不自禁地用力抱住她,强烈的冲动使他转眼工夫就完成了他的责任。

克里梅躺在阿里身旁,紧吻着他的双唇,低声说道:

"我一直想要你……我简直不相信你会躺在我的怀里,我已经拥有了你。"

阿里顺应着她的强烈渴望和满腔深情……他对自己的迫不及待感到有些不安,觉得自己未能满足她女性的要求,尽管她向他表现出非常满意的神情。

两人站起来去吃晚饭,她的欢快、活泼和能干,成功地消除了压迫他神经的紧张、担心和不安的气氛。吃完饭,他俩一起坐在阳台时,阿里已经安下心来不再拘谨了……两人再次躺在床上,阿里搂抱着她柔软的身体,充满亲昵、恬适和平静,像是躺在自己的床上……后半夜,他让松弛地躺在身旁的克里梅得到完全满足之后,内心充满自信、快乐和占有感,也心安理得地酣然进入梦乡。

四十九　威胁

英琪把回信交给侯赛因后，回到家里，坐在床上，拿出夹在一本她正在读的书里的阿里来信，又复读了一遍。她回想起自己的回信，猜测着信将会对阿里产生怎样的影响……问自己，回信是写对了，还是写错了？是让阿里失望好还是继续存有希望好？她干吗急着回信，忘记了可能由此引起的一切后果，不顾父兄对阿里生命和前程的威胁？阿里是会满意这希望之光，满足于她所称的凌驾在一切堤坝和障碍之上的永久精神纽带，还是会在这一线希望推动下，采取可能会毁灭他俩的新冒险行动？她心里确实想念他，渴望见他，但愿他不会满足于她提出的虚幻的精神纽带。她问自己，她父兄对她的恫吓是否当真？阿赖真的能威胁阿里的生命？父亲真的敢毁灭阿里的前程？

为什么不会？

她了解父兄的品性和他们内心的仇恨、偏执和顽固的程度，使她不能排除任何祸患。

那么，结局是什么？这一切到头来会怎样？她为什么这么意志薄弱、没有耐心，不继续断绝往来，把她和阿里同陷绝望的结局展示出来？

她为什么在希望之绳即将断裂之时，又让它延续？

"为什么？为什么？

各种杂乱无章的想法涌上脑海，直到瞌睡溜到她的眼睑，她把夹信的书合上，放在床头柜上，关灭台灯，沉沉睡去。

清晨英琪醒来，起床去浴室盥洗。这时，阿赖为找早晨的报纸走进英琪房间。他站在屋里，东张西望，刚要离去，床头柜上的书名引起他的注意。这是一本英文小说，他拿起来翻阅，随意浏览了几页……他突然发现书里的信，便停住了。

起初，信并没有引起他的注意，正想把信夹回书里，却一眼跳到信的末尾，看到了阿里的签名。

看到这签名就像受到炭火烧灼，他顿时怒火中烧，取走信，把书放回原处，离开了屋子。

英琪回到房里，换好衣服，正想下楼吃早饭，就听见父亲从他房间喊她的声音。

她来到父亲跟前，对已经发生的或即将发生的事毫无思想准备。她对父亲阴沉的脸色和站在他身旁的哥哥的挑衅神情感到惊奇，但一看到父亲手里的信，她什么都明白了。

她一声不吭，站着，等待风暴降临。

父亲伸出拿着信的手，咆哮着问道：

"这是什么？"

英琪强压怒气望着哥哥，含泪说道：

"他怎么擅自到我的房间去，乱翻我的书？"

父亲粗暴地打断她，吼道：

"擅自不擅自，现在不说这个！重要的是，在我禁止过你以后，你怎么还在继续这种联系？"

英琪低下头。他又威吓地说道：

"不过,这是我的失误,是我的错。我本来应当严厉地阻止他,不让他继续犯浑。"

接着,他神经质地站起身来,在屋子里踱来踱去,像是自言自语道:

"这些家伙,全都疯了……父亲来求亲,儿子给你写情书,像是忘记了他是花匠的儿子,好像他肩章上佩戴的星,已经抹掉了他的卑贱血统和低下出身。但你要对此负责,是你在鼓励他这样恣意妄为。不过,我知道怎么叫他悬崖勒马,知道怎么捣烂他的家、毁掉他的前程。"

他沉默片刻,接着大声呵斥道:

"走开!别让我看见你的脸!"

然而,英琪没有走开,仍然低头站着。她的牙齿紧紧咬着下唇,几乎要咬出血来,眼泪在脸颊上流淌……央求道:

"这确实是我的错,是我鼓励了他。我答应您,从现在起,我将断绝我们之间的一切联系,我唯一要求您的是别伤害他,别影响他的前程。"

阿赖奚落道:

"你对他的前程竟关心到了这种地步?"

父亲咆哮道:

"这,你过去不是答应过的吗?"

"我向您发誓,以我的全部信仰和……"

阿赖打断她道:

"别信她。"

父亲望着她,气忿地说道:

"现在从我面前走开!我知道怎么切断你们的联系。"

过了几天,骑兵部队司令办公桌上的电话铃响了,司令简短地通话后,搁下听筒,接着便摁响他桌上的铃。不一会,助理参谋长苏莱曼走了进来,站在司令面前敬礼。司令问道:

"参谋长呢?"

"他到开罗军区去了。"

"嗯……我记起来了。"

沉吟片刻,他又问道:

"你了解阿里·阿卜德·瓦希德的情况吗?"

这突如其来的问题使苏莱曼吃惊,他不假思索地答道:

"他是最称职的军官之一。"

"我知道,他在工作上是一个优秀的军官。可是,关于他的私事,你知道些什么?"

这个问题让苏莱曼担心起来,他预感不祥,想起了阿里近些日子行为上突然发生的离奇变化,过分沉溺于夜生活,走上了一条谁也没有想到的道路,还有关于他与舞女克里梅关系的流言蜚语。

尽管如此,苏莱曼还是把他的猜测埋在心里,用肯定的口吻回答司令的询问:

"他在所有方面,工作上品行上都很优秀。他的私生活没有什么瑕疵。"

司令诧异、困惑地点点头,问道:

"那么,是什么原因呢?"

"长官,关于什么的原因?"

"以这种奇特的方式突然调动他啊……军令部长官告诉我说,上面要求将阿里·阿卜德·瓦希德中尉调出开罗,为此已决定将他派往边境,他应当立即向边防指挥部报到。还说,调动将会在军事通报上得到证实。"

苏莱曼显得惊讶和愁闷,他喃喃地说道:

"可是,他并没有做什么该受这种对待的事啊! 他可是一位最称职的骑兵军官。"

"这你已经说过了。我听说,那是来自高层的命令,没有讨论余地,我们只能执行。你应该去把他叫来接受命令。"

苏莱曼还没离屋,骑兵部队参谋长艾哈迈德·法赫米少校进来了。司令不与他谈论去开罗军区的事,就先向他复述了调动阿里的命令。少校吃了一惊,抗议道:

"可是,这是对骑兵部队司令职权的侵犯!他们不能强迫我们调动自己的军官,如果边境需要军官,那就给我们发函,我们从能够替代的军官中为他们挑选。这位军官正率领一个二磅加农炮队和一个克罗塞尔坦克班,没人能替代他。"

司令和缓地说道:

"忍耐些,法赫米,问题不光是边境需要军官,而是高层要求将这个军官逐出开罗。"

"为什么?他们至少应告诉我们原因。如果他犯了错误,让我们处罚他。"

司令不耐烦了,生气地说道:

"必须执行命令,法赫米!这是来自高层的命令。"

少校低下头,一脸不服气。一阵沉默。苏莱曼打破沉默道:

"如果只是要求将他逐出开罗,那好办,不需要把他调出骑兵部队。上面曾要求我们派一名军官去指挥英军即将发来的坦克,以加强锡瓦守军,我们可以一举两得,派阿里去那里。这样,我们既把他留在骑兵部队,执行了调动他的命令,又解决了要求派军官的问题。我认为阿里是最适宜担任这项任务的人选。"

少校脸上露出满意、和缓的神情,随即支持道:

"这是个极好的主意,等以后问题不那么严重了,我们就可以把他调回来。骑兵部队失去这样的军官不行啊。"

司令像是在思考。法赫米接着问道：

"阁下尊意如何？"

"好主意，等一下，让我向军令长官请示一下，他或许会接受，让阿里不调出骑兵部队。"

他拿起听筒拨号。在简短地通话后，他搁下话筒，一脸轻松地说道：

"他同意了，就让阿里一直待在锡瓦，直到另有命令时。"

苏莱曼离开司令办公室。他对这次强制性调动感到惊奇，一开始他以为调动是因为阿里近来的行为，及至知道这是高层硬压下的命令后，便倾向于认为它是出于伊斯梅尔王爷的授意，因为除了王爷，高层不可能会对撵走阿里感兴趣，阿里的行为也不可能与什么高层有关。

苏莱曼心里对自己能够找到解决问题的办法而感到欣慰……这是把阿里从歧途上挽救出来的最好办法，阿里几乎越陷越深，任何忠告都不起作用，特别是他在原先寄托了全部希望的方面像是遭到打击之后，他这么做是在找安慰。

苏莱曼向阿里传达调令，没有说要把他逐出开罗，而说成是出于对他指挥这批坦克能力的信任。在苏莱曼心里，也确实是这么认为的。

开始时，阿里对这项决定感到诧异，但在全面寻思之后，顿觉非常中意。这项决定像是上天赐给他的馈赠，他可以借此改变环境造成的局面，把自己从已经不知不觉中滑入的状况中解脱出来。

他知道，那次他在悲观失望时做的冒险，已经用一根日益收紧的锁链把他跟克里梅拴在一起，逐步把他推入一种他难以辩白也难以摆脱的境地。

他的烦恼与其说是对自己的行为，不如说是对他行为及其后果和可能产生或导致情况的思考，仅凭他的意志要终止自己的行为并不容易……对我们来说，仅仅因为担心记录在冥冥之中的报应而放弃享乐，这太难了……克里梅吸引他的是她极其爱他,完全听从他,作为一个经验丰富的女人,一个既有激情又敏感的情妇,她有本事使他的男性本能得到奇妙的满足,以至阿里抵制不住她的欲火,即便他出于意志、担心和顾虑,心里有压力想抵抗也无济于事。

在这一切后面,还有英琪的影子在远处围着他,他抵御着,既生气又向往,既失望又期待。影子哀怨地悄声责备他道:"如果她拒绝了你,那她的影子又有何罪你要推开它?在你最绝望的时刻,它都没有离开过你,你干吗要赶走它?它是你在寂寞时的慰藉,帮你驱散了黑暗,你不是在给她的信上说'无论你回不回信,你的爱情是永存的'吗?你难道没有把她埋在自己的心里吗?为什么不愿埋藏,把你的心变成一片空旷呢?"

但很快,他又变得愤激起来,好像连想也不愿去想她了。

于是,他欢迎这次远行,把它当作一个逃避的机会,逃避一切:失望、失足、精神空虚、行为放荡、困惑、抵抗、烦恼、不安、担心和恐惧。

在他看来,远行是摆脱这一切的出路,他仿佛将卸掉所有重负,一身清白地逃走。

他来到锡瓦,确实卸下所有的负担,只有两样东西除外,一是他不敢打开也不能丢掉的藏有珍贵纪念的小盒子;二是在远处围着他转的影子,它悄声地责备他,他在阻挡却充满思念,在抵抗但心怀期待。

阿里开始在锡瓦执行任务——一个耗尽他全部精力和时间的艰巨任务。他得从英军手里接收一批中型坦克,用来保卫锡瓦。意军坦克肯定已到达贾加布卜,威胁着驻守在锡瓦只有一个团兵力的埃及边防部队,该团仅有一些轻型战车,抵挡不了意军坦克。

骑兵部队筹建起来可用于交战的埃及轻型坦克团的坦克既旧又小,因此英国人不得不把几辆能抵御意军坦克的中型坦克交给埃及军支配,以尽保卫锡瓦之职。当时，英军正驻扎在埃及西部边境的锡瓦，或正在插手那里的防务。

阿里的责任是接收这些没有驾驶兵和炮手的坦克，从边防军中挑选一批士兵，由几个送坦克来的英国军士教会他们使用坦克和大炮，在几天内完成培训。局势越来越吃紧，法国正濒于崩溃，这间接地威胁到埃及西部边界，因为驻守在北非的法军从西面的黎波里的边界构成威胁，曾迫使意大利把它的北非驻军分成东、西两线，从而减轻了它对埃及西部边界的压力。

阿里培训完他的士兵，现在他们的坦克已具备作战能力。对此，他感到放心多了。

然而，他轻松的时间不长。几天后，法国垮了，局势彻底倒转。亲德的意大利放弃了它非参战国的犹豫立场，于 1940 年 6 月 10 日向协约国宣战。墨索里尼站在他的大炮上，向意大利士兵们吼叫：

"被缚住手脚的士兵们，出发！"

法兰西共和国总统贝当于 6 月 17 日要求停战。尽管如此，埃及边境的形势还没有让防御者们感到担心。英军中东司令部依靠法国殖民地的继续抵抗，能继续从的黎波里西面威胁意大利人，限制他们对埃及的威胁。但很快法国就交出了所有的殖民地：叙利亚的米特尔霍斯和北非的诺杰斯。这样，在的黎波里的意大利人解除了来自突尼斯法国人的威胁，已无后背受敌之虞。通向埃及的道路在他们面前已平坦如砥，阻击他们的只是少量虚弱部队。在这以前，英国人撤完了他们在敦刻尔克的一切轻重装备，地中海的航运因敌对国意大利的存在已不安全，得绕道好望角，后勤物资输往中东变得困难重重。

此后，韦维尔将军又不得不派遣他的一部分军队去帮助希腊对意大利作战，这进一步削弱了埃及的防御兵力。

阿里就这样靠着几辆英国人留给他的坦克据守在锡瓦，以抵御意大利人对埃及边境的进攻。意大利人则既无后顾之忧，对面守军的防线又脆弱无力。

在意大利宣战的第二天，两位负责边防部队的英国军官请阿里去。他俩名叫巴瑟和哈顿，原在边境工作，《英埃协议》签订后，转任英国军事团顾问。

阿里到坐落在俯瞰绿洲的高丘上的白色招待所去见他俩。在那里，他俩把已准备好的防御绿洲秘密计划告诉他，要点是由边防汽车团去迎战来犯之敌，如果该团被迫后撤，那就退至绿洲外围，阿里则率领他的坦克保卫绿洲本土。

阿里从计划中了解到，他是保卫锡瓦的唯一负责人，边防团所承担的一切，就是对敌进行一些阻扰，然后是有序后撤，把绿洲丢给他。

他感到自己肩负重任，很自豪，但也有些畏惧和惊慌。

绿洲里的居民已经离开房舍，避入绿洲周围栽满枣椰树和橄榄树的宽阔果园……只留下阿里和他的坦克、枪炮和士兵。阿里为准备坦克、武器整备和训练士兵忙得不可开交，哪还会感到什么寂寞和苦恼……责任感使他把最近在开罗那些日子的绝望与沮丧都忘得一干二净。

意大利的空袭开始。绿洲里除了几挺并不打算开火的布朗式轻机枪，没有任何一种防空手段……这次空袭是侦察性的，随后就应当是进攻性空袭，那就有可能摧毁他的坦克、士兵和整个村镇。

阿里不得不发明一种高射武器。他的坦克炮塔装备的是二磅的加农炮，他让坦克分散布防，取斜卧姿势，炮口朝上，这样就形成了一个防空火力网。

意军飞机第二次来袭时，冷不防受到一股猛烈的反击。这使他们惊慌失措，确信存在着一个与高射炮有关的强大火力网，此后便再没有试图对绿洲发动袭击。

阿里在接受两位英国军官和边防部队军官们的祝贺时，感到非常高兴。他更加精神抖擞，也加强了责任心和对他用英国坦克和黑人士兵一手组建起来的新作战单位的关心。他开始积极部署，准备投入迎接对付意大利人的进攻并击溃他们的战斗。

阿里躺在位于军官营房单人屋里的低矮行军床上时，脑海里浮现出两个影子，一个围着他转，强烈、热情、充满欲望；另一个在远处，温柔地在轻声责备他，仿佛生怕他看见或听见……不一会，这两个影子就被坦克、大炮、黑人士兵和意大利飞机的洪流卷走了。

五十　流放地

　　阿里一直在自己的单位里。然而,日子一天天过去,仗却没有打起来。意大利人顾不上这里,他们正忙于消灭被德国人打败的法军残余,接着是去扫荡希腊,那是轴心国总计划的一部分,以便把他们的势力扩大到地中海,占领巴尔干、爱琴海,为入侵中东做准备。意军在越过阿尔巴尼亚后屡遭重创,又受到希腊军阻击,已不得不退到亚得里亚海边的发罗拉。

　　等到他们后来确信英国防御力量薄弱,开始向埃及西部边境发动进攻时,他们的计划主要针对的是沿海一线,锡瓦始终不在他们的进攻范围之内。

　　渐渐地,阿里的锐气在衰退,对周围的关注下降,空虚和厌倦加剧。两个影子包围得更紧了,压得他喘不过气来,一个烧灼他的身体,另一个刺激他的情感、烘烤他的精神。

　　一连几个月过去,周围一片沉寂,四处愁闷笼罩。坦克无声无息地趴着,炮口朝天,懒洋洋地打着呵欠。阿里除了思考、沉默和等待外,就无以消磨时间,填补空虚或消除厌烦。

　　络绎来到绿洲的其他军官,人人都尽量用玩玩喝喝来消除无聊,度过任期……阿里则蜷缩在他可恨的寂寞和该死的厌倦中,他跟生活的联系,只有弟弟或巴希娅写来的相隔时间很长的短信,除此而外,他跟人间的一切联系似乎都已被切断。他生性不会怨天尤人,富有耐性和毅力是他最大的优点。尽管如此,他也开始对自己的孤独感到腻烦了。上级这样漠不关心地把他扔在这里,没有人想到他,或派人来换他,这使他痛苦。他曾申请一次短假回开罗,驻地守军指挥官不给他假,理由是没有人能取代他指挥坦克,除非骑兵部队派人来调换他,或者至少骑兵部队能承担战场上光有坦克没有军官的责任,否则,他就不能回开罗去。

阿里好像成了一个被驱逐流放的人,被抛弃在流放地,没有人记得他,他心里很难受。在他有一个单间的低矮住宅旁的小花园里,他坐在行军凳上观看落日,枣椰树和橄榄树在火红的晚霞映照下,成了憧憧黑影。他在沉重失望之中,不可抗拒地怀念起那遥远的倩影,这情影总是远远地围绕着他,轻声地责备他,像是在招呼引诱他靠近……他也心向往之……他不愿在孤独和绝望中还禁止自己去得到一个倩影的安慰,寂寞之中,这是他唯一的慰藉。

他让影子靠近,直到几乎可以闻到它的馨香、摸到它的金发……影子在责备他,他不忍揪住影子主人的过错不放,影子可一刻都不曾离开过他……他回答影子说,是音信中断使影子不能靠近,旧梦难回……他与影子相互责备,温柔而亲切,宛如绿洲井泉溢出的晶亮清流……阿里放情地思念、回忆,不因担心自己受损而停止,也不受怕遭埋怨的阻碍。

好一阵子,他沉浸在思念之中,靠近的倩影使他忘掉了周围的一切……直到突然被一辆驶近的汽车声惊醒。薄暮和飞扬的灰尘使他无法看清远处汽车的轮廓,不过,从伴随汽车开近而带来的喧闹声中,他揣测可能是绿洲供应商哈吉·阿里的一辆车。车子在门口停住,车旁的灰尘散去,他确实猜对了。他估计,是哈吉给他带来了一封信或来送一些食品。然而，当副驾驶座位的车门开了，走下车来的竟是一个女人的时候，他愣住了。

半晌，阿里瞠目结舌，不知所措……他几乎不相信自己的眼睛，他认出那下车的身影是克里梅。

他目瞪口呆地站了起来。克里梅朝他奔来，张开双臂，准备拥抱，但他伸出手去跟她握手，挡住了她。他有点难为情地回头看看正在从车后备厢里取出她提箱的司机。司机站着问："把箱子放在哪儿？"

阿里没有回答。他的脑子不相信克里梅来到了他的流放地，也无法接受随之而来的一切后果和细节。司机不等他回答，便径直穿过花园走道，去他的屋子放下提箱，回到车里，对阿里说道：

"哈吉向你问候。他明天见过县长之后会来看你。"

汽车又带着它的噪声和灰尘开走了，只剩下阿里与克里梅两人。他携着她的手向自己的屋子走去，他依然惊奇得说不出话来。

克里梅站在他面前，像一个犯了错误的女孩。她头上扎着天蓝色头巾，颔下系着一个结，脸上没擦脂粉，一双乌黑的眼睛正带着祈求望着他。

阿里困惑不解地对她喊道：

"你怎么来啦？你来干什么？"

克里梅没有回答。她的双眼蒙上了一层泪雾，不一会泪水就无声地倾流下来。她透过泪水请求宽恕似的望着他，说道：

"我知道你不爱我，可是，我知道你恋爱过，知道什么是爱情，完全懂得恋人发现自己被抛弃和遗忘时的痛苦。我不要求你爱我，但我要求你在乎我，给我一点关心……你走了也不告诉我一声，你走的前一夜还和我在一起，就像最好的朋友……尽管这样，你从丢下我到现在，却没有留下一句话，不作告别，也没有给我写封几行字的信……这一切是因为什么？我做的一切都是为了让你满意，因为我愿意这样，不勉强，不为难，也不指望报答,只要给我一点关心,只要让我感到你在乎我……这很过分吗?"

阿里觉得她的责备有道理,他对待她是自私自利到了极点。当他企图终止跟她的关系,把自己从失足中拯救出来的时候,他亏待了她,忘记了自己恋爱过,经受过断绝关系的痛苦和被遗弃的冷酷。他曾为自己对待她的行为辩解,认为她是个富有经验的女人,像她这样的女人不可能专注于一次爱情,或为一次断绝关系而感到悲痛。她的生活非常热闹,某一个人的离去不会留下空白,会有她的同伴帮助她克服各种寂寞,填补任何空白。

他从不曾想到他切断跟她的联系会给她造成这样的悲痛。他望着她乞求的目光和流淌的眼泪,怀着深深的同情走上前去,温柔地搂抱她,用亲切而歉疚的语调说道:

"我是突然出发的,我在这里非常忙,没有料到会给你造成这样的痛苦,更没有想到会让你风尘仆仆地来找我……你这么做,真是疯了。"

"你又没有留给我处事的理智。"

"可你是怎么找来的呢?"

"我从侯赛因处知道你在这里,我的客人中有哈吉·阿里的一个朋友,通过他,我找到哈吉。他很慷慨,把我带到这里来了……我一定得见着你,不然,我就要发疯了。"

"可是,你待在这里是不可能的。"

"为什么?"

"因为你会受不了的。"

"我受得了出门的艰苦,倒受不了安居的幸福?只要跟你在一起,我什么都能忍受。"

"可是,我不能把你留下来……我把你说成什么人?"

"女佣人。"

"不行,谁会相信?你又不是无名之辈,所有的人都会认出你。再说,我有通信兵,干吗还要请个女佣人?我向你肯定,这件事绝不可能太平……你一定得乘头班车回去。将来你自己也会要求这样做的,到时候……"

克里梅对他仰起了头,双臂勾住他的脖子,带着泪水微笑着打断他道:

"咱们现在先不谈这一切。我非常地想念你,你不想我吗?"

阿里也不由得微笑了。她把他的脖子拉向自己,接着扬起脸,踮着脚尖,双唇紧贴着他的双唇。她炽热的气息钻入他的鼻腔,烘着他的脸。他顿觉血脉贲张,便猛地将她抱离了地面,落入他的双臂中,紧贴着他的胸膛。他的脑子停止了思考,全身燃起被压抑着的欲念……

一夜过去,他俩关在宁静的屋子里面,几乎没有人感觉到这屋子里有什么异常。屋子的主人也只感觉到躺在他怀里躁动着的柔软诱人的身体,而那丰满的身体则从头到脚浑身都感到陶醉。

阿里清晨醒来,睁开眼睛,若不看见那平静、安逸地躺在他身旁正熟睡着的身体,他所经历的一切,就像是一场乱梦。

他换好衣服,出去察看他的部队。克里梅仍躺着睡觉。他开着小汽车在坦克阵地里转,心神恍惚,思想分散,仿佛酒醉初醒,兴奋之余,剩下的只有烦闷、苦恼和难受。

他不知道拿克里梅怎么办。对这类事情,他腼腆、畏惧、缺乏经验。

为了不让他俩出乖露丑,他能瞒住她的情况,把她藏在自己的屋子里吗?

只是,这样做明智吗?在范围如此狭小的地方,她几乎是这个生活圈子中唯一的女人,她能藏得住吗?

她的事情,即便哈吉·阿里到目前还未宣扬,但能保证他永不讲出去吗?

他有权在士兵和军官中间,跟一个既无关系又非亲戚的女性公众人物生活在一起吗?

一天过去了,他心事重重,找不到一个解决办法。夜晚来临,温暖的肉体驱散了他的忧愁。

又过了几天,他向现实屈服了。克里梅感到幸福、满足,如同一个蜜月中的新娘。

在他看来,既然他没有打扰任何人,也没有损害谁,事情似乎有可能平静地继续下去。终于,他开始听到同事们的冷嘲热讽,好像他独自享有克里梅是损害了他们,或使他们胸中有怨气,似乎他应当将克里梅让大家共享才对。

在绿洲任职的几位官员创建了俱乐部,阿里从来不去那里跟他们一起吃喝玩乐,他们也从不说什么。后来克里梅来的消息传开了,就有人对阿里说道:

"你干吗不到俱乐部来陪陪我们?"

阿里简单地答道:

"因为我习惯早睡。"

"你说得对,要是你有的我也有,那我就不会离开家了。"

另一个人插嘴道:

"我的兄弟,把她带来跟我们一起消磨夜晚吧,真主赐给你的,你要公诸同好啊!"

阿里开始感觉到他身边的不安气氛。一天,守军指挥官突然要他到办公室去,交给他一份匿名举报信,大意是:"阿里·阿卜德·瓦希德中尉把绿洲变成了妓院。他从开罗召来舞女,躺在她们的怀抱里过夜。这是败坏荣誉和德行,玩忽职守,鼓励淫乱的放荡行为。"举报信的结尾写着:

抄送骑兵部队司令。阿里读完举报信，默默地把它放回到指挥官的桌上。

指挥官问道：

"你有什么意见？"

"基本上正确，只是评述、判断不对。舞女克里梅确实住在我的屋里，不过，我没有用她在同事中散布淫荡……这纯属私事。"

指挥官低下头，好半晌用手里的笔敲着桌面。接着，他抬起头指着一张空椅子对阿里说道：

"阿里，你坐。你别理会这份举报信，我决不会把它放在心上。如果你愿意，我可以当你的面撕掉它。不过，我想给你提个私人的忠告，我是作为一个兄长跟你谈，你理解吗？"

"是的。"

"克里梅一到，我就知道了。我理应掌握这地区的一切动态。在你知道之前，哈吉·阿里就向我报告了她要来的消息。说实话，我吃了一惊。我知道你是个正派人，声名清白，知道你从不吃喝玩乐，可是，你怎么会搞来一个著名的舞女，在这样一个地方与你同居一室呢？我不愿意主动找你谈，我认为这件事正如你所说，是私事。要不是议论纷纷，克里梅的问题成了这里的头等大事，百姓、官兵和职员都只谈论克里梅，你和她都成了话柄，我本来可以保持沉默。你得了结这件事情了。"

"该怎么做？"

"尽快把她送回开罗。如果你愿意的话，我替你去向哈吉·阿里要一辆专车，送她回去。从此以后，你就只当这件事从来没有发生过。"

"非常感谢您……我向您肯定，这局面是强加给我的，我除了顺从，不知道该怎么应付……要不是羞于启齿，我几乎就要向您求助了。"

"我们都经历过这些事，重要的是要摆脱掉，不留瓜葛。我希望这份举报信不会给骑兵部队留下什么影响。"

阿里痛苦地答道：

"留不留下影响，他们对我还能做出什么比这更坏的事情？"

阿里耷拉着脑袋，满脸愁容地回到克里梅身边，三言两语把情况告诉了她，最后说道：

"明天一早有一辆车送你走，你现在应该收拾一下箱子。"

克里梅气忿地答道：

"谁也不能把我送回去，他们说什么不关我的事。"

阿里平静地答道：

"但是我在乎。我想，我在乎的，你也应该在乎吧。"

克里梅觉得自己就要哽咽着哭起来了，她低下头，强忍着泪水。

阿里走近她，托起她的脸，温柔地抚摸着，说道：

"这件傻事咱们不能再继续下去了。"

克里梅凝视着他的眼睛，喊道：

"我爱你！"

"即便如此，也没有理由继续做这样的傻事。"

"告诉我，你爱我，说吧，尽管你言不由衷，我觉得听到这句话就是巨大的安慰。"

阿里半晌没有作声。克里梅满怀悲伤地说道：

"就这样一句话，你都舍不得给我吗？说呀，我向你发誓，我决不会用这句话来跟你算账的。"

看到她泪水直淌，阿里也想哭，但他很快克制住了自己，对她喊道：

"我爱你！"

阿里不觉得自己在说谎，他对她确实怀有一种爱，一种与欲念和同情交织在一起的爱。

克里梅走了。阿里再次孤独地坐着，望着空床和阒寂的屋子，回想着这个奇怪的女人为了他跋涉数百英里,只是希望他对她说一句"我爱你",尽管她相信他并不爱她。

他觉得,他恨自己,因为他不能强迫自己爱克里梅,那是她应该得到的,是她所憧憬着的……她把爱给了自己,而他却把自己的爱给了那个分手不置一词、离别不打招呼、遗弃回避他的远方女性。

他比较她俩,同时比较自己对她俩的感情,一个跟他感情上有联系,另一个关系已断;一个连一线希望都不肯给他,另一个坚持无望地爱他,连一个希望的要求都不提。

他又把她俩在自己心里的地位做比较,但遭到他愚顽心灵的拒绝,它只承认埋葬在它里面的一位。

突然之间,只见那远处的倩影一面走近,一面悄声责备道:难道你就这样轻率地把我同别人做比较吗?

克里梅飘然离去了,随同消逝的还有那喧腾火热的夜晚。他感到,自己仿佛正伴随那可爱的倩影一起在徘徊,亲切而温柔,他几乎能抚摸到她的金发、她纤巧的手指。

他走出房间,心里深深地怀念那寥廓宁谧的夜晚繁星闪烁,树木在耳语……他在花园的枣椰树、橄榄树林里漫步,自觉情感变得很敏锐而细腻,以至那可爱的倩影几乎具体成形了,他像是觉得林中花园里这条小径将把她带向花房、手推车的轨道和小河旁边茂密的芦苇丛……他似乎听到嗒嗒有序的马蹄声。

他来到圆台形的井泉边,附近集聚着一些村民。

他坐在井沿上,静听黑夜中传来的舒缓而深沉的笛声。

他从笛声、荡漾的微风和潺潺的流水声中,感到自己的灵魂沉浸在纯洁的水里,一切污垢都被涤荡一清。

在回来的路上,他觉得堆积在心里的失望磐石已经融化,笼罩在他精神上的怀疑、不安和烦恼的乌云已经消散……他的心中满怀着对大仁大慈大悲、万能真主的信念。

这一夜,他躺着,内心感到一种奇妙的安谧和无比的恬静。

五十一　内心深处

苏莱曼站在少校参谋长跟前，读着寄来的关于阿里的举报信，读完后把它放在办公桌上，表情非常烦闷。

他没有想到阿里竟然胡作非为到了把一个女性公众人物带到锡瓦去陪他的地步。这败坏他的名声，玷污他的清誉，让他成了众人的话柄。

少校惊奇的询问，惊醒了苏莱曼的沉思：

"你怎么看？"

苏莱曼不知该怎么回答，他爱阿里，信任他，不愿落井下石。

他想了想，很快答道：

"这份举报信可能是诬告。"

"也可能不是诬告。"

"不管怎么说，我认为最好的办法是让阿里回到他卡萨巴的团里去。如果举报信属实，我们就能制止他再这样胡闹，卡萨巴的壕沟和帐篷里，可不会有克里梅或其他女人的容身之地。"

"你说得对。我想，他的团比那几辆躺在锡瓦的坦克更需要他。那些坦克，其他任何一个军官都掌握得了，特别是意大利人的注意力转向北线以后，他们在锡瓦的活动已经完全停止。"

就这样,阿里从锡瓦调到了马特鲁港以东的卡萨巴。驻守在那里的是由骑兵机械化部队和其他兵种的一些附属单位组建起来的轻便部队。

卡萨巴并没有消除阿里对开罗的思念。这里的生活比锡瓦艰苦得多,住在野地、帐篷和壕堑里,吃住不称心,还无稳定可言。轴心国的飞机常来骚扰,他们随时可能发起进攻。尽管如此,阿里对离开锡瓦还是感到高兴。

他为结束那令人窒息的孤独和致命的腻烦,重新回到自己的连队、士兵和武器中间而高兴。

阿里在军官伙伴们中间,感到很安慰很自在愉快。随着日月的推移,他晋升为上尉。

紧张喧腾的新生活:枪声不断、飞机轰鸣、炮弹飞溅,他忙得不可开交。与其他军官一起,轮流担任侦察巡逻,填满了他的余暇。他满脑子都是战争消息:进攻和防御、前进和后撤。那遥远的倩影只是在睡觉前的短暂瞬间才能接近他,或喁喁私语或轻声责备,他随即便沉沉睡去。

他可以每几个月拿一次短期休假,去探望亲人,与克里梅共度一些时光。有一次,在深沉的夜色中,他像幽灵似的在府第高墙外面漫步,绕了一圈,仿佛是对责备他的倩影的回访。

在此期间,协约国与轴心国在西部沙漠战线的战斗,一直呈拉锯状态,一会儿打到最东面,一会儿又打到尽西头。双方的作战部队,一方追击着另一方,一追得远了,追击方的交通线就拉长,离自己的基地也越远,上气不接下气。而逃跑的一方回到自己的基地,交通线缩短,离辎重也近,随即发起反攻,迫使进攻方旋踵逃跑,新的追击按相反方向进行,直追到对方的基地……战事便这样循环往复。

占领的土地并没有价值,它空旷,满地是沙,行进艰难,对占领者有弊无利。进攻部队赢得这些地方,离自己的基地就越远,粮食、弹药和石油的供应也难以跟上……敌方能根据进攻部队在行进和交战时可能满足其需要的程度测定出来。

这样,双方的军队就好像都有一根橡皮筋跟自己的基地拴在一起,离自己的基地越远,后退的速度也越快。

拉锯战一直在西迪拜拉尼和班加西之间进行。吉拉齐亚尼元帅率领意大利军发起第一次攻击,占领了塞卢姆和西迪拜拉尼;韦维尔将军则率领协约国军做了一次反击,到达班加西。他在托卜鲁克留下一支军队后,很快退至边界。接着,英国奥肯拉克将军又进攻,在解除托卜鲁克的困境以后,把意大利人打回班加西。

第三次攻击是德国隆美尔元帅发动的。协约国仓皇逃跑,在后撤过程中,他们把托卜鲁克交给南非士兵后,越过自己的基地,一直退到阿拉曼。

最后这轮拉锯战在阿拉曼停住了。阿里所在的轻便部队放弃了他们继占领卡萨巴之后占领的贾拉马尔卡兹阵地,随着后撤部队的洪流,回到他们开罗的基地。

埃及的政局危急。英国人已经感觉到,埃及当局已无力控制局势,只有受到民众信任的力量才能驾驭人民,确保协约国的后背获得它们所需要的最大限度的慷慨支援,并不必担心背后的阴谋、官方的反对或民众的骚乱。

阿里·马希尔在埃及拒绝参战后已经辞职。这对协约国来说,无疑比埃及参战更为有利——他们的基地和交通由于埃及不会受到轴心国的空袭而得保无虞;埃及的武装部队以及大部分坦克、炮兵等兵种已被英国借用,投入沙漠里的战斗。这对协约国来说,在战斗中待在防御阵地去保卫其他的关键性设施,更为有利。

哈桑·萨布里继阿里·马希尔之后执政,任职时间不长,在 1941 年国会开幕时就去世了。接替他的是一直掌权到1942年冬天的侯赛因·西里。在轴心国控制阿拉曼时,发生了号召"隆美尔,前进"的著名游行。英国人认为必须扶植一支能够让埃及人民支持他们的力量上台。

萨布里和西里两届内阁是宫廷排斥华夫脱党上台的最后努力。英国人在有名的2月4日用坦克把华夫脱党扶上了台。① 从此之后,宫廷就再没有办法排挤它了,企图让其他政党参政以阻止它独揽大权也毫不见效。

那时候,依照戒严法设置的新闻监督掩盖了2月4日事件真相,并肆意歪曲误导舆论,以至这次事件的主角英国驻埃及大使反受到了人们的欢呼,被举到人们的肩上。人们欢迎华夫脱党东山再起,特别是它在野时间已久,它上一次执政期间的劣迹人们已经淡忘,连续几届政府因为战争而无力解决的衣食和供应问题,更增加了大家对它的欢迎。

然而,军队的舆论却没有做好这种准备。军官们对这次事件感到恼火,因为这是对他们"最高司令"的武力侵犯,而他们却无可奈何,束手无策。英国坦克强加给国王和国家的,他们无法阻止,而他们是最有权阻止的人,因为他们拥有武装抗衡或至少是抵抗的力量。

国王作为象征和个人,在军官们的心目中是受爱戴的,因为当时他还没有显露出后来那种乖戾、固执和邪恶的迹象和行为……他在总体上显示出的都只是讨军官们喜欢的一面。

总参谋长阿齐兹·米斯里落落寡合的奇特性格和特立独行的想法,使他无法与周围的人合作和继续在岗位上履职,他已被免职。

国王的侍从武官齐迪要不是受贿和搞阴谋,宫廷几乎就让他来接替总参谋长的位置了。国王是想让一位侍从武官领导军队,他认为,这是为

---

① 1942年2月4日英国驻埃及大使和英军驻埃总司令亲率坦克包围阿比丁王宫,迫使埃及法鲁克国王改组内阁,由华夫脱党的纳哈斯担任首相。

了确保自己对军队的控制，通过在军队的各个要职上擢用国王的人，开始实施确保军队效忠王室的政策。

于是，易卜拉欣·阿塔拉担任了总参谋长。他那种明显做作的激动，像是要使军队处于效忠的羽翼之下。总参谋长的特点与其说是在领导、训练、装备、组织军队、管理各个部门和进行军事演习上的才能，还不如说在于他在保持军队对国王的忠诚和无时无刻利用各种机会显示这种忠诚的本事。

这就是轻便部队回到库巴桥基地时的状况。阿里也随同部队回来，因为他不得不回来，没有人有机会或时间会想到他，考虑应该调他去远离开罗的地方。

骑兵部队司令是第一个提起阿里问题的人，当时他看到军令册的值班表上有阿里的名字，便问法赫米少校道：

"你对阿里·阿卜德·瓦希德的问题怎么看？"

法赫米明白司令的意思，但佯装不懂地反问道：

"什么问题？"

"把他永远逐出开罗的问题。"

"司令，这个问题我想已经结束了，没有人会再想到它。判处一个人终生待在开罗以外是不合情理的。再说，我们所有的部队都已撤回，能把他调到哪里去？除非是您命令把他调到马特鲁的德军中去。"

"你在开玩笑，少校先生？"

法赫米笑了，请求道：

"别管他了……让我们彻底忘掉这件事……我向您保证，没有人会提起它。"

"如果他们提起来，我们怎么说呢？"

"到时由我来回答，我对此负责。"

"你不是负责人,要负责的是我。"

苏莱曼默默地注视着这场讨论,他插嘴道:

"长官,我相信没有人会记得这件事,因为我知道它的起因。我认为原因已彻底不存在。如果您同意,我可以向阿里讲清楚这整件事情,要求他谨慎,别再惹事。"

司令沉吟了一会,然后告诫道:

"告诉他,他的命运取决于他自己。下次再犯,将调出骑兵部队……我可不想惹麻烦。"

苏莱曼回到自己办公室,拿起电话,对接线员说道:

"给我接阿里·阿卜德·瓦希德上尉。"

过了一会,他听见阿里欢迎他的声音:

"你好,苏莱曼。"

"你好,阿里。你的情况如何?"

"感谢真主。你呢?"

"还行。我想你,想去看你。"

"你给我打电话就是为这个吗?"

"想念你给你打电话,难道还不够?"

"你想说什么就说,别转弯抹角。"

"天哪,我就是想看看你……今晚你去哪儿?"

"驻守在军营里,因为我是大军官。"

"那我到你那里去。你方便请我吃顿晚饭吗?"

"你说话当真?"

"当然。"

"那我等着你,请你吃晚饭。"

"你别忘了烧上火炉。我怀念围炉而坐……你还记得咱们在值班的日子里围炉谈心的情景吗?"

"那是美妙的时光。"

晚上,这对朋友在宿舍的客厅里安闲地围炉而坐。客厅的窗都已关上,玻璃窗放下了窗帘,不让灯光透到外面去,因为只要漏出一线光亮,就会撕破笼罩着开罗的深沉夜幕。开罗为了防空,用一件漆黑的大氅遮蔽了起来。

两个伙伴的谈话涉及各种各样的事情。

苏莱曼问道:

"你今天做防空应对试验了吗?"

"嗯,虽然我们并不需要试验……因为最近接二连三的空袭,已经教会我们不经过试验就能钻进壕堑。"

"壕堑全都挖好了吧?"

"差不多了,只有骑兵部队花园里的除外,那里还有一条没有挖好。我今天去问过,他们告诉我说,在等花园的租户把几畦蔬菜地空出来,那里的蔬菜还未长熟。"

"好啊,那我们就得为几畦地蔬菜而牺牲军人的生命!你们应当废除跟这个家伙订的合同,让他把花园空出来。"

"这事不需要废除合同……明天,我给司令部的军士长下个命令,让他带几个士兵去把壕沟挖好。"

"毁掉花园是个损失,我过去值班的时候,一直摘黄瓜和杏子吃着玩……你知道吗,空袭对我们来说,最恶劣之处就是我们在地面上开膛破肚挖壕沟,把花园和道路弄得乱七八糟。"

"这总比让空袭的弹片和子弹炸开我们的肚子强……你记得上星期六的空袭吗?"

"那次空袭骇人听闻,他们把希利奥波利斯的机场都炸毁了。"

"奇怪的是它只炸机场，周围的房屋却丝毫无损。"

"那准是德国人的袭击。"

"我原来猜测这以后空袭会接连不断，可是他们从那天以后却停止了。"

"他们在阿拉曼的情形好像不妙。"

"毫无疑问，他们是在准备集结兵力，发动第二次进攻。"

"我不这么看。你不要小看他们走过的这段距离，他们已经喘不过气来了。离基地远交通线长，集结兵力可不容易。"

"我原先猜测他们一天一夜就会到达亚历山大。"

"我不这么看。我觉得他们已经走到头了，协约国将再次把他们打回去。我很好地经受了沙漠之战的考验，你们把我撵走的那段时间，我可没有虚度光阴。"

苏莱曼往炉膛里扔进一块木头，露出沉吟的表情。沉默了一会，他眼睛望着炉膛问道：

"阿里，是谁把你撵走的？"

"你问我？去问司令部吧！"

"我觉得，你比司令部知道的要多。"

"你是什么意思？"

"我是指骑兵部队司令部并没有撵走你，你对此很清楚，因为那里没有人不喜欢你、不器重你。要把你逐出开罗的命令，原是要调你去边境，但少校和司令拒绝把你调出本兵种……要解决这个问题，我们只得让你去掌管锡瓦的坦克……撵走你的命令来自高层，司令部无力抗命。"

"你说的高层是指谁？"

"阿里，你不要装糊涂。你知道，伊斯梅尔王爷要把你撵出开罗并不困难。你不认为他是起因吗？"

阿里目不转睛地望着火焰，低声说道：

"很有可能!"

"不管怎么说,事情已平安过去。司令表示他将假装忘记了撵走你的命令,不再重提,条件是你不要再惹事。"

"你指什么?"

"我是指你得停止跟英琪的一切联系,别再试图去看她或跟她联系,免得王爷想起你的存在,再次要求把你撵走。"

"苏莱曼,我在去锡瓦之前,跟她之间的一切就已经结束了,不可能再惹什么是非了。"

阿里稍稍沉默了一会,接着痛苦地自嘲道:

"除非是我心里想想也会使他不安……不管怎么说,撵走我也不能阻止我想呀。"

苏莱曼对阿里十分同情,他面对着火炉,满脸难受的神色,和蔼地说道:

"听我说,阿里,你要怎么想是你个人的权利,谁也不能干涉,不论是王爷还是谁……不过我要问你,事到如今,你为什么还在想她?是因为什么呢?你这么想,可能还有多大的希望?"

阿里半晌没有说话,似乎不想回答……直到苏莱曼还想再问的时候,他才像自言自语地低声说道:

"我想,我很难说清我的心思,但我将试一试……我对她的失望程度,没有人比我自己更清楚。我完全相信,我不可能跟她再有任何一种联系了……也请你相信我,我已不很在乎见到她、跟她谈话或听到她的消息……我也无意把她活生生的印象留在心中。然而,她作为活生生的人和具体物质,我已经断绝了所有的希望和期盼,但我却没能——我想将来也未必能够——把我对她的感情连根拔除。这种感情深植在我心底,与我身心相连。即便今天或者明天我能用一切憎恨和绝望的手段去扑灭它,但是,要唤醒它、点燃它却最容易不过:一个偶然场景,一阵清风,幽暗中的一梦，甚至没有这样或那样的外因都会……我对她的感情，作为一种精神联系，不可能被拔除。我拔除它，就像拔掉毛发，过几天就又会长出来，不知不觉地长出来……它像是慢性病，不会痊愈，也无药可治……我把它看成是一种无害也无危险的无形疾病……而且它对我来说，比健康和生命更重要……你理解我是怎样想她和对她的感情了吧？她深藏在我心里，不会消失，也摆脱不了。"

苏莱曼拿着铁钳拨弄柴火。他过去从来不相信阿里跟他谈到的这种感情——无法获得却坚决要拥有的感情。但他从阿里的语调中感受到一种坚韧、不可动摇的信念……他尝试去动摇它毫无意义，阿里已经把它深深地收藏在心坎里，不再有什么危害了。

苏莱曼沉吟片刻后答道：

"你的想法和感情或许有道理，即便不对，我想，你既然这样能从中得到某种幸福或安慰，那也就没有人能改变你的思想和感受方式。

"不过，我对你的要求和忠告是，别让你的思想和感情产生副作用，改变你的生活进程，或影响你的本性、工作和行为，不要让它把你变成一个消极、想入非非和漫不经心的人……你就将这些思想和感情内化在心里，不要外露……你明白我的意思吗？"

阿里点点头答道：

"是的，我很明白你的意思。我问你，你看到过我有你说的那种行为吗？说过你说的那种话吗？发现我有这方面的蛛丝马迹吗？我工作、活动、吃喝和聊天，可都跟其他人一样。"

"我不是指这些……你工作、活动、吃喝和谈话跟其他人一样，是不够的……你应当比其他人强，因为你有能力做到，你应当有跟你能力相称的巨大抱负。你的才能和精力可以用在实现这种抱负上……我认为，你不是一个平庸之辈，仅做做日常工作、吃喝、聊天、睡觉和走路就满足了。你应当走出这种限制你抱负、封闭你追求的狭窄圈子,摆脱这种越来越严重的漫不经心、想入非非的消极状态……让自己的思想进入一个更大更广阔的世界,一个现实的世界,你会察觉到你周围的危险、围困咱们的灾难、禁锢和压迫咱们的桎梏。"

"我不懂你的意思。"

"难道你对侵蚀咱们民族的贫困、饥馑和疾病不惊讶吗?难道你对这么公然侵犯咱们主权和自由不奇怪吗?甘于这样的屈辱和欺凌吗?在他们肮脏的铁蹄践踏了咱们的主权标志,用他们的坦克迫使咱们服从他们的意愿之后,咱们还有尊严可言吗?"

"你想要我做什么?我们和别人有能力阻止吗?"

"你拥有一切,有信仰,有工作……咱们应当为自己的尊严报仇,应当……"

"听我说,苏莱曼,你很了解我。从咱们同学时起,我就只是做好本职工作,不喜欢越轨……我是一名军官,我的职责是当一名好军官,我的努力不应超出这个范围……我的全部希望都寄托在军队,我要成为一名优秀军官。"

"就是这,你也做不到……你还差一点把职位都搞丢了……你为什么没考虑过报考比如参谋学院呢?这难道不是你的希望之一吗?你不应当努力争取吗?"

"这咱们办不到,因为咱们年限不够,没有必要着急。"

"不,年限已经够了,你从现在起就可以报名申请……咱们集中精力准备入学考试吧……明天,咱们去报名,一起开始复习功课……你说呢?说好了?"

阿里漫不经心地答道:

"听你的吧。"

五十二　失败

　　阿里和苏莱曼专心准备报考参谋学院，年底两人通过考试。进入学院的第一年，他们沉浸在装甲兵和炮兵教程的卷宗里，学习参谋的职责、战术方案和管理计划。阿里在学院里最感困难的是要用英语学习各门课程。教研室由军事团的英国军官组成，另有几位遴选出来的埃及军官协助。阿里夜以继日学习、攻读、准备方案。在这样的埋头苦读之中，他偶有闲隙，会让那远处的倩影靠近。她显然羞涩，不敢走近，怕耽误他的学业，他却让她靠近，想偎依在她怀里，得到少许休憩，抚摩她的纤手和秀发，领略片刻的平静、舒适和安宁。

　　每隔一段时间，由于种种感情的推动——欲念、思念、同情，他会去看克里梅。起初，去的次数断断续续，相隔时间较远，是受欲望的推动；后来变近了，有规律了；最后变成固定模式：每星期一次，除了临时有事或不可抗原因，几乎每次必到。

　　这一年，侯赛因调任为宫廷警卫，与上层社会的关系更多也更加密切……母亲几次提起他跟巴希娅的婚事，他总是找理由婉拒，说他不想结婚，不愿给自己背上对妻子、儿女的责任。

　　党魁和当权者们不论是个人行为还是公务行为处处都显得横行霸

道。这种专制和跋扈的原因,是他们无法遏制的彻底控制感,觉得自己的执政地位已永远牢固,国内没有任何力量能动摇他们,他们有大国的支持——英国人用坦克和控制力支持他们,保证他们江山永固,让他们为自己的世俗利益工作,好像他们将长生不死。

于是,统治者们感到他们是不受限制的控制者,可以不受清算地为所欲为……政权成了每个有点关系——无论怎么微不足道——人手里的赃物,利用执政者的势力成为公开谋取私利和物质利益的手段,无可厚非,也不受指谪。对每个与政权沾边的人来说,没有什么事是做不到的。

随着时间的推移,权贵者们的亲戚、扈从和下属,演变成为最令人瞩目的一个政权基础。进口许可证成了当权者及其亲友赏赐的礼品和馈赠。国家像是统治者们的猎物。众议员和参议员这些第二层次的当权派也得分一杯羹,他们瞄准的是人民的衣食和殓衣。

国王当时展示出来的是他忠实、善良的一面,无权无势的人民仰望着他,把他当作公正的救星。他外貌长相还算没有让人民失望,先是在侯赛因·西里内阁时期出席大饼问题会议,后是在华夫脱党魁们忙于在广播里演说、高叫口号的时候,他亲赴上埃及去视察疟疾灾情。

在盖萨辛的事件①中,人民对国王的爱戴达到了顶点,他伤愈回来时,人民集会欢迎他……政府与宫廷之间的摩擦事件上升,双方相互对抗迹象已趋明显。政府用煽动性的幼稚行动来回应废止礼仪的要求,办法是喊口号、发表演说、贴标语,直到首相在自己的活动中和家里采用王室的标志和礼仪。

华夫脱党发生了新的分裂,它内部一个强大派系脱党穆克拉姆·奥贝德因反对华夫脱党及其政权而出走。表面原因是政权腐败;私下原因

---

① 法鲁克国王在伊斯梅利亚以西的盖萨辛翻车受伤。

是党的权威性被撼动,大权旁落,被另一股势力窃取和操纵,那就是党主席妻子的势力。

国王站了出来。他背后是包括写《黑皮书》的穆克拉姆在内的反对派,他们后面是人民,人民期望他们驱除衣食、生计上的梦魇。国王像是要华夫脱党人辞职,他实际上已经组建起接替他们的内阁,把大臣们召进宫里准备宣誓,这时,英国人下令不许改组内阁。

国王当时在军官们的心目中享有极高的威信。他们像民众一样把他视作国家的救星和主权的象征,对他寄予莫大的希望,他们更欣赏他的是他代表着不能自主的善良大众,在对抗以华夫脱党和英国人为代表的邪恶势力。

国王及其策士们重视用各种手段笼络军官们的心。国王每年2月4日都去一次军官俱乐部,那是英国人侵犯宫廷的日子,他随意地跟军官们坐在一起,像朋友似的聊天。

有一次,阿里和苏莱曼在军官俱乐部见到国王,他纵声大笑、开玩笑,像是他们中的一员似的讲些出格的笑话……两人离开俱乐部时,苏莱曼热情地对阿里说道:

"我喜欢这个家伙,他像个埃及人,能体会我们的感情,他一点没有国王和王爷的贵族架子。我觉得他是埃及的希望,你说呢?你不觉得解放埃及将由他来完成吗?"

阿里笑着答道:

"天哪,你比我懂得多,你更了解埃及——埃及的希望和埃及的解放,我不懂这些事情,不知道埃及要从谁的手里得到解放,也不知道埃及希望什么。"

"一般说来,你对国王的看法如何?"

"还不错,一个跟你我相似的人。不过,要是咱们从娘胎里出世时就处在他的位置上,那咱们决不会比他差。"

"你这个自负的家伙!"

"我并不自负,但你对他表现得那么热情,是太冲动了。"

"你难道不欣赏他毫不做作的朴实民主作风吗?"

"我很欣赏,但我不欣赏他像疯子似的笑声,不欣赏他的谈话方式……他应当更稳重、谈话更有品位。"

"他跟咱们不讲客套。"

"除了不讲客套,还应当稳重、有涵养。"

"不管怎么说,我喜欢他。"

"因为你对他有好感。你总是满怀热情。"

"你就永远不怀有热情?"

"咱们生活中的一切都没有什么值得热衷的,就这么过吧!"

"怎么过?如华夫脱党主席所说,华夫脱党将永据生活的中心……我只有一个愿望,就是国王取得胜利,把华夫脱党赶下台。"

国王终于胜利了,他让华夫脱党人辞职,理由是他们无能、失职和腐败。转眼之间,华夫脱党人发现自己已被扔到马路上,他们强大的后盾无法让他们稳坐执政席位。

以艾哈迈德·马希尔为首的一批人联合起来的政党执掌了政权,他们一开始就是争夺议员席位的斗争。每位党主席都知道,他们拥有议员的人数将保证各自在政权中的前途……选战最后以怨气冲天、信任丧尽告终。

艾哈迈德·马希尔与一批合作党一直执政到他在议会里被暗杀。其间,他决定,埃及站在协约国一边参战,以取得联合国组织的席位。

接任的是纳克拉希,直到穆克拉姆率领自己的党退阁。然后,是西德基领导的自由党和萨阿德党执政,西德基未能与英国人达成任何协议。

纳克拉希第二次出任首相。他把埃及问题提交安理会讨论，攻击英国，结果一无所获……此后他一直执政到参加巴勒斯坦战争。在穆斯林兄弟会多次肇事和进行暗杀之后，他解散了兄弟会……最后他死于内政部一个穆斯林兄弟会成员之手。

从国王战胜华夫脱党把它赶下台至此期间，人民和军队对国王的感情发生了明显的变化。

国王的那次胜利留下了多种影响。国王从此不再代表善良的受欺负的弱者一方——这一方受人民的爱戴，人民天生倾向于受欺负的弱者——而是代表握有生杀予夺大权的最强者一方。华夫脱党曾时而从人民时而从英国人处汲取力量，遂成超级大党。国王在撵走这个最大政党之后，掌控着官员们的命运，可以撇开人民任意地提拔和罢黜他们。

于是，国王开始以大权在握的最强者自居；剥夺了应由人民任命和废黜官员的权力，他失去了人民的同情。

官员们也感到国王已成为他们头上的至尊，他们的命运多半系于国王的股掌之上。这就使国王更加狂妄和暴虐。

官员们的阿谀奉承和俯首帖耳，促成了国王的刚愎自用和彻底的控制感，也暴露出他恶劣乖戾的本性，那原先是被他的外表和争取爱戴、同情及支持的愿望所遮盖住的。当时，他自觉是个弱者，手里不握有为所欲为的正面力量。

国王失去了他原先拥有的人民和军队的正常爱戴和真诚支持，便开始致力于通过弄虚作假来复制这种感情。官员和随从们被召集起来，把爱戴国王强加给人民，要让他们入心……国家的首要目标是用各种设施和手段歌颂、神化国王，给他套上英雄和神圣的虚假光环，披上用讹传的谎言和骗人的宣传制成的华丽外衣……考核业绩的首要标准是国王满意和向他禀报。

这种愚蠢幼稚政策的必然结果，与它炮制者们的预期收获正好相反，民心厌烦这种非理性的疯狂举动……充斥在官员演讲、报刊文章和广播歌曲中的夸耀爱戴表忠诚，成了遭人唾弃的陈词滥调，让人觉得那像是强加给他们的思想和耳朵的东西，他们不得不接受和承认。

国王躲在这些英雄和神圣的伪装后面，感到放心多了，真以为自己积累起了大量永不消退的爱戴和忠诚……开始借此作掩护释放出他恶劣疯狂的本性，非但不受身为国王的限制，而且抛弃了一个普通人应有的自我约束。既然周围的人巧言粉饰，向他保证，他就不认为还有必要麻烦自己去尽责或赢得人民的爱戴；既然他们毫不费力便把他说成是第一工人和第一农民，他也就不必费心去做正事了。

在国王的专横和官员们的屈服之间，有一个真空环节。国王越膨胀，官员们便越畏缩，而官员们的畏缩又使国王更膨胀，这就像两只相连的气球，一只的气会转到另一只中去，结果政府气球里的气全进到国王的气球，宫廷便独揽了大权。

那时，在华夫脱党的人民性下降后，出现了一股新的民间力量，它就是从宗教中汲取力量并将宗教用于政治的穆斯林兄弟会。

凭借宣教，兄弟会羽翼渐丰、爪子变利，随即便扑向政权。他们在全国制造恐怖气氛后，执政者们不得不拔除这只正在蜕变成猛禽的乳鸟的羽毛，剪掉它的爪子，把它埋葬掉。

军队感情的发展与人民相似，随着表忠诚的荒唐事越来越多，军官们心里的烦恼、厌倦、讽刺和憎恶也在增加。让他们感到痛苦和愤怒的是，他们的领导不管是否逢时过节，都要他们携带武器和士兵登上献忠心的车，成批地被驱赶到宫里去表示忠诚，除此之外就无所事事。他们的职责只是参加庆典、仪仗和检阅，他们的精力和工作都消耗在准备火炬队伍和凯旋门上。在这类荒诞不经和无关紧要事情上做得如何，成了衡量他们是否合格和该受表彰的标准。

他们像人民一样，不喜欢自己的理智受到蔑视，仅仅成为向王室表忠心的工具，成为让总参谋长保住职位、赢得宫廷欢心，并让其他长官们保全自己，博取总参谋长满意的工具，亦即一系列保自己、博欢心的工具。

他们的领导做作地向宫廷表忠心的努力，成了他们的笑柄和嘲讽的话题，军队的口号从"真主、祖国和国王"改成了"真主、国王和祖国"，这成了时兴的笑话。

当几名军官在步兵宿舍里被捕，并被控为共产党受审时，厌恶和愤怒的气氛就开始弥漫开了。国王必须找一头替罪羊……他不像是引起厌恶和愤怒的原因，他只怀有忠诚和爱戴……但牺牲者只能是最亲近国王的人……得切断那只长期压榨军队精力，使之变成国王酒杯里效忠汁水的手。于是，阿塔拉被免去了军队里的领导职务。

哈达尔取代了纳克拉希内阁的阿蒂亚，担任了国防部长，掌握了军队。然而，他并不怎么懂行。他好像觉得，阿塔拉获罪是在收集效忠证物方面还不够尽心尽职。于是，他在效忠的道路上跑得更急更猛，以弥补他前任的不足，得到前任未能得到的东西。他认为，仅仅像他前任那样，把军官们驱去参加福阿德一世的逝世纪念，还不足以显示忠诚，他得让他们在那一天戴上黑领带，以彰显悲痛的心情。当时，军官穿卡其军服戴黑领带是属于穿着不当，是要受处分的，即便是自己的父亲亡故日也不准戴。尽管如此，哈达尔却下令要戴黑领带，为的是让国王相信，他们对他已经去世十年多的父亲仍感到悲痛。

哈达尔大肆提拔军官。他在内阁的势力来自宫廷，没有人敢反对他的要求。提升军官是一种表示，要他们对他感恩戴德。哈达尔在专门举办的庆祝仪式上，亲手向军官授予军衔徽表，就像是分发礼物。

在军事学院的健身房里，阿里和苏莱曼从哈达尔手里接受了少校军阶的徽表。阿里从参谋学院毕业以后，被任命为军事学院教官。苏莱曼则在军队的领导部门里历任多种职务，后又回到了骑兵部队。

岁月并没有改变阿里，他还是那么稳重、平静，对工作范围之外的事情不太关心。他认为，除了训练学生和课程，并没有什么值得他花费精力。关于阿塔拉和哈达尔的行为、埃英谈判①导致的结果、这届或那届内阁的所作所为，等等，他都只是略知一二，并不劳神多想。

对军官们被赶进宫去表忠心，他并不感到烦恼，因为他根本就不去。他认为自己去不去没有人会觉察，去了既起不了作用，也得不到好处。只有几次，司令部严令一律要去，并且要各军长官点名，阿里才不得不去。他感到能见见老同学是一种乐趣，因为工作原因大家分散在各处，只有这样的场合才能重新聚合。

他也不为要戴黑领带烦恼，因为那种日子他穿的是短袖或敞领衬衫，这不是他不想显示忠诚，而是因为他没有黑领带。

他不怎么关心口号比赛谁赢谁输，真主、祖国、国王次序究竟怎么安排……因为他对口号考虑不多，认为口号没有什么意义。他相信，总参谋长在他的标语牌和言论里把国王放在真主和祖国之前，这对大家心目中的真主或祖国决不会造成损害。

然而，苏莱曼就不一样。他对国王的热情已变成对国王的不满，他对帝国主义的愤怒和对政党的反感越来越炽热和强烈。

苏莱曼像过去一样试图影响阿里，引起他对国家大事的关心，可是阿里的反应却总是很不经心、很冷淡。

---

① 指1946年埃及西德基政府与英国之间的谈判，结果产生了该年10月26日的《西德基-贝文（英国外相）秘密协定》，企图把不平等的1936年的《英埃同盟条约》重新肯定下来。这个《秘密协定》遭到埃及人民的激烈反对，爆发了11月24日的大示威游行，西德基被迫下台，《秘密协定》也被否决。

巴勒斯坦战争开始了。苏莱曼与阿里在军事学院阿里的办公室里相遇。苏莱曼显得热情洋溢，兴高采烈地搓着双手说道：

"终于到了咱们去拯救受难的巴勒斯坦的时候了。"

阿里从他正在审阅的讲义上抬起目光，脸露诧异，短短地冷笑一声，问道：

"咱们靠什么去拯救它？"

"靠咱们武装部队啊。"

"听我说，苏莱曼，这话让别人去说吧……咱们可别自己笑话自己。你认为咱们军队目前这种状况能打仗吗？"

"为什么不行？"

"你不要热情得否定了事实。你在骑兵部队，对它的武器和士兵的作战能力知道得很清楚。你知道，骑兵部队刚打完仗，它的士兵分散去守卫各个部门了，没有坦克，也没有车辆，只是一些步兵巡逻队罢了。你知道，骑兵部队受过的只是庆典列队操练。它的坦克一半是坏的，大炮不能射击，也没有足够的驾驶兵和炮手。除此之外，你认为你有一支能打一仗的装甲部队吗？你认为咱们能够依靠只受过队列操练的步兵营士兵去参加阵地攻防战吗？你认为各辅助兵种，如后勤部、维修部、军需部，能在战场上担负供应和维修任务吗？你对这些都想一想再回答我。凭咱们军队目前的状况，怎么去拯救巴勒斯坦？我听到参战的消息都愣住了。"

"这一切都会随着时间的进展整顿就绪的。世界上所有的军队开始作战时，全是这样的状况。你忘了英国人在西部沙漠战斗打响时的情况了？忘了美国人在北非登陆一开始时的情况了？"

"我没有忘，他们刚开始的情形是很糟，但是逐步好转起来，因为他们有源源不绝的后援和军需储备。可是，你告诉我，咱们到哪儿去搞弹药？到哪儿去搞武器？你知道，咱们军队仓库里的所有弹药可能只够打一两仗……到那以后，咱们怎么办？"

苏莱曼想了一下，答道：

"负责人们对此肯定已做了准备，他们宣战时肯定掌握了供给咱们必需的一切武器和弹药的可靠来源。依我看，多半是英国已经对他们保证了这一切。"

"如果英国违背它的保证呢？你信任你在各种场合议论的英国吗？英国一向都遵守诺言吗？"

苏莱曼显得不安，但他很快就把不安从心里赶走，热切地说道：

"把这一切交给真主吧，他一定会支持咱们。咱们心里具有的信念，足以摧毁整个以色列。何况，以色列并没有能够抵挡咱们的军队。咱们应当用各种手段投入战斗。"

阿里摇摇头，没有吭声。他知道争论无益，也不大相信热情和信念能在进攻或防御中代替武器。但是，他不愿意驱散苏莱曼的信念。他想说服自己，也许军队确有他不知道的武器，军队的状况可能比他想象的要好。

战争之初，是一个检阅式的良好开端，军队按照地图从库巴桥和尼罗河宫街上出发。司令部按照地图调动军队，去占据战场上尚未占领的阵地。军队被迫前进，让他们在地面上的阵地与地图上的位置相符，或者是为了不让总司令在库巴桥上讲的话"掉落在地上"。

检阅式的第一阶段过去了。埃及军队分散在巴勒斯坦的土地上，一如阿里向苏莱曼描述的情况：缺乏训练，没有武器、弹药。在受到禁运之后，埃及找不到向它供应武器弹药的渠道。军火掮客们从沙漠里收集残存的和散落的枪支弹药，也到欧洲的黑市场上去收购。需要十分急迫，必须解除加在购买方式上的财政限制。速度和需要高于一切，顾不得讨价还价和品种选择。政府缓慢保险的一切购买方式都被踢开。首要目的是不论价格和方式得给武装部队输送枪支弹药，军队如饥似渴地需要军火，几濒于绝境。在迫切需要面前，财政限制之门被砸开了，势利小人胡作非为的道路也打通了。他们肆无忌惮、不受监督地聚敛财富。巴勒斯坦战争中有两张脸：一张脸痛苦、愤怒得流血，另一张脸洋溢着满足和舒适。

战争以失败告终。这是毫无基础的轻率、鲁莽的必然结果。

继承纳克拉希的阿卜德·哈迪内阁着手做的首要工作就是媾和，接着是根除、瓦解穆斯林兄弟会。首相下狠心要除掉兄弟会，他真诚地认为他们对国家构成危险，必须剪除他们的恐怖利爪，摆脱他们反动、偏执的控制。支持他这种看法的是他的亲身仇恨感，他们杀死了他的前任和朋友，还威胁他的生命。

惩处穆斯林兄弟会、密切联系宫廷和让官员们尸位素餐的政策，引起了对阿卜德·哈迪内阁的普遍不满。

国王及其周围的人感觉到人们的反感在加剧，仇恨越来越深。官员和侍从们在他四周编织起来的人为效忠幕布，再也不能在人民面前遮住国王的劣迹和人民对国王的满腹牢骚。国王发现，继续与一批围着他转的执政党联系在一起，只会树敌更多，对他没有一点好处。他像是要拿它们当作替罪羊献给人民，以赎回另一支力量①，这支力量尽管令他讨厌，却多少能借它得到一些人民的支持，它在野以来，人民性已有所恢复。

于是，国王抛出了一个新牺牲品来替自己赎罪，从而失去了最后一个撑他腰、追随他的支持者。

进行了选举，华夫脱党获胜，在新的基础上重回政坛……这基础就是它的传统宿敌国王亲手掌握着官员们的命运，华夫脱党的第一后盾民众和第二后盾英国人，都已奈何不得国王。

既然少数派都能靠取悦国王而安稳执政，那么，取代少数派后的华夫脱党在讨好国王、坐稳权位方面，是不会比他们差劲的。

---

① 指华夫脱党。

五十三　流言蜚语

阿里在军事学院的任期结束后回到骑兵部队服务,担任一个装甲兵营的营长。他喜欢骑兵部队,在骑兵部队的院墙、马厩和车库里面,他有定居家乡的安宁平静感,对骑兵部队的军官、士兵、马匹和车辆等一切他都有一种怀念亲友的感情。

担任新职务的阿里离领导一个坦克营的苏莱曼近了……装甲兵团的大块营地位于骑兵部队后面,那是英国军队撤出开罗后腾出来的。

阿里与克里梅的关系日益巩固。他体会到她爱他——忠诚、满足和忘我,关心他……很信任、放心,也很有知遇感。他不再只把她当作一个满足情欲需要的玩偶,对跟她的关系心里也不再感到腼腆或羞愧。他发现她是一个不乏善良和美德品格的女性。美德,从广义上说,并不只是保持肉体的纯洁。他看到她周济穷人,同情不幸者,温和,心肠好,乐于自我牺牲。他过去没有想到她这样的女性身上竟然具有如此良好的品性。

时光流逝,加深了他与克里梅的关系,无疑也冲淡了他对英琪的思念,虽然这两种关系并不相似,他也并不试图进行比较,或以一种取代另一种。

他对英琪的思念虽未断绝,但已淡薄……只剩下想一想,悄声细语地责备几句。倩影离得越来越远,但未彻底离去,她还埋在他心里,消逝岁月的尘土越积越多,越来越厚。

尽管如此,她还存在……亲切、遥远,形象在消散,记忆不会抹去。

在此期间,他见到过她两次。一次是在一场赛马会上远远地看见她,不等她看见他,他便离去了;另一次是他在赫利奥波利斯饭店的一次晚会上见到她,两人目光相遇了一会,接着就各自转过眼去。尽管光阴荏苒,分别有年,但他在这两次相遇中感到她仍在他的血液里流动,依然沉淀在他的内心深处。

阿里的父亲在瘫痪蔓延到四肢、长年卧床不起之后已经去世。母亲上了岁数,又患有糖尿病,身体衰弱多了,她脑际依然萦绕着让两个儿子完婚成家的梦想。巴希娅仍待在她身旁,像女儿似的照料她。巴希娅对向她求婚的人一概拒绝,宁愿留在姨妈身边等待再等待,但愿真主能实现她从童年起心里就有的愿望。

在父亲去世周年的晚上,吊唁者们离去之后,阿里、侯赛因和苏莱曼坐在一起。母亲进来问他们道:

"要给你们准备夜宵吗?"

苏莱曼起身告辞道:

"我要回去了,都快十一点了。"

阿里拉住他,想让他再坐下,说道:

"你坐下,兄弟。"

在俯临铁路的阳台上,三人围坐在一张小桌前。时值10月上旬,晚风已有凉意。阿里说道:

"咱们很久没乘凉了,也很久没有骑马了……苏莱曼,明天下午一起去骑马,怎么样?"

"那操练呢?"

"操练之后吧。"

"我想不行,我还有事分不开身。"

"是什么事让你分不开身?这些天,我几乎都看不到你,你在忙些什么?"

"没什么,各种各样的事情。"

"你还在招魂吗?"

"嗯。"

侯赛因问道:

"你们在招什么魂?"

"各种各样的亡魂。比如说,我们昨天招的,就是萨阿德·扎格卢勒和穆斯塔法·卡米勒①的亡魂。"

"兄弟,即便是召唤亡魂,你心里也是在想政治……你干吗不让自己轻松一些?"

苏莱曼嘲讽地苦笑一声,答道:

"我干吗要让自己轻松?全国没有一个人感到轻松。咱们的情况是每况愈下,天知道什么时候咱们就可能完蛋了。"

侯赛因笑道:

"咱们不会完蛋……咱们过去一向如此,今后也一样……咱们能干什么大事?"

"不,侯赛因,咱们并非一向如此。人民总是能从自己的队伍里找到反对专制、暴虐的力量。国内现在有三股力量:英国人、宫廷及其党派和华夫脱党。过去,人民在应对英国人和宫廷的暴虐时,他们从华夫脱党身

---

① 萨阿德·扎格卢勒(1857~1927)和穆斯塔法·卡米勒(1874~1908)都是为争取埃及独立、解放的民族主义运动领袖。

上找到后盾支持他们呼冤叫屈;当他们面临华夫脱党和英国人的横行霸道时,他们在宫廷里找救星和避难所……现在,那一伙人联合起来对付人民,甚至少数反对派也被撵出了参议院。在丑闻和侍从们的可耻行径被揭露后,国家现已成为贪婪的国王和野心勃勃的华夫脱党共同的猎物。人民到哪里去寻找自己的避难所?华夫脱党已经学会避免背上小偷小摸的丑名,改搞大宗棉花投机和油水可观的交易。它跟宫廷在'相互帮衬'政策上达成一致后,笃定放心得很。"

侯赛因以自信的口吻答道:

"宫廷什么事都不过问,我很清楚国王在忙什么。我有时作为私人警卫陪同参加一些晚会。我知道他在夜里也就是他处于清醒状态的时候,在干些什么。"

"你容易上当受骗,侯赛因。你只看到胡闹、赌博和寻欢作乐的一面,却不知道国王和他的侍从参与了全部肮脏的武器交易。"

阿里一愣,不以为然地说道:

"不可能……国王可能会犯任何过错,但不会去偷,因为他有的是钱……说国王偷窃,不合情理。"

"但这却是事实。军火案中的关键人物正是国王和他的手下。如果国王、首相和大臣们都在偷盗,那国家就失范了,谁都可以肆无忌惮地受贿、偷盗,整个国家成了负责保管国家财产的统治机器的掠夺物……这种状况再不能继续下去了!国家领导权决不能一直让这伙败家子掌握,这个除了有几百名众议员和参议员之外什么民主也没有的政权,也不能继续下去了!议员们的工作,只是保住自己的土地,不交赋税,这种状况必须结束……人民不能一直在泥沼里滚爬,在饥饿和贫穷中挣扎……统治他们的只是一个胡作非为、嬉戏终日、吮吸他们每滴鲜血的集团。"

侯赛因笑了。他把一盘米饭推到苏莱曼面前,说道:

"吃吧,吃吧。你整日为人民哭泣……要是人民自己知足满意,你烦恼些什么?这些他们已经习惯了,今后也还一样。"

阿里没有吭声,他在想苏莱曼的话,体会到了其中的正确性,而不像过去似的,总是左耳进右耳出。他心里虽远离政治,不关心国家大事,但目睹遍布全国和执政机器的全面腐败,视人民的利益、生计甚至生命为儿戏,他从心底里感到痛苦。

然而,每当他从人们的议论和报纸的影射中得知有关军火案、棉花投机丑事或王室和内阁的其他丑闻时,他也只是消极地感到痛苦和烦恼而已。

阿里在沉默了一会后,耸耸肩,失望而无奈地说道:

"没有用。常言道'上梁不正下梁歪'。"

侯赛因笑着补充道:

"那就'全家都是贼'。"

阿里继续着自己的话:

"要是如你所说,腐败和偷盗的根子是国王,那还能怎么办?"

苏莱曼热情而肯定地接口道:

"正是,他是天字第一号窃贼、腐败者、胡闹者和赌棍。"

侯赛因补充道:

"也是头号统治者和控制者。他只要举举手指,就能让那些领袖人物跪在他跟前顶礼膜拜,大唱赞歌。"

阿里遗憾地喃喃道:

"毛病正在于此。没有人能够抗拒或者反对他。"

苏莱曼答道:

"不,报纸上已经出现一些反对意见。我看,反对派领袖们呈递给他的请愿书就证明反对派正在觉醒。"

侯赛因答道：

"这能算是反对？这是对着山谷空喊，只要当政者们总是这样自甘下贱，一味用维护国王和保障安全的法律讨好他，要压下这些空喊真是太容易了。"

苏莱曼道：

"不，不，事情没有这么容易，全体人民已经充满愤怒。"

侯赛因讥讽地笑道：

"你太在乎人民。只要军队掌握在国王手里，挥几下棍棒或打几枪就很容易让人民安静下来……你别太把人民的愤怒当回事。"

苏莱曼不耐烦地答道：

"军队不在国王的手里，它永远都不会充当国王手里抽打人民脊背的鞭子。"

阿里难过地答道：

"可是，苏莱曼，情况真是这样……你的话和你的热情丝毫改变不了现实。"

"即使这是实际情况，那也不应该一直这样。各种腐败分子都在抢夺人民，所有邪恶势力都与人民作对。全国人民把军队看作是唯一的救星，人民要有一个后盾，咱们应当成为这个后盾。"

阿里把苏莱曼的话看作是他平日发自肺腑的激情言词的补充，只是为了发泄一下压抑在他胸间的愤怒，没有必要与他争论，因为那是一种豪情狂言，并无实际意义，聊以抒发一下那难以实现的心愿罢了。

三人谈毕，苏莱曼离去。在两兄弟上床之前，母亲没忘记替他俩铺好被褥，关上窗，仿佛他俩依然是孩子。她嘟哝着为他俩祈祷，最后还是那几句老话：

"愿主赐给你俩好闺女，让你俩中有一个与巴希娅成亲……但愿我闭眼之前,能看到你俩结婚成家的喜庆。"

阿里正要拉上被子蒙住头,露出鼻子,母亲最后一句话便留在了他的脑子里。

他不由得想起母亲长久难偿的这一夙愿。

那么,他干吗不准备结婚,连想都没有想过?

他觉得那遥远的倩影正在远处担心、谨慎地围着他转,感到那埋葬在自己心底的少女在哆嗦、颤抖。

埋藏在他心底的少女,她的倩影,或是对她的回忆,可能就是阻碍他考虑结婚的原因? 也可能是因为他满足于跟这个倩影不离不弃的精神联系,置其他的现实习俗关系于不顾?

难道在那幽暗的失望中,他心里还可能存着一线隐秘的希望之光?

谁知道呢? 也许吧。

他能够断定的是,他没有感觉到需要结婚,也从没有在某个时刻受到触动去想过它。

难道这就是原因所在——那个埋在自己心里的少女?

真的是她不让他结婚?

克里梅的形象跃入他的脑海,她柔软、温暖的身子,她始终充满激情的欲望,她温顺、忠诚和令人舒服的爱情。

她在让他充分享受到肉体的乐趣后,是否也是使他排斥婚姻的另一个原因?

此外,母亲还有巴希娅本身总是替他安排生活,准备好饮食起居的需要和舒适稳定的家庭生活,她俩不会是上述原因的辅助因素,使他安于现状,使他感觉不到有结婚的需要。

他的脑海里又浮出巴希娅的形象。

真奇怪,他为什么总是只把她当作表妹,不把她当作女性看待? 从来没想过母亲说"愿主……让你俩中有一个与巴希娅成亲",话里的意思是不是指自己?他不也是母亲愿望中的"一个"吗?为什么他在自己的思想中总是把母亲的祝愿跟侯赛因联系在一起?

是因为他身心俱忙?但弟弟难道就不比他忙?

还是因为巴希娅本人一心都放在侯赛因身上?

是的,原因正在于此。

他完全相信,巴希娅爱侯赛因,他总是把她看成是侯赛因的依附物。而且,侯赛因自己对此也有感受,且很相信,不过,他把她视作一种他并不需要的家什,认为她会限制自己的行动,束缚自己的自由,可他却只想过得轻松、自由自在。

想到这里,阿里掀开头上的被子,直截了当地对侯赛因——仿佛侯赛因刚才也跟他一起在思考讨论似的——说道:

"侯赛因,你干吗不娶巴希娅?"

侯赛因被哥哥突如其来的问题吓了一跳,他从头上拉下被子,在黑暗中瞪眼看了哥哥一会,接着揶揄地反问道:

"你干吗不娶她?你是老大,更应当结婚。"

"可是,她爱的是你啊。"

"每个人都必须跟爱他的人结婚吗?"

"为什么不行?"

"克里梅爱你,你干吗不跟她结婚?"

"克里梅是一回事,巴希娅是另一回事。克里梅做不做妻子无所谓,她只满意她现在的状况。我认为,她根本不会考虑结婚,因为她离不开她的公众生活,离不开她在舞台或银幕上的工作。"

"这是谁对你说的?你知道吗,她从结识你以来,就已经结束并断绝跟她周围所有朋友和情人的一切关系,其中也包括我!你知道吗,她的行为举止一直就像一个贤惠的已婚妇女！这使她失去了许多赚钱和拍片的机会。这一切全是为了你,为了对你的愚蠢忠诚！"

"为了我?"

"当然是为了你。她傻乎乎地成了一个贤惠女人,而贤惠女人在艺术圈里身价就一落千丈。"

"可是我没有要求她这样,也没有提出过什么要求,她也从未硬要与我确定某种关系。我们俩在任何事情上都不相互限制。她对我们目前这样的关系表示非常满意,我们只在私下往来,谁也不知道。"

"阿里,你可真容易让人蒙在鼓里。你还真以为你跟她的关系很隐蔽,谁都不知道?所有的人都了解你们两人的关系,你俩要结婚的谣言传得很厉害,连我都快要相信了。我看,为了消除这些流言蜚语,你最好的做法就是离开她,另外换一个女人……听我的劝吧,这类关系你决不能拖得太久,它不管你愿意不愿意,都会把你拖向你无力承担的责任和束缚……你别缠住一个女人不放,得不断变换才行。"

阿里开始想心事了……他原先一直把这事看得很简单,只是一种让他满意的关系,不要他花钱,也不让他为难……克里梅对待他很慷慨,从不提什么要求或条件,不让他因为她多想或多计较,从而能够保住他俩这段时间的关系。

直到此时此刻,他还没有想到他俩的关系发展到要用婚姻相连结了……在自己跟她一起度过的时光里,她总是让他感到十分舒适和愉快,他对她从未有过不耐烦或者厌倦。尽管如此,他却从没想过要把她当作妻子……这种想法一直离他很远,也不可能进入他的考虑范围,再说他和她都还没有出现做这种考虑的需要。

尽管如此,弟弟却跟他谈到了他俩要结婚的流言蜚语,劝他另外换个女人,这就促使他得更认真、深入地考虑这个问题。

然而，他真的能像他弟弟似的轻而易举地换个女人？能如蜂蝶一般忽东忽西吗？

他能把跟克里梅的关系看成只是短暂的肉欲关系，是任何一个女人都能给他的吗？

绝对不是！

克里梅对他来说，不仅仅是如此。

他爱她，也许不如爱那遥远的倩影、那埋在他心底的少女，他在心里和思想中把两者进行比较可能也不恰当。

尽管如此，他却是爱她的。他不能否认，她是最能给他舒适、信心和安宁的人，她远不只是一个满足他欲念的肉体。每当他俩平静相处的时候，他觉察到蕴积在她内心深处的许多美好东西，而外人对此或许并不了解，他们看到的只是她轻佻嬉戏的表面。

假如他能摒弃杂念，心无挂碍，或者有勇气敢于不畏人言、力排众议，那他就会认为，世上没有任何女人比她更适合做他的妻子了。

按照这样的逻辑推理和思路演进，在他看来，考虑结婚就并非不可能，也不丢脸，而且，因为畏惧流言蜚语而遗弃她，另换新欢，那才是不应有的怯懦和丑恶的卑鄙。

他没有说话，对弟弟的最好回答，莫过于闭上眼睛，把头钻进被子里。

从那一夜以后，阿里不再试图掩盖他与克里梅的关系，他去看她，也不再觉得尴尬和汗颜，而是感到，她对他是拥有权利的，他对她则负有责任。

那段时间，华夫脱党开始觉察到宫廷在抛弃它，自己已经没有后盾。而宫廷则感到华夫脱党爬到了门槛，急切地想谋求政权。华夫脱党在被赶下台期间曾恢复的一点人民性，宫廷原指望借助它来掩盖自己的劣迹丑行，也已经丧失殆尽。

于是，这两股你抢我夺的统治势力都发现自己已是形单影只，摇摇晃晃地悬在半空，也都已看清，它们之间的相互依靠使双方都走上了绝路。正如有句谚语说得好："阿卜德·穆因，我请你帮忙，你却反要我的命。"它们开始各另找支持。

宫廷与华夫脱党在罪恶和不义上的合作就这样走到了头。它们各自转身去寻找可以依赖的后盾或能为自己撑腰的力量。全国的四股势力中还剩两股，即人民和英国人。宫廷与华夫脱党分别倒向这相互对立的势力，是不言而喻的。1942年，当华夫脱党找英国人做靠山时，宫廷当然就转向了人民。然而，当宫廷的所有丑闻都被揭露以后，它转向人民不啻是缘木求鱼，于是它就不得不——情况正是如此——投靠另一股力量了。讨好这股力量毫不困难，也不费力，这后来表现为宫廷与英国人一致同意任命看法坦率现实、为人严肃正直的哈菲兹·阿菲菲为枢密大臣，阿卜德·法塔赫·阿姆尔为国王顾问。

华夫脱党最后就只得向人民求助。它的转向很突然……它改变政策，从吻国王的手转为试图吻人民的手。

取悦人民并赢得它的支持并不像讨好另外两股力量——英国人和国王那么容易和快当。但是取悦人民是急迫的需要，等不及任何真心实意、准备周密的严肃改革方案正常地开花结果了。因此，只得快速鲁莽从事，搞些令人眼花缭乱、张口结舌的花哨杂耍动作。

废除1936年条约是华夫脱党投入人民怀抱所做出的最精彩的戏剧动作。

华夫脱党就是这样从国王脚下跳到人民领袖一边，它发现自己掉进了原不打算投入的汪洋大海之中。在人民的呼声中，它感到自己的声音很微弱，步伐也跟不上他们。它过去惯于轻易地驱使人民领袖们，现在发现自己是骑在一匹疾驰的烈马背上，正奔向一场它既不曾料到也毫无准备的严肃斗争。

毫无疑问，华夫脱党对自己行为的后果殊感困惑和突然。它的不知所措和惊骇就像是放出了魔瓶里面的巨人，它只有一个愿望，就是让巨人回到魔瓶里去。

然而，要巨人回去并无希望。惊慌的统治者们只得跟在人民后面亦步亦趋。他们夹在老谋深算的最高当局和冲动傻干的革命者中间，不知如何行动是好……他们在执政岗位上开始按照游行领袖们的意思发号施令，接连向几乎是手无寸铁的警察们下达愚蠢命令，要他们向大英帝国开战，打到最后一颗子弹、最后一个人，到华夫脱党掌权的最后一分钟。

五十四　追逐幻景

阿里与其他军官一起列队站在阿比丁宫围墙里面的广场上,面朝着俯瞰广场的宽阔阳台,等待国王出来向他行效忠礼,并祝贺新王后生下了王储。

阿里没有像往常似的迟到,因为命令很严厉,要对军官们点名,尽量保证全体出席,作为一种令人放心的效忠表示。在这样困难和令人不安的时势下,军官们要出席这样的典礼才能显示他们的忠诚可靠。反对国王的喊叫声已经公开响起,报纸的激烈攻击越来越凶,国王更加需要放心和信心,需要触摸到架在人民脖子上的利剑,确定剑就在他身旁,在他亲手掌控之下。

对军队领导人来说,直截了当地让全体军官在王宫广场上列队集合,是再容易不过的。他们相信,这种方式能保证军队的完全支持和绝对忠诚,只要国王表示满意,他们便可悠闲地回司令部去休息了。

国王出现在阳台上。他身材高大臃肿,或按当时报纸所称:"容光焕发,光彩照人。"总司令对军官们高喊:"立正!"并举手敬礼。过了一会,国王叫道:"海达尔!"总司令跑步上前,直到阳台底下。国王又瓮声瓮气地喊道:

"告诉军官们,在这样的场合,我能赠送给他们的,只有……我的儿子。"

不知道是总司令耳背,还是礼物本身没法理解,他困惑惶恐地站着。国王不得已,又用他的闪米特人①口音强调了一遍"礼物"。

总司令随即向军官们传达了国王的话。

阿里不理解这礼物的意思,不懂它的字面含义或引申意义。其他军官看上去,也不见得比他或者总司令更聪明。大家开始交头接耳,相互询问……苏莱曼跟阿里一起走向停车场,讥讽地说道:

"恭喜你,阿里。"

"恭喜我什么?"

"国王的礼物呀。国王不是把他的儿子送给你了吗?"

"送给我?"

"当然,你不是军队里的一名军官吗?你也有他儿子的一块啊。"

"我不明白送礼的意思。"

"像他所有的礼物一样,是精神礼物……他赠送精神礼物,收取物质利益……赠送军衔和勋章,搜括钱财。你不记得他收取王室结婚礼物了吗?他坚持全部礼物都是黄金,以便他铸成金锭。"

"我不懂他要这么多干吗?"

"这是一种病。他不可能是一个正常人,肯定是个疯子。你想一个国家被贪财、嗜赌、整日价跟舞女们厮混的疯子统治着,这种状况是不可思议的。我向你保证……"

阿里打断他道:

---

① 旧译闪族,古代包括巴比伦人、亚述人、希伯来人和腓尼基人等,近代主要指阿拉伯人和犹太人。这里是说国王的阿拉伯语语音不纯正。

"苏莱曼,现在没必要谈这些,不是时候,咱们周围大多是军官。"

"咱们感受到的,所有的军官也都感受到了。他们心里怒火中烧。你没看过自由军官们的传单吗?"

"看过一些。"

"你从中发现了什么?"

"我发现它表达了咱们内心的愤懑。不过,几个军官发几张传单管什么用?"

"几个军官?全军都是自由军官啦!你将会看到他们有能力控制军官俱乐部的选举。"

"谁告诉你他们要插手这种事?"

"因为我是他们中的一员。"

阿里望着他,有点惊讶地说道:

"真的吗?我应该能想到。"

"我曾好几次想让你也加入,但有些犹豫,因为你不合群,自我封闭,对我们的处境漠不关心,所以我提不起劲来。不过……"

阿里笑着答道:

"你做得好。我不愿过问与我无关的事。"

"蠢东西,你认为拯救祖国与你无关?"

"我不认为你们做的事能够拯救祖国。你知道,从咱们从高中同学时起,我就讨厌在游行示威和涉及政治的事上浪费时间。我现在也没有太多的准备去参与那些到头来毫无裨益的事情,没有……"

苏莱曼沮丧地打断他道:

"咱们不谈了,跟你谈没有用。你的这种答复我早就料到了。"

两人走到别克牌车旁。苏莱曼问道:

"你去哪儿?"

"去杜基。"

"去干吗？"

阿里觉得没必要隐瞒，就直截了当地说道：

"去看克里梅。"

苏莱曼露出不悦之色，劝告道：

"你不打算结束跟她的关系吗？"

"为什么？"

"如果说过去这种关系还没有玷污你的名声，那么，现在快了。那些毒舌头造谣说，你已经跟她结婚了。"

"如果真是这样，那又怎样？我不需要毒舌头来促成我的婚姻，因为我看结婚没有什么不好。"

"你说什么？你在开玩笑？"

"绝对不是。我看，跟克里梅结婚没有什么可为难或丢脸的。我向你保证，如果我觉察到她想要结婚，我决不会迟疑。"

"你准是疯了。你要娶一个舞女？你将毁掉你的前途、糟蹋你的名声。我向你保证，到时候我将第一个跟你断绝关系。你以为我会同意你带着她进我的家，让她跟我的妻子坐在一起？"

"兄弟，我没有必要让她到你家里去，或者要她跟你的妻子坐在一起。是我娶她，不是你。不管怎么样，咱们不谈这些了，咱们不必为了一件尚未发生的事情争执。走吧。"

汽车朝杜基开去，在一幢俯临尼罗河的大楼前停住。阿里下车向苏莱曼告别，乘电梯来到克里梅新搬入的一套公寓。

克里梅来开门。阿里进屋。时近黄昏，1月的春寒冻手冻脚，冷峭刺骨。

屋里的温暖和宁谧让阿里感到很舒适、平静。寓所不算宽敞，只有三间房:一间有狭走道连接浴室的卧室;两间由一扇大玻璃门隔开,是客厅与餐厅。进门处的小堂屋里有一只壁炉,前面放着两张大安乐椅。壁炉上方挂着一幅阿里油画像,那是按照他在一次骑兵部队操练时的骑马照片放大的。这幅画像不是阿里在这套屋子的唯一痕迹——没有一间屋里没有他的像,不是挂着,就是放在有座托的镜框里。有一个柜子专放他的衣物,书架上仔细地排列着他前几次带来阅读的几本书和杂志。

克里梅接过他从头上摘下的大檐帽,挂在门旁的衣帽架上,接着张开胳膊欢迎他,脸上露出又惊又喜的表情。阿里温柔地拥抱她,只是亲切的拥抱不足以满足她的渴念。她的双臂紧紧搂住他宽阔的胸膛,一往情深地热切地向他伸过嘴去。他还是以从容、亲切和温和的方式与她接吻。接着,轻轻地摆脱她,走向堂屋,松弛地坐在炉前的一张安乐椅上。

克里梅站着注视他蹙额沉思的模样。她站着,显得体态匀称,身板结实。她穿着一件天蓝色的高领羊毛套衫,总是习惯把自己的脖子围起来,腰上束着一根黑色宽带,下身是一条灰底蓝条纹的大格子裙。

她走近他,半坐在椅子边上,左臂勾着他的脖子,右手指尖柔情地拨弄着他的头发,怜惜地说道:

"你好像又累又倦。"

他依然松懈地坐着,心不在焉地望着黑暗的炉膛,答道:

"我从早上起到现在就没有休息过。"

"怎么啦?"

"工作,参加仪式……我们一半时间都浪费在向宫廷行效忠礼仪上。"

"可是,你平常不是不去的吗?"

"这次很严,三令五申,还要点名,不得不去。我们在王宫广场站了两个钟头,为的是接受礼物。"

"礼物?什么礼物?"

"国王的礼物,他把儿子赠送给我们。苏莱曼说,国王赠送精神礼物为的是攫取黄金。"

"他这样做损失很大,人民已经讨厌他了。"

"当然,人民损失的是钱财,他失去的是他的全部道义。"

"你听说大学生的游行示威了吗?他们砸烂了国王肖像。他难道没听说他们呼喊反对他的口号吗?"

"我认为他听不到。那些欺下瞒上的人会把这些口号说成是在高呼他万岁。"

"不管怎么样,是喊他万岁还是要打倒他,咱们都别管了。你起来去换换衣服。我去给你准备热水,你洗个澡,消除一下一天的疲劳。然后我给你备茶。我已经给你做好一块你爱吃的奶油焦糖点心,再给你点上炉火烤栗子,你说好吗?"

她的热情洋溢,消融了阿里忧郁的坚冰;她执意要让他舒服和享受的愿望,驱散了笼罩着他的烦闷不安的云雾。

他觉得,她为他准备的一切:热水澡、茶、奶油点心、栗子,他都需要。她的最大好处就是始终知道他的需要。

她从椅子边上跃起,钻进了浴室。

在他来访的夜晚,她一个佣人都不留。她不愿意与阿里在一起时有第三者在场,她喜欢独自侍候他。这样的单独服侍,使她感到占有的乐趣,内心有一种做他妻子的愉快感觉。

阿里离开椅子,站在俯瞰尼罗河的阳台玻璃门后。罩在开阔河道上像轻烟薄纱似的帷幕已经退去,河水温柔地缓缓流淌。对岸幢幢房舍的阴影上面镶着穆卡塔姆山的黛色曲线,中间是古城堡,在薄暮暗云下显得朦胧的宣礼塔直插天际。

他的脑子里掠过几幅情景……古城堡的轮廓让他想起它旁边的墓

地,他曾去那里为父亲送葬。他仿佛看到了父亲的奋斗、瘫痪和去世,接着看到了母亲,母亲带出了巴希娅,巴希娅又带出了侯赛因,侯赛因向他提出劝告,然后是苏莱曼的规劝和警告……

克里梅的喊声使这条连续不断的情景停住了:

"洗澡水准备好啦!"

阿里转过身,鼻子里呼出一口长气,仿佛要把回想那些劝说和警告造成的烦闷和不安都逐出去。克里梅活泼地走向餐厅,说道:

"等你从浴室里出来,茶就好了。"

阿里洗完澡,炉子已经烧着了,两张安乐椅中间的活动小茶桌上,茶具已排放整齐。

他轻松地坐在椅子上,拿起茶杯从容地啜饮着。他感到自己已做好了进一步的准备,迎接生活的乐趣和享受。

克里梅知道阿里喜爱的气氛,知道他讨厌胡闹和喧嚷。她已经使自己习惯于爱他所爱,而不再像过去似的,为迎接享受就迫切需要杯觥交错。现在,茶、火炉,宁静诗意地闲坐,比她原先习惯的所有的胡闹挑逗办法都更具挑逗力。她相信,挑逗感情的手段全一样,都寓于人的追求和习惯,挑逗的根本不在于诱发手段,而是人的内心和愿望。只要我们有享受的愿望并渴望享受,那么,为我们做好心理准备,一杯酒、一杯茶、一股香气或者什么都没有,其作用也许是一样的。

克里梅仍忙着整理阿里的衣服和把浴缸擦干。阿里在喊她过去:

"你是不想来,还是要丢下我一个人喝茶?"

"我马上就来。"

在坐到他旁边之前,她一面朝客厅走去,一面说道:

"我给你准备了一样你意想不到的东西,你准会高兴的。"

"是什么?"

"你等一会儿。"

她从一只抽屉里拿出一张唱片放在留声机上,接着摇了起来。

阿里听见诗篇《图巴德山》①的前奏音乐,顿时喜形于色,惊奇地问她道:

"你什么时候搞来的?你怎么会想到去搞这张唱片?"

"我知道你喜欢邵基和阿卜德·瓦哈布的诗,上一次我听见你哼唱这首诗的头几句,我决心用它来让你喜出望外。"

唱片开始播放诗篇。克里梅站起身,关灭电灯,坐回到自己的位子,拿起茶杯,默默地啜饮着。

没有比克里梅营造的气氛更能挑逗阿里的感情了:红色的火焰在炉膛里跳动,深沉的吟唱声在呼唤:"愿主浇溉和抚育我们的童年。"

阿里感到那遥远的倩影在渐渐地靠近,好像她与吟唱乐曲和岑寂静穆的气氛很接近很和谐。跳动着的火舌犹如被微风吹拂的金发,那临近的倩影向他表现出极度的思念和温情,最后,那倩影像是坐到了他身边,她的手指罩住了他拿茶杯的手指,双唇碰到了他啜饮的嘴唇。

他仿佛觉得她那倩影正随着歌声在悄声耳语:

在纯洁的沙地上,
我们描绘着蓝图。
可风儿无意,
沙也不解情。

他的感情被激发起来,久久地沉浸在甜蜜的遐想和愉快的梦境之中。

---

① 这是埃及著名的诗王艾哈迈德·邵基(1869~1932)的一首诗。

坐在他身旁的美丽倩影在向他低声诉说、呼唤,直到将终:

  生命何足惜,
  唯良时难忘怀;
  大地不足道,
  仅此处堪赞美。

  一阵缄默。克里梅望着身边那张低垂着的脸,暗淡的火光映照出他脸上的迷惘表情,歌声仿佛已经把这张脸的主人带向了远方,带到那难忘的时刻,那堪赞美的地方,那个距离遥远、分别长久却不远去的影子……她想起了那封切断他希望之线被她烧掉的信,是自己在这封信的灰烬上筑起了断绝往来的堤坝……她难过地感到,尽管自己离他极近,但比起那远方的影子来,却显得更远,任何障碍和堤坝都挡不住那倩影的路啊。
  她发出一声长叹,使阿里从沉思中醒了过来。他抬起目光看着她,看出了她脸上的忧愁和伤感,顿觉同情和懊悔。他发现,她全身心地爱他,为了接近他让他满意做出的种种努力,结果却只是勾起他的回忆唤醒了他旧时的思念。
  他伸手温柔地抚摸着她的手,似乎想为自己内心的想法表示歉疚。她抓起他的手,虔诚而顺从地吻着。带着依然留在她脸上和声调里的忧伤,她轻声问道:
  "你还记得咱们第一次见面吗?"
  "嗯,我记得。"
  "那天晚上,我觉得我的命运已经寄托在你身上。你和蔼的话,你选择了我而不是其他舞女,给了我甜蜜的希望。当你对我说'咱们两个只能是各乘着一辆朝相反方向驶去的火车上的两个旅客,刚一相遇便消失了'的时候,我的希望之火很快就被你扑灭了。"

"你当时的回答是'也许咱们中的一个会换乘一列火车,赶上另一个'。"

"我确实想换乘火车,赶上你。为此,我尽了最大努力,但我看,要赶上你很难做到。"

"咱俩不是肩并肩地坐在一起了吗?"

"尽管如此,但我觉得你像蜃景一般,离我很远,赶不上,或合不拢。咱们之间有一道屏障,我走近多少,你就远离多少……你不让我接近,也不远离我;不让我失望,又不给我希望。我不过像一个渴求者,跟着远去的蜃景在奔跑,像一列火车跟着另一列跑,前车不消失,后车也赶不上。"

阿里不知道该怎么回答。他感到,她讲的一切都是对的,他不愿意这就是她从自己身上的全部所得。

她无疑应该得到更多……可是他没能给她应得的东西,虽说他已尽力用柔情、怜爱和以德报德来加以弥补。

克里梅觉察到阿里脸上的不安神色,后悔自己说了这些话。她不愿意因为他无能为力而责怪他,觉得自己为了欢度今夜良宵等了这么久,费了多少力,却平白无故地谈论空洞的哲学来扫兴,真是太傻了。

她赶快驱走心中的积郁,露出笑容,改口说道:

"尽管如此,我还是感到我一辈子任何时间都没有像现在这么幸福……有时甚至觉得,我正是从追你赶上你的过程中,才得到幸福的。"

"克里梅,不存在什么追赶,是我在追求你,因为我需要你,除了你之外,没有人能为我带来舒适、安稳和宁静……我向你肯定,我时时刻刻都感到需要你。"

"我最幸福的就是能够满足你的需要,为你提供你想要的一切。"

克里梅站起身,走向留声机,打开电灯。她决心涤尽罩在他俩心上的阴暗气氛,笑着说道:

"我让你听听阿卜德·瓦哈布谱曲的《桑巴舞曲》吧,我每次听它,总会情不自禁地跳起舞来。"

她放上唱片,舞曲响了起来。她开始按着节拍轻盈起舞。她抓着阿里的胳膊,说道:

"起来,咱们一起跳。"

"我宁愿欣赏,看你一个人跳。"

阿里说这话不是恭维,他确实喜欢看她跳舞。她绕着他活泼轻快地舞动,舞步合拍,姿态娇媚。

跳完舞,她轻巧地一跳,坐在他双腿上,抱着他说道:

"我去替你把栗子拿来,好吗?"

她又轻快地一跳,走向厨房,不一会就端来栗子,坐在炉边忙着在火上烤起来。

她脸上露出无比幸福的神情,不时转过含情脉脉的目光瞧他,就像一个在丈夫羽翼下的妻子,很安心也很知足。她倾诉内心的快乐道:

"这是我一生中最幸福的时刻。我觉得一生经历的奋斗、苦难、穷困和失望都得到了补偿。我等待今晚,犹如小学生盼着星期四和星期五的假日,我把自己所有的愿望和理想都集聚在今天晚上……我这一辈子,不再追求金钱、名声或各种享受,只想待在你身边,跟你谈心,听你说话,满足你的需要……这就是我的全部希望,你认为我太过分吗?"

阿里感到,这个女人值得他给予她所希望的一切,而且应超出她的希望。让旁人的意见束缚自己是荒唐可笑的。他们没有他的感受,他满意的他们不满意。她热情、真挚的话使他充满勇气,他开门见山直截了当地说道:

"克里梅,你一点都不过分。我已告诉过你,我每时每刻都需要你。我向你保证,我准备娶你,什么时候都行,你要愿意明天也行。"

克里梅惊愕地望着他,抓着他的手,像一条忠心的狗似的用脸擦着他的手。他感到涔涔而下的泪水打湿了他的手,于是抽回了自己的手。

五十五　王上的剑

　　1952年1月26日星期六,快近中午的时候,军官们的汽车络绎不绝地开往阿比丁宫。他们拥向连接典礼厅门的底楼大厅,应邀参加庆祝王储生日的皇家午宴。

　　阿里的司机拼命想在易卜拉欣街上拥挤的游行人群中间辟出一条路来。游行的人群正从通向阿比丁广场的其他路上拥来,反对帝国主义的口号声响成一片。

　　阿里心里很是郁闷不安。其原因,一是公众的感情,源自电台昨夜广播令人惊骇的伊斯梅利亚大屠杀消息,全体埃及人无不悲愤填膺;一是个人感情,今天是他同克里梅约好结婚的日子,他对自己的决定感到担心。

　　他为伊斯梅利亚的死难者感到悲痛,夹杂着各种不同的感情,其中最强烈也最先潜入他心中的是强烈的愤怒和难以遏制的昂奋,一心要向英国人报仇,英国人野蛮凶残地侵害几乎赤手空拳的死难同胞!

　　其次是对愚蠢的政府感到愤懑,政府把国家带入了一场毫无准备的战斗,除了言词漂亮的煽情演说,既无物质后盾,也没有制订好计划。

　　他的这种愤怒中也掺有羞愧感,看到赤手空拳的人民和几乎手无寸铁的警察投入反对英国人的战斗,像绵羊似的白白地引颈遭受英国人的任意宰割；而以战斗厮杀为职业的武装部队，理应反对侵略军，保卫赤手空拳和几乎手无寸铁的人，却静静地躲在一边，去参加检阅，向它的最高司令献忠心，接受圣宠，享用美味豪宴。

除以上种种感受之外，是令人疲惫的困惑和一个没有答案的问题：这一切的最后结果是什么？这问题将怎么解决？军队落入了要民族来保卫的窘境，怎样才能摆脱？

军队去投入战斗吗？如果参战，它能抵抗占领军多长时间？几天，几小时，还是几分钟？它失败的后果会是什么？祖国的心脏再被占领？

让军官、军事人员和各兵种作为志愿者敢死队队员去投入战斗吗？这骗得了占领当局吗？再说，保卫祖国的任务既然要由非正规军承担，那么，军队往后怎么办？解散还是取消？

在这样的感情漩涡中，汽车从阿比丁警察分局和罗亚尔电影院中间夺路前进……阿里听到的口号声让他在座位上全身一震。

那不是反对英国人的口号，也不是反对国王和内阁的口号，而是反对军队的喊声。

阿里觉得这仿佛是对他一连串思考的强烈回答。

汽车继续在川流不息的人群中觅道行驶，周围的口号声震天价响：

"赴宴的军队，开到运河去！""喝酒赌博的军队，开到运河去！"

阿里感到血管里热血沸腾，就像突然挨了一记耳光，他在座位上一抖擞，想给予回击。他对这些侮辱和诬陷军队的愚蠢人群感到极其憎恶。

阿里热爱军队，他从血液里都对军队怀有坚定不移的强烈信念。因为他热爱军队，他非常憎恨这些狂呼乱叫代表人民的群众。他更痛恨的是使军队陷于这种束手无策境地的政府，政府使军队无能为力，失职，无法抗辩，摆脱不了孤立。阿里也痛恨国王，他沉溺于嬉戏胡闹，愚蠢，拉拢军队充当他的盾牌，借以抵挡人民的愤怒和仇恨，他把愤怒和仇恨引向军队,把军队当作杀戮人民的剑,而不是成为保护人民的堡垒。

因为他热爱军队,他痛恨自己和其他的军官——他们是全民族最有力量的人——竟不得不充当俯首帖耳的头头们手里的驯服工具,耷拉着脑袋被他们带去拜谒高高在上的御座,像一条忠诚的狗擦拭它的门槛,朝着它的敌人狺狺狂吠。

因为他热爱军队,他仇视造成这一切的祸根英国人,他们坚持留下来,得不到想要的好处,也拖延着不撤走,这只是为了维护他们旧日享有的威势,从而给他们招来了愤怒和仇恨。

怀着这样的满腔怨恨和受侮辱的心情,阿里走下车,朝典礼厅大门走去,军官们聚集在门口的平台上。群众的口号声仍在他的耳际震响。群众麇集在广场中央,被一长排守卫士兵拦住,不让他们走近。

阿里碰到了苏莱曼,他正独自站在一个角落里,板着脸,不知在想什么。阿里一面跟他打招呼,一面看着军官们簇拥在来宾签到处问道:

"我必须要去签到吗?"

"不用。总参谋长已经把咱们全体的名字都写上了。"

一阵不安的沉默笼罩着两人。阿里的脑海从考虑大事:人民、军队、国王、英国人和国内即将发生的事件,转到了私事:自己、克里梅和他俩即将永远结合在一起……他望着苏莱曼绷紧的面孔,想起他对自己的警告,不禁暗暗担心:如果自己真敢犯傻或犯错,苏莱曼就决心跟他绝交……阿里的脑子里接连浮出警告过他的其他脸庞:父亲、母亲、弟弟、巴希娅……最后是那可爱的遥远的倩影……她呻吟着责备他,同情而悲痛地对他悄声耳语。

苏莱曼打断了他的思绪,低声问道:

"你看到国内发生的事态了吗?"

阿里难受而烦恼地答道:

"嗯,我看到了高喊着反对军队口号的群众游行。"

"你看到的只是这些吗?全国都处在剧烈动荡的状态中。连队士兵们已出来要求军队为他们在运河牺牲的战友报仇。他们去了大学,跟学生们一起组成汹涌澎湃的洪流……一位大臣对他们发表了演说,更是火上加油。这像是一场革命,警察持观望态度,从旁鼓励。"

阿里脸上露出诧异的神情,不相信地说道:

"你说的可真是奇怪……我只看到和平的游行,刺激我的是他们高喊反对军队的口号。"

"仅仅只是口号?他们已经袭击了一位少将的汽车,几乎把它砸烂了。"

"这可是一个严重问题。军队应当维护自己的威严,因为它是国家安全的保障,是唯一能够维护治安的工具。"

"它怎么控制治安?在这种时候能派军队去反对人民吗?军队最应当做的是去对付英国人……咱们的位置应当在运河上。"

"军队怎么去打英国人?打一场正规战,还是游击战?战争对全国会产生什么后果?这是一个复杂的问题,光派军队去运河解决不了问题。现在已经发生的一切和将来有可能发生的,都会是丝毫不做准备、率性投入战斗的结果。"

"是的,这确实是一个复杂问题。咱们正面临着有可能毁灭国家的严重事件。尽管如此,咱们还是应当从中发挥积极作用。这作用不是献忠心,不是去享用美味佳肴。当民心沸腾,全国遭灾罹难的时候,军队却只顾坐在皇家宴席上吃喝,这绝对不合情理。"

"是啊,这差异太离奇了……伊斯梅利亚事件一广播,宴会就该取消,咱们至少应与全国一道表示哀悼。"

集聚在底楼典礼厅门口的军官们开始一批批地向楼上走去。

两人加入到军官们中间，停止了讨论。阿里一面随着移动的行列慢慢地向前走，一面观看富丽堂皇的建筑和雕塑。他沿着右边登上豪华的大理石楼梯。已经生锈的金属栏杆，雕刻着花纹，像是一件出色的古董。对着大理石阶梯的宽阔墙面上，挂着三面大镜子，从这里，楼梯分成左右两条。

阿里在队伍里继续缓慢地走着，直到楼上的客厅，接着右转，穿过一个宽敞的玻璃花房。花房中间和旁侧排放着各种盆栽的绿荫树木，高踞在正中的是柏木。

阿里一面走，一面快速地浏览墙上的雕刻和各种优美的油画，觉得自己像是被目光悬挂在墙上和天花板上……他终于来到了宏大的宴会厅，挨着苏莱曼坐在他旁边的椅子上。

餐桌沿着大厅的长度接连成排放着。阿里朝着俯临花园的阳台，正面是用雕刻装饰的彩色玻璃窗。他惊奇地望着巨大的枝型吊灯，忙着默读镶嵌在墙壁最高处靠近天花板的格言和《古兰经》经文。他的目光被正对面一条格言吸引住了："正义之王，受主的佑助，受主的庇护。"他问自己：这条格言在多大程度上适用于这座宫殿的主人？

这条格言和其他精雕细刻装潢华美的格言书法文字极尽奢华和显赫，使这条格言显得像是对宫殿主人的讽刺。

写这条格言不是为了引为箴诫，而只是一种装饰，它跟其他的装潢饰物加在一起使宫殿更加富丽堂皇。事实上，它恰恰证明是违背了这条格言的内容，断定宫殿的主人不是正义之王，不会受主的佑助和庇护。

这样触目惊心的过分奢华和显赫，对一个人民生活富裕或至少足以温饱的国王而言，还说得过去。而当百分之七十五的埃及人民食不果腹、衣不蔽体的时候，国王却如此穷奢极侈，真是太荒唐了，这只能证明国王连一丁点儿的正义甚至理性都没有。

人民的各阶层存在差距……国王尊贵显赫,百姓甘居底层,民众中不乏贫困潦倒、忍饥挨饿的景象。这一切都是无可置辩的事实。但不合情理的是,国王这种过度的奢侈显摆与人民每况愈下的生活水平,竟不相称到了如此地步……这就是间隔在个人或居于山顶的少数人与在山脚下苦苦挣扎的绝大多数人之间的鸿沟,深邃而且丑恶。

想到鸿沟、山顶和山脚,又使他回忆起旧日隔在山顶小公主与山脚花匠儿子间的鸿沟,想起花匠儿子为跨越鸿沟做出的努力,他怎样成为一个坐在皇家宴席上的高级军官。尽管如此,鸿沟却没有变窄,公主依然高踞峰顶,他还是蜷缩在山脚下。

他从鼻子里发出一声低微的苦笑,这个世道充满了讽刺。他仍然爱她,也不知道是因为什么。也许只是因为他得不到她,或者是由于她事实上已同他融成一体?岁月如流水一般从他指缝间流失,他无法掬起它稍解干渴,只好听命另择一位女性,出于对她的怜悯和同情,报答她对自己的爱。

然而,难道他的心灵真已低贱到了这种地步,他竟把它当作一件礼物和奖品?

如果他认为与她同体连枝,传统势力却让她远离,在他面前设置重重堤坝和障碍,那他还能做什么?如果她的家长阻拦她、禁止她,那他还能怎么样?

可是,这就是他随俗浮沉,把心灵当作报答爱情和恩惠的奖品的原因?

精神联系能超越传统和障碍,永恒爱情应至死不渝,甚至死后也永存!他为什么不想一想自己的山盟海誓,哪怕只是面对自己的内心?

她虽然离开他断绝了往来,却还没有成亲,而自己倒要结婚了!

可是,妨碍她结婚的是什么?不可能是她的山盟海誓,她既唾弃了他，也不可能因为他而拒绝他人求婚。

然而，自己傻想这些干吗？

自己在哪儿？她又在哪儿？

这种时候，脑子里为什么还做这样的痴心妄想？是想为逃避即将进行的冒险行动找借口，为自己的胆怯和躲避寻理由？

不，不，应该更勇敢些，应该兑现对克里梅的诺言，不必理会他人！父亲的亡灵、母亲、弟弟、苏莱曼，都不用管，包括那个老缠着他，围着他转悠，在他脑子里点燃回忆和思念火焰的倩影。

一阵叽叽喳喳声打断了阿里的思索，他知道是国王"驾临"了。这让他收回了目光。他原来一直凝视着格言，脑子里被引出一连串思考，从"正义之王"开始，直到受委屈的克里梅……

嘈杂声过后，国王入座餐桌，又是一片匙叉盘碟声响。阿里入席时只对面前的盘碟随便看了一眼，这会儿才细细打量。他把考究的餐巾放在膝上，接着朝盛在精致花纹盘子里的色拉伸过匙去，满满舀了一勺放在自己盘里，又拿了几个菜馅丸子和两片火鸡肉，专心咀嚼起来。

大约过了一刻钟，大家都全神贯注地在用这顿丰盛的宴席……而后一只只手开始伸向水果甜点盘和水果盘。他们将座位稍往后移，把手松弛地放在桌子上。伴随着香烟的烟雾，叽叽喳喳的声音又起来了，不讲话的人自顾自剔牙。然后，身穿装饰服装的仆役端着咖啡分送到每一桌。

坐在大厅远处角落里的阿里察觉到一种不寻常的骚动。不一会儿，军官们开始站了起来，低声互传着命令：不许作声，停止议论。阿里随同其他军官一起站起身，转脸向发出动静处望去，看到了国王和簇拥着他的高级军官们。国王大脸盘，光头，戴着眼镜，卡其军服紧裹着他肥胖的身躯。阿里情不自禁地把这个肥硕的身躯同自己记忆中在加冕典礼时骑在马上的矫健身体、国王现在的品性同他那时的品性、他当时享有的民众爱戴同现在人民对他的愤怒和仇视,放在自己心中进行比较。

国王发表了讲话,他的话中颇有一点向军官们讨好、套近乎的味道。他说,军官们是保卫他的盾牌,是他的忠实庇护者,因此,他非常欢迎他们。他告诉他们,因为发生了令人遗憾的事件,他本想取消这次宴会,但出于对他们的尊重,他没有取消。他劝告他们要遵守纪律……还提到了他祖上与军队的悠久关系。

一位高级军官像是被国王的求助打动了心弦,激动起来,仿佛是为回应国王的要求,让国王达到目的,他慷慨激昂地喊道:"军队是国王之剑!"

这喊声没有引起共鸣,也没有人响应,显得孤单和令人窒息。阿里觉得那声调很刺耳。苏莱曼牙齿咬得格格响,他压抑着愤怒,低声对阿里说道:

"是说这话的时候吗?"

阿里恼火地答道:

"咱们要这样站到什么时候?"

他看看表,已经三点差一刻了。他得在三点钟与克里梅碰头,一起去观看一部她新近主演以结束她演艺生涯的影片首映,然后回家,去举行结婚仪式。

国王终于离开宴会厅,回到他的边厅。军官们纷纷向楼下拥去,各自离开。人群拥挤,阿里和苏莱曼被挤散了。阿里有一会儿不见苏莱曼的踪影,便站在楼下大厅等,直到苏莱曼夹在成群的军官中间出来,脸色很难看。

苏莱曼急切地问道:

"你的车在外面等你吗?"

"是的。"

"那咱们一起走吧,你送我去营房。"

"可是,我不去营房。"

"怎么,现在刚下命令要咱们全体都回兵营,已经宣布了紧急状态。"

阿里脸上露出困惑不安的神情,烦躁、犹豫地说道:

"可是我有一个重要约会,非去不可。"

"这种时候还约会?"

阿里沉吟片刻,接着有点不好意思地说道:

"跟克里梅约好了,去雷迪欧电影院。"

苏莱曼惊讶地扬起眉毛,嘲笑道:

"雷迪欧电影院?雷迪欧电影院已经烧掉了。所有的电影院都烧掉了,开罗正在烈火中燃烧!"

"不可能!"

"怎么不可能!这是我来这里的路上就已经猜到了。现在宫廷已经收到火灾消息。咱们走吧。"

阿里一脸惊慌,答道:

"那咱们必须去电影院转一下,我得见一见克里梅,向她道歉。"

"见她,向她道歉?你以为她还会在那里等你?你认为她会疯到丢下家,挤进游行队伍,到大火中的电影院去等你?再说,你怎么过去?市中心所有的道路都已封闭。你胆敢乘着军车在游行队伍中间开?已经下达了命令,只有配备武装士兵的车才能通行……咱们得从法鲁克街回去,因为整条易卜拉欣街都在燃烧!"

两人乘上汽车。阿里还不相信苏莱曼的话,心里仍想去看一看克里梅,免得她在电影院门前等他。然而,车子一离开阿比丁宫,便是一片大火和破坏后的景象。司机不得不折向大哈桑街,取道哈勒克门路去法鲁克街,再到阿拔西亚区,最后到达兵营。

阿里看到,指示已发到团里,要求做好准备,命令一到立即行动。他即去自己的营部，召集军官，一起严令全营，让装甲车和士兵们做好准备。他还试演了一次集合和准备出发。

他在对自己营的准备工作放下心后，便去办公室打电话给克里梅，想让自己对她放心，并向她致歉，等到局势平稳，紧急状态解除之后，再跟她另约时间。

他拨号，铃声连续响了多次，却没有人接。他又拨第二次、第三次，都没有人接。

他一阵焦虑，担心她因街上的暴徒遭遇不测，更急于要使自己放心她的情况。

他试着给电影制片厂打电话，也没找到她，心想她是在她的女友布赛娜处吃午饭，因为她来来去去总让布赛娜陪着，也常在布赛娜处吃午饭。

布赛娜回答他说，克里梅的确在她那儿吃的午饭，两点钟时离开，说回去换换衣服就到电影院去跟他会面。阿里要求布赛娜想法找到她，并转告她由于宣布了紧急状态，他不得不返回兵营，她可以打电话到骑兵部队来，在行动命令下达前他将一直待在那儿。

他离开办公室，朝苏莱曼的兵营走去，虽然为克里梅担心，但心里却暗暗地感到轻松，仿佛他那只行将把他推入深渊的手暂时放松了一下，已经踩到悬崖边缘的脚这会儿稍稍离远了一些。

他想把所有的事情向苏莱曼和盘托出，承认自己决心同克里梅结婚，他的坦承也许会减轻一些自己的思想负担，或者可能获得苏莱曼的赞成，使自己的事变得简单些。即便他什么都得不到，也可能从苏莱曼的狂怒中找到回应和遏制他的办法。

他还未走到苏莱曼的办公室，就见他满面怒容地走出来，一见面便嚷道：

"这是胡闹！他们将把国家搞得一塌糊涂！"

"出什么事啦?"

"全市都在燃烧!暴徒们在为所欲为!我弟弟从家里打电话来告诉我,他刚从市中心回去,那里谁也保障不了自己的生命、家人和财产的安全。要求与侵略者作斗争的游行队伍变成了纵火破坏的团伙!"

"破坏娱乐场所了吗?"

"何止!他们什么都破坏,开始是捣毁娱乐场所和外国人的商店,后来形成一股愚蠢疯狂的风暴。流氓地痞冲出来大肆破坏,抢劫偷盗。"

"警察在哪儿?"

"一半去参加游行,另一半面对着暴徒的骚乱束手无策。"

"政府呢?官员呢?他们在哪儿?他们为什么不让咱们出动?他们在等什么?"

"他们在等待马耳他的废墟。我都快要疯了!我甚至想,上面不下命令我也得把我的营带出去。我担心,既然我们无能为力,再等下去,英国人就会占领开罗,以维护他们自身的安全。"

阿里还未回答,团参谋长已快步走来,急匆匆地说道:

"已经下达命令,命你俩立即率领各自的营出发,驻守在艾兹拜基耶公园,听从保安部队司令调遣。"

快到五点钟的时候,武装部队已开向市内各街道,去掌控落在暴民手中的国家主导权。

五十六　忏悔的女罪人

人是善与恶、高尚与低贱成分的合成物，人所经历的事件促使这些相互矛盾的成分得以显露，使其中的一种压倒了另一种，最清楚最明显地展示出来。民众是人的集合体，他们在所经历的事件和环境的风浪中，不是显示出他们最美好的一面，便是暴露出他们最卑劣的另一面。

历史无疑曾为埃及人民记载下了推动他们展示出最高尚和最美好的一面，使他们跃上光荣和人道主义高峰的事件。

同样毫无疑问的是，历史也将记载下开罗大火这个事件。它使埃及人民坠入罪恶和破坏的深渊，暴露出恶劣和有害的一面。

阿里坐在装甲车里，驶入令人窒息、行将毁灭的市中心，只见在红色火焰和浓重黑烟的景象映衬下，它仿佛已奄奄一息……商店被撬开大门，里面凌乱不堪，求救的呼喊与受伤者的呻吟混杂在一起，人们在路上惊惶地乱窜。

破坏和抢劫的领头队伍已进入郊区，无能的或假装无能的警察部队在他们面前畏首畏尾，使他们通行无阻。暴徒们心里翻滚的仇恨情绪达到极点，他们阻拦消防队员进入着火的房屋，禁止他们伸手援救正被火焰吞噬着的凄惨生命。

武装部队控制治安并不困难。他们一开出兵营,隆隆的坦克进入街道,头戴钢盔、脸色铁板的士兵们和直接瞄准的武器一出现,就足以遏制破坏骚乱的势头,迫使暴徒四散逃窜。

阿里经过车站广场,看到红色的火舌直冲天际,广场上的人群惊慌地分散奔逃,到处是被砸烂在燃烧的汽车。

装甲车沿易卜拉欣街往下开,只见舒卜拉德饭店成了一堆火焰和浓烟,从中传出噼噼啪啪的爆裂声,与求救声和号哭声响成一片。

阿里的车开过福阿德街,进入一批为装甲车让开路的人群,他们在向军队鼓掌欢呼。

阿里对鼓掌和欢呼感到惊讶,他想起几个小时前,在去王宫的路上还受到侮辱。他体会到,只有武力才是最具有说服力和最值得钦佩的手段。

他环顾四周,对商店遭受的破坏和暴徒纵火劫掠的暴行感到惊异。他觉得这发生的一切在百姓心中,肯定有着比突然激愤或一时冲动更深刻的原因。

他又一次情不自禁地想起了这个国家存在于两个阶层之间的狰狞鸿沟:脑满肠肥的极少数人高踞顶峰,一无所有的绝大多数人在山脚下挣扎。

这道鸿沟是不合情理的,这个国家的情况要保持这种局面也不正常。若不是一直费尽心力、持续施压以支持少数人留在峰顶,不让他们跌落下去,或是强压绝大多数人留在山底,禁止他们攀登上来,这鸿沟就不可能继续存在。

这鸿沟的存在和匍匐在山脚下绝大多数人的安于现状,是靠暴力维持的,一旦这种暴力被削弱,大多数人感觉到有了发泄愤怒和痛苦的缺口,他们就会尽可能地吞噬盘踞在峰顶的少数人。

阿里感到,他作为军队的一员,正是这种暴力结构中的一分子,这暴力强迫大多数人安于现状,竭力维护横亘在山顶少数人与山脚大多数人之间的可怕鸿沟持续存在。

阿里心中毫不怀疑,自己的职责是维护这个国家实体,给予人们安全、平静和安宁。但他问自己,难道不能通过另外的途径,比这种凶狠的威吓方式更有利也更深入的途径,来实现平静和安宁吗?军队难道不可以成为铲除病根的工具,而不是充当强加疾病、逼人甘心安于病态的手段?军队的实力难道不可以从用来维护鸿沟转为缩小或消弭鸿沟吗?

他想起了苏莱曼,记起苏莱曼关于军队应作为改变错误现状的积极有效力量的信念,军队作为民族最强大因素必须积极有效地为这个国家做出贡献的想法。阿里第一次感到,他与苏莱曼的一些想法有同感,他应该支持苏莱曼的一些原则。

阿里巡查城市废墟的任务结束了:百姓已经散去,街上只有头戴钢盔手持枪支的巡逻士兵,变得空空荡荡。全市就像受到了一支蒙古人和鞑靼人组成的军队侵袭,里面的一切均遭毁坏,他们在纵火把全城烧得精光后业已离去。

不到八点钟,阿里回到艾兹拜基耶公园的指挥所。刚一下车,就有一位军官朝他走来,告诉他骑兵部队的电话员易卜拉欣从兵营打电话来说,有一位女士急着找他。易卜拉欣告诉她自己不知道他的指挥地点时,她要求易卜拉欣一见到他,就要他尽快按这个号码打电话给她。

阿里接过写着电话号码的纸条,毫不怀疑这是克里梅打来的电话,此前,布赛娜准跟她联系上了,把他的话告诉了她。可是,他一看号码就感到诧异。

他满腹狐疑,立即走向电话亭,刚拨完号码,还没开口询问,对方就迅速说道:

"这里是慈善协会医院。"

阿里全身一阵颤抖,迟疑了一会,终于敛住急促的呼吸说道:

"请接12号房间。"

"好的,先生。"

不一会儿,他听见布赛娜的回答声:

"喂……"

"布赛娜,我是阿里。出什么事啦?"

布赛娜哽咽着答道:

"克里梅在这里,她要见你。"

阿里顿觉头晕眼花,惊骇地问道:

"她怎么啦?"

"她被烧伤了……"

布赛娜话未说完就抽泣起来,她很快控制住了自己,继续说道:

"我求你快来,她一醒过来就要见你。"

阿里撂下听筒,一面不由自主地奔向一辆别克牌汽车,一面朝交给他纸条的军官喊道:

"如果长官问起我,就说我过一个小时回来。"

"要是他问你去哪儿了呢?"

"是为一件私事。"

"我就这样跟他说吗?"

"告诉他我的一个亲戚受伤了,我到慈善协会医院去看她。"

汽车快速穿过黑暗、空旷的街道,一路上不时被士兵们的吆喝声挡住,他们用枪对着汽车,喝问:"站住!什么人?"他们看清里面坐的是位军官,便立即让开了道。

阿里到达医院,根本无力细想,三脚两步便冲上楼梯,来到12号房门前,略一迟疑,缓了缓呼吸,随即慢慢地推开门。

门缝逐渐变大,只见克里梅躺在床上,脸上、身上都裹着白色的绷带,只露出紧闭的眼睑和嘴唇。

布赛娜一面啜泣,一面踮着脚尖迎上前。

阿里急切地问道:

"怎么回事?"

"她吃完午饭离开我,到电影院去见你。我也不知道出了什么事,在你打电话给我后,摄影师扎基·马哈茂德打来电话告诉我,游行队伍袭击和放火烧电影院的时候,她正在电影院经理办公室里……救护车已把她送入卡斯尔埃尼医院。我赶紧去看她,把她带到这里来了。"

阿里惶恐不安地望着那白布裹着的身体,低声问布赛娜道:

"伤势怎么样?"

"正如你所看到的,她全身都被烧伤了,苏莱曼大夫尽了最大的努力……愿主保住她呀。"

克里梅的眼皮颤抖着,缓慢而沉重地睁了开来,半晌,木然地直视着前方。阿里静悄悄地走近她,望着她那双出神的眼睛,不禁悲从中来……他温柔地轻轻喊道:

"克里梅!"

这声呼喊仿佛唤醒了她的生气和灵魂,她的眼皮颤抖着,眼球在眼眶里转动,又露出往常注视他时的希望和祈求的目光,她嘴唇微启,低声说道:

"阿里!"

她沉默片刻后,又断断续续地低声说道:

"我怕你来不了……怕在我去之前,见不到你。"

"别说这些,你的情况挺好。"

"我不行了……这一切,我是应得的……你给予我的,我本来应当知足……对你的陪伴,我应当感谢真主……可是,我太贪心了……想完全占有你,向往着我无权得到的东西……想成为你的妻子……我老缠着你,把你推向我的愿望。"

"你没有推着我做什么,是我向你提议结婚的。"

"不,是我推动你求婚的……我渴望结婚……想结婚……你向我求婚,只是为了满足我的愿望,报答我的恩情……你是个敏感而温和的人……你不喜欢使人失望或拒绝别人的要求……我侵犯了你的权利。"

"你从没有侵犯过什么……现在不是说这些话扰乱你心境的时候。你应该安静,应该休息。"

"不,我应当说……说出来我才能安心……我侵犯了你的许多权利……我犯错的全部理由就是我爱你……从我第一次见到你,你还是学生时……我就发疯似地爱你……可是,爱情不能作为侵犯我们所爱人权利的借口……我们的爱情,不能用来开脱为获得它而犯下的过错,我们没有权利只是因为爱什么,就坚持一定要得到它……我本来应当忍受被拒绝……就像你过去曾忍受过的那样……你恋爱过,可是,你把自己的心灵训练得能够忍受和接受别人的拒绝……我呢,却坚持要占有你,环境也帮了我的忙,把你寄予希望的信丢给了我……我把它烧掉了。"

"信,什么信?"

"她给你的信……她在信里给了你进一步的希望……我把它烧掉了……切断了你希望的线索,打消了你的期望……你到我这里来寻求安慰……我决心占有你。真主好像正是因为这样的行为而惩罚我……他不让我得到你,正像我过去不让你得到她;真主烧伤我,一如我过去烧毁那信一样。"

"是你烧掉了信?你是怎么把它烧掉的呢?"

"我不是故意要烧信,而是让它自己烧掉了……我本来能把它抢救出来,但盘踞在我内心对你的爱像魔鬼一样使我的手疲软无力……没有伸过去救信,它终于被烧尽了……我不愿意你看到信中火热的词句,便让它烧成了灰。"

"可是,你怎么会拿到信?侯赛因告诉我说她没有写回信啊。"

"不,她写了一封人间最热情、最真挚的回信,她给你的回信燃起了我胸中的妒火,使我心神不宁……我是在你弟弟的衣袋里掏烟盒时带出那信的……他当时在我那里过夜,本想第二天早晨去你那里把信交给你。我们都喝醉了。我打开信时,并不知道里面是什么内容……一读完信,我便充满了痛苦和失望,把它扔一旁……过了一会,我看见烟头上的火烧着了信笺,眼看着火舌舔没了信上的一行又一行文字,吞噬掉信上的词句,我没有伸手把信抢救出来……而是从火势中感到快慰,仿佛它把信烧成灰的同时,也烧毁了把我拖向失望深渊的沉重锁链,我当时就像是割断了把你从我身边远远拉开的绳索。我没有猜错,也没有等很久……有天晚上,你沉浸在失望之中,到我这里来了。我拥抱你的时候,感到我的灵魂回来了。我决心珍惜它,永不让它从我这里溜走……我对你的思念,对你的爱情,比一切都强烈……它压倒了我的罪过感……为了保住你,我准备牺牲我已拥有的一切。我以为我为你提供的快乐能够补偿你失去的幸福,我能够吸引你,驱散你的失望……可是,我越是要拉住你,就发现你离得越远……我现在感到,尽管你曾在我的怀里度过许多长夜,我却从不曾拥有过你……感到被拒绝的滋味要比虚假占有的不幸强……我在听任信被烧掉时是很自私的……在促使你向我求婚时就更加自私了。我觉得自己受到了惩罚。从这次惩罚中,我感受到了想清楚后的安宁。我对你的全部希望是你能宽恕我,我在离开你的时候,你别怀着愤怒的感情送别我,仅凭一个理由原谅我的一切行为吧,那就是我爱你……我不怀疑,爱情是最轻微的犯错原因,也是最能求得宽恕的理由。"

克里梅默然了。她讲话的语调断断续续,声音疲弱不堪,一直用期望、乞求和忏悔的目光望着阿里。

阿里惊讶而悯然地听着她的每一句话,内心各种情感翻腾起伏,像是在狂风暴雨中挣扎,几乎辨不清感情,也理不清思路。

埋葬在他心底的少女发出复生的颤抖,抖落身上的尘土,推倒成堆的废墟残垣……远方受冤枉、被逐走的倩影走近来温婉地责备他,怜悯地诉说着委屈。

遥望漫长岁月的离弃、分别和隔绝所造成的广阔空间,阿里心中充满了痛苦。

他像是独自行走在一块荒凉的沙漠里,迷了路,越走越远,甚至已不再有生还之路。他环顾四周,面前只有一个白布裹着的躯体,躺在寂寞的旷野里求救。

他望着那双期望、乞求的眼睛,对它没有丝毫的怨或恨,而是感到非常的同情和怜悯。这双眼睛的主人说得对,爱情是最轻微的犯错原因,也是最能求得宽恕的理由。如果说她是因为爱他而犯有过错,那么,他的过错就更严重,因为他没有爱过她……爱人的人总要比不爱人的人好。

无论如何,她即便犯有过错,那她也已经承认了……她要求的是几滴原谅和宽恕的净水……在与她诀别之时,他难道会不舍得给她吗?

她把自己的一生都用于对他的爱,他会用怨恨来送别她吗?

他靠近她,紧挨着床边,却讲不出话。他不知该怎样向她表达自己对她的宽恕和原谅。他沉默着,她则用祈求和忏悔的目光望着他。

他慢慢地向她俯下身去,直到嘴唇碰到她的嘴唇,悄声说道:

"你放心,我的心里对你只怀有最美好的感情和回忆。"

他抬起脸,看见两颗晶莹的泪珠滴落在白色的绷带上,像是表达出了最真挚的感激。

他站在床边,说道:

"鼓起勇气来,就像我经常看到的你那样,做一个坚强的人……我不得不回艾兹拜基耶的指挥所去了,明天一早我再来看你……全市已经成为一片废墟……在这样剧烈的骚乱时,你本不该冒险外出。"

布赛娜离开了他们一会之后这时已经回来。她接口道:

"当时我曾劝她不要进城,因为已经听到了关于游行的消息。可她坚决不肯失约,不愿让你空等。"

阿里答道:

"这些都是命中注定的……愿主保佑她,愿她得到主的关怀。"

"愿主允许,她会痊愈的……真主不会忘记她,因为她一生中从未伤害过任何人,她做的都是善事。"

阿里望着克里梅,温柔地说道:

"晚安,克里梅……鼓起勇气来……蒙主护佑,一切都会过去的,你会痊愈的。"

布赛娜一面举起手朝天,一面重复他的话道:

"主啊,让她痊愈吧……主啊,怜悯她吧。"

阿里离开病房,克里梅默默地目送着他,目光显得非常满足和安详。

阿里走出医院,驾车穿过街道。静悄悄的街上只有士兵们的喝问声和燃烧建筑物传出的噼噼啪啪声,它们像是内膛大火熊熊的灼热火炉,火舌还在飞舞,空气中充满令人窒息的煳味。

阿里满怀悲苦,真想大哭一场。他的生命,像一块被烧焦的废墟,表面漆黑一片,内部却火红灼热,正在吞噬剩下的残存物……他开始回想克里梅说到的英琪那封被烧掉的信,心里更加难过和悲伤。

他在自己的思想里,曾严厉地否认她、冤枉她,把她的倩影逐出自己的脑海,像抵抗致命疾病似地抵制对她的回忆。

现在，在经历了如此漫长的远离和音信隔绝岁月之后，他感到在荒凉的沙漠和沉沉的黑夜里又出现了一线希望之光。但这有用吗？这样想有意义吗？岁月已经帮助他淡忘，他为什么还要重新揭开伤疤再流血呢？

他终于回到指挥所，在一个帐篷里躺在自己床上。他闭上双眼，脑海里浮起各种集聚在一起的图像……英琪在大声责备他；克里梅裹着白色的绷带，用祈求、忏悔的目光望着他；夹杂着这两个形象的，还有愤怒的人群、烧焦的房子和呼救的号叫。

拂晓前，他才稍稍睡了一会……突然，他被帐篷门口的喊叫声惊醒了：

"少校先生，少校先生！"

他挣脱睡意，急问道：

"谁？"

"我是马哈茂德，接线员。"

"什么事，马哈茂德？"

"您有个电话。"

"谁打来的？"

"一位女士，她坚持要我叫醒您。"

阿里感到有一只残酷的手在揪他的心，他一阵恶心……担心电话带来的消息。

他赶紧穿上长裤和上衣来到电话机旁，拿起听筒，只听见布赛娜哽咽的声音：

"克里梅……她去世了，阿里。"

五十七　围墙后面

开罗大火经过几个转折结束了。开始是斗争从运河区转到开罗……接着是伴随着熊熊大火的大肆抢劫,从市中心商店里的货物到布拉克区、古拉利区和及其周围的百姓家中……而后是埃及军队驾着坦克,带着武器和铁蒺藜,从阿勒马扎、库巴桥兵营开进开罗街道,开罗从文明京城变成火灾后的遗址和浩劫后的废墟……最后是华夫脱党从执政宝座上转落到路边街头。

华夫脱党在遭受猛踢、被摔出执政座位之前,没有忘记伸出猫爪似的手,拣起戒严法大棒,把它作为一份厚礼,送给自己的后任们。

华夫脱党人捋袖子、举大棒,不是去打自己的对手,而是拱手交棒,让对手们抢打自己的脑袋。

宫廷把戒严法大棒交给了阿里·马希尔,并附上有华夫脱党颁布时陈述的雄辩理由。但阿里·马希尔却把大棒夹在腋下,把解散华夫脱党众议院的法令放入口袋,来到华夫脱党的国会,走来走去,拍拍这个的背,搂搂那个的肩,为了赢得国会的信任,傻乎乎地宣称他将继续奉行他伟大前任的政策。

阿里·马希尔没有向人们解释,他将奉行他伟大前任的哪些政策:是巧取豪夺、棉花投机倒把的经济政策,是腐败、贿赂、裙带关系和开后门的管理政策,还是随心所欲、插科打诨、惶恐无能、误导和虚张声势的外交政策?

阿里·马希尔自己没有说清楚,如果要奉行伟大前任的政策,那他干吗不把他们留下来,让他们亲自执行……近水楼台先得月嘛!

他什么也没解释清楚,但有一点他后来是弄明白了,那就是他执行伟大前任的政策,也像他伟大前任同样的方式,挨了被踢出执政地位的一脚。

宫廷在解决危机、平息民愤方面的政策,几十年来没有变化,那就是寻找替罪羊的政策。第一次,当宫廷觉察军官们的愤懑已露端倪的时候,先是拿易卜拉欣·阿塔拉作牺牲,以堵住军队的嘴。接着,宫廷觉察到民众特别是穆斯林兄弟会群情激昂,便又抛出易卜拉欣·阿卜德·哈迪去堵他们的嘴。

这一次,宫廷发现只有牺牲华夫脱党借以平息众怒,最为合适。毫无疑问,华夫脱党的确是造成政治腐败、贿赂公行和民心涣散丑恶状况的根源,清洗执政机器是人民最迫切的愿望和当务之急。

宫廷就这样一把推开了华夫脱党,把它抛入清洗运动,以消解那些不参与贪污不同流合污的清廉者们的火气。

希拉利捋起衣袖,开始忠实地开展清洗运动……他面对历史画了一个大问号,把自己放在没有答案的问题文字里面。

希拉利真的认为自己能够开展这场清洗运动吗?他的权力本身可来自腐败和罪恶的渊薮。

在国王及其扈从的继续控制下,希拉利真的认为他可以肃清政权中的种种堕落和腐败吗?

他一面列举华夫脱党的劣迹,一面倒真的相信国王的功德?

他是在欺骗人民，欺骗国王，还是欺骗自己？

他是个大滑头，还是个大傻瓜？

他是认为有清除总比不清除强，有点腐败总比全面腐败好吗？他是认为他可以用软招数和计谋来遏制宫廷的腐败，还是由于国王对他的影响和他对国王权威的屈从，他可以对王室腐败不置臧否，不列入清除的范围？

无论他怎么认为，他在位时期，像是一手攀附着腐败，另一手又打击腐败；或者像一个坐在枝丫顶端砍枝丫的人，他砍得越凶，自己的位置就越动摇，最后枝丫砍断了，他也一起掉落下来。

过了几个月，扈从们对他烦透了，腐败政权也无法容忍他了，他就跌落下来。对他来说，垮台很出乎意料，但从逻辑上看却并不突然，因为腐败政权不可能眷恋一个一味反腐败的人，坐在枝丫一端砍枝丫的人也不可能一直悬在空中不掉下来。

据说，一位实业家为了打倒希拉利，让自己的一个职员取而代之，曾花了一百万埃镑贿赂国王及其扈从。

通过扈从们的牵线搭桥，侯赛因·西里担任了首相。为了避免扈从们日后的掣肘，他把其中一个吸收入内阁，这就像谚语所说"以病治病"。

官员们不务正业，政权威望丧失殆尽。人民和各级政府的命运成了国王从睡觉起来到坐上赌桌之前感觉尚还清醒的短暂时间内随意摆弄的玩偶。

当国王还清醒，能通过负责大臣和正式官员去操纵国家大事的时候，人们对他的专制尚可容忍。但到了国家、人民、大臣和官员们都不被国王放在眼里，他对所有人都独断专横的时候，他只跟少数人如司寝的仆役、赌桌上的牌友、情妇的丈夫、老鸨、司机或电工之流厮混在一起，沉浸在骄奢淫逸、声色犬马中时，就无人能容忍了……国家沦落到了腐败和罪恶的谷底，所有的理想或德行在加速崩溃。

虽然军队的头头脑脑都受到国王的控制，但军队仍不能幸免国王不负责任的插手干预。他的一个爪牙侯赛因·西里·阿密尔被安插进了军队，但遭到军官们的深恶痛绝……国王似乎很喜欢遭人恨、讨人嫌……他却更加亲近侯赛因·西里·阿密尔，借以与军官们作对。

军官们的抱团加剧了对抗。第一次对抗景象始于军官俱乐部理事委员会选举。当时，自由军官们集中力量击败宫廷的候选人，让自己的候选人获胜。他们还一致拒绝侯赛因·西里·阿密尔领导的圈子派代表参加理事委员会。

俱乐部理事会本身并不重要，但它在当时的意义在于是自由军官与宫廷之间进行的第一场公开较量，在军队历史上第一次表明，宫廷无力把它的意志强加给军官们。

国王大发雷霆，下令要军官们选出来的理事会成员们辞职，但遭到了拒绝。他更加震怒，降旨关闭俱乐部。

在此期间，阿里默默地蜷缩在一边，顺从、无奈、失望地注视着这些国家大事，竭力置身事外。

他的内心深处，仍怀着克里梅去世留下的悲痛，脑海里抹不掉她的形象：她躺在病床上，全身裹着白绷带，只露出泪水盈盈的眼睛和抖颤的嘴唇。

他的耳边也消除不了克里梅诉说自己过错、请求宽宥的低微发颤声音。

他曾认为自己没有爱过她，他对她的全部感情只是情欲和怜悯。

他也认为她侵犯了他的权利，毁掉了他曾渴盼带来美好希望的礼物，割断了他灵魂寄托的一线希望，把他扔进绝望的无底深渊，推入空旷荒凉的沙漠，抚慰他寂寞的只有对被遗弃和隔绝的回想。

他为克里梅送葬之后,这些想法虽然都无改变,他对她既无怨也无恨,相反,对她的死,他感到悲伤、痛惜……真想能在她死前为她包扎创伤,给她更多的同情、温存和宽恕。

他相信,她的过错,正如她自己所说,是因为她爱他。他体会到,她曾竭尽全力来安慰他的寂寞,消除他的惆怅,填补他的空虚。

他不能否认,她做得相当成功,证据是她去世后,他感到更加惆怅和空虚了。

是的,他的寂寞和空虚感变得越来越可怕。克里梅的死无疑是一个原因,但根本原因是被闭锁和压抑着的对埋葬在心里的可爱少女和远方倩影的思念和想望又重新回来,迸发、奔腾。

克里梅承认是她烧掉了信,就像火星,点燃了他因长期离别和极端失望而早已干枯的感情,照亮了包围他的浓重黑暗,显露出他生活空间的空虚和冷清。

须臾之间,克里梅的自供摧毁了多年隔离垒成的堤坝。

他常常一连几个小时坐在家里的阳台上,或宿舍的花园里,出神地回想着英琪,让她的倩影靠近,倾听她的低声细语。

在思念的推动下,他把她的纪念品和礼物又拿了出来。为了让自己死心和忘却,他一直将它们深藏不露。

他不再害怕怀念她,也不再担心自己脑海中她的倩影。

回归的思念、如涌的回忆和强烈的想望,并不就是有了希望或是一种好兆头。他知道,希望在长期分离中已经湮灭,思念不过是陈旧的回忆,想望也只是幻梦中的倩影而已。

然而,他已管束不住自己如饥似渴、充满期待的心灵——它甚至连幻想和做梦都曾遭到褫夺。

他的爱情终止在开始时那样……它的宫殿,筑在云端之上,他用思想的线编织时,眼睛闭着,灵魂在翱翔,心儿敏锐地跳动。

他想像少年时一样,准备见面,跨越堤坝,砸碎桎梏。当时,他躺在邻近府第高墙的家中床上,闻着晚风送来的橘花芳香。

他重温盟誓,再续柔情,反复自责,倾诉衷肠,筹划和解,安排共同的生活和理想的未来。

他一觉醒来,摆脱了幻想和梦景,只感到漆黑一片的空虚和难受的寂寞。是克里梅曾填补过他的部分空虚,用她的爱情和温柔减轻了他的寂寞。

阿里自问,假如克里梅没有烧掉信,他的生活会变成怎样?真的会像他在幻想中描绘的那样,在他的白日梦中筑建起宫殿吗?还是如侯赛因所说——有一次他责备侯赛因,埋怨他隐瞒了信的事情,没有告诉自己是克里梅烧掉了信。侯赛因抬起头,惊讶地问道:

"这是谁告诉你的?"

"克里梅。"

"什么时候?"

"她去世的那天晚上。"

"为了安慰她自己的良心?"

他发出讥刺的一阵短笑,又说道:

"她是一头大笨驴。我猜,她说的时候,是双眼流泪、声音发颤,就像是个罪人在牧师面前忏悔,求上帝宽恕她!"

"不,是求我宽恕她。"

"你当然就宽恕了她啰,按我对你的了解,你是宽厚、仁慈的人。"

"你在讽刺我吗,侯赛因?"

"当然是讽刺你!你宽恕她什么?你宽恕她一生所做的最大一桩好事吗?"

"好事?"

"是啊,一桩不是故意为之的好事。是她让你摆脱了虚妄的幻想和愚蠢的愿望。要不是她把信烧了,我在去你那里的路上也会把它撕了……你与英琪之间,本来就应以某种方式一刀两断。你自己知道,你在争取最后一次会面时你的遭遇如何。我曾经很后悔传信给她,真希望她不写回信。等到她回了信,我要不是感到累,还存有一些虚假的希望,也想把回信撕了。那天夜里我急急忙忙地回来找你,是怕我一旦不累了就会撕掉信。当克里梅烧掉回信的时候,我知道,真主还是喜欢你的。"

"这是为宽慰你的良心所做的辩解吗?"

"我的良心?傻瓜,你知道,我的良心可不会生气。就算它生气,我也不在乎要不要宽慰它。我绝不允许良心干预我做的事,免得破坏我的生活。我只是跟你说说我认为在理的话罢了。你知道,你是在她父亲的授意下被撵出开罗的,你也知道,要是你俩的关系继续下去,事情一定会发展得比现在更糟。"

"我并没有奢望什么具体关系,我最大的希望是彼此体惜对方的感情,那是持久的精神关系。"

"精神关系?"

"是的,它是差别和传统都无法隔绝的关系。"

"哥啊,别像毛头小伙子似的犯傻啦!问题并不在于差别与传统,而在于你企图逾越它们的方式。这些差别使你只能建立起精神联系,却不妨碍我建立与精神毫不相干的关系,不妨碍我与许多王室名媛睡觉,领略她们的那种放纵和淫荡,我看大多数的妓女都不如她们老练和富有经验呢。再说,如果国王身边掌握实权、控制局势的人,只不过是仆役、司机或理发师,哪讲什么差别和传统……你一个人就抵得上目前状况下的整个王室,但你却只愿意躺在由虚妄的传统与差别筑成的堤坝后面,从那里眺望你那迷人的公主,仍像花匠的儿子从自己的茅舍眺望府第的高墙一样。

你用中世纪的头脑想事——英琪被关在府第的塔楼里,依然在等着你越过高墙,把她带上你的骏马,去打倒她的父兄,而他们正弯弓搭箭站在那里守护着她,防备你这个花匠的儿子。你沉溺在你的寂寞和幻想中,她则蜷缩在她孤独的牢房里,不结婚,不在社交场合和集会上露面,像个修道院的修女。要是她放纵而你淫荡,那你俩早就相互拥抱躺在一起了。"

"放纵、淫荡、躺在一起过夜,你对生活的全部理解就是这些吗,弟弟?你难道还没能弄明白,还有比这些更深刻的东西?它驾驭着我们的心灵,能给予我们比放纵、淫荡过夜更大的乐趣。"

"不,我不知道。我只知道你谈到的这些,最终必然是上床睡觉,是放纵、淫荡,相拥而睡……男女之间的感情无论多么深刻,最后都是这样,除非它是一种悬在半空没有结果的感情,就像你听说的伟大的爱情故事或你和你那个还在府第塔楼里等着你的迷人公主故事里的那种感情。"

阿里低下头,锁眉深思。一阵沉默后,侯赛因诧异地摇着头说道:

"我原来以为克里梅已经教会你懂得了现实主义,把你从幻想的城堡中带出来,擦掉英琪的痕迹。但是我看,英琪留下的影响深得抹不掉,正如你所说,她已经沉淀在你心底,融入了你的血液。我想象得出,你将一辈子躲在高墙后面,尝尽遭受拒绝的滋味,直到你和她都年迈力衰。"

稍停,他又笑着说道:

"要么是你骑上骏马冲向她,把她救出牢房,冒着她父兄的箭矢带着她逃走。"

阿里没有回答。他出神地想象着弟弟向他描绘的讽刺画:他纵马疾驶,前面是金发飘飞的英琪,后面是王爷和他儿子射来的飞箭。

他并不觉得这幅图景荒唐可笑,而是希望它出现。他讨厌岁月不给他这样的机会,而让他像弟弟说的那样,一辈子躲在高墙后面,尝尽遭受拒绝的滋味。

阿里相信信被烧掉或送到他的手里，都丝毫改变不了现实，他遭到拒绝是一个客观现实。问题正如他弟弟所说，不在于差别和障碍，而在于我们逾越它们的方式……他觉得自己宁可躲在高墙后面享受幻梦，也不愿按弟弟的方式去逾越障碍。

阿里就这样安于自己的孤独和幻想，让自己适应遭人拒绝的境况，压抑内心想见她的思念，打消各种与她会面的念头……直到命运使他与她不期而遇。

这次相遇发生在扎马利克岛上的俱乐部里。当时，阿里和苏莱曼应一位同事的邀请去那里喝茶。

阿里搭乘苏莱曼的车，沿尼罗河的河滨大道行驶，开过扎赫里亚大楼后，向左拐入俱乐部前面的宽马路。阿里听见后面一辆车喇叭声大作，要他们让道，它要超车，还差点撞上他们的车。苏莱曼坚持不让道，一直把车开到停车处。后面那辆车尾随而至，猛地在旁边刹住车，车主人望着苏莱曼，怒气冲冲地嚷道：

"你们开车之前，先得学会怎么开车！"

阿里向说话的人回过头去，见是阿赖，他旁边是苏海蕾。苏海蕾跟阿赖结婚后显得有点发胖。

苏莱曼也认出了阿赖，愤怒地喊道：

"是你得学会开车！"

阿赖用他厚颜无耻的语调答道：

"在他们让你穿上这身军装之前我就会开车了。错不在你们，错在那个让你们当上军官、给你们车的人。"

苏莱曼气愤地走下车，想要教训他。阿里也下车准备去劝解。他刚朝阿赖的车走去，便瞥见英琪坐在后座，脸上露出对阿赖的行为不耐烦的神情。

阿里霎时间在原地怔住了，仿佛有一股不可抗力量使他动弹不得。

他真想冲过去,张开双臂拥抱她,抚摸她挽在头顶上的金发,触碰她那细巧的鼻子和因吃惊而微敞的双唇。

然而,阿赖的一声挖苦的叫声使他清醒过来。阿赖见阿里下车,便冲着他嚷道:

"噢,是你!你还在当军官?"

苏莱曼也看到了英琪,瞥见阿里木然地望着她,便压住冲动。

阿里平静地答道:

"是的,我仍然是军官。"

"你们还在守卫桥梁和商店,在生日集会和婚礼上巡逻?你们干吗不去打仗,却在路上闲逛?各国的军队理应去保卫边境,不是在马路上跟人们瞎挤。去吧,去跟敌人作战……你们面前有犹太人、英国人……去做点有用的事!"

阿里感到血涌上了脸,眼看一场格斗即将发生……他想到了英琪的焦虑和烦恼,只得压下火气,按捺住性子。

苏莱曼苦笑一声,一面拉住阿里的胳膊,一面讽刺道:

"我们的敌人多得很,不只是英国人和犹太人!如果真主愿意,我们都将跟他们打仗,为国家做一件有用的事!"

英琪下车,眼睛望着阿里,接着与她哥哥和苏海蕾一起走向俱乐部大楼。他们登上台阶,走到门口的平台,转向游泳池前面的茶座,坐在一张靠近池子的桌旁。

苏莱曼站着向四周张望,寻找邀请他们的朋友海里上尉,他发现上尉坐在远处角落的桌子旁,便径直走去。阿里跟在苏莱曼后面。

阿里坐下后脑子里翻腾得厉害,各种情感交错:有英琪引起的思念和渴望,有阿赖的嘲笑和侮辱激起的愤怒,也有苏莱曼的讽刺话语和苦笑勾起的困惑。

阿里从心底里希望苏莱曼说得对,军队确实应做有用有益的事情。他感到,军队成了全国的笑柄,国家正坐在腐败和分崩离析的火山口上,期待着军队的拯救,但军队却默不作声,毫无作为。他碰到的人都问他:国家快完蛋了,军队一直静悄悄地按兵不动;要到什么时候? 连他都从心底里相信军队是应该有所作为的积极力量,应该从维护腐败之剑转为砍断腐败之剑。但他不知道怎样才能做到这一点,怎样才能把剑从国王手里转架到他的脖子上。

阿里不知道这怎么才能做到,苏莱曼好像知道,只是他自让苏莱曼感到失望和不耐烦以来,便再没有跟苏莱曼谈过这些。

侍者给阿里他们三人端来了茶。阿里偷眼向英琪望去,只能看到她的侧面,她正出神地看着游泳池里蔚蓝色的水。

蔚蓝色的水也使阿里想起马穆拉的海水,想起海浪的拍击。

他正想展开愉快的遐想,海里的一位朋友走了过来,一面向他们问候,一面拉过一张椅子,坐在他们桌子旁边。海里向他们弟兄俩介绍说,这位是记者穆罕默德·奥斯曼。

奥斯曼用郑重的语气问道:

"你们知道吗,侯赛因·西里辞职了?"

大家脸上都露出惊讶神色。苏莱曼说道:

"不可能,这真成了笑话!"

阿里问道:

"他为什么辞职?"

"他要求任命穆罕默德·纳吉布当国防大臣,国王不同意,下令委任侯赛因·西里·阿密尔[1]为国防大臣。"

---

[1] 侯赛因·西里·阿密尔是法鲁克国王的妹夫,与辞职的首相侯赛因·西里不是一个人。

三人愕然地同声喊了起来:

"侯赛因·西里·阿密尔?当国防大臣?"

沉默了一会。阿里又难过又生气地摇摇头说道:

"这真是愚蠢到了极点……这是对军官们的侮辱和愚蠢挑战……他想伤害军官们的尊严……大家不可能对此默不作声,必须有所作为!"

五十八　新的黎明

苏莱曼和阿里离开岛上俱乐部,驱车返回兵营,因为阿里是紧急状态期间的总值班军官。苏莱曼在沉思默想,一时间两人都没有说话。苏莱曼突然打破沉默,问道:

"你刚才怎么会说,军官们对发生的情况不会默不作声,他们必须有所作为?"

阿里对苏莱曼的突然发问感到惊讶,沉吟片刻后才用迟疑、困惑的语调答道:

"因为我……因为我听到的是对咱们的公开挑战,是公然蔑视咱们的感情,是无耻戏弄咱们的愿望,这使我感到热血沸腾。"

"奇怪!"

"奇怪什么?"

"这类事情会让你热血沸腾?我们从来没有想到你竟会跟我们一样,也怀有革命的激情,也会热血沸腾。"

"为什么?"

"因为你从来不与全国人民同仇敌忾……你忘记你总是说,你只要尽到做一个军官的职责,做到心安理得就够了,说每个人都应当恪守职责,过问国家政治是幼稚的表现?"

"是的,我是说过。可是咱们周围局势动荡,标准已经变得不同,腐败蔓延,没有人知道自己的职责范围,咱们正濒于毁灭……我认为,为了拯救祖国而越出职责范围,并不是幼稚的表现。"

"你说这些是出自内心的吗?"

"难道你觉得我是个好唠叨诡辩的人?"

"你不是出于一时激愤?"

"就算是这样……在我们的生活中,除了激动和愤怒,还有什么能让咱们行动起来?"

"我是否能把这些话理解为你已经做好了准备,去做一件必须要做的事情?"

阿里静默了一会,审视了苏莱曼一眼,略带责怪地问道:

"你在套我的话吗,苏莱曼?你心里想些什么,干吗要转弯抹角不跟我直说?"

"你先回答我,你是否已经做好准备去参加一件你觉得必须要做的事情?"

阿里毫不犹豫地答道:

"当然做好了准备,只要我能理解,知道它的资源、范围、手段和目标。"

"这一切你当然会知道。"

"是一件精心策划的事吗?"

"策划得很周全。我们对一切都做了充分的准备,并制定了严密的计划,全军各兵种都已掌握在我们的军官手中,随时都能行动。我们原计划11月行动,但看来形势在逼我们提前了,再等下去会有危险。要是侯赛因·西里·阿密尔当上大臣,他就会对我们下手,我们应当先下手为强。"

"我应该做些什么?"

"带领你的营做好准备,到时候完成交给你的任务。"

"不应该借助于一些连级军官吗?"

"我们将全部借用……你营里的全体军官都属于自由军官组织,他们很了解自己的职责。"

"我营里的军官全是自由军官?原来全营出动只撂下我一个?苏莱曼,你对此难道不害臊吗?"

"该害臊的是我还是你?我一直想让你加入到我们中间来,你却讽刺我,说我胡闹。"

"我原以为你们的工作只不过是散发几份攻击腐败的传单。"

"现在呢?"

"我看你们确实在从事一项严肃的工作。可是,我担心你们集聚不起必要的资源。"

"你什么都不用担心,托付给真主吧。"

汽车已开进骑兵部队大门,向第五团驶去。阿里下车时问苏莱曼道:

"你去哪儿?"

"我到加麦尔家去开一个会……我们得做出果断的决定。我将告诉他们,你已加入我们的行列。开完会,我去看你。"

这时候,坐落在亚历山大海滨靠近曼杜拉的希拉利家门前停满了汽车。记者们在听到希拉利受命组阁的消息后,像蚂蚁似的围住房子钻来钻去打听消息。

希拉利同意组阁,这像是对他上次的辞职平反。他与宫廷约法三章,宫廷已予接受。其中最重要的是:黜免侯赛因·西里·阿密尔,委任纳吉布为武装部队总司令(希拉利辞职之前就曾提出过这个要求);举行选举;在他认为适当的时候,根据内阁而不是根据宫廷的意旨,取消戒严令。

希拉利第二次组阁于受命后次日完成,宫廷开始时没有干预。大臣们在希拉利家共进午餐,等待主人从宫里带回任命,而后前去宣誓就职。下午两点钟不到,希拉利满面愁容地回来了。他告诉大家,马拉基对他说,兼管内政和国防两个部吃不消,要求只负责一个部,这就意味着在最近的将来要另外任命一位国防大臣。可是国王主张现在就做出决定,把国防部交给了伊斯梅尔·希林。

大臣们个个都愁眉蹙额,他们感到内阁行将组建就已陷入了困境,看到组阁的首要条件,即宫廷不干预内阁事务这一条,已经碰壁,而且国王硬要让他的妹夫担任国防大臣,这简直是笑话。

交通大臣塔拉夫·阿里提议在任命伊斯梅尔·希林的同时,黜免侯赛因·西里·阿密尔,以取得一些平衡,稍稍缓和一下军队的舆论。

希拉利不同意,说在宣布内阁成立的时候就逐出侯赛因·西里·阿密尔不可能。他保证,到内阁第一次开会时将把他免职。

大臣们宣誓就职。晚上,广播报道了内阁就职仪式的消息。

在亚历山大灯光中新出现一个胎儿——那是因国王政治昏聩视政权如儿戏而造成一连串内阁更迭的新生儿——的同时,开罗的黑夜里也在孕育一个胎儿,埃及人早就心向往之,盼望这个胎儿的诞生,带来摆脱腐败衰落沉疴的春风,获得解救的喜讯!

阿里已见过加麦尔(他是策划革命的首脑),还有侯赛因、哈立德、萨尔瓦特和其他将领导"骑士行动"的军官,地点在阿拔西亚兵营其中一位军官的家中。

阿里脑子里原先乱糟糟的,在他看来,这整项行动只是一次愚蠢的冒险,最终不是把他们关入牢房,便是送上绞刑架,不过投身参加乃不得已的事,是必须做出的牺牲。

然而,当一坐到这位棕褐色皮肤、宽肩、鬈发的青年身边,聆听他讲话时,阿里便感受到他强烈的信念和坚强的信心,甚至觉得胜利在望,成功是肯定的。

阿里过去就认识加麦尔,知道他是一个稳健务实的人,却没有想到他竟具有如此强大的意志、信念和激情。

阿里惊讶地默默注视他,像蓄电池在从一台强大的发电机中汲取能量,直到听完加麦尔的讲话。

阿里最后听见加麦尔咬紧牙齿对他们的同伴萨尔瓦特说道：

"狠狠地打！咱们的行动是为了埃及,决不能留情！"

宽肩膀、高身材、穿着衬衣和长裤、一头鬈发不戴帽子的加麦尔,这台正在运转中的"发电机",离开了他们,前往将在步兵中起主要作用的第十三营传达他的指示。

第十三营已从阿里什开来,前往苏丹,在开罗稍作停留便准备出发,营内人员正在享受必要的休假。该营由于缺少弹药与车辆,又驻扎在阿拔西亚兵营的尽头,最不会引起怀疑。该营的行动部署,概而言之,是用一个连从主楼大门方面包围阿拔西亚兵营,另一个连占领广播电台,第三个连占领军队司令部,第四个连占领边防司令部。

详细的命令已发给军官,各兵种的每一位军官都已知道自己的职责。

阿里和他的同事们坐在兵营一位军官的家里待命。时间过得沉重而缓慢。人人都试图说一句话或高声干笑一下让伙伴们回过神来,打破这该死的沉寂,但很快这些声响就像火星似的消失了,大家又陷入深思。

尽管面临大事,阿里却在浮想联翩,搜索遥远的倩影,唤醒躺在而不是葬在他心里的少女,回想起最后一次与她的见面,追忆她的坐姿和目光……不知她会怎么看他？对他有什么感受？

他在白天都想念她，她在躺着时会记得他吗？

他在冒险时还想着她，她在安全处会想到他吗？

她会想到他正要去做的事吗？

他即将要投身进去的这次革命如成功了，她会怎么说？

是会因为自己的家庭感到不满，还是会因为他和埃及而感到高兴？

阿里了解她的思想，了解她的心思……她无疑会欢迎革命。

她至少会欢迎革命，因为革命将缩小或填平那条横亘在他俩中间的鸿沟，将来不会再有王公显要、达官贵人了。

这真的会发生吗？她的父亲会低下脑袋、她的哥哥会遭受剐刑吗？

可是，他想这些荒唐事干吗？难道他是为此而参加革命的吗？难道他和他的兄弟们是为此去抛头颅、洒热血，而不是为了遭奴役、受屈辱的千百万人吗？

是的，他们愿意慷慨捐躯乃是为了这千百万人。

他想起了母亲……她要是知道了他要去做的事，会怎么说？

他要是今晚去看她，向她告别，接受她的一个祝福，难道不更好吗？

不，不，这一切都没有必要。

有一个伙伴说了个笑话，阿里没有听见，但也不由得陪着大家一起笑。

另一个人看看表，说道：

"十一点差五分了，咱们走吧。"

夜，岑寂漆黑，只有散落在兵营路上颤抖发红的灯光，才驱散一点黑暗。汽车开始接近竖立在骑兵部队兵营后面的铁丝网墙，从一个豁口里钻了进去。车子里的人个个都板着脸，越接近决定性时刻，他们的心就被有可能失败的想法揪得越紧。

他们周围的一切都令人生疑……那辆车是在追赶他们？那些声音正在向他们逼近？有耳朵在监听他们？

车子到达营房的时候电灯灭了，一片阴郁的黑暗笼罩着四周，革命者们①的心里充满忐忑，预感不祥。然而，伟大的行动和高度的信念压倒了悲观情绪。很快，蜡烛点燃，命令下达，各营间动静不断，黑暗的兵营忙得就像蜂巢。

这时，最初的行动消息已被泄露到了军队司令部。那是十点钟不到，一位炮兵军官离家前往兵营去执行委托任务。他妈妈问他这个时间外出的原因。他抑制不住自己的激情，告诉她说，明天她将会听说他做的事，知道他在埃及历史上所起的作用。这些话使他妈妈心生疑惧，她相信他是去从事一次可能送命的冒险，于是便把消息告诉了他的大哥——一位空军老军官。他大哥把他关在家里，并立即向库巴宫的值班军官汇报……行动的消息传到了总参谋长侯赛因·法里德那里。

行动的消息被泄露，正如谚语所说"坏事会变好事"，或者像是真主在护佑这些慷慨献身的忠义之士，他把一切不利因素都转化成了有利因素……消息传出后的结果，是军队的首脑们全都聚集到一起，使革命者们能够将他们一网打尽。

总参谋长认为，军官们的行动目标是阿比丁宫，他随即带着他的办公室主任、后勤供应部长驱车前往车站的宪兵驻地，以便调集一支应急部队，而不会引起怀疑。他问值班军官马上能调集多少兵力，军官回答说可以调动四十名士兵。总参谋长遂命值班军官带领这批人跟随他前往阿比丁宫，其他部队准备完毕后也赶过来。

这批人马登上汽车由摩托车开路，到达阿比丁广场。总参谋长下令关灭广场电灯，禁止弄出任何声响，免得惹人怀疑。队伍隐蔽在宫殿右侧的步兵卫士楼里，巡逻队被派去把守进入广场的进口通道，摩托车则开往

---

① 指参加1952年7月23日埃及革命的人。

阿特巴广场和爱资哈尔清真寺来回巡逻。

总参谋长显得很乐观镇静。他认为事情只不过是一场恫吓,一切都没有问题。他估计,只是一些军官集结在阿比丁宫周围,驱散他们并不困难。总参谋长稳坐在典礼厅右边的禁卫军官值班办公室里忙着打电话。王宫禁卫队队长艾哈迈德·卡米勒打电话来询问事态真相。总参谋长安慰他说,没有骚乱,局面平静,已跟各部队司令们取得联系,命他们去各自的司令部坐镇,相信不会出什么乱子。

此后,总参谋长侯赛因·法里德从阿比丁宫出发,前去巡视各兵种,亲自去察看动静。

他在装甲兵司令的陪同下,于午夜前到达骑兵部队。

那时,阿里和他的伙伴们心里正感到不安。开罗部队已跟他们联系,询问应急兵力及其调集到可以行动所需要的时间。

开罗部队司令部这时候发来的询问显然令人不安和担心。可是,掌握骑兵部队指挥权的侯赛因中校却坚定、干脆地回答说,调集军队的必要时间为一个小时。接着,他命令一个坦克中队出发去库巴桥交叉路口的兵营大门随时准备行动。

这时,总参谋长和装甲兵司令来到骑兵部队的大门口……严阵以待的坦克使他俩觉得很奇怪,感到事态严重。侯赛因·法里德问坦克中队队长停在这里的原因。中队长说他们属于应急部队,正处于待命状态,再问他是谁下的命令,他回答说是营长。

侯赛因·法里德要求坦克中队长下来,遭到了拒绝。他清楚地看到局面即将失控,于是立即回自己的办公室去召集司令们来铲除这次行动。装甲兵司令希什马特则进入兵营去控制局势。然而,他刚一走近骑兵兵营,便被一群士兵包围起来,其中一个马上去报告行动指挥部。

希什马特上校到来的消息使军官们愕然,他们毫不怀疑行动已经暴露……国家的命运、他们自己的命运都系于当前这千钧一发的时刻,系于他们在这艰难瞬间处事应对、自制、决断的能力和勇气。

阿里在这个随时准备行动的紧急时刻,看到装甲兵司令到来,顿感情势危急。想到司令可能从他们手里夺走主动权,控制住部队,迫使部队听命于他,阿里不禁悚然。

那并非不可能。希什马特是部队实际上的司令,部队理应听从他的命令,特别是绝大部分士兵开始时对他们要采取行动并无思想准备,只知道部队处于紧急状态,准备行动以维护治安。

更增加阿里对事态的担心和困窘感的是他的军人天性,服从和尊敬长官在他心里根深蒂固,他问自己:怎么可以像一个不听命令、不守纪律的敌人似的去对抗他一向服从和尊敬的司令?

侯赛因中校首先控制住了自己的情绪,他坚定地对军官们说道:

"希什马特来到兵营,这对咱们有利。原定要到他家里去抓他,他自己送上门来,自投罗网了……抓住他无疑会人心大定。"

侯赛因和萨尔瓦特跳上一辆吉普车迎上去……希什马特一见到他俩便对侯赛因喊叫,要他下令解散士兵。

侯赛因从容地回答他说,没有必要反抗,自己来是为了保障他在士兵中的安全,要他安静地跟他们回去。

司令发现自己落入了年轻军官们的包围之中,有一支冲锋枪还对准了他。他似乎不相信他们当真要这么干,还想对他们施加自己往常的影响,警告他们这种幼稚行为会造成的后果,告诉他们这是在玩火,他们估计不出这么做要负的责任。

侯赛因从容而自信地答道,他们很确切地知道自己的行动,是在以身涉险,但他们感到,他们的生命与为之献身的目标相比是太微不足道了,那就是拯救已堕入没落、腐败和卑贱的祖国。

希什马特又试图动之以情，对他们说，他是他们的司令，当他们还是年轻小伙子的时候也是他教导他们成长起来的，他现在规劝他们就像是他们的父亲。

侯赛因依然从容恭敬地答道，即便是面对自己的父亲，他也只能这么做。

司令只得作罢，他企图乘自己的汽车，侯赛因却命他随他们一起上吉普车。可吉普车抛锚了，司令被迫步行到装甲兵营房。

抓住装甲兵司令是积极行动的第一步。继此之后，阿里感到，他们已亲手点燃烈火，投身进入了战斗。他的战斗热忱压倒了各种不安或畏惧。他那个营的各中队一个接一个出发去占领指定地点。全营行动起来后，他应陪同苏莱曼去阿拔西亚兵营，与第十三营一起行动。

该营的军官们已经聚集在阿拔西亚兵营的宿舍，他们脸上没有投身伟业者的表情，有的在专心下棋，有的在吃夹心面包喝可口可乐，还有的围着收音机在听内阁组成仪式的报道。

阿里和苏莱曼来到该营军官中间，告诉他们已抓住装甲兵司令，装甲部队已出发去占领自己的地点。这使他们大为放心，消除了行动消息被泄露在他们心里引起的疑惧。

军官们离开宿舍去召集士兵准备行动。这时，从第七旅训练中心开来的一辆满装弹药的汽车抵达，把汽油分发给装甲车，并提醒驾驶兵们在操作时不要弄出声响，免得引起怀疑。

过了一会，后勤部队的一个装运士兵的车队也到达了。这样，全营投入行动的弹药、车辆都已配备齐全。

第一连带着装甲车配置出发，由苏莱曼率领去与等候在马蒙哈里发街兵营门口的汉勃拉装甲车中队会合。接着，应当在主楼大门口向兵营西侧发起攻击的另一个连也出发了。第三、第四连则在清晨四点和五点跟随坦克行动,去占领广播电台和边防军司令部。

第十三营营长开一辆吉普出发去了解局势发展。坐在他旁边的是扎克里亚。后排坐着哈马德和阿里,他俩各握着一支冲锋枪。

车子开过营地的主要通道,除汽车马达声和轮胎驶过柏油路的声响外,四周黑魆魆的寂静无声。

似可看到他们周围深黑色的樟树阴影,沉重地压在低矮的建筑物上。阿里放开一直紧握着枪柄的手,让手指松一松,但没有放下枪柄。

他从枪上感受到坚定的力量。每当紧握着它的时候,他就记起加麦尔咬紧牙齿坚决说过的话:"狠狠地打!咱们的行动是为了埃及,决不留情!"

他明白,在这危急的时刻,这把枪柄将会遏制住不必要的温情。他断定,这块坚硬冰冷的铁决不会因怜悯或同情而停止它的激射。行动的成败或埃及的命运高于一切怜悯和同情。

他感到热血奔腾、神经紧张,耳朵里不停地听到坦克履带的转动声。

汽车带着他们疾驰。湿润的夜风吹拂着他的脸,吹进他的鼻腔,他感到一阵轻松,不由得松开了他握着枪柄的手。

突然,他听见急促的枪声,便立即握紧枪柄。正在开车的营长邵基关灭了车灯。

与此同时,他们听到夜空响起了"兜捕"的号声,于是驱车开向第七旅训练中心。他们见到同伴奥贝德,他告诉他们说局势严重,第七旅旅长已带着该旅的几名军官来到旅指挥部,正在调集全旅扑灭这次行动。

他们只得折回阿拔西亚广场兵营的正门,那里原定由他们的一支部队去占领。然而,他们刚一接近大门,便发现这里已被宪兵部队占领了。

面前的路被堵死,他们进退维谷,与宪兵部队仅几步之遥,没有返回的机会了,而且转身回开将引起怀疑,子弹会从他们背后射来。

阿里心里燃起战斗的激情,他的手更紧紧地抓住枪柄,食指扣住了扳机。

汽车继续前进,一直开到大门边上,只见站在巡逻队旁边的宪兵司令朝他们走来。

宪兵司令的出现使他们更加不安,心里充满了猜疑。扎克里亚冲着他喊问道:

"哈桑,你怎么到这里来了?"

宪兵司令比他们更加惊奇,他耸耸双肩,惘然地答道:

"我什么都不知道,正在发愣呢。军队司令部被围,受到枪击。他们要求我不管用什么方式都要把他们解救出来。"

阿里的手松了一松,挪开了按在扳机上的手指。宪兵司令讲话的口气并没有敌意。按照他的地位,理应阻止一切违背现行制度或侵犯当局的行为,消弭任何引起骚乱的图谋。他好像并不知道他们行动的性质、原因和目的,只知道军队司令部被围,受到枪击,被围的领导人要求他把他们解救出来。

阿里不由得亲切而诚挚地低声说道:

"如果对你的要求是解救司令部,那么,对我们的要求是解救埃及。我想,解救埃及更重要,也更有意义吧。"

一阵短暂的沉默。宪兵司令仿佛在把解救军队司令部的责任同解救埃及的责任进行比较。

营长感到时间在流失,便催促他道:"上我们的车吧!"

阿里看到他们的朋友宪兵司令已经相信他对解救埃及负有的责任,跳上了汽车的踏梯,感到一阵轻松。

汽车闪电般疾驶,宪兵们看到他们的司令站在汽车踏阶上,无人企图拦车。

汽车来到骑兵部队门口,萨尔瓦特正站在门前,他一见宪兵司令,立即热情地拥抱他,欢呼道:

"好极了,哈桑。男子汉就该这样!"

这时候,哈桑想起了他后面还有一支他调来解救军队司令部的队伍,有三百名士兵,配备有自动步枪和机枪。他担心他们一到,会同包围军队司令部的士兵发生纠缠,相互残杀,于是便把这件事告诉了扎克里亚。

扎克里亚问他道:

"你最初接到的命令是什么?"

"到阿比丁待命。"

"那你最好把他们带到阿比丁去,我们不会接近那里。阿比丁的事只是一个假象。"

宪兵司令返回去把他的队伍调往阿比丁。他看到卡马勒已用十七磅加农炮队占领了阿拔西亚的正门。当阿基夫从亚历山大打电话给他时,他告诉阿基夫,请他放心,十七磅加农炮队支持他们的行动。

只剩下了第七旅的问题了——该旅旅长企图调集全旅来进行抵抗的问题尚未解决。尽管宪兵司令已参加行动,他的部队不会进行干预,但这个问题却依然劳心费神。

一个中队的装甲车出发去包围第七旅。可是,他们一到旅部就发现该旅旅长已在离开那里去了解情况时被俘。旅里的军官一见装甲车中队到达,便带着士兵出来加入他们的行动。

阿里似乎觉得有一股凌驾在他们能力之上的力量在为他们运筹帷幄……是真主在帮助他们克服困难,化险为夷。他们的吉普车直奔军队司令部。阿里发现,那里已被装甲车和步兵团团围住。

军队的司令们曾集聚在那里制定挫败革命行动的方案。机械炮兵营营长带着他的一个连直闯进去,把他们全部逮捕……抵抗的举措刚起动就被压制住了。

吉普车沿着有轨电车轨道行驶,穿过被士兵们包围着的矮铁门。尖利的枪声划破深夜的寂静,一辆医院的汽车载着两个受伤的士兵离开了大楼。

枪声之后,一片沉静。夜将尽,在新的黎明攻势面前,夜仿佛正拖曳着它的尾巴逃遁,吐出它最后的气息……黎明的曙光还没有从地平线后面显露。

阿里对笼罩着他们的沉重静默感到烦躁,他握紧右手的枪,真想扣动扳机打几枪,驱除这可恨的寂静,让自己安静下来。

突然,大楼门口走出一支奇怪的队伍,身板笔挺、表情严肃的总参谋长出现了,他被持枪的士兵们围着,为首的是棕褐色皮肤、身材魁伟的西迪克。

侯赛因·法里德走下宽阔的大理石台阶。阿里惊奇地注视着他,他迈着坚定有力的军人步伐,如同行进在检阅队伍中。当他走到外面大门口的时候,革命者们面对他站成一排,向他举手行军礼,他也用力举手还礼,打量着他们一个个的脸庞:加麦尔、阿卜杜勒·哈基姆、卡马勒、哈桑·易卜拉欣、扎克里亚、邵基、哈马德,最后是阿里。

他把还礼的手放下,用严肃的口吻说道:

"行了,非常感谢。"

队列继续行进,前往军事学院的监禁处。

如同曙光的冉冉升起,革命行动的光芒也接连不断;如同在光明的箭矢面前黑暗的堡垒纷纷倒塌,在自由军官的武器面前,暴虐、腐败和专制的要塞也一一崩溃。

事态的发展疾如闪电。新的总司令纳吉布稳坐在他的司令部里,军队不断地派出,控制住国家的要害部门,掌握了主导权……没有人丧生,也没有人流血。

7月23日清晨,埃及人一觉醒来,惊讶不置,他们感到压在身上的梦魇已经离去,他们可以轻松地吐出胸中的气息,吸进更纯洁和干净的空气。

七点钟,收音机里传来喜讯,宣告黎明已经到来,高声地诵读着致埃及人民的第一份革命公告:

"埃及已经度过了她现代史上一个贿赂、腐败和政局不稳的艰难阶段……"

五十九　颤抖的手

在第一份革命公告广播之前,希拉利从他亚历山大的家里打电话给在开罗司令部里的纳吉布,试图说服他不要发表公告。纳吉布要求他稍等片刻,让自己与伙伴们磋商一下,五分钟后答复。可是希拉利除了听到广播的公告外,并没有收到纳吉布的回音。他在八点钟召开内阁会议,介绍了情况。内阁决定派马拉基去与革命者谈判。可是,马拉基连会见他们都办不到。希拉利向大臣们表示,他准备应革命者的要求,飞过去会见军官们。他要希林去与国王联系,拿到接受军队要求的授权。

希林与国王联系,提出了希拉利的请求,国王拒绝了。希林威胁他说,情况非常糟,王位已岌岌可危。最后,国王才同意希拉利代表内阁讲话,可以答应将努力说服国王接受革命者的要求。

扎阿卢克与纳吉布联系,纳吉布告诉他,尽管他对希拉利本人极为尊敬,但是,他想有一个宪法内阁。扎阿卢克问他,宪法内阁是什么意思。他说,希拉利内阁中有两个大臣是不受欢迎的人。扎阿卢克问道:

"其中一个在你那里(指马拉基)?"

"是的。另一个在你们那里(指希林)。"

这次对话之后,希拉利即与马拉基联系,告诉他与纳吉布会面无用,因为整个内阁都不受欢迎。希拉利进宫递交了辞呈。

接着,阿里·马希尔受托组阁。

翌日,国王同意了军队的要求。纳吉布宣布,军队将继续负责公共行政部门,直到革命行动达到目的。

这整整两天,阿里除抽出几分钟回家去安慰一下母亲之外,没有离开过兵营。

行动的第三天即7月25日,在决定废黜国王之后,阿里率领他的装甲车队从沙漠公路到达亚历山大,苏莱曼也用火车把他的坦克营开到了亚历山大。

中午前,总司令从新开罗军用机场乘军用飞机飞抵亚历山大,在那里视察了从早晨开始陆续抵达的部队。接着,他去会见首相,约定当天再次见面的时间。他的意思是在第二次会面时,把革命者们要求废黜国王的通牒出其不意地通知他。

决定废黜国王的意见虽然在这一天已经确定,但准备尚不充分。士兵们需要休整,装甲车需要补充燃料。法鲁克在蒂恩角宫、夏宫和其他角落有很多隐蔽处,他有可能进行抵抗。因此,包围的计划必须严密,准备必须充分。

废黜国王一事决定推迟到第二天即7月26日早晨进行。指挥委员会的军官们担心总司令借故不在约定时间会见首相递交通牒,会使首相生疑,他们不得不派出他们中的一人即安瓦尔前往,以消除首相的疑虑和担心,让首相相信,军队在自己的要求得到回应之后别无恶意。

当天晚上,出现了如何决定法鲁克被黜后的命运问题,是释放他放逐,还是判处死刑,众说纷纭。贾马勒·萨利姆当晚飞往开罗,以了解指挥委员会其他留在开罗控制局势成员们的意见。最后的一致意见是放逐他,因为这次革命没有流一滴血就取得了成功,他们不愿洁白的革命被鲜血玷污。

7月26日清晨，亚历山大的居民醒来，他们的耳际响着坦克履带的隆隆声和飞机的嗡嗡声，海风吹来恐惧危急的气息，他们的心里夹杂着即将发生重大事件的预感。

开动着的坦克封锁了滨海大道，围住夏宫。大炮、坦克和装甲车出现在蒂恩角宫外广场四周的宽阔空地里。步兵把守着花园里面一条较窄的地带。

阿里站在包围宫殿的一辆装甲车上，注视这巍峨的建筑。它在静默中显得凄凉、破败。周围成群结队站着的人们惊讶茫然地低声叽咕着，似乎不相信他们的所见所闻。不久，困惑中爆发出向士兵们致敬的欢呼和对宫廷主人表示愤怒的喊叫。

阿里站在宫殿外准备进攻，他的弟弟侯赛因正站在宫内严阵以待。

命运让他俩在这场战斗中各站在对立的一方。

他俩谁也不相信自己正与亲兄弟相对峙，然而，却都感觉到对方的存在。

侯赛因是国王私人禁卫队的军官之一。革命行动发生前不久，他曾猜测将随国王去希克马角。行动发生的那天晚上是他值班。他从晚上七点起就坐在夏宫侍卫专用房里等待国王出来，跟往常一样陪他到汽车俱乐部或烤鱼饭店的赌桌旁去消磨夜晚。

一小时又一小时地过去，侯赛因厌倦地打着呵欠，十二点了，国王还没有出来。侯赛因和他的同事们终于站起身来脱衣服，准备睡觉。

十二点半，电话铃响了，国王侍从长打电话来问是否有制服，接着要他们到大门口去等候，没有说明原因。

侯赛因和他的同事们一直等到天亮。其间，他们接连听到消息，说军队已经哗变，控制了政权。

凌晨,满载着官兵的汽车开到夏宫,加强对宫殿的保卫。

第二天过去了,没有事态严重的迹象。国王觉得,在更换了内阁之后,军官们的目的不会超出他已同意他们的要求。

他一直比较放心,直到星期四晚上听到军队正在向亚历山大开来的消息,危急之风暴再一次掀起。

花园开阔、通道敞开的夏宫不是安全的避难地,必须前往蒂恩角。后半夜,趁着亚历山大睡得正酣,路面空荡寂静之时,一辆汽车发疯似地疾驶,载着王室人员从夏宫奔向蒂恩角宫,就像一只老鼠从一个洞穴逃窜到另一个洞穴。

星期五,当指挥委员会的军官们抵达亚历山大的时候,国王益发疑惧,他对阿里·马希尔说道:

"这些人到亚历山大来,至少也应该签个到吧。"

阿里·马希尔答道:

"他们明天早上九点钟要见我。"

国王顿觉担心,军官们像是还有其他要求,便问阿里·马希尔道:

"因为什么呢……他们想要的一切,我都答应了,他们难道还有别的要求?"

国王绝没有想到,这别的要求竟是废黜自己!

第二天早晨,侯赛因被包围宫殿的坦克车的声响惊醒……炮口已对准宫墙和房屋,步兵在花园里巡查。

宫里流动着一股惊讶和恐惧的暗潮……谁都不知道这样包围的目的。有些军官猜测,军队是来抓藏在侍卫房里的希勒米·侯赛因和波利的。可是一位名叫穆克拉德的侍从武官摇摇头,自信地说道:"不可能,这不关希勒米·侯赛因和波利的事,他们来是因为他本人。"

卫队的军官们相信,事情确实不可能仅因希勒米·侯赛因和波利而起,全体侍从加在一起都引不起这样的轩然大波,目标一定更大,革命的风暴将要拔除的是最大的头。

侍卫官们感到,他们的责任是在国王遭受巨大灾祸时紧随着他。侯赛因和他的同事们走进内殿,国王正站在圆形客厅里,身上穿着海军服,神情烦恼,急促不安的步伐显示出他的慌乱。

包围王宫的步兵已进入通向内殿的道路,开始与卫队的骆驼骑兵发生冲突,枪声急速尖利地响起。国王显得焦躁不安,他下令停止射击,要求军官们别抵抗,免得造成伤亡。

一位军官马上向步兵卫队长传达国王的命令……很快又恢复了平静。

国王难过地摇摇头,烦恼地叹息道:

"我认为这是我们应记取的一个教训,守卫兵力不足,证据是他们竟然进入了内殿。如蒙主佑,这种情况将来不要再发生了。"

国王派人去召阿里·马希尔来,以便弄清事情真相。阿里·马希尔惊惶不安地急步走来。国王冲着他嚷道:

"怎么回事?军队来干吗?"

"我也不知道。昨天晚上我还跟纳吉布在一起,他向我保证说他不会靠近王宫。"

"行了,去看看是怎么回事。"

阿里·马希尔离开王宫,去看是怎么回事,他再次回来的时候,他已经弄明白了:他收到了军队要求国王退位的通牒。

国王第一次听到了每个埃及人都在想却不敢大声说出来的他理应听到的真话:胡作非为、厚颜无耻、昏庸愚蠢……而不是那些曾经把他捧到使者和先知地步的谎言。国王清楚地听见了人民对他坚强有力的叱责:

"鉴于您行径恶劣、违犯宪法、蔑视民意,当前国家已处于全面混乱,并遍及各项事业,以至人人都不能保障自己的生命、财产或尊严;由于您坚持这种行径,埃及在世界各国中已声名狼藉,卖国之徒和贪赃之辈受到您的庇荫,不顾贫穷饥饿的人民巧取豪夺,大肆挥霍。"

国王清楚而确切地听到了对他本人和行为的描述。他知道这样的描述和行为使他必须在中午十二时前退位,在下午六时前离开本国。

通牒宣读完毕后一片寂静,气氛极其沉闷。阿里·马希尔和侍从长离开……侍从官们尚不知道事情的真相,他们从首相愁眉紧锁的表情中看出,发生了一件重大的事情,只是还不了解详情。

侍从长艾哈迈德·卡米勒站在侍从们面前心神恍惚地通知他们,大势已去,国王已不再是国王。

侯赛因不相信自己的耳朵。

他不相信这所有的权力转眼之间便消失了,这样广阔的尊荣、无限的显赫和不容置疑的持久王权,竟会如此迅速地告终。

侯赛因环视宽敞的圆形客厅各处,那挂在墙上的精美油画、黑色大理石的桌子、排列整齐的椅子……接着,他又眺望正面窗外,那里水天相连,一片蔚蓝色。他强烈地感到人的渺小、轻微、虚幻和无能。

通向正厅的大走廊里传来的脚步声使侯赛因回过神来。是国王来了,他身穿白色服装,光着头,戴一副墨镜,一只手拿着手帕在拭汗。他在走廊口站定,一条胳膊支在门上。他的站姿犹如一只被刀砍伤的鸟,强打精神,显得无事一般。

侍从官们看到他硬撑着摇晃的身架子,心里充满痛苦,侍从长禁不住泪水涔涔。

侍从官们走近屈着身子站着的国王。侍从长一面忍住泪水,一面低声对国王说道:

"这一切都是那一小撮围着您的欺下罔上、作奸犯科的家伙们造成的……您疏远我们,却亲近他们。我是您的侍从长,但总感到我与您之间隔着深沟……我是离您最远的人……我对您忠心耿耿,但您却从没跟我谈过一次话……在您的宫里,我觉得自己是个陌生人,是个外来者。"

国王举起手帕擦额头上的汗,耷拉着脑袋顺从地听着,但不一会儿他就绝望地摇摇头答道:

"现在已经来不及了,大势已去……我现在才体会到你们对我的忠诚……我真想把你们全都带走,但是,只能带六个人。"

他又转脸对侍从长说道:

"艾哈迈德,去替我挑六个人。"

国王朝走廊走去,他臃肿的身躯不久就消失了。他走路的姿势像是竭力想从身上卸掉要把他压倒在地的负担。

侍从长站着询问可以陪国王出行的未婚警官,他说,首相知道这些警官,他们将被认为是去出公差。

侯赛因毫不迟疑地成了伴随国王的六人之一。他这样做是出于他好冲动、冒险的天性和他对断翅国王的忠诚与同情。

这时,侍从长被召到宫外,不一会他便带着国家议会副议长苏莱曼·哈菲兹回来,副议长手里拿着一个信封,里面是为国王退位准备的文件。

副议长诚惶诚恐地在一张紧靠着墙的大椅子上坐下,对这样的场面他感到局促不安。侍从长朝国王刚走入的那条走廊走去。过了一会,他快步走来说道:

"国王就来会见你。"

稍停,他又用请求的口吻说道:

"王上有一个愿望,盼您能帮他实现。今天早晨,波利和希勒米·侯赛因试图出宫的时候被军队逮捕了。波利在国王跟前地位特殊,他从国王童年时代起就伴随着国王。在这样的情势下,若您能斡旋,允许波利今天陪同国王一起出国不再回来,国王是很高兴的。"

"我答应,在这件事上当竭尽全力。"

"如果也可以允许希勒米·侯赛因陪同王上的话,那您的恩德无疑将会倍增。如果这一点做不到,那只释放波利也行。"

"我将尽我所能。"

一阵静默。这几分钟过得缓慢而沉重。侯赛因望着这个未老先衰的家伙,他头发花白,满脸皱纹,眼圈上罩着黑晕,畏首畏尾地蜷缩在椅子上,他不像是来把国王推下王位的,他手里的文件也不是要砍掉盘根错节、根深蒂固的腐败的利斧。

走廊里又一次传来国王走近的脚步声。这一次,步子仓皇,不一会,出现了他臃肿的身躯。他表情僵硬,看得出他正在尽力控制自己的神经,勉力支撑着自己的身体,唯他接连短促的咳嗽声暴露出他的极度紧张和激动。

国王走向放在大厅中央的大理石圆桌,伸手与那个急急迎上来的老家伙握手。副议长从信封里掏出文件,毕恭毕敬地呈递给国王。

国王一面伸手接过这份推翻他王位的判决书,一面说道:

"从法律层面看,措辞严谨吗?"

"是的。"

国王疾速地投以一瞥,又问道:

"这就是退位的原因吗?"

"我们参考了宪法的前言。"

国王拿起文件开始审读,接着从口袋里掏出一支笔,再次仔细阅读,仿佛在检查每一个词句:

朕,法鲁克一世,埃及与苏丹之王。

朕本着一贯追求本民族福祉、安乐与进步的要求和避免国家遭遇当前危急形势的强烈愿望,为顺从民意……

念到这里,他停住了,抬起目光问那个像刽子手似的站在他面前的人:

"在'为顺从民意'之后,不能再加上'及朕之意志'吗?"

"我们已经将您的退位书拟成了诏书形式。"

"你的意思是说,诏书已包含有这层意思?"

"是的。"

"那么,添上这一句有什么妨碍呢?"

"陛下,我们是费尽心机才写成这样的格式呈递给您的。"

国王扬起眉毛,惊奇而关切地问道:

"这么说,他们原来要我签的是另外一份文件?"

一阵尴尬的沉默。国王很快又问道:

"你可以跟我谈谈原来那份文件的内容吗?"

"陛下,我不曾看过。"

"你不说它的内容是为了不伤害我的感情吗?我答应你,我听了决不激动。"

"我以我的名誉起誓,我的确不知道。"

国王将笔尖搁在文件的下方,手哆嗦、颤抖不止,他用力捏住笔,免得控制不住自己的神经。

这一次,他的笔批示的是他自己的命运,而不是别人的命运。他知道,他在文件下方接连画上这几个圈圈,他就得低下头,收敛起气焰,煞住威风,降尊纡贵,变成跟旁人一样的芸芸众生,不得在大地上欢快地行走,不能再上天入地为所欲为了。

他虽紧握着笔,却禁不住笔在手中颤抖,这像是死亡的颤抖。他过去在决定他人命运时放肆、傲慢地签字,在决定自己的命运时变得猥琐发颤。

他望着自己的签名,感到它表明自己已经垮台和崩溃。他屈辱、羞愧地慢慢抬起头,看到的是老刽子手那张僵硬而缄默的脸,他像停在树梢上的鹰,在等待猎物咽气。

国王咽了一口唾沫,不好意思地喃喃说道:

"你也许可以替我找个理由,这个名签得不如人意,为此我再签一个。"

笔尖移向文件上部,他又签了一次。

老人拿回了他的武器,他像是要对这个被他结果了生命的人应该说上几句悼词将其送入坟墓。于是,他谈了一通真主的意旨和英明,必须乐从,等等。

国王顺从地点点头,他也只能这样。

侍从长走过来,当着国王的面,重复了一遍他已经提出的有关波利和希勒米·侯赛因的事。国王支持他的意见,再次坚持要求。副议长则重申他将竭尽全力的保证。他离去之前,又问国王是否还有其他的愿望。国王说,他要求把他的财产留在埃及,转给他的孩子们,或者现在就分给他们。

副议长在撤除了国王的王位、摘掉了他头上的王冠之后战战兢兢地静静离去。

国王不知所措地惘然站着,王位、王权、王冠都没有了……他艰难地走了几步,颓然坐在放着电话的小桌旁的椅子上。他以手击额,仿佛不相信这发生的一切。

不光他一个人不相信刚才发生的事是真的,就是围在他身边乜斜着眼、半张开嘴的侍从官们也痛苦地直拍巴掌。侯赛因一直不相信事情会解决得如此迅速。他原来想象，要这个高傲的国王、暴虐的君主下台，不会只凭一个诚惶诚恐、畏首畏尾的老头手里的一张纸，而是需要通过激烈争吵、暴力和几次重大事件才能实现。

尽管如此，他却亲眼看到问题已经解决，结果无疑已成定局。这个瘫痪在他面前椅子上的人，正茫然失措地以手击额；这个不久前人们还对他低头哈腰的人，已低下他的头，自感卑贱；刚才还暴虐专横不可一世的王上，已不再是国王，也不是暴君、强势人物了。

六十　夕阳西下

侯赛因看表,只见指针在动,时间在消逝。此时此刻,他感到,指针的移动引起了天翻地覆的变化,时间不再像过去似的平静而懒洋洋地流逝,它所走过的分分秒秒,正计入这个国家的生命,也与他在这个国家里的生活相联系。过去,时针转上几圈,他毫无感觉;现在,埃及将不是昔日的埃及,他呢,也将离开埃及,一去不返。

是的,这是一清二楚、毫不含糊的现实……他一时冲动,好冒险和出于忠诚感贸然接受随护国王出行时没有想到现实的痛苦。

他的脑海里接连掠过他平生经历的情景。从最近一段时间丰富热闹的生活开始,他跻身在贵族和上层阶级中间,行为放浪,不知羞耻地寻欢作乐;他记起轮到他值班的时候,夜以继日地陪伴国王,而国王却坐在赌桌前不挪窝儿,一个接一个地吞噬着不断端上来的夹心面包;又记起各种阴谋诡计、营私舞弊和腐败堕落,他像是生活在云里雾里,或像是在一个肮脏的泥潭里打转。

接着,在他脑际浮上的情景,把他从过去带到了一个更宁静更纯洁的氛围……经历了长期辛劳和累喘,他觉得很想有个安静的家庭,一个慈爱的胸膛,一颗纯洁忠贞的心灵,他想起了母亲和巴希娅。她俩对他就像冬日里的暖房……贪欲和享受的波涛使他远离了她俩,他只是在筋疲力尽、备尝迷途苦头后才感到需要她俩。

巴希娅的形象牢牢地占据在他的脑海。她默默地爱他,爱得深沉、强烈而持久,任何否认、漠视、背弃或疏远,都阻遏不住她爱河的奔泻。他第一次感到想念她,过去却从没有一次想到过她。这会儿,她就像是他的一个部分,只有在他即将失去她时他才想起她,感觉到了她的存在。

他回忆起她的神奇忠贞。她对所有求婚者都断然拒绝,不由分说,不予考虑,也不商量。她在家里的生活如同一个修女,奉献自己为大家服务。

他记起母亲希望他娶巴希娅,他却不肯听从。巴希娅把他视作自己的一个永不灰心的终身希望,一个光明的永不沉没的理想,尽管他总是切断她的一切希望,扑灭她的所有理想。

他想起她争着为他服务,她理解他的全部要求,竭力满足他的一切需要,并坚信自己是属于他的,不管命运同意不同意,也不管环境允许不允许。

情景回忆在他的脑海里接连不断……哥哥阿里出现了,他是自己正派理想的另一半。

他在革命的第二天便知道阿里带着他的装甲车营加入了骑兵部队。起初他愣住了,他知道哥哥不爱冒险,强烈主张恪守职责,作为一个军人把纪律看得很神圣。

但不久,当他获悉整个军队都参加了革命的时候,他就更加惊讶了。他相信,阿里的内心深处,无疑会认为这是他真正的职责范围,参加革命行动只是执行明确无误而且正大光明的命令,目的在于造福国家,相比原来控制军队的那些邪恶、无知和腐败的扈从,他更应当服从现在掌握着军队并向它发号施令的上级。

中午前不久,侯赛因从他的一个同事处了解到,阿里在包围王宫的军队里与自己相隔不过几分钟的路程。

他想念阿里,希望在出发之前能最后见上一面。他好像觉得见面很容易,他出远门得做些准备,他们离出发还有几个小时,可以外出收拾一下东西,跟阿里见个面。

国王依然低头蜷缩在电话机旁的椅子上,不时地呼唤着侍从长艾哈迈德·卡米勒。

侯赛因走近卡米勒,轻声问道:

"出门穿什么衣服?就穿短袖衫吗?"

卡米勒满脑子是急需处理的事情,根本顾不上考虑侍从官的服装。他不耐烦地答道:

"去跟阿布·纳斯尔沟通。"

侯赛因朝卫队长阿布·纳斯尔走去,说道:

"我想出门去取一下衣服。"

国王觉察到侯赛因的声音打破了笼罩四周的寂静,问道:

"你想要什么?"

侯赛因困窘地答道:

"我是问,我能出去取一下衣服吗?"

国王诧异地说道:

"你要出去取什么衣服?你穿什么都行,长袖衬衫,阿拉伯长袍,想穿什么就穿什么……我们不能给你弄一套西装了……你们做出的牺牲已经够多了。"

国王感到嗓子发干,便嚷道:

"水!"

接着,他一口接一口地喝着杯子里的水,眼睛斜视着。不久,又明显

神经质地喊道:

"给他们水喝!"

军官们在他旁边围成一个半圆形,惊讶得张口结舌。

侯赛因站在军官们的中间,神思恍惚,思绪紊乱。他感到外出已很困难,或者说与哥哥见面已不可能了,他与最亲近的人之间的最后联系被切断了……他的祖国即将把他丢向一个渺茫的命运,一个不可知的住处。

到了吃午饭的时间。侯赛因与其他侍从官一起坐着嚼了几口干豆角和几片红烧牛肉。大家都很愁闷,除了说几句感叹的话外,谁都不吭声。

出发的时间近了,仆役们忙着把箱子搬上停在浮标旁边的渡轮。福齐娅公主和她的丈夫来向国王告别,他俩脸色苍白,神情惊慌。

侯赛因坐在一个远角落里,默默地注视着表上的指针。他身旁的五个同伴在给他们的亲属写告别信。他一个字都不想写,他感到自己的脑子发僵,心灰意冷得对周围的一切都不予理会。

他的一个同伴回过头来问他道:

"你干吗不写信?"

"我写什么?"

"你难道不想给你哥哥写几句告别话吗?"

"告别话有什么用?"

"那么,写上几句,安慰安慰你的母亲吧。"

侯赛因抓起了笔,开始写信:

阿里哥哥:

我不知道该给你写些什么……我的内心百感交集,我的思想杂乱无章……若与我周围发生的重大事件相比,言语就显得无足轻重徒成儿戏了。

你现在站在装甲车上,周围是你的士兵和伙伴,还有全体人民,你们战胜了专制打败了暴虐,以胜利者的姿态站立着。

在你们包围的宫殿里面,用枪炮瞄准着高墙后面,暴虐蜷缩成了一团。

我多么希望把你们的力量与暴虐的力量隔开的墙倒坍,让这两股力量之间的怪异差别暴露出来。

我困惑不解地要问:这个无能的家伙和他的一小撮人,怎么竟然会轻易地控制着正在外面咆哮的人民和军队如此巨大的力量?怎么会轻易地骑在人民头上,抑制他们的呼吸,像异类骆驼似的驱使他们呢?

专制是被驱使力量不假思索臆造出来的幻觉!

这个世界上,永远没有一个专制者的力量能与专制对象的群体力量相匹敌。暴虐只是个人强加给群体的骗局,是群体在笃信和害怕它之后才给予个人的!

暴虐与专制的力量源于政权的幻觉。它其实只是赶驼人的吆喝或牧羊人的喊叫,它的全部力量在于骆驼的惧怕和羊群的顺从。

我不知道我为什么在这样紧迫的关头和局促的时间里给你写这些话。原因也许是我深刻感受到了个人本身是多么微不足道。我已经看到,专制者片刻之间失去了他的权力……他还是他,他的构造丝毫没变,体力不衰,智力不差,肢体一条未断,指甲一片不缺。前一分钟,他还威风八面、令人生畏,后一分钟就变得卑躬屈膝、战栗不已……这是为什么?

这是因为被驱使的力量揭露了骗局,驱散了幻觉。他们发现专制者的力量来自他们自身,于是收回了这种力量,让专制者变得软弱无能,一筹莫展。

时针在移动,我不明白它为什么走得这么快。我在咱们这块土地上的时间已经不多了。

我对你说这些话,自己也很困惑,正如我在信的开头所说,言语如果与我百感交集的心情相比,只是儿戏。

如果我对你说,我非常想念咱们的家——咱们出生的那个家……想念咱们围坐在矮圆桌旁,想念草席、咱俩合睡的床……想念黑色的泥土、绿色的庭院和混浊的水……如果我这样说,你会奚落我吗?

如果我告诉你……我……我……我爱巴希娅,你会奚落我吗?

是的,阿里,当我即将一去不回时,我一生中从来没有像现在这样感受到她。

她总是在等我,不抱任何希望……她很可能仍同过去一样,始终等待着我……告诉她,她这一次的等待不会没有希望,因为我如果回来的话,就将回到她的身边。

把我的信给她看吧。替我吻吻妈妈。

我爱你们大家。

忠诚的侯赛因

侯赛因折好信,放入信封,交给他的同伴,与六个侍从官写给亲属的信放在一起。

时间快到五点半了。按照卫队长的命令,准备为国王送行的仪仗队已排列在从王宫到码头的路上。

首相曾让国王选择乘飞机还是乘船,国王选择乘船,决定坐马赫鲁斯号船离开。船长贾拉勒·奥卢巴被召进了宫。

事情一件接一件地在进行着,全体人员像幽灵般悄悄地行动。六点差十分，王后、小王子和三位公主来到码头，军乐队奏起王国国歌。

所有的人都在渡轮上占好了位置，军官们与其他官员站在渡轮的旁边。五分钟后国王下来了，他穿过送行的扈从和排列整齐的卫队中间，像是去做一次王家旅行，周围依然是显赫的王家排场……他的步伐显示出受伤鸟儿最后的坚定。乐队奏国歌，他举手答礼，从掌旗官手中接过了国旗，接着走向渡轮，在站上自己的位置之前，向首相和美国大使告别，向军官和公民们示意。

渡轮驶向湛蓝平静的海面。码头上人山人海。国王脱下帽子向海军和海军学校的学员致意。

突然，出现了一条小船，船上的摄影者举着相机。国王激动地喊道："夺下他的相机！"

摄影者被抓住，照相机被扔入海中，国王出走的一切痕迹也就此毁灭。

渡轮靠到马赫鲁斯号船，国王及其家属，随后是侯赛因和其他侍从官都登上了船。一条船上鸣了一声礼炮，国王一阵颤抖，这暴露出他的内心已经崩溃。他似乎不相信他已保全了自己的皮囊，或像是在猜测他随时还会受到什么致命的打击。

过了一会，一条小船载着来送别国王的革命军官驶近轮船，围绕轮船兜了一圈。船上的乘客都向革命军官致敬，唯独国王没有反应，因为他没有看见他们，后来是王后指给他看了。王后还算镇静。

纳吉布和加麦尔登上轮船向国王致敬。这敌对的双方面对面地站着。事件来势之猛和发展之快，使他们都没有机会想到竟会在这决定性的时刻奇妙地站在一起……他们都是透过导致这种局面的重大事件和即将产生的重大事件的云雾来看待对方的。

国王望着这些在转眼之间就把他赶下王位的人……他们是什么人？

他们有怎样的特点？怎么把他们与他驯顺听话的黎民百姓相比呢？他为什么没有在他们袭击他之前就对他们先下手？他好像竭力要当好他最后时刻的国王，保持住被宰牲畜临终前的站立姿势，不在屠夫跟前倒下。

军官们看待国王就像看一头依然四脚站立但已步履踉跄的公牛。他们无意延长会见的时间。这形式上的告别，一会儿就结束了。其间，国王还发出他最后一道敕命，命加麦尔丢掉手杖。加麦尔的回答只是对他瞥了一眼，要他明白他已不再是国王，让挨宰的牲畜想起宰割他的利刃。

送别的军官们离船之前，国王用最良好的祝愿来向他们告别。对这样的祝愿，他心里也解释不清，像是想让他的离去最后一次带有堂皇的王室标记，使他的告别显得高雅、气派。

七点差一刻，补足了给养的轮船出发了。它缓缓地行驶在波光粼粼的蓝色海面上。夕阳西下，驶向天际的轮船像另一轮太阳一去不返，沉落后再不会升起。

船上的乘客们站着凝望渐渐远去的城市。黑夜的利齿咬啮着西坠夕阳留下的火红尾巴，把城市的轮廓露了出来，只见城里高耸的楼房，成了暗淡朦胧的憧憧阴影……慢慢地，黑暗罩住了那屹立在天际如一片墓碑似的灰色影子，把暴虐的势力、威权的象征都埋葬在里面。

国王站着，胳膊支在栏杆上。他的目光眷恋地望着那一片黑暗。透过黑暗，远处隐隐露出颤抖着的光亮在浓墨似的天际闪烁，显示出他王权的最后一点痕迹。不一会，那战栗的光亮便被黑暗吞噬了，像是被那股废除他王位、掀掉他王冠的风暴的最后一阵风刮走了。

他的双眼蒙上一片怎么也驱散不了的泪花，他伸手抚摸站在身旁的王后的头，仿佛想从他消失的王权中找到一点残留物……过了一会，他回过头来对侍从官们说道：

"你们去休息吧，我在船上不需要守卫。"

轮船在黑暗中一路驶去。祖国土地上的最后一点光亮从乘客们的眼中消失之后,他们都回到自己的房中。侯赛因坐在小床沿上,舒散一下疲惫的身体。他的双肘支在膝盖上,头埋在两只掌心中,用手指按压着前额,似乎想止住几乎要使他的头裂开的剧痛。

在这喧闹、忙碌的一天里,他第一次一个人待着,心里真想哭一场,让泪水像土地渴望的雨水在刮过扬起满天尘土的风暴之后,洗涤掉地面的尘埃。他不想抑制住眼泪,而是让它无声地透过指缝流淌,冲掉他的愁思,解除他的烦恼。

哭一场果然有用。哭过之后,他觉得安静和轻松了些,便很快拭干泪水,也抹掉了郁闷。他打起精神,以恢复自己好冒险的本性和放荡不羁的态度,第一件事就是起身走向镜子,开始刮脸、洗澡,尽可能地整饬一下衣服,然后来到甲板上。

晚上九时,国王穿着一件罩住全身类似白长袍的衣服离开自己的房间,来到侍从官们中间。他靠着栏杆,纵目眺望浩瀚的海洋和水天相接的漆黑夜幕,不久便发出一声长叹,自言自语道:

"在发生这一切之后,我觉得我想错了一件事,那就是我没有料到竟会发生今天这样的事情。昨天我还对阿里·马希尔说,这些人既然到亚历山大来了,至少也应签个到吧。他告诉我说,他们明天九点钟来。我心想他们可能还有别的要求吧……他们想要的,我样样都满足了嘛……可万万没有想到竟会发生这样的事情。"

沉默了一会,军官们谁也不知道该对他的话做何评论。国王不久又接着说道:

"卡弗里这个人是很不错的,我曾经和美国政府一致同意延长他的任期。两年前,我倒曾经感到可能会有这么一天。我这样对他说了,他却对我说,这绝对不可能发生。我对他说,我很了解我的人民。他回答我说,不管发生什么事,他随时准备为我效劳。我说:'我把你放到适当的时候吧。'今天他来了,我对他说这就是适当的时候了。"

一阵微风吹进他宽阔的胸膛。他举起手,紧了紧斗篷的前襟,又说道:

"人做好事是不会白做的。我们曾经优待过萨夫瓦一家。我相信,我们到了意大利,他们会好好接待我们的。我不知道我们将住在什么地方,但是,我们到了以后,真主会解决的。我如果需要什么,还可以差遣你们中随便哪个嘛。"

他朝他们转过脸来,细细地审视了一会,请求似地说道:

"我需要你们所有的人。我们要订一个保卫制度,这以后再谈。我现在想告诉你们的最重要事情是有一个匪徒集团,他们无法无天,要绑架我的儿子。最要紧的就是我们得对他们保持警惕……总而言之,这件事我们以后再谈。"

一个军官说道:

"我们对一切都有准备,王上绝对不要发愁。"

国王轻声答道:

"我知道。"

接着,他转过身去,眺望着笼罩海面的夜色,无可奈何地说道:

"当了十四年国王,我也累了,我想休息,现在不想回去。"

听他的话,似乎利刃仍在捅他,被宰的牲畜依然踉踉跄跄地站立着。他的总体感觉是一个去休假的国王,或者说是因疲于王事正处于疗养状态,待休养恢复后还将回来的国王。

国王终于回到他的卧舱,侍从官们也各自分散回房。侯赛因闭着眼睛躺了很久,却毫无睡意。往事依然不断地在脑海中涌现,其中最执着的是巴希娅的形象。

新的一天来临，太阳升起来了。船在破浪前进，时间过得缓慢而沉重，侍从官们坐着打牌消磨时间。小公主们在一旁看着他们消遣，她们嬉笑、快乐、没有任何时间概念，仿佛在做一次短途旅游。

国王赤膊穿着灰色长裤走来走去，忧虑、怅惘的表情已经消失。在他的专用船上，处在他忠实的卫士中间，他又一次成了国王。他周围的一切，跟他称孤道寡的时代并无丝毫改变。他看到的每一个人、听见的每一句话，都向他证实他依然是国王，是伟大的国王陛下。

船只快靠近意大利海岸了，突然传来开罗的指示，命令下船的仅国王及其家属，船上所有埃及人必须随船回国。

这时，这头被宰牲畜跌倒在地了。国王在感到他与王权的一切联系都被切断之后，明白他已不再是国王，他像果核一样已被唾弃，将孤零零地被撵下船去。

星期二拂晓，轮船在狂风暴雨中抵达卡普里，在那里一直停到八九点钟，放下了国王私人的游艇"海洪号"和艇长哈姆迪，然后开往那不勒斯，于中午到达，由几艘小船引进港。码头上围着一圈意大利警察。

不一会儿，埃及领事来了，随后是埃及大使阿卜德·阿齐兹·巴德尔和夫人，还有意大利外交部的代表。接待显得冷冷清清，国王最后的希望——预期意大利会报答他对萨夫瓦一家的恩德——没有实现，他感到极为沮丧。他第一次被夺走了扈从和随行人员，周围都是阴沉、苍白的面孔，没有任何排场和声势。

他光着头，身穿咖啡色西装，戴着一副墨镜站在船上。仆役们开始搬运行李，其中有四十箱威士忌，有谣言说里面装的是黄金。

王后与公主们下船了。随同她们的还有理发师皮特鲁、驯狗师卡伐奇、兵器制造师查罗、四个阿尔巴尼亚男仆、五个保姆。没有一个埃及人下船。

国王拖着沉重、缓慢的步子下船，背上像是压着重负。他从脚踏上马赫鲁斯号船舷梯的时候，就意识到自己将离开最后一块埃及的土地——他在自己的王国大地上曾欢快地行走，上天入地为所欲为……他竭力控制自己，利用墨镜遮住他悄悄淌下的眼泪。然而，当他的脚刚踏上最后一级舷梯时，他就扛不住了，第一次放声抽泣起来，臃肿的身体因哭泣而震颤。

大家都感到，这头被宰的牲畜已经跌倒，在咽气。许多人眼泪汪汪跟着抽泣，王后哭了，公主们哭了，侍从官和仆役们都哭了，没有人不啜泣，包括意大利警察。

六十一　并非幸灾乐祸

马赫鲁斯号在加足燃料之后,次日离开那不勒斯,于星期六中午回到亚历山大。

侯赛因离家仅一周便重返故里。他原先以为自己会一去不返,心里有一种久在风浪中簸荡行将死亡的沉溺者感觉,满怀沮丧……接着,突然发现自己被一个浪头抛上了得以生还的岸边,来到平静安全的港口。

他精疲力竭地回来,找到了休憩和安宁,这是他近些年来身处腐败和堕落的氛围,在旋涡中生活所缺失的。

他把巴希娅搂入怀中,用双唇拭去她脸上的泪水。在长期奔波、迷惘和彷徨之后,他体会到了安定和快乐。他一面笑着吻她的眼睛,一面对她嚷道:

"我在船上面对洗衣水槽中堆起的衣服,搓、擦、洗、拧忙个不停,洗得手都起泡了,才知道你的价值!"

"你自己洗衣服吗?"

"当然啦。我们只有一身替换衣服,要么穿着肮脏和汗渍的衣服不洗,要么自己动手洗替换衣服。不管怎么说,我每搓一下,每拧一把,都想起了你。"

"我不论是在活动还是低语、是睡着还是醒着都惦记着你。你会回来的,对此我从没有绝望过。每次有人敲门,我就觉得是你。你的信让我充满美好的希望,我从你的话里感到你是爱我的,一切我都得到了补偿。"

侯赛因实现了他母亲一生的凤愿,这个浪荡子在放纵胡闹得疲倦之后,成了模范的一家之主和丈夫,他安居家中,享受着稳定、安宁的乐趣。一家四口搬到了新开罗的一幢住宅,生活得平静安康,没有什么可说道的变化。

阿里在家里单独住一间房间。他进进出出都伴随着母亲的祝祷,求真主赐给他一个好姑娘。他对待母亲的祝祷,如同接受敬礼和问候,并不去想它的含义。

工作上,他负责领导一个装甲团,以他一贯的忠贞、诚实和精力集中的工作精神专注于他的军事生活,指挥装甲团是他最大的抱负和最美好的愿望。

苏莱曼已投身政治。他不时地来探望阿里,相互交换看法,谈谈心。

革命在继续发展,它的第一个目标已经实现,那就是消除了横亘在踞于峰顶的少数人与被扔在山脚下的大多数人之间的巨大鸿沟。

财产限制法颁布了。它狠煞了那些高高在上、气焰熏天家伙的威风,拉近他们与平民百姓间的距离,粉碎了封建主集团,缩小拥有财产最低额与最高额间的差距,在推翻国王的王位后又铲除了小王子、小王爷。

革命的领导者们感到自己重任在肩,体会到包括废黜国王在内的革命过程本身并非目的,而是达到更宏大目标的一个手段,不是路程的终点,而是起点。

他们像是站在负责人的位置上,面对的是巨大洪波,起初感到胆战心惊,因为他们没有想到他们担任的角色将不只是冲破高墙、铺平道路的敢死队先锋。

在大海里指挥航船，他们显然毫无经验，但愿能把指挥任务交给老船长们，采用不受腐败、衰颓影响的新作风，把船驶往正确的方向，奔向一个伟大的目标，建设一个自由强大的祖国，让人民享有尊严、纯洁的生活，既无暴虐和贫穷，也没疾病和愚昧。

《政党组织法》虽已颁布，但旧思想旧作风却未改变。在政党的腐败已病入膏肓，贪欲、野心、自私自利和勾心斗角的病菌已深入政党肌体之后，这个《组织法》又不得不被废除。

革命者们看到自己闯破围墙消除最大障碍后进入的路上，仍然布满蒺藜和地雷，看到他们原指望托付方向盘驶向预定目标的旧人物[①]中，充斥着相互狂吠乱咬的残渣余孽，这令他们感到非常沮丧。

起地雷、拔蒺藜、除阻碍、搬顽石的过程开始了。革命者们满怀信心地担负起在洪流中驾驭航船的新角色。身边的船长们变得渺小，像秋叶般纷纷坠落之后，革命者们感到自己才是最有能力驾驭航船的人……冲破围墙、消灭暴君的人，只能冲在前头，率领队伍去达到自己的目标，实现自己的理想。

革命的队伍继续前进，清除蒺藜和地雷，奠定建设的基础。

革命快一年了，苏莱曼在政治领域里驰骋，深陷其中；阿里却蜷缩在自己的孤独中，觉得自己是个不毛沙漠中的行者，前方没有目标，也没有诱人的蜃景。他封闭了自己的情感，他的心胸像是一口埋体匣，里面葬着英琪。

他不时会出现思念引发的震颤，就像受冻人的激灵……他内心虽感痛楚，但还是会很快强打精神，赶走向他走近的倩影。

每当他思念心切战栗不止时，他就问自己：假如当初他收到了那封被

[①] 指华夫脱党和其他代表大地主、大资产阶级利益的政党。

克里梅烧掉的信,他的爱情最终也会像现在这样令人失望吗?信里可能会有什么内容?他向她要求进一步的希望,她会在信里给他吗?还是仅仅对音信中断和他的失望说些安慰话呢?就算她给了他进一步的希望,面对差别的堤坝和传统的桎梏,他能靠这希望做什么?

接着,他很快想起了弟弟的话:

……问题并不在于差别和传统,而在于你企图逾越它们的方式……你只愿意躺在虚妄的传统和差别后面,眺望你那迷人的公主,仍像花匠的儿子从自己的茅舍眺望府第的高墙一样。你用中世纪的头脑想事,她也一样,被关在府第的塔楼里,等着你越过高墙,把她带上你的骏马,打倒她的父兄,而他俩正弯弓搭箭站在那里守护着她,防备你这个花匠儿子的。

是啊,问题正如他弟弟所说,在于他企图逾越差别的方式,而不在于差别本身。

差别在哪儿?它不是已经被革命的铁镐锄掉、粉碎了吗?革命已经打倒了最大对头,那些傲慢的脑袋跟着耷拉了下来,那些自命不凡、妄自尊大的家伙也已变得卑贱。尽管如此,他阿里却依然如故,英琪也还是老样子。

《财产限制法》剥夺了英琪父亲的绝大部分财产,留下的只有府第周围的庄园。他深感悲痛的是革命使他失去了土地——他一直用尖牙利齿护着它,生怕农民们偷抢,他也丧失了强加在周围奴隶身上的威权。

王爷感到自己的领地行将消失,头上的太阳正在西坠。他得了几乎丧命的心绞痛,瘫倒在床,动弹不得。

尽管出现了改变差别的种种现象,阿里却感到深渊和堤坝依然存在,他仍如弟弟所说,蜷伏在高墙后面,绝望地眺望着关闭在塔楼里的迷人公主。

他觉得,他对她的失望如同对她的爱情,都长留在心,永远存在。她已沉积在他心里,伴随着她的是失望。他要面对的只有两种不可能:作为一种感情,他不可能从心里拔除对她的爱;作为一个活人,他不可能获得她。

7月的一个夜晚,阿里坐在家里的阳台上,身旁是苏莱曼。阿里觉察到他的伙伴心绪不宁、烦躁不安。苏莱曼过去不满的各种局面已经改变,革命给了他和他的战友们从事他们向往的一切工作,他怎么还有烦恼呢?阿里觉得奇怪。

苏莱曼轻轻地摇摇头,像是欲言又止。阿里问道:

"你怎么啦?"

"心里烦。"

"烦什么?"

"什么都烦。"

"我没有想到你会心烦……你的大部分理想已经实现,剩下的也正在实现,基础已经奠定了嘛。"

"尽管这样,我却觉得我们的工作遭到许许多多的不满和愤怒……我们做到了过去几个世纪里谁也没能做到的事情:使埃及摆脱了压迫她呼吸、不让她动弹的黑暗,引领她走向符合我们良知的正确方向。我们的目标一清二楚,谁也没有分歧。为了达到这目标,我们正在全力以赴坚定诚实地前进。尽管如此,我却觉得遭到了人们的敌视……为了争取人们的爱戴和支持,我们还得做出特别的努力,好像我们已经实现的目标还不够似的。"

阿里松弛地伸直双腿搁在阳台边上,身体后靠,尽量坐舒服。他缓缓地答道：

"你啊，苏莱曼，总是缺乏耐心，容易激动。你们引起了一些人的愤怒和不满并不奇怪。任何一件工作，都不可能让所有的人绝对满意，因为人们的性格、欲望、兴趣、要求和目的各不相同。好人的工作，坏人不会满意；坏人的行为，好人也不会赞同。过去，腐败公行，颓靡根深蒂固，理想和良好的规范沦落，胡作非为、贿赂和徇私舞弊等各种恶行成了不受鄙视和谴责的正常行为……现在，你们来了，要恢复理想和良好的规范，清除盘踞在国内的坏人，把国家从歧路拉回到正道上来，这需要强硬、压力和暴力。强硬本质上并不讨人喜欢，而压力和暴力更是令人厌恶，特别是对那些一向颓靡的人而言。因此，你不必为不满和愤怒心烦，那是正常的不满，预料中的愤怒。"

"你预料到了吗？"

"当然。你原来是怎样想的？你认为大地主们被夺走了土地，被打得七零八落以后会热爱革命吗？他们仇恨革命是非常自然的……而且革命也得不到农民的拥戴，他们与自己的对立面大地主一样仇恨革命，其中没有分到被剥夺土地的农民更甚，因为没收来的土地只能满足少数农民……这些情况都很正常。尽管这样，我们还是要强制推行《财产限制法》，以消除横隔在个别人拥有数十万费丹土地和其他人一无所有之间的可恨鸿沟，实现某种程度的平等。

"党派人士仇恨革命也很自然。过去政权由他们轮番占据，为他们所垄断，是革命夺走了他们的宝座。此外，革命还会招致这里那里的仇视，都属正常。"

苏莱曼默然不语，出神想了一会，仿佛自言自语道：

"奇怪！我原来以为，我们在事成之后，会被看作是受崇拜的英雄呢。"

阿里笑着答道：

"假如你们在革命行动一结束就急流勇退，那很可能会这样……你们在革命行动中的角色确实可以进入受崇拜的英雄行列。可是，你们此后扮演的角色，是肩负起责任继续率队前进，为实现你们的目标坚持奋斗。这种新角色不可能让你们进入迅即便赢得爱戴和崇敬的华丽光环——那不应是你们的追求和理想……你们也不应改变要争取实现的目标，不宜追逐快速的表彰，因为你们工作的性质提供不了这样的表彰……你们正在清除断壁残垣，要建设一座宏伟大厦。这就必须得打好坚实的基础……建设者不可能凭他筑在地底下的隐蔽基础获得表彰，也不可能仅觉得需要赞誉而先砌墙后打桩。对你们的所有要求，是做有用的工作，对表彰要有耐心，等到经受住了时间和历史的考验，赞扬是一定会到来的。"

"也许你说的有道理。可是也必须重视舆论，必须让舆论暂时满意。"

"这绝对没有必要。你们有力量强迫舆论满意……如果你们今天用力量压服舆论，那么明天你们将用有益工作的成绩让它表示满意……但你们不要为了取悦舆论而不顾或忽视有益工作本身，国家正处在发展和提升的跃进阶段，你们应避免采用肆意娇宠和故意讨好的做法。"

"可是，这样做将成为我们的一种专制，我们进行革命可是为了要求自由和宪政生活。"

"你们肩负的是全部责任。负责就要选择确保你们取得最佳成效的方式，不要在这种方式那种方式之间摇摆不定……不必理会人们是否喜闻乐见，而要重视确保你们工作的成效，二者不能相提并论，因为工作成效应决定工作方式……过去，工作方式表面上不错，工作本身却是腐败，结果摧毁的是整个体制。如果腐败的工作会摧毁良好的工作方式，那么，它也不难摧毁其他方式。苏莱曼，重要的只是你们的工作。"

苏莱曼喃喃地说道：

"是的,你说得对,重要的是工作。明天,我们将进行一项工作,我认为它是我们走向美好目标的一个重大步骤。"

"是什么?"

苏莱曼沉吟了一会,答道:

"宣布共和制①,结束穆罕默德·阿里家族的统治,取消王爷的头衔。"

阿里惊讶地扬起眉毛,问道:

"这真决定了吗?"

"是的。我们将明确肩负起全部责任,对人对事都将直称其名。埃及从今以后不再有国王和王爷。"

一阵沉默。苏莱曼的最后一句话留在阿里的脑中,阿里觉得它触及了自己内心深处的隐私。

埃及从今以后不会再有国王和王爷?

他仿佛觉得,又一道差别的堤坝崩溃了,王室成员中那些仍凭着虚妄的王爷头衔自吹自擂的家伙,他们最后残存的一点高贵也坠落了。

然而,差别的消失或保留跟他阿里有什么相干?堤坝是由他的失望和无奈筑成的,无论差别是被取消还是继续存在,府第的主人是王爷还是卑贱者,他都不敢闯入,越过围墙,而是始终像他弟弟说的那样,蜷伏着眺望被关闭在塔楼里的迷人公主;公主则在等待他越过高墙,打倒她的父兄,砸碎牢房的铁窗,带着她骑马逃跑。

苏莱曼望着他,期待他回答或表示意见。他却一直在出神想心事,逼得苏莱曼不得不打破沉默问道:

"你怎么看?"

---

① 埃及 1952 年 7 月 23 日革命成功后,保留了形式上的君主立宪制,立法鲁克的幼子福阿德为王。1953 年 6 月,宣布成立埃及共和国。

阿里顿觉局促不安。他发现自己只想着这件事中最微不足道的方面，对行将发生会改变埃及政体的重大事件，他关心的仅仅是废除王爷的头衔，亦即取消在王爷们——确切地说，是伊斯梅尔王爷——身上的王室光环，这是横亘在他与他毕生夙愿间的最大堤坝和障碍。

苏莱曼的发问像是使他从沉睡中苏醒过来，他答道：

"我的看法？我看，这是决定性的行动，是成功的一步，是早该采取的一步。"

"凡事都取决于时机。感谢真主，是他让我们成功地走到了这一步。让咱们一起来消灭统治埃及的最后一个外国家族。"

"是的，咱们已经亲手掌握自己的命运，统治埃及的将是埃及人民。光想到这一点，就使人充满希望。"

两个朋友分手了。这一夜，阿里躺在自己的卧室里，历历往事汇聚心头，勾起了他隐秘的思念，唤醒了已沉眠的怀想。他熟睡时，梦境中一刻也没离开过迷人的公主、高墙铁窗、格斗交锋、驰骋的骏马、飞舞的金黄色秀发、甜蜜的嘴唇、整齐的皓齿、美妙的拥抱……

慷慨的梦境在他睡时所赐予他的，是在他醒时命运很难给他的。

第二天，共和国宣布诞生。革命坚持奋斗，捣毁破败的废墟，为建设一个梁柱坚实、结构牢固的新国家奠定基础。

阿里继续走他狭窄的路，过他严肃、封闭的生活……思念断断续续，失望绵绵悠长。

革命后的第二个夏天过去，秋天来临。菊花盛开，带来了遥远、依稀的回忆：花房、府第花园、飞翔的蝴蝶和急速前冲的手推车。

阿里去参观在展览馆农业厅里举办的菊花展。他默默地顺着脚步往前走，就像过去一样，围着府第的高墙转悠，溜进花房，悄悄地走到巨大的榕树下。

他在展览馆里漫步,浏览色彩绚丽的大片豆绣球花,最后来到一个拥有大批花卉的角落,悬挂展出者名字的牌子上写着"伊斯梅尔先生花园"。

阿里在这批花卉前停住了。他感到十分亲切,花卉仿佛正用熟悉和亲热的目光凝视着他,像是在对他悄声耳语,说他离别太久,它们都很想念他。

这些鲜花他并不陌生,它们是他父亲的后裔。父亲曾说,花卉也是他的子嗣,父亲对花卉的爱流淌在他的血液里,他爱花如同爱他的孩子,花卉像他的孩子一样有权得到他的照料和栽培。

阿里仿佛看见父亲拿着喷壶俯下身子向花卉浇水,就像乳母哺育婴儿。他记起几十年前,父亲穿着宽大的长袍,戴着黄色的缠头巾,就在这样的花卉中间转来转去,自豪而欣喜地抚摸它们,就像抚摸他与弟弟的头。

他一面出神地凝视着花卉,一面仿佛感到有一个影子站在他的身旁,几乎听得见影子的呼吸声,感觉得到那双眼睛正跟他一起注视着花卉,心里跟他一起缅怀着往事。

他在幻觉中描绘这情影:容貌亲和,轮廓鲜明,神情忧伤,目光恍惚,一如他最后一次看到她那样。他不想抬头望她,生怕她受惊或飞走。他继续出神地看着,怀着愉快的感觉,直到一个粗犷的声音把他从梦幻中唤醒:

"阿里贝克先生!"

他转眼向喊声看去,只见是花匠马哈茂德——他父亲的一个学徒,遂向他伸出手去,两人热烈地握了握手。阿里问道:

"你好吗,马哈茂德?大伙儿都好吗?"

"都好,先生。您怎么不来看我们啊?我们可每时每刻都惦记着您哪。"

"我也常常想你们。我到这里来,就是来看看你们的花。"

"您觉得怎么样?"

"令人惊讶。"

"这些花是整个花展中最好的。尽管这样,还是比不上令尊大人在世时那会儿……他是我们大家的师傅。老爷每次对我们发火时总要提起他,说他是一个不可缺少的人。"

"老爷的情况怎么样?"

"老样子。我想您也听说他得了心绞痛的病吧。他现在好多了,在花园里转来转去,嗓门像生病前一样高。他又在当他的王爷,吆三喝四啦。"

马哈茂德压低声音,小心地向四面张望,接着又说道:

"我们本来以为革命会煞煞他们的威风,教会他们老实一些。可他们还是老样子,特别是阿赖少爷。他是疯子,谁都容不下。他老婆因为忍受不了他的疯狂丢下他走了。他只会发号施令,蛮不讲理,以打我们取乐,其他什么事都不干。他的马受了伤,他差一点杀了马夫阿卜德·哈米德。"

"阿卜德·哈米德犯了什么错?"

"他没有把马拴牢,马逃出马厩,撞到了大门边上。少爷把他的肩胛骨都打断啦。他们这些人需要教育,你们得好好教训教训他们!他们中没有一个好人,只有小姐除外,差不多没有人对她有反感。"

"她好吗?"

"她昨天在这里看展览。您要是昨天来,就会见到她了。"

马哈茂德无意中的一句话,拨动了阿里的心弦:"要是昨天来?"是啊,他要是……要是知道的话,从开幕之日起,就不离开花展了。

然而,他干吗这样感到失望?他能从偶然的一瞥和匆匆的相遇中获得什么呢?

不必奢望了,还是失望更好,也更牢靠。

阿里伸手与马哈茂德告别,离开了花展。他竭力从心里驱走失望和沮丧的感觉。

次日清晨,在去兵营的路上,他瞥见晨报的大字标题:《抄没穆罕默德·阿里家族的家产》。

他在兵营拿了一份报纸,从详细报道中看到革命指导委员会颁布了抄没穆罕默德·阿里家族的家产,把艾哈迈德·阿拉比的财产退还给他后代的决定,称由于王室成员企图把王室搜刮来的钱财偷运出国,故决定没收这些钱财归还给人民。

在阿里看来,抄家的决定像是对花匠马哈茂德愿望的一个回应,他昨天悄声对阿里说道:

"他们这些人需要教育,你们得好好教训教训他们!"

阿里手里抓着卷成一团的报纸,来到办公室。他心里有些伤感,显得表情严肃,心神恍惚。

抄家的决定摧毁了最后一道差别的堤坝,粉碎了最后一块巨石,他与王室成员之间已不再有差别,他们的头衔、财产、爵位、体面、权势等,全都没有了……蜷伏在高墙后面的花匠儿子,跟高踞在塔楼里的府第主人已经完全一样……高墙消失,塔楼坍塌,世上所有的人都平等了……高山夷为平地,再也没有顶峰和山脚。

尽管如此,他还是感到很难受。

在这一切中,英琪有什么罪过?她不曾因为爵位而趾高气扬,凭有体面而骄傲,她的爵位被撤或体面丧失,对她不会造成损害,可为什么要把这种种的屈辱加到她的身上呢?

不过,她是会把这决定看作屈辱,还是会视作革命和人民的一种权利而予以接受?但愿能见她一面,与她谈谈!但愿能分担她的痛苦!但愿能拥抱她,消除她的各种烦恼和忧伤!

他为什么不这样做呢?堤坝已经消失,那些高傲的脑袋已经低垂下来。他已经身居高位,为什么不敢去看她呢?

可是，她的父兄对此难道能接受吗？他们真的会认为他与他们已经平等甚至还高于他们，还是依然认为他只是一个花匠的儿子，一个曾向英琪求婚而被他们诬为疯子的人？

电话铃响了。阿里拿起听筒，听见接线员说道：

"骑兵部队参谋长请您接电话。"

接着，就听到骑兵参谋长的声音：

"早上好，阿里。你已经被任命为抄没穆罕默德·阿里家族家产委员会的委员，要求你明天去阿比丁宫向委员会主任报到。"

阿里愣住了，惊讶地问道：

"我？抄家委员会委员？因为什么？我一刻也不能离开团部，这您是知道的……您干吗要任命我呢？我……"

参谋长平静地打断他道：

"听我说，阿里，别嚷嚷。不是我们任命你的，你的任命来自指导委员会。你如不想去，就跟他们联系，让他们换个人。再见。"

阿里茫然失措地放下听筒，答道：

"再见。"

他对这项任命困惑不已。过了一会，脑子里闪过一个念头，他立即又拿起听筒，对电话员说道：

"给我接指导委员会苏莱曼少校。"

不一会，传来苏莱曼的声音：

"喂，谁啊？"

"我是阿里。"

"早上好，阿里。你怎么样？两天前，我原想去看你，可是发生了……"

阿里不耐烦地打断他道：

"听我说，苏莱曼，咱们现在不谈发生了什么。告诉我，是谁任命我当没收穆罕默德·阿里家族财产委员会委员的?"

苏莱曼直截了当地答道:

"是我。"

"你?因为什么?"

"因为我想这会使你感到高兴。"

"会使我感到高兴?你为什么会这样想?"

"让你亲自负责抄没某个家族的财产。"

阿里更加光火了,他气忿地问道:

"谁告诉你我想负责抄没这个家族的财产?你过去看到过我有想幸灾乐祸和让人受辱的念头吗?"

"你别发火,也别犯傻。问题不是想幸灾乐祸或是让人受辱,恰恰相反,是想要避免幸灾乐祸和让人受辱。我是想让他们免遭祸害……办这件事要机智、有礼貌、聪明、妥当。我看,你是最有能力这样做的人,会十分谨慎地避免让人受辱,至少是对你的女朋友来说是这样……你是否认为她的事情已与你无关,你愿意在能帮助她的第一个机会中对她不闻不问?"

阿里皱紧眉头,不知所措地沉默着。

苏莱曼又问道:

"你怎么不回答?"

阿里没有能力回答。她的事真的已与他无关了?他愿意对她不闻不问?他难道不是最有权利也最能减轻对她冲击的人吗?

苏莱曼接着又补充问道:

"你要我换别人去吗?"

阿里简单地答道:

"不。我去。"

他慢慢地搁下听筒,感到肩上压上了一副新的担子。

六十二　破坏

11月初冬的一个早晨,微弱的阳光还无力驱散笼罩在田野和公路上的雾霭。阿里坐着一辆吉普车,向伊斯梅尔王爷的府第驰去。尾随他的是一辆交通车,车上坐着抄家委员会的其他成员和负责执行的警方人员。

阿里紧绷着脸,目光投向车窗玻璃外,想穿透前面的层层雾气……路上的树木像幢幢鬼影,裹着乳白色的雾霭向他奔来。耳朵里只听见车轮擦过路面的滋滋声。司机不时地揿喇叭,不是警告一些带着牲口的路人,就是为了超过蔬菜车。

阿里感到压在肩上的任务很沉重,他不断地在问自己,是什么驱使他服从命令、接受执行这项任务的?

在世上所有的人中,命运为什么偏偏让他而不是别人去剥夺这个傲慢王爷的钱财、土地、房屋、车辆和马匹,使他变得两手空空,既无钱财,也无威势显荣?

这是命运的一个嘲弄?他的父亲去向英琪求婚时,王爷曾让他们备尝被拒绝和驱逐的痛苦,现在,命运要王爷尝尝同样的滋味吗?

可是,他与命运的讽刺和戏弄有什么相干?他为什么要去充当命运的讽刺和戏弄人的猫爪?

是为了让这种讽刺更彻底、戏弄更激烈?

是为了使被驱逐者成为驱逐者、被剥夺者变成剥夺者?这简直就像是一出结构缜密的出色戏剧!

他怎么能去会见王爷?怎么对这个自命不凡的暴君说,自己是来夺取他的全部财产,要他像其他的奴仆一样,应该自谋生路、自食其力呢?

他过去连见一见王爷都害怕,现在怎么敢于这样去做?

英琪呢?她会怎样来见他,会对他有什么想法?他又怎么去见她,跟她说些什么?难道说在长期分离和极度思念之后,他来是为了没收她的财产、剥夺她的首饰?

这有可能发生吗?他敢这么去做吗?

在过去漫长的年月里他一直召唤着她,从不曾离开过的倩影,他曾想到过自己竟然会对她采取如此令人嫌恶的态度吗?

他为什么要置身于这个可恨的困境?

为什么?为什么?为什么?

他似乎想要停车,从原路返回,去要求把他从抄没委员会中除名。

是的,这才是他应该做的。

尽管如此,他却没有下令停车,也没有从原路返回。汽车继续在雾浪中奔驰,他继续在冥思苦想。

他如果返回原路,要求抄没委员会撤换他,这丝毫也改变不了现实状况,阻止不了抄家导致的各种扰人现象;如果他不做,那就是跟英琪不关痛痒的人去做,别人可不会出于特殊感情谨慎、温和地关注英琪的感受。

难道有人会像他一样珍惜她的感情?

他的退出难道不是一种自私自利?不正是承认了苏莱曼所说的话:她的事与他无关,他要放弃第一个而且也是最后一个能为她做点什么的机会吗?不,不,他必须前往,去应付这局面中的一切麻烦。

继续去执行任务的想法又一次占了上风。

他的思想一直在是去还是不去之间摇摆不定,汽车则继续向前飞驶,不停也不返回。他举棋不定仅限于内心思索,没有付诸实施,因为他的前往,已是势所必然。后退的理由无论怎么有力,都阻挡不住他前往,其中只有一个原因,那就是他想见英琪的强烈愿望。

他体会到将会见到英琪是促使他前往的隐秘动力,在它面前,一切担心、畏惧、不安和烦躁都显得微不足道。

即便他没有能力为她做点什么,仅仅是为了见她,难道还不值得他受点儿麻烦和困难?

汽车开始接近庄园了。透过雾气,他隐约看到矗立在他们老家旁边的清真寺影子,心里充满思念,也有些伤感。他想起自己躺在那窗后卧室里的梦想,微风送来橘花的幽香,犹如心中爱人送来的一股气息。

汽车到达府第。阿里透过车窗玻璃,眺望那高耸的围墙。在他看来,那墙的雄伟高大,曾像是一道坚固的堤坝。他不知不觉中又想起了弟弟的话:

"你只愿意躺在由虚妄的传统和差别筑成的堤坝后面,从那里眺望你那迷人的公主,仍像花匠的儿子从自己的茅舍眺望府第的高墙。你用中世纪的头脑想事,她也一样,被关在府第的塔楼里,依然在等着你越过高墙,把她带上你的骏马,去打倒她的父兄,而他们正弯弓搭箭站在那里守护着她,防备你这个花匠的儿子。"

他发出充满痛苦和自嘲的轻轻一笑。

弟弟的话有多少已得到了证实?弟弟做的讽刺对比,有多少是接近事实的?

他确已在府第高墙外面,望着它就像一道坚坝。他无论担任怎样的职务,无论处于什么环境,都无法消除心里的童年感受——花匠儿子从他的茅舍里眺望府第高墙,那后面藏着他梦中的迷人公主的感受。

可是,现在公主在哪儿?她怎么样了?

她会如弟弟的想象,被关在府第塔楼里,依然在等着他越过高墙,把她带上他的骏马,去打倒她的父兄?

说英琪在等他,他可不敢奢望……即便他过去还能这样希望……有可能的是,失望和长期等待已使她失去对他的感情,岁月已使殷切的期待变成无奈的屈从和绝望的平静。

至于他越过高墙,那已非难事,不需要费什么劲了。凭他的地位、身负的使命和授予他的权力,不论围墙如何雄伟高大,他都能轻而易举地跨过。

打倒她的父兄,这也不费力气。革命事件很可能已使他俩失魂落魄,抄家决定也许会结束他俩的余生。

只剩下驱马前往的拯救行动了。

真是一个天大的讽刺:关在府第塔楼里的迷人公主将看到她的骑士终于来到,不是把她带上马救走,而是用吉普车来没收她的钱财!

难道还有比这更强烈的讽刺吗?

他能用如此厚颜无耻的可笑方式来实现自己的理想吗?

弟弟可曾想到,他那奚落性的想象,竟会变成这样极具讽刺意味和最令人痛苦的现实?

尽管如此,为了她,为了减轻对她的打击,为了尽可能地让她少受烦恼和痛苦,也为了他迫不及待地渴望一见的心愿,他只能走下去,承受一切讽刺和苦楚。

汽车在府第的大门前停住。门关着,没有人守卫,也听不到声响和动静,四周一片寂静,显得凄凉、恐怖。

阿里环顾周围,希望找到一个家丁、工匠或农民。他朝路的对面望去,那里是小河、农田,看不到一个人。雾霭揭开与河相连的农田,只见土地都浸没在水里,像一片不见寸草的沼泽。

阿里乘车前往离正门不远的管事房,在木门前停住。他走下车来,抄没委员会的其他成员和警方人士也都跟着下了车。

一位警官带着一名警察走上前去推开门,为阿里开道。但阿里走到警官前面,客气地说道:

"希望你让我先进去,这路我从小就熟悉,管事房的人我也都认识。我想,这会使任务完成得容易些。"

阿里刚一跨进大门,便觉骇然,只见满院子都是水,连管事房里面也是水。他看到一条浸泡在水里的狗尸体身上积满了泥土,接着又看见一个家丁拖着一头死驴,想把它拉得离管事房远一点。

阿里惊奇地踩着泥泞往前走,内心一片凄凉,残败凋敝之风袭人,就像走在墓地或废墟中间。

一个家丁一见阿里就快步迎上来,他见阿里身穿军装,后面还跟着一伙人,显得很惊慌。

阿里一面向一间门上写着"管家"的褪色蓝牌子的屋子走去,一面问道:

"管家先生在哪儿?"

"易卜拉欣先生吗?他的办公室被水淹了以后,就跟哈利勒先生、阿卜德·卡维先生一起待在客厅里了。您请,我们怎么向他通报?"

阿里来不及回答,易卜拉欣先生佝偻着肩背的衰弱身体就在管事房前左侧的客厅高平台上出现了。他木然地朝站在破败院子泥水中的人群看了一眼,未露出惊奇神色,仿佛已料到他们随时会来。

阿里在前,其他成员和警方人士在后,一起走向平台的台阶。阿里站到了易卜拉欣先生的跟前。易卜拉欣先生后面还有两个疲乏、萎顿的人,他们的衰弱模样与院子里的全部景象相辅而成,映照出四周笼罩着的凄凉和颓败。

阿里伸手与易卜拉欣先生热情地握手……阿里从他的满脸皱纹中看到了自己父亲的脸,感到自己的手心里正抓着带去给军事学院文书主任的介绍信。阿里被录取,易卜拉欣先生实有头功。

他想起他父亲的奋斗和丢面子的情景……想起自己当年的奔波,拿着介绍信,犹如拿着进入天园的推荐书……想起了他所憧憬的理想和愿景般的幻想……他热烈而深情地紧握着易卜拉欣先生的手。

易卜拉欣先生没有认出他来,不像他那样热情和深情。他跟他后面那两个相互搀扶着的人都很难从阿里身上认出那个低着头、默默跟在父亲后面、生怕别人看见他裤子补丁的孩子来。

阿里感觉到了不相识的冷淡和不敢相认的缄默,只得做自我介绍。他尽可能和颜悦色,丢开这里的凄凉气氛和艰巨任务对自己心理的压力,温和而亲切地说道:

"你好吗,易卜拉欣先生?我是阿里·阿卜德·瓦希德啊!你不记得我了吗?"

易卜拉欣僵硬的表情和黯然的双眼没有露出说明他记起什么的神色。

阿里又进一步让他记起自己来,简单地说道:

"我是阿里·阿卜德·瓦希德,阿卜德·瓦希德师傅的儿子!"

易卜拉欣张大了嘴巴,抬起他那一对灰白色的眉毛,脸上肌肉发颤,好半晌才惘然地轻声喊道:

"你……你……是阿卜德·瓦希德师傅的儿子?"

他后面响起哈利勒先生一面咳嗽一面嚷叫的声音:

"好极了……阿卜德·瓦希德师傅的儿子……我记得你,你还是孩子的时候,老跟着你爸爸……时间过得可真快。"

易卜拉欣先生仍惊奇地喃喃道:

"你?阿卜德·瓦希德师傅的儿子?"

接着,他嘴里轻轻地发出嘲讽性的短暂笑声,然后说道:

"赞美真主啊!"

他仰首朝天,用近乎听不见的声音嘟哝道:

"主啊,赞美你,你是多么睿智,你的手高于万手。老爷赶走了阿卜德·瓦希德,他的儿子回来把他们全部撵走,这在过去谁会相信呢?"

阿里不喜欢他的评论,也不喜欢自己的处境,好像他是幸灾乐祸地来报仇雪恨似的。他只得打断易卜拉欣先生的话,把他从对天祈祷中召回来,语气温和地说道:

"易卜拉欣先生,我想,你们已经听说了关于没收穆罕默德·阿里家族财产的决定?"

"是的,我们听说了。"

"我受政府委托负责没收工作。我觉得,这项任务既细致又艰巨。我的全部希望是,尽可能不引起麻烦和惊扰。我想,在这方面,你和哈利勒先生是能够帮助我们的。"

易卜拉欣先生咽了一口唾沫,困惑地点点头,接着,又顺从地耸耸双肩,沉默了一阵才犹犹豫豫地答道:

"事情好像不会有什么麻烦或惊扰,也不需要任何人的帮助,因为你找不到可以没收的东西了。"

阿里像是吃了一惊,问道:

"怎么会呢?土地和庄稼在哪儿?马匹和车辆呢?首饰呢?"

"土地已经连同庄稼一起淹了,牲口全被毒死了,车辆烧掉了。"

"这一切是谁干的?"

"少爷,阿赖少爷。"

"伊斯梅尔王爷在哪儿?"

"他昨天晚上走了,飞到伊斯坦布尔去了。"

阿里顿感突发情况接踵而来,怕这会使他失去坚持和应变的能力,并已预感到接下来可能还会有令人痛苦和失望的意外。

命运难道就是要让他沮丧,连安慰的一瞥和最后的一晤都不给他吗?命运把他推到这里来,竟是为了让他向荒凉的府第、被淹的土地、倒毙的牲口和疯狂的王子倾诉思念之情?

这就是他越过高墙后墙内留给他的一切吗?

他那迷人的公主走了吗?命运难道对他吝啬到了连他过去甘于忍受的讽刺性的痛苦现实,都不给了吗?

他的眼睛盯着那讲出痛苦的突然变故的干瘪嘴唇,等它说出最后一个令他难受的情况:宣布英琪已经走了。

然而,易卜拉欣先生没有再作声。他的沉默像是表明他已经说完,该阿里说点什么,把事情结束掉。

阿里脑中一心只想着英琪,他既没有考虑到抄没委员会,也没去想被淹的土地、毒死的牲口和烧毁的车辆。他心中在念的是英琪的命运……她是随她父亲走了,还是跟那个疯狂的破坏者哥哥一起待在府第里?

在他脑中嗡嗡作响的问题冲了出来。他张嘴说话,不是想阐明他打算怎么着手没收,而是不安和惊异地问易卜拉欣先生道:

"英琪小姐呢?她随老爷走了吗?"

"没有,她不肯走,坚持留在家里。"

阿里感到全身一震,一阵狂喜使他惊讶得手足无措,不知该怎么应对,该做什么……像是想跳上汽车直奔她处,用双臂抱着她,带她一起逃走。

这是他最大的愿望。可是他周围的面孔，那一双双注视着他的眼睛，把他从幻想的高空拉回到现实的地上。海关代表阿卜德·卡迪尔先生带来的卷宗、度量局代表哈散先生的提包都让他想起抄没委员会在这里，他还有要做的工作，那可不是劫持英琪和带她逃跑。

他应该控制住自己，对他专程来此的事情做出决定。他看着无奈而顺从地站着的易卜拉欣先生问道：

"你说的庄稼被烧、田地被淹和牲口被毒死等情况，都属实吗？"

"是的，我还相信其他的一切也都已经被毁坏，没有什么值得没收的东西了。"

"首饰和金钱呢？"

"准是已被卷走了。我想连牲口都要杀死不让你们利用的人，是不可能把自己的首饰和金钱留下来，乖乖地交给你们的。不管怎么说，府第就在你们面前，请进去履行你们的职责。阿赖少爷和英琪小姐在里面，你们可以向他俩询问一切。至于我，则已经是百事不管了。"

警官走上前来，对阿里低声说道：

"咱们应当直闯进去。依我看，这事情得硬干。阿赖王子是个疯子，什么事都干得出来。我愿去向警署要一支队伍来，情况需要时可以借助他们。"

阿里诧异地望着他，答道：

"干吗要这样？事情还不到这种程度……我不喜欢硬来，阿赖王子想干的都干了，把拥有的一切也都毁了，没有理由再使用暴力……再说，他是一个人。我认为不需要用一支武装部队来让他恢复理智。"

阿里望着易卜拉欣先生和其他委员们，有些犹豫地继续说道：

"不管怎么样，我想一个人先进去，为解决问题打个基础，看看能心平气和或不伤感情地做些什么。我相信，我能够直截了当地把事情搞定。"

六十三　战斗

　　阿里让司机下车,自己坐上吉普车的驾驶座,独自开车从淹没地面、花坛、甬道的泥泞潴水中往里闯进去。

　　他把一切责任感和工作都抛置脑后驾车直冲时,才辨明促使自己从委员们中间溜走,摆脱掉司机,独自前闯的真实感情。

　　他每当怀着梦想投身冒险行动时,心情总是既担心又兴奋……那是从童年时代躺在窗后就有的梦想。他驱车前去时,就是怀着这种骑士策马去高墙后面救出他迷人公主的感情。这股突如其来的奇妙感觉,使他体会到一种不可名状的乐趣。

　　他的车开过大树,折向府第正门,把车停在门旁的一棵树下,接着下车朝大理石的宽台阶走去。

　　他登上了台阶,在高大铁门面前站住。门开着,他四下张望,不见一人。府第寂静无声,周围一片凄凉。

　　他伸手按电铃,过了一会,出来一个努比亚仆人,审视地朝他看了一眼,接着便询问他的来意。

　　阿里答道:

　　"我想见府上的一位主人。"

"老爷出门了,只有少爷在家。"

"我就见他。"

"我怎么通报?"

"我是抄没委员会主任。"

仆人把这句话重复了几遍直到记住,接着让开路,把他领到客厅门口的一张椅子前,说道:

"请等一下,我去通报。"

仆人上楼去了。不一会,阿里听见阿赖狂怒的叫嚷声:

"我不想见任何人! 一切都在他们面前! 他们看到什么值得拿的东西就让他们拿!"

稍过了一会,又响起了另一个声音,它几乎让阿里的心跳出了胸膛。那是英琪在询问:

"马哈茂德,什么事啊?"

仆人答道:

"客厅里有一位军官,说是抄没委员会主任,想要会见府上的主人。"

又过了片刻,阿里听见英琪的声音说:

"给他上一杯咖啡。我就下去见他。"

阿里觉得自己的感情变得细腻,纤毫尽显,心儿在猛烈跳动,呼吸急促……像是感到决定他命运的关键时刻即将来临。

他竖起耳朵,眼睛盯着楼梯的转弯口,她下楼时将会在那里出现。他的手紧抓着椅子边,神经紧张。

他听见她下楼梯的脚步声:一级,二级……终于来到了转弯口。凭着她身后楼梯旁花玻璃窗投下的暗淡光线,他看到了她的身影和头部轮廓。

她继续向下走。她的面部越来越清晰,金色的秀发挽在脑后,容貌端正,身材匀称。她似乎还没有认出他来,而只看到椅子上坐着的军官身影,她打算向他道歉,简捷地结束他的任务,免得去跟她愚蠢的哥哥打交道。

她走到最后两级楼梯时,阿里站起身来迎接她。直到这时她才能够认出他是谁,不禁惊慌失措地喊出声来:

"阿里?"

她所做的第一件事,是紧紧地抓住楼梯栏杆,生怕摔倒在地。她伫立了一会,目瞪口呆,直觉得脚下的地在晃动、摇摆。

她显得非常疲惫。她觉得手脚冰冷,激动引起的恶心越来越厉害……她真想倒在最近的一张椅子上。

阿里感觉到了她的不舒服,上前伸出手想扶住她。

她一面尽力控制住自己,不让他扶,继续走下楼梯,一面痛苦地说道:

"你终于来了……来没收我们的财产?"

阿里觉得她像是给了他迎头一击,使他的心灵流血,充满悲伤。他觉察出英琪的话里包含的痛苦,他感到他担心的事发生了。英琪在这样难受的场合见到他时所受的打击,压倒了其他的所有感觉……英琪对他的到来除了认为他是幸灾乐祸,找不到其他理由。

阿里极为沮丧,他无法说明自己的态度,阐明自己的善意。

他能够用自己的诚意来说服她,但不是在短暂的瞬间用三言两语就能办到,而要靠长时间的相会,真情的交流……不是处在如此艰难的境地,两人如同寇仇般地站着。

乱糟糟的思想帮不了他的忙,他只得说道:

"英琪,很抱歉,我……"

英琪随即用神经质的口吻打断他道:

"不必抱歉,你尽你的职责。府第在你面前,你想干什么就干什么,没有隐藏什么东西。我去把我的首饰盒拿来给你……除了家具,那是家里的全部财产。请允许我离开一下。"

她转身上楼,不给他一个回答或解释的机会。

阿里后悔极了。这是他的错,是他自私自利想找一个会面机会造成的。

为了能见她与她相会,他让自己陷入了这样尴尬的境地,让自己站在幸灾乐祸者的立场上。

他能想象有比这更好的情况吗?为什么是他而不是别人来剥夺他们的产业、没收他们的钱财呢?

是命运不肯消除他的不幸啊!

他当初不该被那突如其来的虚幻光亮迷惑,想借此摆脱自己长期以来的失望。他应该满足于他的幻想和梦境,而不冒险行事,只落得个懊悔、惆怅的下场。

过了一会,英琪带着她的首饰盒下来了。她竭力显得坚强、镇定,掩饰她内心的疲惫、失落和沮丧。

她伸手递交盒子,阿里拿着不知该怎么办。他本来应该把其他委员叫来让他们执行任务,当着她的面点清、检查和核实财产,收取关于没收物中的使用财产和封存财物必需的确认报告。

阿里作为抄没委员会的主任,他应当尽职,一一办理。但是,事情最后竟会落得如此可恨的地步,他深感惊怵。命运迫使他俩在敌对和仇视的场面分手,剥夺掉他见她最后一面的快乐,硬是把他企图避免和防止的情况强加给他,硬要他在可能是最后一次敢做的事情中背上黑锅。

他感到命运应该给他机会和时间,让他把事情解释清楚,于是便一面把盒子递还给她,一面温和地说道:

"我求求你,英琪,我绝没有意思……"

但她没有伸手接过盒子,却痛苦地打断他道:

"我也求求你,阿里,没有必要解释。"

阿里努力抑制自己的悲痛,仍伸手递过盒子,平静地说道:

"可是,你可以保留你想要的首饰……"

英琪又用生硬的语调打断他道:

"不用讲情面,你履行你的责任吧。"

阿里感到血涌上了脸,心里有点生气,他恼火地说道:

"这就是我的责任。我们接到的命令是把你们需要自用的首饰留给你们。但是,既然你拒绝保留任何东西,那只好随便你了。"

他沉默片刻,想压下因英琪错怪了他并坚持不听他的话激起的怒火、气恼……最后,他用无奈的口吻说道:

"我想让你理解,可是你不愿听,连个说话的机会都不想给我。"

英琪开始体会到了他心里的痛苦、烦恼和失望。阿里一面转身朝门口走去,一面说道:

"对不起,我要去把其他委员从管事房里请来,让他们办手续。"

在他快走到门口的时候,英琪突然叫住了他,仿佛是想起了一样重要的东西:

"阿里!"

他转过脸来,惊讶地望着她。她又用哀切、恳求的口吻说道:

"劳驾……我几乎忘了……盒子里有一样东西,我想请你还给我。"

阿里伸手递过盒子,说道:

"我已经告诉过你,你可以保留自己想要的东西。这不是我的善意,而是我们接到的指示就是这样。"

英琪抓住盒子,用哆嗦的手打开。她委屈地道歉道:

"这是一件平常的东西,对他们没有多大用处,但对我却很珍贵……"

她开始一面在首饰盆里面翻找,一面喃喃地说道:

"我不能没有它……如果他们坚持要拿走它的话,值多少钱,我可以赔。"

她没找多久就用手指拎出一串细巧的项链,上面悬挂着一个鸡心和一把钥匙。

阿里愣愣地望着英琪,见她小心翼翼地把鸡心放在胸前,悄声说道:

"感谢真主,它回来了,我差一点失去它。"

阿里全身一震,他感觉到失望、忧愁和悲伤的巨石正在碎裂、融化……仿佛是那颗回到她身边的心放射出的光芒熔解了它。阿里望着英琪的脸……她神情痛苦地低声对他说道:

"谢谢你。你可以去继续做你的工作,履行你的职责。"

阿里已经忘却了刚才的一切,他用充满柔情和怜爱的声音轻轻地说道:

"你就是我的首要职责。我是因为你才到这里来的,是来看你,不让你受到任何伤害,保护你免遭各种恶意……这是我见你的唯一机会,尽管我怕自己会遭到怀疑和猜忌,但我还是冒险抓住了它……我原希望你对我的信任能压倒你对我立场的误解,希望向你解释我愿意来的原因,可是,你让我失望,甚至连听我讲话都不愿意。"

英琪向他抬起充满歉疚的双眼,答道:

"突然看见你,简直受不了,我全身震颤,几乎要晕倒在地……你是我最没有想到的人,在长期分离之后,我们正处在这么卑贱、屈辱的境地见到你;我是误会了你,以为你来是为了幸灾乐祸。"

"我对你幸灾乐祸,还是对我自己?"

"经过这么漫长的岁月,你还是你吗?"

"岁月改变了一切,但没有改变我心中的你。你历经沧桑,比岁月更坚强。没有任何东西能把你从我的内心深处拔掉……曾多少次,我想把你埋葬在我心间,可是只要一想起一思念,就会唤醒我心中的你……我在对你极度失望的情况下,一直把你当作我永恒不灭的希望……在这一切之后,你还会误解我吗?"

英琪还未回答,响起了阿赖光火的喊叫声:

"马哈茂德!"

传来仆人的回答声:

"少爷。"

"那些小丑还没搞完吗?"

"还没有。"

"奇怪!是什么留住了他们?他们决找不到他们要拿的东西,我敢对此发誓!"

一阵沉默。英琪悄悄对阿里说道:

"我想你该走了,去继续做你的工作。"

"在阿赖把一切都毁掉之后,我们还会有什么工作?我们要做的一切,不过是形式上的手续,从你们两人手里收取关于你们想要居住的府第和要使用的车辆的确认报告。"

停了片刻,他又问道:

"你将来会住在什么地方?"

"我?不知道。在我看来,什么都一样。我有一种迷惘、彷徨的感觉,命运注定我要一直彷徨下去,直到死亡。"

阿里低头沉吟了一会,脸上露出深思的神情。他伸出手去拨弄英琪手里的项链上垂下来的鸡心,依然低着头说道:

"我想向你提一个请求,又怕你会误解我。"

"我再也不会误解你了。"

"当我父亲代我向你父亲提亲的时候,你父亲说他是发疯。在目前情形下,我重申这个请求,你不会认为我也是在发疯吧?"

这个请求使英琪感到突然，她想痛哭一场，她牙紧咬着下唇，免得哭出声来。事情太突然了，她分辨不清自己的情感，是惊讶、兴奋、忧伤、失望，还有其他她叫不出名字也说不清楚的感情，全都交织在一起。

她没有回答。阿里抬起目光，望着她热泪盈眶的双眼，像是致歉似地轻声说道：

"我希望我没有让你感到痛苦，我不会利用你刚才说的你们处在屈辱境地的机会，因为不论你怎么样，也不论我怎么样，我总是把你置于云端，我永远都匍匐在你跟前。我爱你，从我还是一个穿着打补丁裤子的孩子时起就爱你，从那时直到现在。我对你的希望一刻都不曾中断。然而，失望的巨坝把我跟你隔开了。可是这会儿，我觉得巨坝已经消失，我能够越过它走向你了……这是我向你提出请求的原因。如果你认为我伤害了你，那就请你原谅我的冒昧。"

英琪眼里闪烁着两颗晶莹的泪珠，很快就滴落在她的脸颊上。她哽咽着说道：

"你怎么会伤害我呢？你是用我最爱听的话来伤害我吗？你已经把我的心还给了我两次：一次是你把这项链还给了我，另一次是你悄声向我提出了请求……我一听到你的请求，就觉得我不再迷惘和彷徨，我的面前出现了一个归宿，我可以前往、安居。你刚才问我：'你将住在什么地方？'我要是有勇气，就会喊出我的心声，告诉你：住在你住的地方！"

阿里一面听她说，一面觉得自己像是听错了，他过去经历的一切只不过是一场乱梦？他不由得兴奋地喊道：

"你说的当真？"

"是的。"

"那咱们走吧！"

"去哪儿？"

"去咱们住在一起的地方。"

"现在?"

"为什么不?"

"你的工作呢?"

"可以推迟。"

"阿赖怎么办?"

"让他待在他的废墟和屠宰场里!"

"我父亲呢?"

"谁也不必理会……咱们虚度的光阴够多的了。今天,让咱们把阻隔咱们的一切堤坝全捣毁吧!"

"那你等一下,我去收拾收拾。"

"什么也别收拾,咱们现在就走!咱们一刻都不应耽搁。我害怕时间——怕时间会出尔反尔,把它给予的又夺回去……咱们走吧。"

他欣喜若狂地紧拉着她的手,向门口冲去。他对周围的一切现实都视若无睹,他只知道,他毕生的理想已在自己的掌握之中。

他穿过平台,走下台阶,直奔吉普车,心里满是骑士带着他迷人公主逃跑的感觉。

他刚走近汽车,突然一发子弹打在车窗玻璃上,把玻璃打得粉碎。

阿里一惊,英琪叫了一声。他朝打来子弹的方向转过脸去,只见阿赖在二楼阳台上哈哈大笑。他握着手枪站着,指着英琪,挖苦地喊道:

"军官先生,她是包括在抄没财产之中的吗?"

阿里惊讶得说不出话来,他没有回答。

阿赖又叫道:

"我要是知道你想这么做的话,我就该把她跟其他牲口一起毒死了!可是,我原来以为她有头脑,跟牲口还不一样……让她回来!我已经发过誓,你们休想从我们这里拿走一根草!"

阿里尽力克制自己,恢复镇静。他态度坚决地对着阿赖喊道:

"我们将要拿走所有的东西,拿走你和你的祖辈丝毫都改变不了的留在这里的美好田地!拿走美丽永恒的生命,她周围的各种罪恶、仇恨都将无损于她的美丽和纯洁……拿走你这里最美好、最永恒的一切!"

阿赖又怒又恨,大声威胁道:

"让她回来!"

阿里执拗地答道:

"她决不会回去!"

又响了一枪,阿赖用此作为他的回答。这一枪打在英琪的脚上,她尖叫一声,跌倒在泥泞中,紧摁着自己鲜血直淌的脚伤。阿里急疯了,俯身下去察看英琪的伤势。

又传来了阿赖刺耳的警告声:

"放开她,你滚!"

阿里打算抱起英琪,把她放进车里,离开子弹的射击目标。可是,他刚伸出双手,俯在英琪身上的时候,第三枪又响了,这一枪打中了他的身体。他痛苦地喊了一声,倒在泥水中。

枪响之后是阿赖冷笑着喊叫道:

"我叫你放开她……不然我就杀了你们俩!"

阿里感到自己无力保护英琪,担心她丧生在这个以打枪取乐的愚蠢疯子手里。带着痛苦的失望,他悄声对英琪说道:

"回到他那里去吧,英琪。"

英琪怀着深挚的信念,低声答道:

"不,我要留在你身边。我爱你,我爱这片土地,我爱全埃及……我宁愿与你一起死在这块土地上,也不同他一起生活在府第的塔楼里。"

阿里从她的肺腑之言中获得了勇气、力量和信念。他要她爬到车子后面,自己开始拖着身子,慢慢地爬到她身旁,隐蔽在汽车侧面,然后伸手摸上衣下摆里插在裤子皮带上的手枪。

寂静无声地过了片刻,阿赖在察看他俩想干什么。他刚一瞥见阿里伸手抽枪,便打响了第四枪。子弹擦过阿里的肩膀,从他耳边嗖的一声飞过,打在淹没地面的积水上,引得水花四溅。子弹转了几转,钻入泥泞的地底。被水淹没的地面,鲜红的血丝与乌黑的积水混杂在一起。

阿赖发出嘲讽的哈哈大笑声。他对阿里叫道:

"军官先生,咱们打个赌怎么样?赌一下咱们的生命,赢的人拿走输的人的命。"

阿里在投入与这个疯子的战斗时,感到自己像是置身于一个恼人的梦魇或一个可怕的旋涡之中。事起突然,又接二连三快如电闪而来,不容他有片刻的思考。

他眼下只能一枪对一枪,不是他击毙疯子,就是疯子把他打死。

阿赖躲在阳台的栏杆后面又开了一枪。英琪紧贴着阿里,每响一枪,她就觉得自己的心被揪了一下。

阿赖一枪打中了汽车的轮胎。

阿里靠汽车侧边托住手枪。他感到手在颤抖,身体摇摇欲坠。他开响了第一枪,击中了阳台的石头。阿赖咯咯地笑着,挖苦道:

"原来是个生手。如果你的命能逃过这一枪,他们就该送你回学校去学学射击……瞧着……学学瞄准要领……这一枪要打中……"

他的话还没说完,阿里打出了第二枪,击中了阿赖的脑袋,把阿赖下面的话扼杀在他的舌头上。

在这之后,阿里感到筋疲力尽,全身衰竭,眼前的景象混乱模糊……过了一阵,他没有再听见阿赖的枪声。

他感到悲伤和痛苦,打死阿赖实在是迫不得已。

手枪从阿里手中掉下,他的手垂落在枪旁,接着,身体瘫倒在车旁的泥水地上。

英琪扑到他的身上,感到心都碎了。她哽咽着对他喊道:

"阿里,起来啊,阿里!我扶你上车,我来开车,咱们离开这里。咱们将单独逃走,生活在一起……起来啊,阿里!"

他俩浑身污泥,泡在水中。英琪扶着阿里的双肩,想帮他站立起来。

阿里对她耳语道:

"我站不起来。"

他闭上双眼,神情痛苦。泪水从英琪的眼里簌簌而下,滴落在他脸上。她对他喊道:

"怎么啦,阿里?你怎么啦,亲爱的?"

阿里尽力微笑着答道:

"没什么,英琪……没什么,我亲爱的……不过是裤子上有个窟窿……你记得吗,英琪,我坐在手推车前,不好意思在你面前站起来,怕会给我打上个补丁……答应我,送我一条新裤子……我向你保证,我不会拒绝的……我爱你,英琪……我一辈子做梦都在想你……现在,我闭上眼睛的时候,我还会梦见你……过去,差别的堤坝不能把你从我的心中夺走,现在,死亡的堤坝也不能……你过去属于我……以后将永远属于我……"

"亲爱的,我是属于你的。现在咱们中间再不会有堤坝,就是死亡的堤坝也没有……回答我呀,阿里,你别闭着眼睛!别闭上嘴啊!我就不能跟你稍微谈一会儿吗?在长期见不到你、远离你之后,你难道还对我闭着眼睛,用沉默来回答我吗?回答我啊,阿里!说你爱我啊!"

四周除了痛楚的呻吟和压抑的呼喊,寂寥无声。这里原本就荒凉、破败,呻吟声使荒凉和破败益发明显。

六十四　尾声

警方人士听到枪响,惊慌地从管事房朝府第门口赶来。他们看见阿里已失去知觉,躺在汽车旁的泥泞里,英琪惊骇地俯在他身上痛苦地呻吟,她的脚上流着鲜血。

英琪声音发颤断断续续地把发生的情况告诉他们。警官旋即要了救护车。他登上楼上阳台,发现阿赖已经死了。

救护车来了,把阿里和英琪送进了医院。

阿里不省人事地躺在床上,伤势严重,高烧不退。他恍惚觉得自己在重重的黑色浓雾里挣扎,企图翻越高得望不到边也看不到头的围墙……他气喘吁吁,精疲力竭。

他刚到达墙顶,一股狂暴的恶浪便向他涌来,把他摔落到墙脚底下。

他一直在发烧说呓语,仿佛在峰顶和山脚之间摇晃。他每次到达峰顶,恶浪就把他摔回到山脚。他在苦斗中刚一灰心失望,便感到在沉沉的黑那里有一只手伸向他,把他推向高处,使他恢复力量,受到鼓舞。

在迷雾和波涛之中,克里梅不时地探出头来看他。她的脸上裹满白色绷带,只露出哀求的眼睛和期盼的嘴唇。

克里梅的脸不见了,取而代之的是英琪的面孔。她满怀深情地看着他,呼喊道:"你怎么啦,阿里? 你怎么啦,亲爱的?"

英琪的脚伤已经痊愈,她照料和看护着阿里。多少个漫漫长夜,她通宵不眠,注视着阿里的生死搏斗,她感到自己的灵魂跟随着他战斗,帮他与死亡搏斗。

每当英琪呼唤他名字的时候,他就感到黑暗中帮助他的手越来越有力,他的抵抗能力也越来越强。

一天晚上,他觉得迷雾开始逐渐散去,喧嚣的波涛在后退……他好像感到有一根纤细的绳子伸了过来,把他拉上山坡,他拉着绳子便不难攀登……他发现绳子轻轻地拉着他到达了峰巅……他在那里看到的是一片绿色的丘陵,感受到的是一种美妙的恬静……他抓着那根细绳,突然发现它的尽头是一个鸡心和一把钥匙。

他睁开眼睛,看到英琪正忧郁而急切地注视着他,他从她的眼里仿佛看到一种充满怜爱和慈和的光华。

他平静而顺从地望着她的脸庞,就像刚才眺望那片恬静、平安的绿色丘陵……他瞥见她脖子上的那根细巧的项链,上面挂着鸡心和钥匙。

阿里嘴上露出一个温柔的微笑,喊道:

"英琪!"

"是我,阿里。"

"你一直在我身边吗?"

"是的。"

"你将永远在我身边吗?"

"永远……永远。"

他嘴上的微笑消失了,显得神思恍惚、目光迷惘。

英琪抚摸他的头,微笑着问道:

"你在想什么?"

"在想咱们希望的礁石,咱们的生命之舟被它撞得粉碎……在想生活,它只是在榨取了咱们的鲜血之后,才实现咱们的理想……当我想起我童年时躺在窗后,现在躺在这里时,我就感到愉快的安逸和甜蜜的平静。我看到你就在我身边,我可以摸到你的手、听见你的声音……我曾经为此做了许许多多……可我发现我为此所做的一切都是值得的。"

英琪俯下身,温柔地吻他……她抬起嘴唇时,项链垂下来的鸡心落在他的胸膛上。阿里伸手轻轻地抓住它,放在自己的嘴唇上,悄声说道:

"这颗心对我有生存之恩、复活之恩……我把它还给了你,它把你还给了我!"

译后记

优素福·西巴伊(1917～1978)是埃及著名作家。其父亲穆罕默德·西巴伊是埃及近代文学复兴运动的先驱。优素福从小喜欢阅读优秀作家的作品。1937年,他从军事学院毕业,先后担任骑兵军官、军事学院军事史教官、军事高中总教官等职。1952年在推翻法鲁克王朝的七·二三革命中,是纳赛尔领导的自由军官组织成员之一。以后,他受到当局的器重,历任文化、宣传部门要职,如《新使命》杂志主编(1953),埃及文学、艺术、社会科学最高理事会总书记(1956),亚非团结委员会总书记(1957),《最后一点钟》杂志主编(1967),新月出版社董事长(1971),文化部长(1973),广播电视协会最高理事会主席(1976),《金字塔报》报社董事长、总编(1976)。同时,他还是埃及小说俱乐部、文学家协会、文联等机构的筹建人和领导人。1976年和1977年,被选为埃及作家协会副主席和记者协会主席。

优素福在高中读书的时候开始在杂志上发表文章。1947年,他的第一部短篇小说集问世。以后,年年有新作出版。在30多年的文学生涯中,他总共创作了21部短篇小说集、16部长篇小说、4部剧本、8本文集和1篇游记;此外,还改编和编写了20余部电影剧本。他的创作活动,大致可分为三个阶段：先是探索阶段。他耳闻目睹了英国殖民者的暴行，试图通过文学形式表达自己对英国占领的愤懑，作品有短篇小说集《幻影》《胸臆》《爱的行列》等。之后，随着阅历的增加，他的思想进入渐趋成熟的阶段，作品有《死神的代表》《伪善的大地》《我去了》等，理想主义色彩比较浓厚。最后是成果丰硕阶段，作品内容丰富，技巧也较纯熟，主要有《废墟之间》《送水人之死》《回来吧，我的心》《归途》《纳迪娅姑娘》《泪水已干》《长夜漫漫，总有尽头》《我们不播种荆棘》《笑靥》《生命一瞬间》等作品。其中，以重大历史事件为题材的长篇小说，集中反映了作者反对封建统治、反对外国侵略和占领，主张阿拉伯统一的爱国主义思想和民族主义感情。

《回来吧，我的心》是优素福的创作中一部结局圆满的作品。它通过花匠儿子阿里和王爷小姐英琪曲折动人的爱情故事，花匠阿卜德·瓦希德师傅一家的遭遇，生动地反映了埃及 1952 年 7 月 23 日革命前后的社会生活和人民的思想感情。小说对花匠阿卜德·瓦希德师傅的善良和毕生心愿、阿里的正直和他的幻想、舞女克里梅的热情和追求，都做了形象的描绘。优素福在这部作品中，把重大的历史事件同故事人物的命运有机地结合起来，显示出他精湛的创作才能。《回来吧，我的心》问世后被拍摄成彩色宽银幕影片，获得最佳故事片和最佳对白奖，受到埃及国内外文艺评论界的好评。

1983 年 4 月于上海